A FUNÇÃO DO
ORGASMO

Wilhelm Reich

A FUNÇÃO DO ORGASMO
Problemas Econômico-Sexuais
da Energia Biológica

Tradução:
Maria da Glória Novak

19ª edição, 1995

São Paulo
editora brasiliense

Copyright © by 1975 by Mary Boyd Higgins as Trustee of the
Wilhelm Reich Infant Trust Fund.
Die Funktion des Orgasmus.

Copyright © 1942, 1948, 1961 *by Wilhelm Reich Infant*

Copyright © 1968 *by Mary Boyd Higgins as Trustee of the
Wilhelm Reich Infant Trust Fund.*

Copyright © da tradução brasileira: *Editora Brasiliense Ltda.*

Nenhuma parte desta publicação pode ser gravada,
armazenada em sistemas eletrônicos, fotocopiada,
reproduzida por meios mecânicos ou outros quaisquer
sem autorização prévia da editora.

19ª edição, 1995
5ª reimpressão, 2024

Diretora Editorial: *Maria Teresa B. de Lima*
Editor: *Max Welcman*
Projeto Gráfico e Diagramação: *Formato Editora e Serviços*
Coordenação: *Laidi Alberti*
Capa: *Moema Cavalcanti*

**Dados Internacionais de catalogação na Publicação(CIP)
(Câmara Brasileira do Livro, SP, Brasil)**

Reich, Wilhelm, 1897-1957
A função do orgasmo: problemas econômico-sexuais da energia biológica / Wilhelm Reich; tradução Maria da Glória Novak. – São Paulo: Brasiliense, 2012.

ISBN 978-85-11-15003-2

1. Orgasmo – 2. Orgonmia 3. Sexo (Biologia) 4. Sexo (Psicologia)
I. Título.

07-7658   CDD-615.856

Índices para catálogo sistemático:
1. Pedofilia : Estudo psicanalítico : Psicologia 150. 195

editora brasiliense
Rua Antônio de Barros, 1586 – Tatuapé
CEP 03401-001 – São Paulo – SP – Fone (11) 3062.2700
E-mail: comercial@editorabrasiliense.com.br
www.editorabrasiliense.com.br

O amor, o trabalho e o conhecimento são fontes da nossa
vida. Deveriam também governá-la.

WILHELM REICH

Volume I de A descoberta do Orgônio

ÍNDICE

	PREFÁCIO	9
	PREFÁCIO À SEGUNDA EDIÇÃO	11
	INTRODUÇÃO	13
I	A BIOLOGIA E A SEXOLOGIA ANTES DE FREUD	27
II	PEER GYNT	41
III	LACUNAS NA PSICOLOGIA E NA TEORIA DO SEXO	51
IV	O DESENVOLVIMENTO DA TEORIA DO ORGASMO	77
V	O DESENVOLVIMENTO DA TÉCNICA DE ANÁLISE DO CARÁTER	103
VI	UMA REVOLUÇÃO BIOLÓGICA ABORTADA	161
VII	A IRRUPÇÃO NO CAMPO BIOLÓGICO	209
VIII	O REFLEXO DO ORGASMO E A TÉCNICA DA VEGETOTERAPIA DE ANÁLISE DO CARÁTER	247
IX	DA PSICANÁLISE À BIOGÊNESE	299

PREFÁCIO

Pela morte de Wilhelm Reich, a chaga emocional reivindicou o seu mais ferrenho oponente. Através de toda a história, aqueles que foram destruídos pelos efeitos desse mal especificamente humano eram invariavelmente vítimas "inocentes". Reich, entretanto não se deixou vitimar inocentemente. Foi o primeiro homem a estudar deliberadamente e a entender de maneira satisfatória a base biopatológica desse suplício decorrente da supressão da vida de amor genital, em grau elevado. Ao longo de toda a sua vida, visou a um método prático de combatê-lo. Nunca deixou de chamar a atenção para o fato de que a chaga emocional era o único inimigo do homem que, a menos que fosse corretamente entendido e efetivamente combatido, tornaria impossível a eliminação da agonia da criança, do adolescente e das multidões de seres humanos, biofísica e emocionalmente, doentes. Consequentemente, quando também caiu vítima do mesmo mal, o fato não surpreendeu. Ele compreendera o risco que corria e, com a coragem de um verdadeiro cientista, se expusera aos seus efeitos destruidores, procurando, sem comprometer a verdade científica, encontrar um caminho fora da confusão legal na qual a chaga o tinha envolvido.

Desde a morte de Reich, tem havido uma procura insistente dos seus escritos, o que indica fortemente que a chaga não alcançou o seu objetivo – o encobrimento da verdade. As calúnias à sua pessoa, com vistas a desacreditá-lo e assim desviar das suas significativas descobertas a atenção geral, perderam algo – infelizmente não a totalidade – do seu impacto; e agora se pode finalmente voltar a um desapaixonado exame de sua obra.

A Função do Orgasmo *foi o primeiro dos escritos de Reich a ser traduzido em inglês. Não é um manual. É mais uma biografia científica. "Uma apresentação sistemática não poderia dar ao leitor uma ideia de como (...) um problema e a sua solução levam a outro; nem mostraria*

A FUNÇÃO DO ORGASMO

que este trabalho não é pura invenção; e que cada uma das suas partes deve a sua existência ao desenvolvimento próprio da lógica científica."

Que Wilhelm Reich, que foi o instrumento dessa lógica, devesse morrer em uma penitenciária federal é chocante. Que aqueles que se importavam com o fato não pudessem prestar nenhuma ajuda, e que houvesse muitos que o compreendessem, mas não se importassem, é trágico. Já não é possível ficar de lado e dizer "Perdoai-os porque não sabem o que fazem". É tempo de todos sabermos o que fazemos – e como o fazemos. É tempo de encontrarmos um caminho para acabar com essa destruição da vida, e do conhecimento da vida. Esse conhecimento existe e, com a republicação dos trabalhos de Reich, torna-se novamente acessível. Devemos aprender a tolerar a verdade. Devemos aprender a entender e a respeitar a função bioenergética da convulsão orgástica; e devemos estudar para saber no que nos tornamos, e o que fazemos, quando essa função é contrariada e negada.

Neste livro, encontra-se o conhecimento; e nesse conhecimento há esperança.

Mary Higgins, Trustee
The Wilhelm Reich Infant Trust Fund

Nova York, 1961

PREFÁCIO À SEGUNDA EDIÇÃO

    A descoberta do orgônio foi o resultado da firme aplicação do conceito da "energia psíquica", inicialmente no campo da psiquiatria. O presente volume pode considerar-se como uma introdução extensiva ao recém-aberto campo da biofísica do orgônio. Os resultados da pesquisa biofísica e física desde 1934 foram apresentados em estudos especiais no International Journal for Sex-Economy and Orgone Research *(1942-45). Em futuro próximo, serão reunidos e publicados em um Volume II, sob o título* The Cancer Biopathy. *Tem-se demonstrado claramente que o conhecimento das funções emocionais da energia biológica é indispensável para a compreensão das suas funções físicas e fisiológicas. As emoções biológicas que governam os processos psíquicos são, em si, a expressão direta de uma energia rigorosamente física, o orgônio cósmico.*
    A segunda edição deste livro surge inalterada.

W. R.

Nova York
Fevereiro de 1947

INTRODUÇÃO

Este livro compreende o meu trabalho médico e científico no organismo vivo ao longo dos últimos vinte anos. Não era, a princípio, destinado à publicação. Assim, não hesitei em exprimir o que, no caso contrário, poderia ter omitido, com vistas a considerações materiais, à boa reputação no sentido geral da palavra, e a algumas correntes de pensamento ainda indecisas.

Para a maior parte das pessoas, constitui um enigma o fato de que eu possa trabalhar simultaneamente em disciplinas tão diferentes como psicologia profunda, sociologia, fisiologia, e agora também biologia. Alguns psicanalistas desejam que eu volte à psicanálise; os políticos empurram-me para a ciência natural e os biólogos para a psicologia.

O tema "sexualidade" atravessa realmente todos os campos científicos de pesquisa. No fenômeno central, o orgasmo sexual, deparamos com questões derivadas do campo da psicologia tanto quanto no campo da fisiologia, do campo da biologia não menos que do da sociologia. A ciência natural oferece apenas outro campo de pesquisa igualmente bem aparelhado para mostrar a unidade fundamental de tudo quanto vive, e para proteger contra a limitação e a especialização fragmentadora. A *economia sexual* tornou-se uma disciplina independente, com os seus próprios métodos de pesquisa e a sua própria substância de conhecimento. É uma *teoria da sexualidade científico-natural, empiricamente estabelecida*. É essencial descrever-lhe o desenvolvimento. Fazendo-o, sinto-me bastante feliz em aproveitar a oportunidade para dirimir dúvidas sobre o que posso reivindicar como minha própria contribuição, o modo como o meu trabalho se relaciona com outros campos de pesquisa, e sobre o que se esconde por detrás dos vazios rumores a respeito da minha atividade.

A economia sexual germinou no seio da psicanálise de Freud, entre 1919 e 1923. A sua separação material da matriz se deu por volta

A FUNÇÃO DO ORGASMO

de 1928, mas até 1934 não se afastou da *International Psychoanalystic Association.*

O presente volume é mais uma relação de fatos e acontecimentos do que um manual. Uma apresentação sistemática da matéria não poderia mostrar ao leitor como, ao longo desses vinte anos, se sucederam problemas e soluções. Nada foi inventado; tudo deve a sua existência ao notável desenvolvimento da lógica científica. Não há falsa modéstia em dizer que me sinto meramente como o instrumento dessa lógica.

O método funcional de pesquisa atua como uma bússola em uma região estranha. Não conheço nenhuma prova mais clara da validade da teoria da economia sexual do que a circunstância de que a "potência orgástica", descoberta em 1922, elemento mais importante da economia sexual, levou à descoberta do *reflexo orgástico* (1935) e da *radiação orgonal* (1939). Esta lógica inerente ao desenvolvimento da economia sexual é o seu ponto de apoio em uma confusão de opiniões. É a sua cidadela na luta contra os mal-entendidos e na solução de dúvidas graves, em um momento em que a confusão ameaça abafar o pensamento claro.

Há certas vantagens em escrever biografias científicas nos anos da juventude. Algumas das ilusões que ainda se têm nesse período, principalmente a de que a opinião pública está preparada para aceitar critérios revolucionários, tornam o indivíduo apto a aferrar-se aos fatos básicos, a resistir às múltiplas tentações de fazer acordos e a não recuar diante de conclusões decisivas com vistas à complacência intelectual, à paz de espírito, ou à aprovação do mundo. A tentação de negar a origem sexual de tantas enfermidades é muito maior no caso da economia sexual do que o era na psicanálise. Foi só com grande esforço que consegui estabelecer o termo *economia sexual.* Este conceito pretende abarcar um novo campo científico: a investigação da energia biopsíquica. De acordo com a visão corrente da vida, *sexualidade* é um termo ofensivo. É muito tentador negar completamente a sua importância para a vida humana. Será necessário, sem dúvida, o trabalho de muitas gerações antes que a sexualidade seja levada a sério pela ciência oficial e pelos leigos; não o será provavelmente antes que as questões sociais da vida e da morte atirem sobre nós a absoluta necessidade de compreender e de dominar o processo sexual, livre de repressões sociais.

Uma dessas questões é o câncer; outra é a chaga psíquica que dá origem às ditaduras.

A economia sexual é uma disciplina pertencente à ciência natural. Não se envergonha do tema sexualidade, e rejeita como seu representante

INTRODUÇÃO

todo aquele que não tenha superado o arraigado medo social da difama-ção sexual. O termo *vegetoterapia* empregado para descrever a técnica terapêutica da economia sexual é, de fato, uma concessão aos escrúpulos do mundo em assuntos sexuais. *Orgasmoterapia* seria uma expressão bem melhor, e com certeza mais correta, para essa técnica médica: é precisamente o que a vegetoterapia é, basicamente. Foi preciso levar em consideração, porém, que esse termo teria acarretado uma tensão muito grande para os jovens economistas sexuais na sua prática. Bem, isso é inevitável: mencione a essência dos seus desejos e sentimentos religiosos, e o povo rirá zombeteiramente, ou sorrirá com nojo.

Há razão para temer que, em uma ou duas décadas, a escola de economistas sexuais venha a dividir-se em dois grupos, mutuamente hostis. Um grupo afirmará que a função sexual é subordinada às fun-ções gerais da vida, e portanto sem grande valor. O outro grupo de economistas sexuais erguerá um forte e radical protesto, e tentará salvar a honra da pesquisa da sexualidade. Nessa controvérsia, a identidade fundamental entre o processo sexual e o processo vital poderá ser totalmente obscurecida. Eu, também, poderia ceder e negar o que foi uma honesta convicção científica nos meus primeiros anos de luta. De fato, não há razão para supor que o mundo fascista cessará de ameaçar com a destruição o nosso difícil trabalho, por meio de psiquiatras e partidários políticos moralistas e *tradicionais*, como tem feito e continua a fazer. Os meus amigos que conhecem o escândalo norueguês criado pela campanha da imprensa fascista contra a economia sexual sabem o que quero dizer. É imprescindível, portanto, estabelecer sem demora o que se entende por economia sexual, antes que eu mesmo comece a pensar diferentemente, sob a pressão de condições sociais obsoletas, e impeça, com a minha autoridade, a procura da verdade por parte de futuros cientistas.

A teoria da economia sexual e a sua investigação dos fenômenos da vida pode ser definida em poucas palavras.

A saúde psíquica depende da potência orgástica, i.e., do ponto até o qual o indivíduo pode entregar-se, e pode experimentar o clímax de excitação no ato sexual natural. Baseia-se na atitude de cunho não neurótico da capacidade do indivíduo para o amor. As enfermidades psíquicas são o resultado de uma perturbação da capacidade natural de amar. No caso da impotência orgástica, de que sofre a esmagadora maioria, ocorre um bloqueio da energia biológica, e esse bloqueio se torna a fonte de ações irracionais. A condição essencial para curar perturbações psíquicas é o restabelecimento da capacidade natural de amar. Depende tanto de condições sociais quanto de condições psíquicas.

As enfermidades psíquicas são a consequência do caos sexual da sociedade. Durante milhares de anos, esse caos tem tido a função de sujeitar psiquicamente o homem às condições dominantes da existência e de interiorizar a dinâmica externa da vida. Tem ajudado a efetuar a ancoragem psíquica de uma civilização mecanizada e autoritária, tornando o homem incapaz de agir independentemente.

As energias vitais regulam-se a si mesmas naturalmente, sem qualquer obrigação compulsiva ou moralidade compulsiva – ambas, sinais certos da existência de impulsos antissociais. As ações antissociais são a expressão de impulsos secundários. Esses impulsos são produzidos pela supressão da vida natural, e estão em contradição com a sexualidade natural.

Os indivíduos criados com uma atitude negativa diante da vida e do sexo contraem uma ânsia de prazer, fisiologicamente apoiada em espasmos musculares crônicos. Essa ânsia neurótica de prazer é a base na qual certas concepções de vida, negadoras da vida e produtoras de ditadores, são reproduzidas pelos próprios povos. É a própria essência do medo de um modo de vida independente, orientado para a liberdade. Esse medo se torna a mais significativa fonte de força para qualquer forma de reação política, e para a sujeição da maioria dos homens e mulheres que trabalham a indivíduos ou grupos. É um medo biofisiológico, e constitui o problema central do campo psicossomático de investigação. Tem sido até hoje o maior empecilho para a investigação das funções vitais involuntárias, que um neurótico pode experimentar apenas de um modo misterioso e assustador.

A estrutura do caráter do homem moderno, que reflete uma cultura patriarcal e autoritária de seis mil anos, é tipificada por um encouraçamento do caráter contra a sua própria natureza interior e contra a miséria social que o rodeia. Essa couraça do caráter é a base do isolamento, da indigência, do desejo de autoridade, do medo à responsabilidade, do anseio místico, da miséria sexual e da revolta neuroticamente impotente, assim como de uma condescendência patológica. O homem alienou-se a si mesmo da vida, e cresceu hostil a ela. Essa alienação não é de origem biológica, mas socioeconômica. Não se encontra nos estágios da história humana anteriores ao desenvolvimento do patriarcado.

O prazer natural do trabalho e da atividade tem sido substituído pelo dever compulsivo. A estrutura média da maioria das pessoas

INTRODUÇÃO

transformou-se em uma estrutura marcada pela impotência e pelo medo à vida. Essa estrutura distorcida não apenas constitui a base psicológica das ditaduras partidárias: torna possível a essas ditaduras o justificar-se evidenciando certas atitudes humanas como a irresponsabilidade e a infantilidade. A catástrofe internacional que estamos vivendo é a consequência última dessa alienação da vida.

A formação das massas no sentido de serem cegamente obedientes à autoridade se deve não ao amor parental mas à autoridade da família. A supressão da sexualidade nas crianças pequenas e nos adolescentes é a principal maneira de conseguir essa obediência.

Natureza e cultura, instinto e moralidade, sexualidade e realização tornam-se incompatíveis, como resultado da cisão na estrutura humana. A unidade e congruência de cultura e natureza, trabalho e amor, moralidade e sexualidade – desejada desde tempos imemoriais – continuará a ser um sonho enquanto o homem continuar a condenar a exigência biológica da satisfação sexual natural (orgástica). A democracia verdadeira e a liberdade baseadas na consciência e responsabilidade estão também condenadas a permanecer como uma ilusão, até que essa exigência seja satisfeita. Uma sujeição sem remédio às condições sociais caóticas continuará a caracterizar a existência humana. Prevalecerá a destruição da vida pela educação coerciva e pela guerra.

No campo da psicoterapia, desenvolvi a técnica vegetoterápica de análise do caráter. O seu princípio básico é o restabelecimento da motilidade biopsíquica através da anulação da rigidez (encouraçamento) do caráter e da musculatura. Essa técnica de tratamento das neuroses foi experimentalmente confirmada pela descoberta da natureza bioelétrica da sexualidade e da angústia. Sexualidade e angústia são funções do organismo vivo que operam em direções opostas: expansão agradável e contração angustiante.

A fórmula do orgasmo, que está na base da pesquisa econômica-sexual, é a seguinte: TENSÃO MECÂNICA → CARGA BIOELÉTRICA → DESCARGA BIOELÉTRICA → RELAXAÇÃO MECÂNICA. Esta provou ser a fórmula do funcionamento da vida como tal; levou à investigação experimental da organização da vida a partir da matéria não viva; levou à pesquisa experimental do *bion* e, mais recentemente, à descoberta da radiação orgonal. A pesquisa no campo da sexualidade e dos *bions* abriu novos caminhos para o problema do câncer e de um sem-número de outras perturbações da vida vegetativa.

A causa imediata de muitos males assoladores pode ser determinada pelo fato de que o homem é a única espécie que não satisfaz à lei natural da sexualidade. A morte de milhões de pessoas na guerra é o resultado de manifesta negação social de vida. Essa negação, por sua vez, é expressão e consequência de perturbações psíquicas e somáticas da atividade vital.

O processo sexual, i.e., o processo expansivo do prazer biológico, é o processo vital produtivo *per se*.

Isso quer dizer muito ao mesmo tempo, e parece quase "simples demais". Essa "simplicidade" constitui o segredo que alguns percebem no meu trabalho. Quero tentar descrever como foram resolvidas as dificuldades que impediram até agora uma compreensão humana desses problemas. Tenho grande esperança de persuadir o leitor da ausência de qualquer mágica. Ao contrário, a minha teoria é apenas um conhecimento humano geral, embora não admitido, do funcionamento da vida. Deve atribuir-se à universal alienação da vida que os fatos, e as suas relações, por mim descobertos tenham sido negligenciados, ou persistentemente ocultados.

A história da economia sexual estaria incompleta sem a menção do papel nela desempenhado pelos seus amigos e colaboradores. Eles entenderão como, dentro da finalidade deste volume, tenho de abster-me de prestar a devida consideração às suas realizações. Posso afirmar a quem quer que haja lutado, e frequentemente sofrido, pela economia sexual que, sem os seus esforços, o total desenvolvimento da teoria não teria sido possível.

Esta apresentação da economia sexual decorre exclusivamente da perspectiva das condições europeias que levaram à catástrofe. A vitória das ditaduras deve ser atribuída à enfermidade psíquica das massas europeias, que não foram capazes de controlar qualquer das formas da democracia – nem econômica, nem social, nem psicologicamente. Não estou nos Estados Unidos o tempo suficiente para julgar até que ponto a minha exposição se aplica, ou não, às condições americanas. As condições que tenho em mente não são apenas relações humanas externas e circunstâncias sociais; o que tenho em mente é a estrutura psíquica profunda do povo americano, e da sua sociedade. É preciso tempo para conseguir uma compreensão dessa estrutura.

Posso prever que a edição em língua inglesa deste livro será contestada em várias áreas. Os muitos anos de experiência que tive na Europa me permitem avaliar, a partir de certos indícios, a importância de um

INTRODUÇÃO

ataque, de uma crítica, ou de uma expressão de louvor. Como não há razão para presumir que as reações de certos círculos neste país serão fundamentalmente diferentes das de certos círculos europeus, gostaria de responder de antemão às possíveis objeções.

A economia sexual nada tem a ver com qualquer das organizações políticas ou das ideologias existentes. Os conceitos políticos que separam as várias camadas e classes sociais não se aplicam à economia sexual. A distorção social da sexualidade *natural* e a sua supressão nas crianças e nos adolescentes são condições humanas universais, transcendendo todas as fronteiras de Estado, ou grupo.

A economia sexual tem sido perseguida pelos representantes de partidos políticos de todas as crenças. As minhas publicações têm sido proibidas pelos comunistas e pelos fascistas; têm sido atacadas e denunciadas pelas autoridades policiais e pelos socialistas e liberais burgueses. Por outro lado, têm encontrado reconhecimento e respeito em todas as camadas e círculos da população. A elucidação da função do orgasmo, particularmente, foi bem recebida pelos grupos científico-profissionais e político-culturais de todos os tipos.

Supressão sexual, rigidez biológica, moralismo e ascetismo não estão confinados a certas classes ou camadas da população. Encontram-se em toda parte. Sei de clérigos que aceitam de boa vontade a distinção entre sexualidade natural e inatural, e que admitem a ideia científica de que há um paralelo entre o conceito de Deus e a lei da natureza; e sei de outros clérigos que consideram a elucidação e a compreensão concreta da sexualidade da criança e do adolescente como uma ameaça para a existência da Igreja e que, por isso, tomam medidas rigorosas para combatê-las. Aplauso e ódio citam a mesma ideologia em sua defesa. Liberalismo e democracia sentiram-se tão ameaçados como a ditadura do proletariado, a honra do socialismo tanto como a honra da mulher alemã. Na realidade, só uma atitude e só uma classe de ordem social e moral é ameaçada pela elucidação do funcionamento da vida, e é o regime autoritário ditatorial de qualquer espécie que procure, através de uma moralidade compulsiva e de um trabalho compulsivo, destruir a decência espontânea e a autorregulagem das energias vitais.

Entretanto – ponhamos agora os pontos nos ii – não é só nos Estados totalitários que se encontra a ditadura totalitária. Esta se encontra na Igreja tanto quanto nas instituições acadêmicas, entre os comunistas tanto quanto nos governos parlamentares. É uma tendência humana universal, causada pela supressão da vida; a educação autoritária constitui a base psicológica das massas populares de todas as nações para a aceitação e o estabelecimento da ditadura. Os seus elementos básicos são a mistificação do processo vital, um concreto desamparo de caráter material e social, o medo de assumir a responsabilidade de orientar a própria vida e, por isso, o desejo mais ou menos forte de uma segurança ilusória e de autoridade ativa ou passiva. A verdadeira e secular luta pela democratização da vida social baseia-se na autodeterminação, na socialidade e moralidade naturais, no trabalho agradável e na alegria terrena do amor. Encara qualquer ilusão como um perigo. Por isso, não somente não temerá a compreensão natural e científica da vida, mas dela se servirá para dominar os problemas decisivos para o desenvolvimento da estrutura humana de forma não ilusória, mas científica e prática. Tem havido esforços em toda parte no sentido de transformar a democracia formal em uma autêntica democracia de todos os homens e mulheres que trabalham, em uma democracia do trabalho, adaptada à organização natural do processo de trabalho.

No campo da higiene mental, a primeira e principal tarefa consiste em substituir o caos sexual, a prostituição, a literatura pornográfica e o tráfico sexual pela felicidade natural no amor protegido pela sociedade. Isso não implica na intenção de "destruir a família" nem de "minar a moralidade". A família e a moralidade já estão minadas pela família compulsiva e pela moral compulsiva. Profissionalmente, estamos enfrentando a tarefa de dominar as enfermidades, em forma de doenças psíquicas, causadas pelo caos sexual e familiar. Para dominar a chaga psíquica, é necessário estabelecer uma distinção nítida entre o amor natural que existe nos pais e nos filhos e qualquer forma de compulsão familiar. O mal endêmico, *familitis*, destrói tudo quanto os honestos esforços humanos estão tentando realizar. Embora não pertença a nenhuma organização política ou religiosa, tenho, contudo, uma ideia bem definida da vida social. Essa ideia é cientificamente racional, ao contrário de qualquer forma de visão política, puramente ideológica ou mística da vida. Na base dessa ideia, está a minha crença de que a nossa terra jamais encontrará a paz duradoura, e procurará em vão satisfazer a prática da organização social, enquanto políticos e ditadores de qualquer partido, ignorantes e ingênuos, continuarem a corromper e a liderar massas populares sexualmente doentes. A organização social do homem tem a função natural de proteger o trabalho e a satisfação natural do amor. Desde tempos remotos, essas duas atividades biológicas do homem têm sido subordinadas à pesquisa científica e ao pensamento.

INTRODUÇÃO

Conhecimento, trabalho e amor natural são as fontes da nossa vida. Deveriam também governá-la; e a responsabilidade total deveria ser assumida pelos homens e mulheres que trabalham, em toda parte.

A higiene mental em escala maciça exige o poder do conhecimento contra o poder da ignorância; o poder do trabalho vitalmente necessário contra qualquer forma de parasitismo, quer seja de natureza econômica, intelectual ou filosófica. Levando-se a si mesma a sério, a ciência natural pode tornar-se uma cidadela contra essas forças que destroem a vida, seja qual for o autor ou o lugar dessa destruição. Claro está que uma pessoa sozinha não possui o conhecimento necessário para salvaguardar a função natural da vida. A visão cientificamente racional da vida exclui a ditadura e exige a democracia do trabalho.

O poder social, exercido pelo povo, através do povo, e para o povo, produzido pelo amor natural à vida e pelo respeito ao trabalho executado, seria invencível. Entretanto, esse poder pressupõe que as massas trabalhadoras se tornem psiquicamente independentes e capazes de assumir a responsabilidade total pela existência social, e de determinar racionalmente a sua própria vida. O que impede isso de acontecer é a neurose psíquica da multidão, neurose que se materializa em todas as formas de ditadura e em todas as formas de tumulto político. Para dominar a neurose coletiva e o irracionalismo na vida social, i.e., para efetuar uma verdadeira higiene mental, é necessária uma estrutura social que deve, antes de tudo, eliminar a miséria material, e salvaguardar o livre desenvolvimento das energias vitais em cada um e em todos os homens. Essa estrutura social só pode ser a verdadeira democracia.

Entretanto, a verdadeira democracia não é uma condição de "liberdade" que possa ser oferecida, concedida ou garantida a um grupo populacional por um governo eleito ou totalitário. A verdadeira democracia é um processo longo e difícil, no qual o povo, protegido social e legalmente, tem (i.e., não "recebe") todas as possibilidades de se exercer a si mesmo na administração da sua conduta social, individual e vital, e de progredir em direção a todas as formas melhores de vida. Em suma, a verdadeira democracia não é uma manifestação acabada que, como certos anciãos, goze o seu glorioso passado de lutas. É, antes, um processo de luta incessante com os problemas de desenvolvimento ininterrupto de *novas* ideias, de *novas* descobertas e de *novas* formas de vida. O desenvolvimento será contínuo e impossível de ser rompido somente quando o antiquado e senil, que desempenhou o seu papel em um estágio anterior do desenvolvimento democrático, for suficientemente lúcido para dar lugar ao jovem e novo em vez de reprimi-lo apelando para a dignidade, ou para a autoridade convencional.

A tradição é importante. É democrática quando desempenha a sua função natural de prover a nova geração com um conhecimento das boas e más experiências do passado, i.e., a sua função de capacitá-la a aprender à custa dos erros passados a fim de os não repetir. A tradição torna-se a ruína da democracia quando nega à geração mais nova a possibilidade de escolha; quando tenta ditar o que deve ser encarado como "bom" e como "mau" sob novas condições de vida. Os tradicionalistas fácil e prontamente se esquecem de que perderam a capacidade de decidir o que *não* é tradição. Por exemplo, o aperfeiçoamento do microscópio não foi conseguido pela destruição do primeiro modelo: o aperfeiçoamento foi realizado com a preservação e o desenvolvimento do modelo primitivo a par com um estágio mais avançado do conhecimento humano. Um microscópio do tempo de Pasteur não capacita o pesquisador moderno a estudar uma virose. Suponha agora o microscópio de Pasteur tivesse o poder e o descaramento de vetar o microscópio eletrônico.

Os jovens não sentiram nenhuma hostilidade para com a tradição, não teriam na verdade senão respeito por ela se, sem se arriscar, pudessem dizer: "– *Isto* nós o tomaremos de vocês porque é convincente, é justo, diz respeito também à nossa época e é passível de desenvolvimento. *Aquilo*, entretanto, não podemos aceitar. Era útil e verdadeiro para o seu tempo – seria inútil para nós". E esses jovens deveriam preparar-se para ouvir dos seus filhos as mesmas palavras.

O desenvolvimento da democracia anterior à guerra em uma perfeita e verdadeira democracia do trabalho significa que o público em geral deve adquirir uma real determinação da sua existência no lugar do tipo formal, fragmentário e defeituoso de determinação que tem presentemente. Significa que o caráter político irracional da vontade do povo deve ser substituído pelo domínio racional do processo social. Isso exige a progressiva auto-educação do povo em direção à liberdade responsável, em vez da suposição infantil de que a liberdade pode ser recebida como um presente, ou pode ser garantida por alguém. Se a democracia quer erradicar a tendência à ditadura nas massas populares, deverá provar que é capaz de eliminar a pobreza e de conseguir a independência racional do povo. Isso, e só isso, pode chamar-se desenvolvimento social orgânico.

INTRODUÇÃO

É minha opinião que as democracias europeias foram derrotadas na luta contra a ditadura porque os sistemas democráticos estavam por demais carregados de elementos formais, e eram deficientes demais quanto a uma democracia objetiva e prática. O medo à vida essencial determinava todas as medidas educacionais. A democracia era considerada como uma condição de garantia da "liberdade" e não como o desenvolvimento da responsabilidade nas massas. Mesmo nas democracias, o povo era ensinado, e ainda é ensinado, a ser cegamente fiel. As catástrofes dos tempos mostraram-nos que o povo ensinado a ser cegamente fiel em qualquer sistema se privará da sua própria liberdade; matará o que lhe dá a liberdade, e fugirá com o ditador.

Não sou político e não sou versado em política, mas sou um cientista socialmente consciente. Como tal, reivindico o direito de dizer socialmente o que identifiquei como sendo a verdade. Se as minhas observações científicas tiverem a capacidade de conduzir a uma organização melhor das condições humanas, o objetivo do meu trabalho será atingido. Quando as ditaduras forem reduzidas a zero, a sociedade humana precisará de verdades, e justamente de verdades impopulares. Essas verdades que se relacionam com as razões não reconhecidas do atual caos social prevalecerão finalmente; quer o queira o povo, quer não. Uma dessas verdades é que a ditadura tem as suas raízes no medo irracional das massas à vida. Aquele que expõe essas verdades se arrisca muito – mas pode esperar. Não se sente forçado a lutar pelo poder com o propósito de impor a verdade. O seu poder reside no seu conhecimento de fatos que, em geral, pertencem ao gênero humano.

Não importa quão desagradáveis possam ser esses fatos; em tempos de exigência social extrema o desejo de viver da sociedade forçá-la-á a conhecê-los, apesar de tudo o mais.

O cientista é obrigado a insistir no direito à liberdade de palavra sob todas as condições; esse direito não deve ser deixado àqueles cuja intenção é suprimir a vida. Ouvimos tanto a respeito de dever de um soldado – o desejo de sacrificar a própria vida pela pátria; ouvimos tão pouco sobre o dever de um cientista – de expor uma verdade uma vez que tenha sido reconhecida, custe o que custar.

O médico, ou o professor, tem uma única responsabilidade, i.e., praticar inflexivelmente a sua profissão, sem levar em conta os poderes que suprimem a vida, e ter em mente apenas o bem-estar dos que lhe são confiados. Ele não pode representar quaisquer ideologias que contradigam a ciência médica, ou pedagógica.

Aqueles que se chamam a si mesmos democratas e querem contestar esse direito do pesquisador, do médico, do educador, do técnico ou do escritor são hipócritas ou são, ao menos, vítimas da chaga do irracionalismo. Sem firmeza e seriedade nas questões vitais, a luta contra a chaga da ditadura é uma luta sem esperanças, porque a ditadura floresce – e só pode florescer – na obscuridade dos fins não compreendidos da vida e da morte. O homem é um ser desamparado quando lhe falta o conhecimento; o desamparo causado pela ignorância é o fertilizante da ditadura. Um sistema social não pode ser chamado de democrático se tem medo de propor questões decisivas, de encontrar respostas insólitas, e de entrar em discussão a respeito dessas questões e respostas. Nesse caso, é derrotado pelo mais leve ataque às suas instituições, pelos ditadores potenciais. Isso foi o que aconteceu na Europa.

A "liberdade religiosa" é uma ditadura quando não caminha de mãos dadas com a liberdade da ciência; pois, se este é o caso, não há livre competição na interpretação do processo da vida. Deve decidir-se de uma vez por todas se "Deus" é uma figura divina, barbuda, todo-poderosa, ou se representa a lei cósmica da natureza, que nos governa. Só se Deus e a lei da natureza são idênticos, pode haver um entendimento entre a ciência e a religião. Um passo apenas separa a ditadura de um representante terreno de Deus, e a ditadura de um salvador de povos, enviando pela divindade.

A "moralidade" é ditatorial quando confunde com pornografia os sentimentos naturais da vida. Fazendo-o, eterniza a mancha sexual e arruína a felicidade natural no amor, quer tenha a intenção de fazê-lo, quer não. É preciso elevar um protesto enérgico quando são rotulados como imorais aqueles que determinam o seu comportamento social tomando por base as leis interiores em vez dos códigos externos compulsivos. Um homem e uma mulher são marido e mulher não porque tenham recebido o sacramento, mas porque se sentem como marido e mulher. A lei íntima, e não a lei exterior, é a medida da verdadeira liberdade. O fanatismo moralista é o inimigo mais perigoso da moralidade natural. O fanatismo moralista não pode ser combatido com outra forma de moralidade compulsiva, mas tão somente com o conhecimento da lei natural do processo sexual. O comportamento moral natural pressupõe o livre desenvolvimento do processo natural da vida. Por outro lado, caminham de mãos dadas a moralidade compulsiva e a sexualidade patológica.

INTRODUÇÃO

A linha de compulsão é a linha de menor resistência. É mais fácil exigir disciplina e impô-la autoritariamente do que ensinar as crianças a sentirem prazer no trabalho independente, e a assumir uma atitude natural diante da sexualidade. É mais fácil declarar-se a si mesmo um *führer* onisciente enviado por Deus, e decretar o que milhões de pessoas devem pensar e fazer, do que se expor à luta do choque de opiniões entre a racionalidade e a irracionalidade. É mais fácil insistir na satisfação legal do respeito e do amor, do que conquistar a amizade por meio de um comportamento bondoso. É mais fácil vender a própria independência com vistas à segurança material, do que levar uma existência responsável e livre, e ser o senhor de si mesmo. É mais conveniente ditar o comportamento aos subordinados, do que guiar esse comportamento protegendo aquilo que apresenta de singular. É por isso também que a ditadura sempre é mais fácil que a verdadeira democracia. É por isso que o satisfeito líder democrático inveja o ditador e procura, incompetentemente, imitá-lo. É fácil pretender aquilo que é um lugar-comum. É difícil pretender a verdade.

Por isso, aqueles que não tem fé no processo vital, ou que a perderam, estão à mercê da influência subterrânea do medo à vida, que dá origem à ditadura. O processo vital é inerentemente "racional". Torna-se "distorcido" e grotesco se não lhe é permitido desenvolver-se livremente. Quando se "distorce" o processo vital, pode-se apenas engendrar o medo. Somente o conhecimento do processo vital pode dissipar o medo.

O nosso mundo, na verdade, se tornou desconjuntado. Não importa, porém, a maneira como as sangrentas lutas do presente ensombrecem os séculos vindouros, permanece o fato de que a ciência da vida é mais poderosa que a tirania e que todas as formas de negação da vida. Foi Galileu, não Nero, quem assentou os fundamentos da tecnologia; Pasteur, e não Napoleão, quem combateu as enfermidades; Freud, e não Schickgruber, quem sondou as profundidades psíquicas. Foram esses cientistas, em suma, que asseguraram a nossa existência. Os outros apenas abusaram das realizações de grandes homens para destruir o processo vital. As raízes da ciência natural penetram mais fundo que qualquer transitório tumulto fascista.

Wilhelm Reich

Nova York
Novembro de 1940

Capítulo I

A BIOLOGIA E A SEXOLOGIA ANTES DE FREUD

A posição científica que acabo de esboçar tem as suas raízes no Seminário de Sexologia de Viena (1919 a 1922). Nenhum sistema e nenhuma opinião preconcebida dirigiram o desenvolvimento das minhas ideias. Alguns gostariam de argumentar que eu sou um homem que, por ter uma singular história pessoal de complexos, e por ter sido excluído da sociedade "respeitável", quer impor as suas fantasias à vida alheia. Nada estaria mais longe da verdade. O fato é que uma juventude cheia de atividade e de experiência permite-me perceber e revelar dados, particularidades de pesquisa e resultados que permaneceram fechados para outros.

Antes de me tornar membro da Sociedade Psicanalítica de Viena, em outubro de 1920, eu adquiria extenso conhecimento no campo da sexologia e da psicologia, e também no campo da ciência natural e da filosofia natural. Parece falta de modéstia. Pois seja; a modéstia mal empregada não é uma virtude. Não havia qualquer mágica no caso. Intelectualmente faminto após quatro anos de inatividade na Primeira Grande Guerra, e dotado da faculdade de aprender rápida, completa e sistematicamente, mergulhei em tudo o que achei interessante no meu caminho. Não perdi muito tempo à toa em cafés e *soirées*, nem o desperdicei em farras ou em tolices, aqui e ali, com os estudantes, meus companheiros.

Foi por simples acaso que entrei em contato com a psicanálise. Durante uma conferência sobre anatomia em janeiro de 1919, alguém passou um folheto, que foi de carteira em carteira, e pedia aos estudantes interessados que organizassem um seminário de sexologia. Fui à primeira reunião. Havia uns oito jovens, estudantes de medicina. Dizia-se que um seminário de sexologia era necessário para os estudantes de medicina porque a Universidade de Viena estava negligenciando essa importante questão. Frequentei regularmente o seminário, mas não tomei parte na discussão. A maneira como o tema foi tratado nas primeiras reuniões soou estranha para mim; faltava-lhe o tom da naturalidade. Havia algo em mim que a rejeitava. Uma das minhas notas de março de 1919 diz: "talvez a moralidade com que o tema é tratado seja o que me perturba. Pela minha própria experiencia, pelas observações feitas em mim mesmo e nos outros, cheguei à conclusão de que a sexualidade é o centro em torno do qual gira a vida da sociedade como um todo, e também o mundo intelectual interior do indivíduo (. . .)".

Por que me opus? Foi somente uns dez anos mais tarde que descobri a razão. Eu tinha experimentado a sexualidade de maneira diferente da que se discutia naquele curso. Havia algo de esquisito e de estranho quanto à sexualidade daquelas primeiras conferências. A sexualidade natural não parecia absolutamente existir; o inconsciente estava cheio apenas de instintos perversos. Por exemplo, a teoria psicanalítica negava a existência de um erotismo vaginal primário nas meninazinhas e atribuía a sexualidade feminina a uma complicada combinação de outros instintos.

Houve uma sugestão de convidar um psicanalista mais velho para pronunciar uma série de conferências sobre a sexualidade. Falou bem, e o que disse foi interessante, mas eu sentia um desagrado instintivo pela maneira como tratava o tema. Ouvi muita coisa nova e me senti muito interessado mas, de certa forma, o conferencista não era digno do assunto. Eu nem seria capaz de dizer por quê.

Consegui alguns trabalhos sobre sexologia: *Sexualleben unserer Zeit*, de Bloch, *Die sexuelle Frage*, de Forel, *Sexuelle Verirrungen*, de Back, *Hermaphroditismus und Zeugungsunfähigkeit*, de Taruffi. Depois li *Libido*, de Jung e finalmente li Freud. Li muito, li depressa e de ponta a ponta: alguns dos trabalhos li duas ou três vezes. As *Three Contributions to the Theory of Sex* e as *Introductory Lectures to Psychoanalysis*, de Freud, decidiram a escolha da minha profissão. Separei imediatamente a literatura sexológica em dois grupos: um sério, e o outro "moralista e lascivo". Eu estava entusiasmado a respeito de Bloch, Forel e Freud. Freud era uma extraordinária experiência intelectual.

Não me tornei imediatamente um discípulo devotado de Freud. Assimilei gradualmente as suas descobertas, estudando ao mesmo tempo as ideias e descobertas de outros grandes homens. Antes de entregar-me inteiramente à psicanálise e de me atirar totalmente a ela, adquiri um conhecimento básico geral em ciência natural e em filosofia natural. Era o tema básico da sexualidade que me obrigava a empreender esses

A BIOLOGIA E A SEXOLOGIA ANTES DE FREUD

estudos. Estudei muito bem o *Handbuch der Sexualwissenschaft*, de Moll. Queria saber o que os outros tinham a dizer sobre os instintos. Isso me levou a Semon. A sua teoria das "sensações mnemônicas" deu-me o que pensar sobre os problemas da memória e do instinto. Semom argumentava que os atos involuntários de todas as criaturas vivas consistem em "engramas", i.e., em impressões históricas de experiências. O protoplasma, em eterna autoperpetuação, absorve continuamente impressões que, respondendo aos estímulos correspondentes, são "ecforizadas". Essa teoria biológica se ajusta muito bem ao conceito das lembranças inconscientes de Freud, os "traços de memória". A pergunta – "Que é a vida?" – inspirava cada uma das minhas novas aquisições de conhecimento. A vida era marcada por uma notável racionalidade e intencionalidade da ação instintiva e involuntária.

As investigações de Forel na organização racional das formigas dirigiram a minha atenção para o problema do vitalismo. Entre 1919 e 1921, familiarizei-me com a *Philosophie des Organischen* e com a *Ordnungslehre*, de Driesch. Entendi o primeiro livro, mas não o segundo. Estava claro que a concepção mecanicista da vida, que dominava também os nossos estudos médicos, não poderia oferecer uma explicação satisfatória. A argumentação de Driesch parecia-me incontestável. Ele afirmava que, na esfera do funcionamento vital, o todo podia desenvolver-se de uma parte, ao passo que, de um parafuso, não se podia fazer uma máquina. Mas, por outro lado, o seu emprego do conceito de "enteléquia" para a explicação do funcionamento vital não era convincente. Eu tinha a impressão de que um enorme problema fora evitado com uma só palavra. Assim, de maneira um tanto primitiva, aprendi a estabelecer uma distinção clara entre fatos, e teorias a respeito de fatos. Pensei muito nas três provas de Driesch do caráter específico totalmente diferente da matéria viva em oposição à matéria inorgânica.

Eram provas bem fundamentadas. Entretanto, eu não podia aceitar o transcendentalismo do princípio da vida. Dezessete anos mais tarde, eu já estava apto a solucionar a contradição, com base em uma fórmula pertencente à função da energia. A teoria de Driesch estava presente no meu espírito sempre que eu pensava a respeito do vitalismo. A vaga impressão que tive da natureza irracional da sua hipótese acabou por justificar-se, no fim: Driesch tornou-se espírita.

Tive mais sucesso com Bergson. Fiz um estudo muito cuidadoso dos seus *Matter and Memory, Time and Freedom* e *Creative Evolution*. Percebi instintivamente a exatidão dos seus esforços para relutar tanto o materialismo mecanicista como o "finalismo". A explicação bergsoniana da percepção da duração temporal na experiencia psíquica, e da unidade do ego confirmou as minhas próprias percepções íntimas da natureza não mecanicista do organismo. Tudo isso era muito obscuro e vago – mais *percepção* que *conhecimento*. A minha atual teoria da identidade e da unidade do funcionamento psicofísico teve a sua origem no pensamento bergsoniano, e se tornou em uma nova teoria da relação funcional entre o corpo e a mente. Durante algum tempo, fui encarado como um "bergsoniano maluco". Embora em princípio eu concordasse com Bergson, não sabia como apontar a lacuna existente na sua teoria. O seu *"élan vital"* lembrava-me de perto a "enteléquia" de Driesch. O princípio de uma força criativa governando a vida não podia ser negado. Assim mesmo, não era satisfatório na medida em que não podia ser tocado, descrito e tratado objetivamente. A aplicabilidade prática era considerada, com justiça, a meta suprema da ciência natural. Os vitalistas pareceram-me sempre mais próximos de um entendimento do princípio essencial do que os mecanicistas, que cortam a vida em pedaços antes de procurarem compreendê-la. Por outro lado, a ideia de que o organismo operava como uma máquina era intelectualmente mais acessível. Podiam-se traçar paralelos considerando os elementos conhecidos do campo da física.

Eu era um mecanicista no meu trabalho médico, e o meu pensamento tendia a ser ultrassistemático. Nos meus temas "pré-clínicos" interessava-se mais pela anatomia sistemática e topográfica. Eu dominava a anatomia do cérebro e todo o sistema nervoso. Estava fascinado pela complexidade dos feixes nervosos e da engenhosa disposição dos gânglios. Aprendi muito mais que o necessário para o grau médico. Ao mesmo tempo, entretanto, era arrastado para a metafísica. Apreciava o *Geschichte des Materialismus* de Lange por mostrar claramente a indispensabilidade da filosofia idealista da vida. Alguns dos meus colegas aborreciam-se com o meu "erraticismo" e "inconstância de pensamento". Foi somente dezessete anos mais tarde, quando consegui solucionar praticamente a contradição existente entre mecanismo e vitalismo, que eu mesmo entendi essa atitude aparentemente confusa. É fácil pensar corretamente em campos conhecidos. É difícil, quando se está começando a andar às apalpadelas em terrenos desconhecidos, não ser intimidado pelo peso dos conceitos. Felizmente, não demorei muito a reconhecer que tinha o dom de lutar com uma profusão de pensamentos perturbados, e emergir com resultados práticos. Devo a

A BIOLOGIA E A SEXOLOGIA ANTES DE FREUD

invenção do orgonoscópio, através do qual podem ser vistos lampejos de energia biológica, a essa característica pessoal.

A versatilidade dos meus interesses intelectuais faz-me pensar que "todo mundo de alguma forma está certo" – é apenas questão de saber "como". Estudei dois ou três livros de história da filosofia, que me familiarizaram com a eterna controvérsia a respeito da precedência do corpo ou do espírito. Esses primeiros estágios do meu desenvolvimento científico foram importantes, porque me prepararam para perfeita compreensão da teoria de Freud. Nos manuais de biologia, que não estudei senão depois do exame oral de biologia – cujo valor é muito questionável – encontrei um mundo rico, um sem-fim de elementos tão bons para a ciência demonstrativa quanto para um sonho idealista. Mais tarde, os meus próprios problemas forçaram-me a estabelecer distinções mais claras entre o fato e a hipótese. O *Allgemeine Biologie* e o *Das Werden der Organismen*, de Hertwig, proporcionaram-me um conhecimento bem fundamentado, mas não conseguiram demonstrar a interação entre os vários ramos da ciência natural. Eu não diria isso assim, naquele tempo, mas de fato não fiquei satisfeito. Fiquei perturbado pela aplicação do "princípio teleológico" no campo da biologia. De acordo com esse princípio, a célula teria uma membrana para protegê-la contra os estímulos externos. A célula seminal masculina seria suficientemente ágil para ter facilidade maior de chegar até o óvulo feminino. Os animais machos seriam maiores e mais fortes que as fêmeas e também, frequentemente mais coloridos para parecerem mais atraentes às fêmeas, ou seriam providos de chifres para serem mais capazes de lutar com os rivais. Argumentava-se mesmo que as formigas operárias eram assexuadas para poderem realizar melhor o seu trabalho. As andorinhas construíam os seus ninhos visando esquentar os filhotes, e a natureza organizava isto ou aquilo desta ou daquela maneira para satisfazer a este ou àquele propósito. Em suma, uma mistura de finalismo vitalista e materialismo causal imperava também no campo da biologia. Assisti às conferências muito interessantes de Kammerer sobre a sua teoria da hereditariedade dos caracteres adquiridos. Kammerer estava muito influenciado por Steinach, que se destacou a esse tempo com os seus grandes trabalhos sobre os tecidos intersticiais hormonais do aparelho genital. O efeito sobre os caracteres sexuais e sexuais secundários por meio dos experimentos de enxerto e a modificação da teoria mecanicista da hereditariedade, de Kammerer, causaram-me forte impressão. Kammerer era um defensor convicto da organização

A FUNÇÃO DO ORGASMO

natural da vida, a partir da matéria inorgânica e da existência de uma energia biológica específica. Naturalmente, eu não tinha condições para emitir quaisquer julgamentos objetivos. Eu apenas sentia atração por essas ideias científicas: traziam vida à matéria que nos era secamente servida na Universidade. Ambos, Steinach e Kammerer, eram severamente combatidos. Uma vez marquei uma entrevista com Steinach. Quando o vi, tive a impressão de que estava cansado e abatido. Mais tarde, entendi melhor como se é cruelmente maltratado por causa de um bom trabalho científico. Kammerer cometeu, depois, suicídio. É muito fácil assumir uma posição de crítica violenta quando não se tem argumentos objetivos.

Cruzei novamente com o "para" da biologia em diversas doutrinas de salvação. Li o *Buddha* de Grimm e fui surpreendido pela lógica interna da teoria do Nirvana, que rejeitava também o prazer porque este, inevitavelmente, acarretava o sofrimento. Achei ridícula a teoria da transmutação das almas, mas não pude explicar *por que* milhões de pessoas aderiam a semelhante crença. O medo da morte não poderia ser a explicação absoluta. Nunca li Rudolf Steiner, mas conheci muitos teósofos e antropossofistas. Todos eles tinham algo de peculiar; por outro lado, eram em geral mais fervorosos que os secos materialistas. Eles também deviam, de alguma forma, estar certos.

No verão de 1919, li a última comunicação do seminário de sexologia, "O conceito de Libido, de Forel a Jung". Essa comunicação foi publicada dois anos mais tarde na *Zeitschrift für Sexualwissenschaft*. Eu tinha examinado as diversas concepções da sexualidade, como foram expostas por Forel, Moll, Bloch, Freud e Jung. Estava descobrindo quão diferentemente cada um desses cientistas encarava a sexualidade. À exceção de Freud, todos eles acreditavam que a sexualidade, vindo de um céu azul sem nuvens, surpreendia o homem na puberdade. Dizia-se que a "sexualidade despertava". Ninguém podia dizer onde havia ela estado antes disso. Sexualidade e procriação eram encaradas como uma e mesma coisa. Por detrás dessa concepção errônea, permanece escondida uma montanha de erros psicológicos e sociológicos. Moll falou de uma "intumescência" e de uma "detumescência", mas ninguém podia dizer qual a sua origem, nem qual a sua função. A tensão e a relaxação sexuais eram atribuídas a diferentes instintos especiais. Na sexologia e na psicologia psiquiátrica desse tempo, havia tantos, ou quase tantos, instintos quantas eram as ações humanas. Havia um instinto da fome, um instinto da propagação, um instinto de exibição,

A BIOLOGIA E A SEXOLOGIA ANTES DE FREUD

um instinto de poder, um instinto de afirmação pessoal, um instinto de conservação, um instinto maternal, um instinto evolutivo, um instinto cultural e um instinto de grupo; e naturalmente, também um instinto social, um instinto egoísta e um altruísta, um instinto especial para a algolagnia(impulso em direção à dor) e um para o masoquismo; um instinto sadístico e um instinto de fantasia. Em suma, era muito simples, e ainda assim, terrivelmente complicado. Não havia como destrinchá--lo. O pior de todos era o "instinto moral". Hoje muito poucas pessoas sabem que a moralidade foi uma vez encarada como um instinto filo-geneticamente, e na verdade sobrenaturalmente, determinado. Isso se dizia com absoluta seriedade e grande dignidade.

Foi ao mesmo tempo um período terrivelmente ético. As perversões sexuais eram coisa do diabo, "degeneração" moral. O mesmo se afirma da doença psíquica. Uma pessoa que sofresse de uma depressão mental ou de uma neurastenia tinha uma "mancha hereditária", quer dizer, era "má". Os pacientes mentais e os criminosos eram considerados como biologicamente manchados, criaturas seriamente deformadas, para as quais não havia desculpa nem ajuda possíveis. O homem de "gênio" era considerado algo como um criminoso fracassado ou, na melhor das hipóteses, um capricho da natureza – e não como uma pessoa que houvesse evitado a esterilidade cultural de seu ambiente e mantido contato com a natureza. Ouvindo as sinfonias de Beethoven, o rico – i.e., o bom, o justo – gostaria de esquecer-se da ignomínia da morte de Beethoven em triste solidão e pobreza.

É suficiente apenas ler o livro de Wulffen sobre criminalidade, ou o de Pilcz ou o de Kraepelin sobre psiquiatria, ou qualquer outro dessa época. Não se fica sabendo muito bem se se trata de teologia moral ou de ciência. Nada se sabia a respeito das enfermidades psíquicas ou sexuais; a sua existência despertava simplesmente a indignação, e as lacunas do conhecimento eram preenchidas com uma moral absolu-tamente desprezível. Tudo era hereditário, i.e., biologicamente deter-minado, e isso era o fim. O fato de que uma atitude tão desesperadora e intelectualmente covarde pudesse conquistar o império germânico, catorze anos mais tarde, apesar de todos os esforços científicos que se fizeram nesse ínterim, deve atribuir-se em parte à indiferença social dos pioneiros da ciência. Rejeitei instintivamente essa metafisica, essa filosofia moral e "eticizante". Procurei em vão fatos que comprovassem essas doutrinas. Nos trabalhos biológicos de um homem como Men-del, que estudara as leis da hereditariedade, encontrei muito maior

33

confirmação da variabilidade da sucessão hereditária do que da sua proclamada uniformidade rígida. Não se tornou logo evidente para mim que, em noventa e nove por cento, a teoria da hereditariedade não passa de um estupendo subterfúgio. Por outro lado, eu estava muito empolgado pela teoria das mutações de Vrie, pelas experiências de Steinach e Kammerer, e pela teoria da frequência de Fliess e Swoboda. A teoria de seleção natural de Darwin satisfazia à razoável expectativa de que, embora as leis naturais básicas governem a vida, as influências circunstanciais devem ser reconhecidas em larga escala. Não havia nada de eternamente imutável aí; nada levava de volta a fatores hereditários invisíveis. Tudo era passível de desenvolvimento.

Nunca me passou pela cabeça relacionar os instintos sexuais com essas teorias biológicas. Eu não tinha inclinação para especulações. O instinto sexual levava uma existência estéril no campo da ciência.

É preciso estar familiarizado com essa atmosfera nos campos da sexologia e da psiquiatria antes de Freud para entender o entusiasmo e o alívio que senti quando o encontrei. Freud havia aberto uma estrada para a compreensão clínica da sexualidade. Mostrou que a sexualidade adulta procede de estágios de desenvolvimento sexual na infância. Foi claro imediatamente: sexualidade e procriação não são a mesma coisa. As palavras "sexual" e "genital" não podiam ser usadas uma pela outra. A experiência sexual inclui um campo muito maior que a experiência genital; do contrário, perversões como o prazer encontrado na coprofagia, na obscenidade, ou no sadismo não poderiam ser chamados sexuais. Freud expôs as contradições do pensamento e introduziu a lógica e a ordem.

Os escritores pré-freudianos empregaram o conceito da "libido" para denotar simplesmente o desejo consciente de atividade sexual. Tratava-se de um vocábulo da psicologia consciente. Não se sabia o que era ou deveria ser a "libido". Freud afirmou que não podemos compreender completamente o que seja o instinto. O que experimentamos são apenas derivados do instinto: ideias e sentimentos sexuais. O instinto em si encontra-se no mais fundo, no cerne biológico, do organismo; manifesta-se como um impulso emocional em busca da satisfação. Percebemos o desejo de relaxação, mas não o próprio instinto. Isso era um pensamento profundo; não foi entendido nem pelos simpatizantes nem pelos inimigos da psicanálise. Constituía um dos fundamentos do pensamento científico-natural, sobre o qual se poderia trabalhar com confiança. Foi assim que interpretei Freud: é ao mesmo

A BIOLOGIA E A SEXOLOGIA ANTES DE FREUD

tempo lógico que o próprio instinto não possa ser consciente, pois ele é o que nos regula e governa. Nós somos o seu objeto. Tomemos a eletricidade, por exemplo. Não sabemos o que ela é, ou como se origina. Reconhecemo-la pelas suas manifestações, tal como a luz e o choque. Na verdade, uma onda elétrica pode ser medida, mas isso também é apenas uma característica daquilo que chamamos de eletricidade. Tal como a eletricidade pode ser medida através das suas manifestações de energia, assim os instintos podem ser reconhecidos exclusivamente através da manifestação das suas emoções. A "libido" de Freud, concluí, não é o mesmo que a "libido" dos pré-freudianos. A última denota os desejos sexuais conscientes. A *"libido" de Freud não é, e não pode ser, senão a energia do instinto sexual.* É possível que algum dia possamos chegar a medi-la. Foi inteiramente sem premeditação consciente que empreguei o símil da eletricidade e da sua energia. Eu não tinha ideia de que dezesseis anos mais tarde teria a rara felicidade de demonstrar a identidade existente entre a energia bioelétrica e a energia sexual. O pensamento coerente e científico-natural de Freud, em termos de energia, cativara-me. Era objetivo e lúcido.

O seminário de sexologia aceitou entusiasticamente a minha explicação. Tinham ouvido dizer que Freud interpretava símbolos e sonhos e fazia outras coisas curiosas. Consegui estabelecer uma conexão entre Freud e as teorias de sexo conhecidas. No outono de 1919 fui eleito para a presidência do seminário. Nessa posição, aprendi a pôr ordem no trabalho científico. Formavam-se grupos para estudo dos diferentes ramos da sexologia: endocrinologia e teoria geral dos hormônios, biologia do sexo, fisiologia e psicologia sexual, e, acima de tudo, psicanálise. No início, estudamos a sociologia do sexo nos livros de Müller-Lyer. Um estudante de medicina fez conferências sobre as ideias de Tandler a respeito da higiene social e outro ensinou-nos embriologia. Dos trinta participantes iniciais somente oito permaneceram, mas fizeram trabalho sério. Mudamo-nos para o portão da clínica Hayek. Um tanto disfarçadamente, Hayek perguntou-me se pretendíamos também treinar "sexologia prática". Tranquilizei-o. Estávamos bem familiarizados com a atitude dos professores universitários frente à sexualidade. Isso não nos aborrecia mais. Encarávamos a omissão da sexologia nos nossos estudos como uma séria desvantagem e visávamos a instruir-nos o melhor possível. Aprendi muito, preparando um curso sobre anatomia e fisiologia dos órgãos sexuais. Colhi o meu material em diversos manuais nos quais os órgãos sexuais eram descritos unicamente como

A FUNÇÃO DO ORGASMO

servindo à finalidade da reprodução. Isso nem mesmo parecia estranho. Nada se dizia sobre como os órgãos sexuais se relacionavam com o sistema nervoso autônomo; e o que se dizia sobre a sua relação com os hormônios sexuais era vago e insatisfatório. Aprendemos que certas "substâncias" eram produzidas nas glândulas intersticiais do testículo e do ovário, e que essas "substâncias" determinavam características sexuais secundárias e realizavam a maturidade sexual na puberdade. Eram também descritas como a causa da excitação sexual. Esses pesquisadores não percebiam a contradição existente no fato de que homens castrados *antes* da puberdade têm uma sexualidade reduzida, ao passo que os homens castrados *após* a puberdade não perdem a sua excitabilidade sexual e são capazes de realizar o ato sexual. O fato de que os eunucos desenvolvem um sadismo singular não era encarado como um problema. Foi somente muitos anos mais tarde, quando me permiti um exame dos mecanismos de energia sexual, que entendi esses fenômenos. Após a puberdade, a sexualidade está totalmente desenvolvida e a castração não pode afetá-la. A energia sexual opera no corpo todo e não apenas nos tecidos intersticiais das gônadas. O sadismo que os eunucos desenvolvem é apenas a energia sexual que, privada da sua função genital normal, se apodera da musculatura do corpo inteiro. Na fisiologia desse tempo, o conceito de sexualidade não ia além da compreensão dos pontos isolados de conexão do mecanismo sexual, i.e., dos tecidos intersticiais dos testículos e/ou dos ovários; não descrevia nada além das características sexuais secundárias. Foi por essa razão que a explicação de Freud, da função sexual, teve um efeito libertador. De fato, em *Three Contributions to the Theory of Sex*, ele ainda presumia a existência de "substâncias químicas" que se pensava serem a causa da excitação sexual. Investigou os fenômenos da excitação sexual, falou de uma "libido dos órgãos" e atribuiu a cada célula esse "algo" estranho que influencia de tal maneira a nossa vida. Pude, mais tarde, provar experimentalmente essas sugestões freudianas.

A psicanálise adquiriu gradualmente a supremacia sobre todas as outras disciplinas. A minha primeira análise foi a de um jovem, cujo principal sintoma era o impulso de andar depressa. Não conseguia andar devagar. O simbolismo que apresentou nos sonhos não me pareceu muito estranho. Na verdade, a sua lógica surpreendia-me frequentemente. A maior parte das pessoas considerava sobretudo fantástica a interpretação freudiana dos símbolos. Eu estava familiarizado com o simbolismo não só da *Interpretation of Dreams*, de Freud, mas também

A BIOLOGIA E A SEXOLOGIA ANTES DE FREUD

dos meus próprios sonhos, que havia frequentemente interpretado; tenho uma série de análises dos meus próprios sonhos.

O trabalho com o meu primeiro paciente ocorreu muito bem – bem demais, como acontece geralmente com os principiantes. O principiante tem um modo de ser insensível à inescrutável profundidade do inconsciente e de negligenciar a complexidade dos problemas. Fiquei muito orgulhoso quando consegui analisar o significado da ação compulsiva. Quando meninozinho, o paciente havia roubado algo de uma loja e tinha fugido com medo de ser perseguido. Conseguira reprimir o incidente. Este reaparecera na sua "necessidade de andar depressa". De acordo com isso, foi fácil demonstrar o seu medo infantil de ser apanhado no ato da masturbação clandestina. Houve mesmo melhora no seu estado. Descobri também algumas indicações da atração sexual profunda do paciente pela mãe.

Quanto à técnica, procedi exatamente de acordo com as instruções dadas nos trabalhos de Freud. Foi assim que fizemos a análise: o paciente deitava-se no divã, sentado o analista por trás dele. Se possível, o paciente devia evitar voltar-se. Olhar para trás, para o analista, considerava-se como uma "resistência". O paciente era estimulado a "associar livremente". Não devia suprimir nada do que lhe viesse à mente. Deveria dizer tudo – mas não fazer nada. A tarefa principal consistia em levá-lo "da ação à lembrança". Os sonhos eram analisados, parte por parte, uns após os outros, sucessivamente. O paciente devia produzir associações para cada uma das partes. Havia uma concepção lógica por detrás desse procedimento. O sintoma neurótico é a manifestação de um impulso instintivo reprimido que surgiu, disfarçado, através da repressão. Segue-se a isso que, se o analista agisse de uma forma tecnicamente correta, o desejo sexual inconsciente e a defesa moralista contra ele deveriam ser descobertos a partir do sintoma. Por exemplo, o medo de uma garota histérica de ser atacada por um homem armado de faca é uma representação disfarçada do desejo de relação sexual, inibido pela moralidade e empurrado para o inconsciente pela repressão. O sintoma resulta da inconsciência do impulso instintivo proibido; masturbar-se, por exemplo, ou ter relações sexuais. No caso acima, o perseguidor representa os escrúpulos da própria garota, que impedem a expressão direta do desejo instintivo. Barrado na manifestação direta, o impulso procura possibilidades disfarçadas de expressão, como por exemplo roubar ou temer um ataque. A cura consegue-se, de acordo com Freud, tornando consciente o impulso reprimido e acessível, assim,

A FUNÇÃO DO ORGASMO

à condenação do ego maduro. Como a inconsciência de um desejo é a condição do sintoma, o torná-lo consciente deve causar-lhe a cura. Alguns anos mais tarde, o próprio Freud desconfiou dessa formulação. Inicialmente, entretanto, dizia-se depender a cura da conscientização do impulso instintivo reprimido, e da sua condenação ou sublimação.

Quero enfatizar particularmente este ponto. Quando comecei a desenvolver a minha teoria genital terapêutica, as pessoas atribuíram-na a Freud. Ou a rejeitaram totalmente. Para compreender a minha posterior discordância de Freud é importante observar-lhe as raízes nesses primeiros estágios do meu trabalho. Nos primeiros anos do meu trabalho psicanalítico, pude curar parcialmente e até mesmo eliminar completamente muitos sintomas, aderindo ao princípio de tornar conscientes os impulsos inconscientes. Em 1920, não havia alusões a "caráter", nem a "neurose de caráter". Muito pelo contrario: o sintoma neurótico individual era explicitamente encarado como um elemento estranho em um organismo psíquico, que sem ele seria são. Isto é um ponto decisivo. Dizia-se que uma parte de personalidade não havia conseguido o total desenvolvimento em direção à maturidade, permanecendo assim atrasada, em um estágio anterior do desenvolvimento sexual. Isso resultava em uma "fixação". O que acontecia então é que essa parte isolada entrava em conflito com o resto do ego, pelo qual era mantida em repressão. A minha teoria posterior do caráter, por outro lado, sustentava que *não pode haver um sintoma neurótico sem uma perturbação do caráter como um todo*. Os sintomas são apenas os picos de uma cadeia de montanhas que o caráter neurótico representa. Desenvolvi essa ideia plenamente de acordo com a teoria psicanalítica da neurose. Essa nova concepção fez exigências definidas quanto à técnica, e levou finalmente a formulações que estavam em contradição com a psicanálise.

Como presidente do seminário estudantil de sexologia, era meu trabalho conseguir leituras. Visitei Kammerer, Steinach, Stekel, Bucura (um professor de biologia), Alfred Adler e Freud. A personalidade de Freud causou a maior, a mais forte e mais duradoura impressão. Kammere era inteligente e bom, mas não se mostrou especialmente interessado. Steinach queixou-se das suas próprias dificuldades. Stekel procurou impressionar. Adler era decepcionante. Criticou Freud. Ele, não Freud, era o que tinha a verdadeira compreensão das coisas. Segundo Adler, o complexo de Édipo era uma tolice; o complexo de castração era uma fantasia extravagante; e, além disso, a sua teoria do protesto masculino

A BIOLOGIA E A SEXOLOGIA ANTES DE FREUD

continha uma versão muito melhor do assunto. O fruto da sua "ciência" máxima foi uma comunidade pequeno-burguesa de reformistas. Um dia, terei de expor os pontos em que estava certo, as injustiças que sofreu e as razões pelas quais a sua teoria não se sustentou.

Freud era diferente. Enquanto os outros desempenhavam um papel qualquer – o do professor, o do grande conhecedor do caráter humano, o do cientista eminente –, Freud não se dava ares de importante. Falou comigo como uma pessoa absolutamente comum. Tinha um olhar vivo e inteligente, que não procurava penetrar o olhar do interlocutor com qualquer espécie de pose, mas olhando simplesmente o mundo de uma forma honesta e franca. Perguntou a respeito do nosso trabalho no seminário e achou-o muito sensato. Estávamos certos, disse. Era lamentável que as pessoas não demonstrassem interesse, ou somente um interesse fingido, pela sexualidade. Ele se sentiria simplesmente muito feliz em conseguir-nos uma bibliografia. Ajoelhou-se junto da estante e escolheu animadamente alguns livros e folhetos. Eram edições especiais de *The Vicissitudes of Instincts, The Unconscious*, uma cópia de *The Interpretation of Dreams*, uma cópia de *The Psychopathology of Everyday Life* etc. Freud falava rápido, vivo e objetivamente. Os movimentos das suas mãos eram naturais. Havia um traço de ironia em tudo o que dizia. Eu estava apreensivo antes de ir à sua casa, e agora saía alegre e feliz. A partir desse dia, gastei catorze anos de trabalho intensivo *na* e *para* a psicanálise. No fim, desapontei-me seriamente com Freud. Felizmente, esse desapontamento não levou ao ódio ou à repulsa. Muito pelo contrário: posso hoje apreciar a realização freudiana de maneira muito melhor e mais profunda do que o poderia naqueles dias de entusiasmo jovem. Sinto-me feliz por haver sido seu discípulo por tanto tempo, sem o haver criticado prematuramente, e com absoluta devoção à sua causa.

Uma devoção irrestrita a uma causa é a mais elevada condição da independência intelectual. Durante os anos de árdua luta pela teoria de Freud, vi aparecerem no cenário, e logo desapareceram, muito indivíduos. Como cometas, alguns deles atingiram o cume – prometendo muito, e nada realizando. Outros eram como toupeiras, abrindo diligentemente caminho através dos difíceis problemas do inconsciente, sem haver experimentado uma só vez a dádiva da compreensiva opinião de Freud. Havia outros que pretendiam competir com Freud, sem desconfiar de que Freud estava situado à margem da ciência acadêmica convencional, pela sua adesão ao tema da "sexualidade". E havia finalmente aqueles

A FUNÇÃO DO ORGASMO

que agarravam rápido um fragmento de uma teoria e o transformavam em profissão. Objetivamente, porém, não se tratava de competir com Freud, nem de criar uma profissão, mas de levar adiante uma descoberta monumental. Havia em questão mais que a elaboração de material conhecido; tratava-se, essencialmente, de descobrir as bases biológicas da teoria da libido, através da experimentação. Era necessário assumir a responsabilidade de uma parte de um conhecimento importante, que representava um desafio a um mundo de superficialidade e formalismo. Era preciso ser capaz de permanecer sozinho – o que não favorecia, propriamente, a popularidade. Está claro, hoje, para muitos que trabalham nesse novo ramo psicobiológico da medicina, que a teoria da estrutura da análise do caráter é a continuação legítima da teoria da vida psíquica inconsciente. A abertura de um novo acesso à biogênese foi o resultado mais importante da aplicação sistemática do conceito de libido.

A história da ciência é uma longa e *una* cadeia de elaborações, divergências e retificações, de recriações, seguidas de avaliações, de novas divergências e retificações, e de novas criações. Tem sido um caminho longo e difícil, e apenas começamos. Ele tem apenas dois mil anos, entremeados de longos e áridos períodos. O mundo vivo tem centenas de milhares de anos, e seguirá provavelmente existindo por muitos séculos. A vida está constantemente em movimento para a frente – nunca para trás. A vida está se tornando sempre mais complexa, e o seu ritmo está se acelerando. O trabalho pioneiro honesto no campo da ciência tem sido sempre, e continuará a ser, o guia da vida. De todos os lados, a vida está rodeada de hostilidade. Isso nos impõe um dever.

Capítulo II

PEER GYNT

O impacto da psicanálise foi enorme e de grandes consequências. Foi um soco na face do pensamento convencional. Você pensa que determina livremente as suas próprias ações? Longe disso: a sua ação consciente é apenas uma gota na superfície de um mar de processos inconscientes, do qual você nada pode saber – e sobre o qual, na verdade, tem medo de saber algo. Você se sente orgulhoso da "individualidade da sua personalidade" e da "abertura da sua mente"? Qual o quê? Na verdade, você é apenas o brinquedo dos seus instintos, que fazem com você tudo o que bem entendem, isso, não há dúvida, ofende intensamente a sua vaidade! E você se sentiu depois tão desiludido quando lhe disseram que era descendente dos macacos e que a Terra na qual se arrasta não era o centro do Universo, quando antes se sentira feliz em pensar o contrário. Você ainda crê que a Terra, um entre milhões de planetas, é o único que permite a vida. Em suma, você é regulado por processos que não pode controlar, que não conhece, que teme, e que interpreta erroneamente. Há uma realidade *psíquica* que se estende muito além da sua mente consciente. O seu inconsciente é como a "coisa em si", de Kant. Em si mesmo não pode ser agarrado; revela-se a você apenas nas suas manifestações. O Peer Gynt de Ibsen sente isso:

> Para trás ou para frente, é igualmente longe. – Fora ou dentro, o caminho é igualmente estreito. – É ali! – e ali! – e tudo ao meu redor! Penso que saí e estou de volta, bem no meio. Qual é o seu nome? Deixe-me vê-lo! Diga o que você é!

É o "grande Boyg". Li muitas vezes o *Peer Gynt*. Li muitas interpretações também. Somente a de Brandes, o grande sábio nórdico, tocou os meus próprios sentimentos sobre o drama de Ibsen.

A rejeição emocional da teoria do inconsciente de Freud não pode ser totalmente explicada sobre a base do medo tradicional às ideias novas e grandes. O homem tem de existir, material e psiquicamente; tem de existir em uma sociedade que segue um modelo prescrito e tem de defender-se. A vida diária o exige. Uma divergência do que é conhecimento, do que é familiar, um desvio do caminho muitas vezes trilhado, pode significar a confusão total, e a ruína. O medo do homem ao que é incerto, ao insondável, ao cósmico justifica-se, ou ao menos se compreende. Aquele que se afasta do caminho comum se torna facilmente um Peer Gynt, um visionário, um paciente mental. Pareceu-me que Peer Gynt queria revelar um profundo segredo, não sendo, entretanto, muito capaz de fazê-lo. É a história de um jovem que, embora insuficientemente aparelhado, se libertou das fileiras cerradas da turba humana. Não é compreendido. As pessoas riem dele quando está fraco; tentam destruí-lo quando está forte. Se não consegue compreender a infinitude que atinge os seus pensamentos e ações, é condenado a desencadear a sua própria ruína. Tudo se agitou e rodopiou em mim quando li e entendi Peer Gynt, e quando encontrei e compreendi Freud. Eu era ostensivamente semelhante a Peer Gynt, senti que o seu destino era a consequência mais provável, quando alguém se aventurava a libertar-se das fileiras cerradas de uma ciência autorizada e do pensamento tradicional. Se a teoria do inconsciente de Freud era correta – e eu não tinha dúvidas de que o fosse – então a infinitude psíquica interior tinha sido entendida. O homem se tornava uma pequena mancha no fluxo das suas próprias experiências. Senti tudo isso de uma forma nebulosa – mas não "cientificamente".

Encarada do ângulo da vida sem couraça, a teoria científica é um ponto de apoio no caos dos fenômenos vivos. Serve, por isso, ao objetivo de uma proteção psíquica. Não há muito perigo de que seja tragado por esse caos, quando se classificaram nitidamente se cataloguaram, se descreveram – e por isso se pensa haver compreendido – esses fenômenos. Dessa maneira, é até mesmo possível dominar certa porção desse caos. Isso me trazia um consolo muito pequeno. Com vistas às infinitas possibilidades de vida, tem sido minha preocupação constante nos últimos vinte anos limitar o alcance das minhas investigações científicas. No fundo de cada item pormenorizado do meu trabalho havia o sentimento de ser apenas um ponto infinitesimal do Universo. Para quem voa a uma altitude de mil metros, quão miseravelmente parecem os carros arrastar-se lá embaixo!

Nos anos seguintes estudei astronomia, eletrônica, a teoria do *quantum* do Planck e a teoria da relatividade de Einstein. Heisenberg e Bohr tornaram-se conceitos vivos. Embora a semelhança entre as leis que governam os *eléctrons* e as que governam o sistema planetário pudesse ser reconhecida com a conveniente imparcialidade científica, não podia também deixar de despertar sentimentos de natureza cósmica – exatamente como também não se pode desprezar a ilusão de flutuar sozinho no espaço cósmico, por considerá-la simplesmente como uma ilusão do seio materno. Desse ângulo, os casos a arrastar-se e as preleções a respeito dos *eléctrons* turbilhonantes pareciam muito insignificantes. Eu sabia que a experiência dos pacientes mentais se movia fundamentalmente nessa direção. A psicanálise argumentava que nos pacientes mentais a consciência é inundada pelo inconsciente. Isso resulta no rompimento das barreiras que isolam o caos no próprio inconsciente do indivíduo, e na perda da faculdade de avaliar a realidade exterior. No esquizofrênico, a ilusão de que o dia do juízo está próximo é precursora do colapso psíquico.

Eu estava profundamente emocionado pela seriedade com que Freud procurava entender os pacientes mentais. As suas ideias estavam muito acima das opiniões "pedantemente afetadas" com que os psiquiatras da velha escola se expressavam sobre a doença mental. Como a entendiam, alguns aspectos eram simplesmente "loucos". Depois que li os questionários para os pacientes mentais, escrevi uma peça curta, na qual pintei o desespero de um paciente mental, que, incapaz de lutar contra suas fortes tendência interiores, pede ajuda e tenta encontrar a luz. Há, por exemplo, os estereótipos catatônicos, que se sentam durante horas a fio com os dedos apertados contra a testa, como se estivessem em profunda meditação. Pensemos no olhar profundo, perdido, penetrante e vago, e na expressão facial desses pacientes mentais. E o que é que o psiquiatra lhes pergunta? – "Que idade tem" "Como se chama?" "Quanto é três vezes seis?" "Qual é a diferença entre uma criança e um anão?" – E descobre que o paciente está desorientado, esquizofrênico e megalomaníaco. Ponto final. Havia umas vinte mil dessas pessoas no "Steinhof" de Viena. Cada uma delas, sem exceção, havia sofrido o colapso de seu mundo interior e, para conseguir flutuar, tinha construído um novo mundo ilusório, no qual pudesse existir. Por isso eram muito claras para mim as ideias de Freud, sobretudo a de que a loucura é realmente uma tentativa de reconstrução do ego perdido. Ainda assim a explicação de Freud não era totalmente satisfatória. Para mim, a sua teoria de esquizofrenia tinha parado na conclusão prematura de que essa doença é atribuível a uma regressão autoerótica. Ele tinha ideia de que uma fixação do desenvolvimento psíquico de uma criança no período do narcisismo infantil primário constitui uma disposição para a doença mental. Defendi essa ideia por ser correta, não por ser completa. Não era tangível. Parecia-me que o ponto em comum de contato entre a criança absorvida em si mesmo e o esquizofrenismo adulto está na forma como sentem o seu meio ambiente. Para o recém-nascido o meio ambiente com seus inúmeros estímulos não pode ser mais que um caos do qual as sensações de seu próprio corpo são uma parte. Em termos de experiência, não existe nenhuma distinção entre o *eu* e o mundo. Era minha opinião que, inicialmente, o mecanismo psíquico distinguia os estímulos agradáveis dos desagradáveis. Todos os agradáveis tornavam-se parte do ego em expansão; todos os desagradáveis tornavam-se parte do não ego. Com o correr do tempo, a situação muda. Algumas das sensações do ego que se localizam no mundo exterior são absorvidas pelo ego. Da mesma forma, alguns dos elementos agradáveis do ambiente (por exemplo, o seio materno) se reconhecem como pertencentes ao mundo exterior. Assim, o ego da criança cristaliza-se gradualmente a partir do caos de sensações interiores e exteriores, e começa a perceber a fronteira entre o ego e o mundo exterior. Se, durante esse processo de separação, a criança experimenta um choque sério, as fronteiras entre o eu e o mundo permanecem confusas e nebulosas, e a criança se torna insegura nas suas percepções.[1] Quando isso acontece, as impressões do mundo exterior podem ser experimentadas como algo interno ou, ao contrário, sensações internas podem ser sentidas como pertencentes ao mundo exterior. No primeiro caso, repreensões exteriores são interiorizadas e se transformam em melancólicas autocensuras. No segundo, o paciente pode ter a sensação de estar eletrizado por um secreto inimigo quando está apenas percebendo as suas próprias correntes bioelétricas. A esse tempo, eu não sabia nada sobre a realidade das sensações do paciente mental quanto ao seu próprio corpo. Tentava apenas estabelecer uma relação entre o que é a experiência enquanto *eu* e o que é a experiência enquanto *mundo*. Essas observações formaram a base da minha ulterior convicção de que a perda do sentido da realidade no esquizofrênico começa com a interpretação errônea das sensações do seu próprio corpo em desenvolvimento. Todos nós somos apenas uma máquina elétrica organizada de certa forma, e relacionada com a energia do cosmos. Haverá mais a dizer sobre isso, mais tarde. De

---

[1]   Cf. Reich, *Der triebhafte Charakter*, Internationaler Psychoanalysticher Verlag. 1925.

qualquer forma tive de admitir uma consonância entre o mundo e o *eu*. Isso parecia ser a única saída para o impasse. Hoje sei que os pacientes mentais experimentam essa consonância sem distinguir o *eu* do mundo, e que o cidadão médio não suspeita dessa consonância e apenas sente o seu querido ego como um centro nitidamente delineado do mundo. A profundidade do paciente mental é humanamente mais valiosa que a do cidadão médio com os seus ideais nacionalistas! O primeiro tem, pelo menos, um pressentimento do que seja o cosmos. O último tem como fonte de todas as suas grandes ideias a sua constipação e a sua insignificante potência.

Foram todas essas observações e sugestões que me levaram a ler muitas vezes *Peer Gynt*. Através de *Peer Gynt*, um grande poeta deu a voz às suas percepções do mundo e da vida. Em 1920, estudei o drama e tudo quanto fora escrito a respeito dele. Vi a representação teatral no *Burgtheater* de Viena e mais tarde em Berlim. Em 1936, vi uma interpretação da peça pelo Teatro Nacional de Oslo, com Maurstad como Peer Gynt. Foi aí que finalmente entendi o meu interesse pelo significado da peça. Ibsen havia simplesmente dramatizado a miséria do sujeito não convencional. De início Peer Gynt tem muitas ideias fantásticas e se sente forte. Está fora de sintonia com a vida de todos os dias; é um sonhador, um ocioso. Os outros vão diligentemente à escola ou ao trabalho e riem do sonhador. Bem no fundo, eles todos são também Peer Gynts. Peer Gynt sente o pulso da vida, que arremete impetuosamente. A vida de todos os dias é estreita e exige um método rígido. De um lado se encontra a imaginação de Peer Gynt; do outro, a *Realpolitik*. Temendo o infinito o homem prático se tranca em um pedacinho da terra e procura segurança para a sua vida. É um problema simples a que ele, como cientista, dedica a sua vida inteira. É um comércio modesto de que se ocupa como sapateiro. Ele não deve pensar a respeito da vida: vai ao escritório, ao campo, à fábrica; visita os pacientes; vai à escola. Cumpre o seu dever e tem a sua paz. Matou há muito tempo o Peer Gynt que havia nele. Pensar é muito cansativo e muito perigoso. Os Peer Gynts são uma ameaça à sua paz de espírito. Seria muito tentador parecer-se com eles. Na verdade ele (o homem prático) está se tornando cada vez mais impotente, mas tem um "espírito crítico", embora estéril; tem ideologias ou tem a autoconfiança fascista. É um escravo, um ninguém, mas a sua raça é uma "raça pura" ou nórdica; ele sabe que o "espírito" governa o corpo e que os generais defendem a "honra".

Peer Gynt está explodindo de energia e de alegria sensual. Os outros se identificam com os sentimentos do filhote de elefante da história de Kipling. Fugiu da mãe, chegou ao rio, e fez cócegas no crocodilo. Era tão curioso e cheio de vida. O crocodilo agarrou-o pelo nariz – ainda muito curto nesse tempo em que os elefantes não tinham longas trombas. O filhote de elefante defendeu-se o melhor que pôde. Plantou as patas dianteiras firmemente no chão. O crocodilo puxou mais e mais. O filhote de elefante puxou, e tornou a puxar. O seu nariz foi crescendo cada vez mais. Quando o nariz ficou bem grande, o crocodilo o deixou partir, mas o filhote de elefante gritava desesperado e fanhoso; "– Isso é demais para mim!" E sentia-se envergonhado do tamanho do nariz: esse é o castigo para a loucura e a desobediência. Peer Gynt acabará com o pescoço quebrado com a sua loucura – pois as pessoas cuidarão para que ele acabe com o pescoço quebrado. Isso vai ser metido pelos seus ouvidos adentro repetidas vezes! O sapateiro deve ficar nos seus sapatos. O mundo é mau ou não haveria Peer Gynts. Ele parte, mas é arrastado de volta como um cão acorrentado querendo agarrar uma cadela que passa. Abandona a mãe e a garota de quem é noivo. Intimamente permanece preso a ambas – não pode evitá-lo. Tem uma consciência má e começa a ser envolvido pelas tentações e por perigosas diabruras. Transforma-se em um animal e lhe cresce uma cauda. Mais uma vez se afasta e escapa ao perigo. Cuida dos seus ideais, mas o mundo só entende de negócios. Tudo o mais é loucura e tolice. Quer conquistar o mundo, mas este se recusa a ser conquistado: tem de ser dominado. Só que isso é complicado demais, brutal demais. Os ideais são para os tolos. Para dominá-lo, precisa-se de conhecimento, de muito conhecimento, completo e irrefutável. Mas Peer Gynt é um sonhador que não aprendeu nada de "sensato". Quer modificar o mundo, e o carrega dentro dele mesmo. Sonha um grande amor para a sua mulher, a sua namorada, que é mãe, amante e companheira, e que dá à luz os seus filhos. Mas Solveig é inacessível como mulher, a mãe o repreende, embora carinhosamente. Ele lhe lembra demais o louco do pai. E a outra mulher, Anitra, não passa de uma prostituta vulgar. Onde está a mulher que se pode amar, e que corresponde aos sonhos de um homem? É preciso seu um Brand para conseguir o que Peer Gynt quer. Mas Brand não tem imaginação suficiente. Brand tem a força – Peer sente a vida. Que absurdo que tudo seja repartido dessa forma! Ele acaba entre os capitalistas. Perde a fortuna de acordo com as regras: os outros são capitalistas "práticos", e não sonhadores. Sabem quando o seu negócio dá dinheiro; em assuntos financeiros não são tolos como Peer. Quebrado e cansado, volta como um velho à cabana da floresta, a Solveig, que lhe toma agora o lugar da mãe. Está curado das suas ilusões; aprendeu o que é que a vida tem a oferecer quando se ousa senti-la. Isso é o que acontece à maioria das pessoas que se recusam a permanecer quietas. E os outros não vão fazer papel de tolos – pode estar certo! Têm sido inteligentes e superiores desde o início.

Assim era Ibsen, e assim era o seu Peer Gynt. É um drama que só perderá a sua pertinência quando os Peer Gynt finalmente *vencerem*. Até lá o bom e o justo serão escarnecidos.

Escrevi um longo ensaio sobre "O Conflito da Libido e a Ilusão de Peer Gynt". No verão de 1920, tornei-me membro honorário da Sociedade Psicanalítica de Viena. Foi pouco antes do congresso de Haia. Freud presidia às sessões. Muitos trabalhos tratavam de assunto clínico. Os oradores trouxeram relatórios objetivos e bons sobre as questões em discussão. Freud era muito eficiente no sumariar os pontos essenciais de uma comunicação, e no declarar em poucas palavras a sua própria opinião, no fim. Era de fato um prazer ouvi-lo. Falava com cuidado e sem afetação, mas com facilidade, e frequentemente com uma ironia mordaz. Estava, afinal, gozando o sucesso que se seguia a muitos anos de pobreza. Não havia ainda, na sociedade desse tempo, psiquiatras ortodoxos. O único psiquiatra militante, homem bem dotado, Tausk, havia cometido suicídio pouco antes. O seu trabalho, *Über den Beeinflussungsapparat bei der Schizophrenie*, era importante. Demonstrava que o mecanismo que influencia o esquizofrênico é uma projeção do seu próprio corpo, especialmente dos órgãos sexuais. Foi só quando descobri as excitações bioelétricas nas correntes vegetativas que entendi corretamente isso. Tausk estava certo: é o seu próprio corpo que o paciente esquizofrênico sente como seu perseguidor. Posso dizer também que ele não consegue enfrentar as correntes vegetativas que irrompem. Tem de senti-las como algo estranho, que pertence ao mundo exterior e tem intenções más. O esquizofrênico apenas revela, de maneira grotescamente exagerada, uma condição que caracteriza o homem moderno em geral. O homem moderno é estranho à sua própria natureza, ao cerne biológico do seu ser, e o sente como estranho e hostil. Tem de odiar a todo aquele que tente restaurar o seu contato com a sua essência biológica.

A Sociedade Psicanalítica era como uma comunidade de gente que tinha de erguer uma luta única contra um mundo de inimigos. Era maravilhoso. Semelhantes cientistas exigiam respeito. Eu era o único médico jovem entre "adultos", a maioria dos quais era dez ou vinte anos mais velha que eu.

No dia 13 de outubro de 1920, apresentei a minha comunicação como candidato a membro da sociedade. Freud não gostava de que as comunicações fossem lidas. Nesses casos, dizia, o ouvinte se sente como uma pessoa que, com a língua de fora, está perseguindo um carro veloz no qual o conferencista viaja comodamente. Tinha razão. Por isso, ensaiei para apresentar a minha palestra de improviso. Prudentemente conservei o manuscrito à mão, e foi bom que o fizesse. Mal tinha pronunciado três frases quando perdi o fio da meada em uma confusão de ideias. Felizmente, encontrei logo o ponto perdido. A comunicação correu bem, exceto pelo fato de que eu não satisfizera ao desejo de Freud. Esses pormenores são importantes. Se as pessoas não se sentissem inibidas pelo medo à autoridade, falariam muito menos tolamente e muito mais logicamente. É possível a qualquer um falar de improviso sobre um assunto que conheça perfeitamente, e ainda manter o seu equilíbrio. Mas eu tinha querido impressionar muito, e tinha querido ter a certeza de não passar por tolo. Senti todos os olhos focados em mim – e por isso achei melhor prender-me ao meu manuscrito. Desde então, pronunciei centenas de conferências improvisadas e me tornei conhecido como orador. Devo isto à minha resolução de nunca mais levar um manuscrito à uma conferência, preferindo "boiar".

O meu trabalho foi muito bem recebido. Na sessão seguinte, fui admitido como membro da Sociedade Psicanalítica.

Freud sabia muito bem como se manter à distância e exigir respeito. Não era arrogante; pelo contrário, muito amistoso. Mas por detrás dessa fachada podia-se sentir frieza. Poucas vezes se mostrava realmente afável. Era grande quando, com severidade mordaz, repreendia um inexperiente sabe-tudo, ou quando falava contra os psiquiatras, que o tratavam de maneira deplorável. Era inflexível ao discutir um ponto teórico importante. Havia apenas poucos trabalhos sobre técnica, omissão que eu sentia muito vivamente no meu trabalho com os pacientes. Também não havia um instituto para treinamento nem um programa de treinamento organizado. Cada qual tinha de contar com os seus próprios recursos. Procurei frequentemente os analistas mais velhos em busca de conselho. Não eram de grande ajuda. "Continue analisando", diziam, "você chegará lá". Onde era preciso "chegar", isso ninguém parecia saber. Descobrir como lidar com pacientes inibidos, ou mesmo silenciosos, era mais difícil. Os analistas que vieram mais

PEER GYNT

tarde não "boiaram" em assuntos de técnica, de maneira assim tão desolada. Quando um paciente não fazia associações, "não queria ter" sonhos, ou não tinha nada a dizer sobre eles, o analista ficava sentado lá sessão após sessão, sem saber o que fazer. Na verdade, a técnica de análise da resistência tinha sido teoricamente estabelecida, mas não era empregada na prática. Eu sabia que as inibições representavam resistências contra a revelação da matéria inconsciente; e sabia também que devia eliminá-las. Mas como? Essa era a questão crucial. Se se dissesse ao paciente – "você tem uma resistência!" –, ele olharia para o analista com olhar vazio. Assim mesmo, isso também não era uma informação muito inteligente. Também não era melhor dizer-lhe que "se estava defendendo contra o seu próprio inconsciente". Se o analista tentava persuadir o paciente de que o seu silencio, ou a sua resistência, não adiantava nada, sendo apenas uma expressão de medo ou desconfiança de certa forma isso era melhor e mais inteligente, mas também não tinha nenhuma utilidade. E o conselho dos analistas mais velhos era sempre o mesmo: "Continue apenas analisando". Todo o meu método e meu trabalho de análise do caráter derivam desse "continue apenas analisando". Eu não tinha ideia disso em 1920. Procurei Freud. Freud era um mestre em esclarecer teoricamente as dificuldades de uma situação complicada. Mas, do ângulo da técnica, as suas explicações eram insatisfatórias. Sobretudo, dizia, análise significa paciência. O inconsciente é intemporal. É preciso refrear as ambições terapêuticas. Outras vezes, encorajava-me a intervir energicamente. Finalmente, entendi que o trabalho terapêutico pode ser eficaz somente quando a analista tem a paciência de compreender o processo terapêutico em si. Pouquíssimo se sabia sobre a natureza da doença psíquica. Esses pormenores podem parecer sem importância para a nossa intenção de descrever a função do processo da vida, mas são muito importantes. *A questão do como e do porque das incrustações e das rigidificações da vida emocional humana leva diretamente ao domínio da vida vegetativa.*

Em um dos últimos congressos, Freud modificou a fórmula terapêutica original. Estabelecera-se inicialmente que o sintoma tinha de desaparecer quando o seu significado inconsciente tivesse se tornado consciente. Agora Freud afirmava: "Temos de fazer uma correção. O sintoma pode mas não é obrigado a desaparecer quando o significado houver sido descoberto". Essa modificação causou-me forte impressão. Levou-me a perguntar qual a condição que muda "pode desaparecer" em "deve desaparecer". Se tornar o inconsciente consciente não elimina necessariamente o sintoma, que outro fator deve existir que garanta o seu desaparecimento? Ninguém sabia a resposta. A modificação feita por Freud na sua fórmula da cura de sintomas nem mesmo chamou muita a atenção. O analista continuou a interpretar sonhos, atos falhos e correntes associativas, sentindo-se pouco responsável pelo mecanismo da cura. Não lhe ocorria perguntar: "Por que não conseguimos efetuar a cura?" Isso é compreensível em termos da situação da psicoterapia na época. A aproximação terapêutica neurológica habitual, principalmente o uso de brometos, ou a frase – "Você só está nervoso, não há nada de errado com você" –, era tão desagradável para o paciente que o poder deitar-se no divã e dar livre curso aos seus pensamentos foi um bem para ele. De fato, ele não só podia dar livre curso aos seus pensamentos: na verdade, ordenava-lhe "dizer tudo quanto lhe viesse à cabeça". Foi só muitos anos mais tarde que Ferenczi afirmou que ninguém realmente seguia, ou podia seguir, essa regra. Isso é tão claro para nós hoje que nem mesmo esperamos que alguém o faça.

Pensava-se em 1920 que a neurose média podia ser "curada" em três ou, no máximo, em seis meses. Freud enviou-me pacientes com a observação: "Para psicanálise, impotência, três meses". Parecia impossível. Enquanto isso, os *sugestionistas* e psiquiatras enfureciam-se contra a "depravação" da psicanálise. Havia um compromisso profundo com o trabalho; estava-se firmemente convencido de sua correção. Cada caso era uma prova a mais da exatidão de Freud. E os colegas mais velhos nunca se cansaram de repetir: "Continue apenas analisando!" Os meus primeiros escritos não diziam respeito à técnica, mas ao assunto clínico e teórico. Claro que havia muito mais a compreender antes de poder obter resultados melhores. Essa consequência fazia-nos querer lutar mais firmemente e cavar mais profundamente. Pertencíamos a uma elite de lutadores da ciência, postos completamente à margem da charlatanice existente na terapia das neuroses. Talvez esses pormenores históricos possam tornar mais pacientes os atuais terapeutas do orgônio, quando não conseguirem atingir o objetivo, que é a "potência orgástica", nos seus pacientes.

Capítulo III

LACUNAS NA PSICOLOGIA E NA TEORIA DO SEXO

1 "O PRAZER" E O "INSTINTO"

Com base nos meus estudos biológicos, e de acordo com a definição freudiana do instinto, aventurei-me a investigar um aspecto embaraçoso do problema prazer-desprazer. Freud havia assinalado o fenômeno característico da tensão sexual, que tem um caráter agradável, ao contrário dos outros tipos de tensão desagradáveis. A tensão, segundo a concepção habitual, só pode ser desagradável. Somente a relaxação causaria prazer. Isso era diferente no caso da sexualidade. Interpretei o fato assim: a tensão gerada no anteprazer deveria ser sentida como desprazer se a satisfação não tivesse lugar. Entretanto, a antecipação mental do prazer da satisfação não apenas gera tensão – mas também descarrega pequena quantidade de excitação sexual. Essa pequena satisfação e a esperança do prazer maior no clímax obscurecem o desprazer da tensão anterior à completa descarga. Esse conhecimento foi a chave da minha posterior explicação funcional da atividade do instinto sexual. Foi nesse caminho que *vim a considerar o instinto como nada mais que o "aspecto motor do prazer"*. A pesquisa psicanalítica moderna desaprova a ideia de que as nossas percepções são apenas experiências passivas sem qualquer atividade da parte do ego. Seria mais correto dizer que toda percepção é determinada por uma "atitude" ativa em direção ao estímulo particular ("*Wahrnehmungsintention, Wahrnehmungsakt*"). Esse foi um importante passo à frente, pois agora era possível entender que os mesmos estímulos que num caso produzem, em geral, uma sensação do prazer, em caso de uma atitude interior diferente não são percebidos. Em termos de sexologia, isso significava que, enquanto um contato delicado em uma região erógena produz uma sensação agradável em uma pessoa, o mesmo não se dá com outra pessoa. A última apenas sentirá um toque, um roçar. Essa é base da diferenciação entre a experiência do pleno prazer orgástico e a experiência de sensações puramente tácteis, i.e., a diferença fundamental entre a potência orgástica e a impotência orgástica. Os que estão familiarizados com a minha pesquisa bioelétrica sabem que "a atitude ativa do ego no ato de percepção" é idêntica ao fluxo da carga elétrica do orgasmo em direção à periferia.

Analisei o prazer em um componente ativo-motor e um componente passivo-sensorial, que se fundem em um. Ao mesmo tempo, o componente motor do prazer é experimentado passivamente, e a sensação é percebida ativamente. O meu pensamento científico nesse tempo, apesar de todas as suas inexatidões, estava definitivamente na pista certa. Mais tarde, aprendi a formular mais sucintamente as minhas descobertas. Um impulso já não é algo aqui procurando um prazer ali: é o prazer motor em si mesmo. Isso criou um problema. Como se poderia explicar o desejo de repetir um prazer uma vez experimentado? Os engramas de Semon foram úteis neste ponto. *O impulso sexual não é senão a lembrança motora de um prazer previamente experimentado.* Assim, o conceito dos impulsos foi reduzido ao conceito dos impulsos foi reduzido ao conceito do prazer. Havia ainda a questão da natureza do prazer. De acordo com a falsa modéstia daquele tempo, emiti um *semper ignorabimus.* Continuei, não obstante, a lutar com o problema da relação entre o conceito quantitativo de "impulso" e o conceito qualitativo de "prazer". Segundo Freud, o impulso era determinado pela quantidade de excitação, i.e., pela quantidade de libido. Assim mesmo, eu acabara de descobrir que o prazer é a natureza dos impulsos – e é uma qualidade psíquica. De acordo com os sistemas de pensamento que eu então conhecia, o fator quantitativo e o fator qualitativo eram incompatíveis: eram esferas absolutamente separadas. Eu atingiria um ponto morto. Apesar disso, inteiramente sem consciência do fato, dera o primeiro passo em direção à minha posterior unificação funcional do conceito quantitativo da excitação e do conceito qualitativo do prazer. Com a minha solução teórico-clínica do problema dos impulsos, cheguei muito perto da linha fronteiriça do pensamento mecanicista. Contrários são contrários e nada mais que isso. São incompatíveis. Tive a mesma experiência mais tarde com conceitos tais como "ciência" e "política", ou com a suposta incompatibilidade entre pesquisa e avaliação.

Esta resenha retrospectiva é uma prova de que a observação clínica correta não pode desencaminhar nunca. A filosofia está simplesmente enganada! A observação correta deve conduzir sempre a formulações energéticas e funcionais, se o pesquisador não se desviar antes da hora.

O medo de tantos bons pesquisadores ao pensamento funcional é, em si mesmo, um mistério.

Reuni esses modestos achados em um curto ensaio intitulado "Zur Triebenergetik," que apresentei na Sociedade Psicanalítica de Viena no dia 8 de junho de 1921, e que foi publicado na *Zeitschrift für Sexualforschung*, em 1923. Lembro-me de que não foi entendido. Daí em diante, apresentei somente assunto clínico, e me mantive longe dos ensaios teóricos.

Adquiri logo um bom nome como clínico psicanalítico. As pessoas elogiavam a clareza e a exatidão das minhas observações, e a minha habilidade ao apresentá-las.

2 SEXUALIDADE GENITAL E NÃO GENITAL

Os diagramas que se seguem ilustram a identidade entre impulso e prazer.

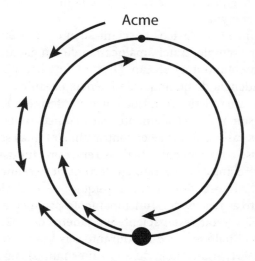

Diagrama que mostra a identidade entre instinto e prazer.

Esse diagrama, permite-nos *distinguir o mecanismo não genital do mecanismo genital*. Fora do círculo, vemos que a excitação regride antes de atingir o ápice. No interior, vemos que a descarga dissolve a tensão acumulada e reduz a excitação a zero. Imaginemos o diagrama de outra maneira:

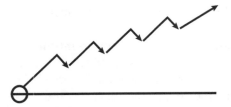 

Figura 1 – Mecanismo do anteprazer   Figura 2 – Mecanismo do prazer final

Na Figura 1, vemos que no anteprazer a satisfação é sempre menor que a tensão, e que esta aumenta. Só no prazer final (Figura 2) é que a descarga de energia é igual à tensão acumulada.

Essa ideia tem sido continuamente o centro de todas as minhas concepções e exposições no campo da economia sexual. A Figura 1 mostra também a estase sexual, que surge quando não ocorre a satisfação, e que é a causa de diversas perturbações do equilíbrio psíquico e vegetativo. A Figura 2 mostra a potência orgástica, que garante o equilíbrio da energia.

Esses conceitos teóricos baseiam-se em experiências clínicas definidas. Por exemplo, tratei uma ocasião de um garçom que jamais havia experimentado uma ereção. O exame médico não apresentou nenhuma evidência de qualquer deficiência orgânica. Nesse tempo, estabelecia-se uma distinção nítida entre a enfermidade psíquica e a enfermidade somática. O tratamento psicanalítico excluía-se automaticamente nos casos em que se encontravam sintomas somáticos. Do ângulo do nosso conhecimento atual, isso era, claro, fundamentalmente incorreto. Entretanto, era correto em termos de presunção de que as enfermidades psíquicas tinham causas psíquicas. Prevaleciam conceitos errados quanto às relações do funcionamento psíquico e somático.

Comecei a tratar esse paciente em janeiro de 1921 e continuei a tratá-lo, sem qualquer sucesso, durante seis horas por semana até outubro de 1921. A ausência de quaisquer fantasias genitais nesse paciente chamou-me a atenção para diferentes práticas masturbatórias em outros pacientes. Logo se evidenciou que a maneira pela qual um paciente se masturbava dependia de fantasias patológicas definidas. *No ato da masturbação, nem um só paciente imaginava estar experimentando prazer através do ato sexual natural.* Quando perguntei mais exatamente que fantasias os pacientes tinham enquanto se masturbavam, soube que não tinham ideias definidas, A expressão *relação sexual* era usada

LACUNAS NA PSICOLOGIA E NA TEORIA DO SEXO

mecanicamente. Denotava geralmente o desejo de "alguém se provar a si mesmo que era homem". Incluía o desejo infantil de repousar nos braços de uma mulher, em geral mais velha, e "de penetrar em uma mulher". Em suma, a expressão podia denotar grande variedade de aspectos, exceto o prazer sexual genital. Isso era novo e estranho para mim. Eu não podia ter suspeitado da existência de semelhante distúrbio. De fato, a literatura psicanalítica tinha muito que dizer sobre as perturbações da potência – mas nada tinha a dizer sobre isto. A partir de então, comecei a fazer um estudo cuidadoso do conteúdo das fantasias da masturbação e da maneira como a masturbação era praticada. Havia um sem-fim de fenômenos para observar aí. As práticas mais estranhas eram dissimuladas pelas expressões menos significativas como "eu me masturbei ontem", ou "dormi com essa ou com aquela pessoa".

Pude distinguir dois grandes grupos. Um caracteriza-se pelo fato de que o pênis como tal funcionava na fantasia. Havia ejaculação, mais não prazer genital. O pênis era uma arma assassina ou era usado para "provar" a potência do indivíduo. Os pacientes conseguiam a ejaculação pela pressão dos órgãos genitais contra o colchão. Neste caso, o corpo ficava "como morto". O pênis era comprimido com uma toalha, apertado entre as pernas, ou esfregado contra a coxa. Somente uma fantasia incluindo violação podia levar à ejaculação. Em grande número de casos, o paciente não permitia a ejaculação exceto depois de uma ou mais interrupções. Mesmo assim; apesar de tudo, o pênis se tornava erecto e participante. No segundo grupo, entretanto, não havia nem atividade nem fantasias que se pudessem chamar genitais. Esses pacientes comprimiam um pênis não erecto. Excitavam-se com o dedo no ânus. Tentavam colocar o pênis na boca. Comprimiam-no entre as coxas e faziam-lhe cócegas por detrás. Imaginavam estar sendo surrados, amarrados, torturados, ou estar comendo excremento; ou imaginavam que lhes chupavam o pênis que, neste caso, representava um mamilo. Em suma, embora fizessem uso do órgão genital, as suas fantasias tinham um objetivo não genital.

Seguiu-se a essas observações a conclusão de que a forma pela qual era fantasiado o ato sexual e a maneira pela qual se realizavam essas fantasias ofereciam fácil acesso aos conflitos inconscientes. Escrevi um relatório breve a esse respeito, intitulado "Über Spezifität des Onanieformen", que apresentei à Sociedade Psicanalítica de Viena, no dia 10 de outubro de 1922. Foi publicado no *Internationale Zeitschrift für Psychoanalyse*, em 1922. Esse relatório continha apenas algumas

A FUNÇÃO DO ORGASMO

observações sobre o possível prognóstico e a importância terapeuta dessas práticas específicas. Mas foi assim que dei com a pista do papel da genitalidade na terapia das neuroses.

Ao mesmo tempo, preocupava-me com a questão dos limites da memória do paciente, na análise. A evocação de experiências de infância recalcadas, era a principal tarefa do tratamento. De fato, o próprio Freud não encarava como sendo muito grande possibilidade de que ideias da primeira infância pudessem emergir acompanhadas pela sensação de reconhecimento ("rememoração"). Na sua opinião, o analista devia contentar-se com o fato de que as primeiras lembranças emergissem em forma de fantasias, a partir das quais a "situação primitiva" poderia reconstituída. Por boas razões, dava-se grande importância à reconstituição das situações mais antigas da infância. Aqueles que nunca se deram ao trabalho de sondar as profundezas mais íntimas de um caso não podem fazer uma ideia real da profusão de atitudes inconscientes da criança, e da natureza da experiência infantil; têm de ser, necessariamente, ignorantes quanto ao pensamento analítico. Afinal, esse conhecimento era muito mais que a obtenção de sucessos superficiais rápidos. O analista que o tivesse poderia ser mais tarde capaz de conseguir mais na terapia. Nenhuma das minhas atuais ideias sobre as funções biológicas da esfera psíquica poderia ter sido possível, ou teria sido superficialmente confirmada, se eu não tivesse levado a cabo amplas investigações sobre a vida da fantasia inconsciente. O objetivo do meu trabalho é o mesmo hoje e há vinte anos: o despertar das experiências da primeira infância. Entretanto, o método para consegui-lo mudou consideravelmente; tanto, na verdade, que nem se pode mais chamar de psicanálise. Esse estudo das práticas genitais dos pacientes moldou as minhas ideias clínicas. Tornou-me capaz de ver novas conexões na vida psíquica. Entretanto, o meu trabalho, incluindo o da atividade da memória, foi levado a cabo inteiramente dentro da estrutura do empirismo psicanalítico geral.

Após três anos de trabalho clínico, vi que a atividade de memória do paciente era muito pobre e insatisfatória. Era como se uma barreira específica e essencial bloqueasse o acesso ao inconsciente. Apresentei um relatório sobre isso na Sociedade Psicanalítica, em novembro de 1922. Os meus colegas estavam mais interessados na minha explicação teórica do *déjà vu*, que tomei como meu ponto de partida, do que nas questões que envolviam a terapia e a técnica. Sobre isso eu tinha pouco

3 FUNDAÇÃO DO SEMINÁRIO DE TÉCNICA PSICANALÍTICA DE VIENA

Em setembro de 1922, o Congresso Psicanalítico Internacional reuniu-se em Berlim. Os analistas alemães, liderados por Karl Abraham, fizeram o maior esforço para torná-lo um sucesso. Analistas dos Estados Unidos estiveram presentes. As feridas da guerra estavam começando a cicatrizar. A Associação Psicanalítica Internacional era a única organização que tinha, o melhor que pudera, mantido contatos internacionais durante a guerra. Freud falou sobre "O Ego e o Id". Depois de *Beyond the Pleasure Principle*, que aparecera no ano anterior (1921), o congresso era uma festa clínica. A ideia básica era a seguinte: até então nos havíamos preocupado somente com os instintos reprimidos: eram mais acessíveis que o ego. Isso era realmente meio esquisito, pois se poderia pensar que o ego se encontra mais próximo da consciência. Bastante estranhamente, entretanto, ele é muito mais difícil de atingir que a sexualidade reprimida. A única explicação para o fato é que as partes essenciais do próprio ego são inconscientes, i.e., são reprimidas. Não é apenas o desejo sexual proibido que é inconsciente mas também as forças defensivas do ego. A partir daí Freud inferiu um "sentimento inconsciente de culpa" que a essa altura, não equiparou à *necessidade de punição*, como fizeram mais tarde Alexandre e Reik, especialmente. Freud discutiu também o curioso fenômeno da chamada "reação terapêutica negativa". Isso significava que, em vez de mostrar sinais de melhora quando se interpretava para eles o significado dos seus conteúdos inconscientes, muitos pacientes pioravam. Isso era o oposto do que se esperava. Deve haver uma força do ego inconsciente, afirmou Freud, que impede o paciente de se sentir bem. Uns oito anos mais tarde, essa força se revelou como o medo fisiológico do prazer e a incapacidade orgânica de experimentar prazer.

No mesmo congresso, Freud propôs uma competição: devia-se fazer uma investigação minuciosa sobre a correlação entre a teoria e a terapia. Até que o ponto a teoria melhora a terapia? E, ao contrário, até que o ponto uma técnica melhorada permite melhores formulações teóricas? É evidente que a essa altura Freud estava interessadíssimo no

A FUNÇÃO DO ORGASMO

baixo nível da terapia. Sentia que devia encontrar uma solução. A sua conferência já continha sugestões da posterior teoria do instinto de morte como fator clínico central, da teoria positivamente importante das funções reprimidas de defesa do ego, e da unidade entre a teoria e a prática.

A proposta de Freud de investigar a correlação entre a teoria e a técnica orientou o meu trabalho clínico durante os cinco anos seguintes. Era uma proposta simples, clara, e de acordo com as exigências clínicas. No congresso imediato, em Salzburg em 1924, três conhecidos psicanalistas apresentaram trabalhos visando à solução da tarefa proposta, para qual havia um prêmio em dinheiro. Não levaram em conta um só problema prático diário, e se perderam em um labirinto de especulações metafísicas. O problema não foi resolvido nem os concorrentes receberam o prêmio. Embora estivesse extremamente interessado no problema, eu não tinha apresentado nenhum trabalho. Entretanto, já estava empenhado em diversos projetos destinados a levar a uma solução bem fundamentada. A vegetoterapia de análise do caráter de 1940, é a resposta à questão proposta pela psicanálise em 1922. Uma década de trabalho sistemático foi necessária para se chegar a uma resposta. Os benefícios foram muito maiores do que eu poderia sonhar na ocasião. Aborreci-me muito de que essas descobertas devessem custar-me a filiação à Associação Psicanalítica, mas a recompensa científica foi grande.

Na viagem de volta de Berlim a Viena, falei com jovens colegas que ainda não eram membros da Associação Psicanalítica, mas que já tinham começado a praticar a psicanálise. Sugeri que organizássemos um "seminário sobre a técnica". Queríamos estudar sistematicamente os casos para atingir um mais alto domínio técnico. Sugeri, além disso, a organização de um "seminário de discípulos", para que os "jovens" pudessem reunir-se regularmente sem a presença dos "velhos". O objetivo disso era permitir aos jovens analistas discutirem as suas dificuldades teóricas e as dúvidas e, sobretudo aprenderem a falar livremente. As duas sugestões foram postas em prática. Em uma das reuniões de Viena após o congresso de Berlim, propus oficialmente a criação do seminário sobre a técnica. Freud aprovou entusiasticamente. A princípio, apenas os membros efetivos se reuniam. Hitschmann aceitou a presidência. Era o diretor da Clínica Psicanalítica de Viena, fundada no dia 22 de maio de 1922. Eu não desejava ser o presidente do seminário, pois não me sentia com a necessária experiência para isso. Nunberg assumiu a presidência no ano seguinte. Foi somente no fim de 1924 que aceitei

LACUNAS NA PSICOLOGIA E NA TEORIA DO SEXO

a posição. O seminário ficou sob a minha liderança até que me mudei para Berlim, em novembro de 1930. Tornou-se o berço da terapia analítica sistemática. Os analistas de Berlim organizaram mais tarde um seminário sobre técnica, semelhante ao seminário de Viena. O seminário de Viena produziu a geração de jovens analistas vienenses que tomaram parte no primeiro desenvolvimento da análise do caráter. Embora adotassem na prática elementos dessa análise, não participam do seu desenvolvimento ulterior, ao qual se opunham e a que eram até mesmo hostis. Quero descrever as muitas fontes clínicas das quais recebeu a sua força o seminário sobre técnica, posteriormente famoso. Nele se desenvolveram as convicções psicológicas que tornaram possível invadir o domínio do funcionamento biológico.

4 DIFICULDADES PSIQUIÁTRICAS E PSICANALÍTICAS NA COMPREENSÃO DA ENFERMIDADE PSÍQUICA

No verão de 1922, recebi o meu grau médico da Universidade de Viena. Estava analisando pacientes havia mais de três anos, era membro da Associação Psicanalítica, e estava empenhado em inúmeras investigações clínicas.

Os meus interesses se concentravam principalmente na esquizofrenia. A psiquiatria apenas a descrevia e classificava: não havia tratamento. Os pacientes ou se recuperavam espontaneamente, ou eram enviados a Steinhof, o asilo para pacientes crônicos. Em Viena, nem ao menos se empregavam os métodos cada vez mais amplamente adotados da clínica Bleuler de Burghölzli. Mantenha-se uma disciplina rigorosa. Os auxiliares estavam sobrecarregados, principalmente na "ala intranquila", onde trabalhei como interno durante um ano. Wagner-Jauregg estava trabalhando na sua terapia da malária para a paralisia geral, agora famosa, pela qual mais tarde recebeu o prêmio Nobel. Era bom para os pacientes e tinha uma habilidade maravilhosa para diagnosticar os males neurológicos. Mas não sabia nada sobre psicologia e não se importava com isso. Tinha uma sinceridade rude de camponês, que encantava. Fui poucas vezes à clínica psicoterapêutica de clientes externos. Os pacientes neuróticos eram tratados com brometos e sugestão. O diretor gabava-se de "curar" mais de noventa por cento dos pacientes. Como eu sabia, sem sombra de dúvidas, que ele não havia realmente curado um

A FUNÇÃO DO ORGASMO

único paciente, e que os seus "sucessos" se deviam atribuir à sugestão, procurei descobrir o que os sugestionistas entendiam por "cura".

Foi assim que veio a ser discutida no seminário psicanalítico sobre técnica a questão da teoria da psicoterapia, que correspondia às minhas próprias dificuldades técnicas. A essa altura, um paciente era, em geral, considerado "curado" quando dizia sentir-se melhor, ou quando desaparecia o sintoma específico pelo qual havia, primeiro, procurado o tratamento. O conceito psicanalítico de cura não fora definido. Quero mencionar apenas as impressões da clínica psiquiátrica que contribuíram para o desenvolvimento da economia sexual. Não era possível classificá-las naquele tempo. Mais tarde, entretanto, ajustaram-se muito bem à ideia básica da minha teoria, quanto à relação entre mente e corpo. Trabalhava eu em psiquiatria quando a moderna teoria da esquizofrenia, de Bleuler baseada em Freud começou a adquirir importância. Ecônomo estava publicando o seu grande trabalho sobre a letargia pós-encefálica e Paul Schilder estava dando as suas brilhantes contribuições sobre a alienação, os reflexos de atitude, as perturbações psíquicas paralisantes etc.

A esse tempo, Schilder estava colhendo material para o seu tratado sobre a "imagem corporal". Demonstrou que o corpo é psiquicamente representado por meio de sensações unitárias de forma, e que essa "imagem psíquica" corresponde toscamente às funções reais dos órgãos. Tentou também estabelecer uma correlação entre os numerosos ideais do ego, que uma pessoa forma, e as perturbações orgânicas da afasia e da paralisia. (Pötzl havia trabalhado com os tumores cerebrais, percorrendo um caminho semelhante). Schilder afirmava que o inconsciente de Freud podia ser percebido de certa maneira nebulosa, "no fundo da consciência", por assim dizer. Os psicanalistas rejeitaram essa ideia. Médicos filosoficamente orientados, como Fröschels, rejeitaram também a opinião de que ideias psíquicas são completamente inconscientes. Por detrás de todos esses ataques encontrava-se o desejo de desacreditar a teoria do inconsciente e, por causa da difícil situação criada pela rejeição da sexualidade pelos trabalhos científicos, era necessário fincar pé contra eles. Esses choques de opinião eram importantes. Por exemplo, o trabalho experimental no campo da economia sexual conseguiu logo demonstrar que o *"inconsciente" de Freud está presente e é concretamente perceptível sob a forma de sensações e impulsos do meio vegetativo.*

A minha ideia atual da identidade funcional antitética entre os estímulos psíquicos e somáticos nasceu da seguinte forma: uma moça

LACUNAS NA PSICOLOGIA E NA TEORIA DO SEXO

com os braços totalmente paralisados e com atrofia muscular foi admitida na clínica. O exame neurológico não revelou qualquer causa orgânica e o exame psicológico não era habitual nesse tempo. Soube pela paciente que um choque dera origem à paralisia dos seus braços. O noivo tinha querido abraçá-la e ela, meio atemorizada, tinha estendido os braços para a frente "como paralisada". Depois não pôde mais movê-los, e a atrofia começou a manifestar-se gradualmente. Se bem me lembro, não escrevi isso no histórico da paciente. Em uma clínica psiquiátrica daquele tempo, semelhante registro causaria embaraço. Os chefes vigilantes ririam zombeteiramente, ou se zangariam. Wagner-Jauregg não perdia oportunidade de caçoar da simbologia sexual. O que mais me impressionou nesse caso foi o fato de que *uma experiência psíquica pode provocar uma resposta somática que produz uma mudança permanente em um órgão*. Mais tarde, chamei a esse fenômeno *ancoragem fisiológica* de uma experiência psíquica. Difere da conversão histérica pelo fato de que não pode ser psicologicamente influenciado. No meu trabalho clínico posterior, tive amplas oportunidades de aplicar esse conceito às enfermidades orgânicas; por exemplo, no caso das úlceras gástricas, da asma brônquica, do pilorismo, do reumatismo e de diversos outros males. A pesquisa econômico-sexual no câncer também se baseia na ideia da ancoragem fisiológica dos conflitos da libido.

Causou-me forte impressão, uma vez, um paciente catatônico que passou do estupor à violência. Houve tremenda descarga de violência destrutiva. Após o acesso, tornou-se lúcido e acessível. Afirmou-me que o delírio fora uma experiência agradável. Sentira-se feliz. Não se lembrava de nada do que ocorrera na fase apática anterior. Sabe-se que pacientes que sofrem de súbito estupor catatônico se tornam logo normais outra vez, quando são capazes de ter acessos de violência. Em contraposição, há certas formas de esquizofrenia, como a hebefrenia, que se manifestam gradualmente e destroem o paciente lenta mas implacavelmente. Eu não tinha conhecimento de nenhuma explicação desses fenômenos, mas compreendi-os mais tarde. Quando finalmente aprendi a causar acessos de violência em neuróticos emocionalmente bloqueados e muscularmente hipertensos, consegui, muitas vezes, obter melhoras consideráveis para o estado geral do paciente. Em pacientes que sofrem de estupor catatônico, a "couraça" muscular domina o corpo inteiro. A descarga de energia se torna cada vez mais restrita. Em um acesso de violência, um impulso forte irrompe do centro vegetativo, que ainda é móvel e, através de couraça, libera a energia muscular

A FUNÇÃO DO ORGASMO

presa. Mas o seu caráter real, como experiência, tem de ser agradável. Isso era impressionante, e a teoria psicanalítica da catatonia não podia explicá-lo. Dizia-se que o paciente catatônico"voltava completamente ao útero e ao auto-erotismo", explicação que não era satisfatória, pois a reação corporal acarretada na experiência era forte demais. O conteúdo psíquico da fantasia do paciente catatônico podia ser a causa do processo orgânico. Esse conteúdo só podia ser ativado por um processo geral característico que, por sua vez, aprisionava a condição inicial.

Havia séria contradição na teoria psicanalítica. Freud havia postulado uma base fisiológica para a sua psicologia do inconsciente, mas ainda não havia sinais dela. A sua teoria do instinto era o primeiro passo nessa direção. Visava-se também a um contato com a patologia médica ortodoxa. Gradualmente, evidenciou-se uma tendência que critiquei uns dez anos mais tarde como uma "psicologização do fisiológico" e que culminou empregando a teoria do inconsciente em interpretações psicologísticas e não científicas de processos somáticos. Se a uma mulher lhe falhasse menstruação sem que estivesse grávida, dizia-se que o fato era uma expressão da sua rejeição do marido ou do filho. Segundo essa ideia, quase todas as enfermidades resultavam de desejos ou de angústias inconscientes. Se alguém contraía um câncer, era "a fim de..." Outro se consumia pela tuberculose porque inconscientemente o desejava. Na clínica psicanalítica, havia, muito estranhamente, uma profusão de dados que pareciam confirmar essa ideia. Dados incontestáveis. Considerações cuidadosas revelavam-se, todavia, contra semelhante conclusão. Como poderia um inconsciente produzir um carcinoma. Pouco se sabia a respeito do câncer, e ainda menos se sabia sobre a verdadeira natureza desse estranho inconsciente, cuja existência não podia ser posta em dúvida, *The Book of de It (Buch vom Es)*, de Groddeck, está cheio desses exemplos. Era metafísico, mas mesmo o misticismo está "certo de alguma forma". E era místico somente na medida em que não se podia dizer exatamente quando é que estava certo, e quando é que estava expressando incorretamente dados corretos. Um "desejo", no sentido que então se a atribuía à palavra, não era concebível como podendo causar mudanças orgânicas profundas. O ato de desejar tinha de ser entendido de uma forma muito mais profunda do que podia fazê-lo a psicologia analítica. Tudo apontava para processos biológicos profundos, dos quais o "desejo inconsciente" podia ser apenas uma expressão.

A controvérsia entre a explicação psicanalítica das enfermidades psíquicas, de um lado, e a explicação fisiológica e neurológica, de outro, era violenta. "Psicogênico" e "somatogênico" eram antíteses absolutas. Os psicanalistas jovens que trabalhavam no campo da psiquiatria tinham de encontrar, de qualquer maneira, o seu caminho no meio dessa confusão. A ideia de que as enfermidades psíquicas teriam "causas múltiplas" oferecia algum alívio no meio das dificuldades.

A paralisia pós-encefálica e a epilepsia estavam sujeitas ao mesmo complexo de problemas. No inverno de 1918, Viena foi atingida por uma virulenta epidemia de gripe, que levou muitas vidas. Ninguém sabia por que era tão maligna. Ainda pior eram as enfermidades daqueles que, atingidos, escaparam à morte: anos mais tarde foram atormentados por uma paralisia geral da sua atividade vital. Os seus movimentos tornaram-se lentos, e a sua face adquiriu uma expressão rígida qual uma máscara, a sua maneira de falar tornou-se apática, desinteressada, difícil, letárgica, e todos os seus impulsos pareciam presos, como por um freio. A sua atividade psíquica interior não foi afetada. O mal chamava-se pós-encefalite letárgica e era incurável. A nossas enfermarias estavam cheias de pacientes que sofriam disso. Ofereciam espetáculo deprimente. Alguns estavam aos meus cuidados. Na minha perplexidade, tive a ideia de fazê-los praticar exercícios musculares em um esforço para dominar a rigidez extrapiramidal. De fato, presumia-se que os tratos espinais laterais estavam afetados – e o mesmo se presumia quanto aos centros nervosos do cérebro. Ecônomo foi mais longe, presumindo que o "centro do sono" estivesse afetado. Wagner-Jauregg sentiu que o meu plano era sensato. Arranjei alguns aparelhos adequados e fiz os pacientes praticarem exercícios segundo o caso particular de cada um. Fiquei impressionado com as expressões faciais esquisitas dos pacientes enquanto praticavam os exercícios. Um mostrava os traços faciais exagerados de um "criminoso"; os seus movimentos com o aparelho correspondiam a esses traços. Um professor secundário tinha uma perfeita "cara de professor"; na maneira de fazer exercícios, era de certa forma "professoral". Via-se claramente que os adolescentes pós-encefalíticos tendiam a ser hiperativos. Nos adolescentes, o mal produzia formas mais exaltadas e nas pessoas mais velhas, formas mais letárgicas. Não publiquei nada sobre isso, que entretanto me causou duradoura impressão. A esse tempo, as perturbações das funções neurovegetativas eram diagnosticadas inteiramente de acordo com o esquema das perturbações do sistema nervoso sensório motor voluntário. Dizia-se que certas áreas e centros nervosos eram afetados pela enfermidade; que os impulsos eram perturbados ou eram recriados. Lesões mecânicas dos nervos eram consideradas as causas da perturbação. Ninguém pensou na

A FUNÇÃO DO ORGASMO

possibilidade de uma perturbação geral do funcionamento vegetativo. Ainda hoje, na minha opinião, o problema não está solucionado. Não sei o que dizer a respeito. Mais provavelmente, a enfermidade pós-encefalítica é uma perturbação do impulso corporal total, perturbação na qual os tratos nervosos desempenham apenas um papel intermediário. Não pode haver dúvidas de que há uma relação entre a estrutura do caráter específico e a forma particular da inibição vegetativa. Está fora de dúvida que esta tem a sua origem em uma infecção. Em suma, a perturbação do impulso corporal total e a inibição da função vegetativa geral foram os fatores essenciais que me causaram tão grande impressão e se tornaram decisivos para o meu trabalho posterior. Nada se sabia sobre a natureza dos impulsos vegetativos.

A evidência da perturbação sexual na esquizofrenia e as perturbações correlatas do ego me convenceram firmemente da exatidão das afirmações de Freud sobre a etiologia das neuroses e psicoses. O que o analista levava meses deslindando e interpretando em pacientes compulsivos era expresso em linguagem clara pelo paciente psicótico. O mais estranho de tudo era a atitude dos psiquiatras, que se recusavam simplesmente a tomar conhecimento disso, e se excediam uns aos outros em ridicularizar a Freud. Não há nenhum caso de esquizofrenia que, uma vez que se estabeleça o mais leve contato com o paciente, não revele conflitos sexuais inconfundíveis. A natureza desses conflitos pode variar muito, mas os elementos sexuais desordenados predominam sempre. A psiquiatria oficial só se interessa em classificar, e o conteúdo dos conflitos é apenas um estorvo. Para a psiquiatria oficial, é importante saber se o paciente só está desorientado no espaço, ou se está também desorientado no tempo. Ao psiquiatra não interessa a causa da desorientação do paciente, de uma forma ou de outra. O paciente psicótico é assediado pelas ideias sexuais que nos outros são cuidadosamente escondidas, reprimidas ou apenas meio admitidas. O ato sexual, atividades perversas, relações sexuais com a mãe ou com o pai, cobrir de excremento os órgãos genitais, sedução de – ou por – mulher ou marido de amigo ou amiga, fantasias grosseiramente sensuais, inclusive mamar e outras semelhantes, inundam o pensamento consciente do psicótico. Não é de admirar, portanto, que o paciente reaja pela perda do seu equilíbrio interior. A estranha situação interior causa angústia.

Uma pessoa que se tenha permitido a sexualidade proibida, conservando embora a sua defesa contra ela, deve começar a sentir como estranho o mundo exterior. O mundo também, por seu lado, qualifica

LACUNAS NA PSICOLOGIA E NA TEORIA DO SEXO

a essa pessoa como um excêntrico e o exclui das suas fileiras uniformes. Na verdade, o mundo empurra sensações sexuais para cima do paciente psicótico de maneira tão violenta que ele *tem* de afastar-se dos modos comuns de pensar e de viver. Em troca percebe, frequentemente com clareza, a hipocrisia sexual do seu ambiente. Por isso, atribui ao médico ou aos parentes exatamente aquilo que ele mesmo sente. E o que sente é realidade – *não são fantasias* da realidade. As pessoas são "polimorficamente perversas" e também o são a sua moralidade e as suas instituições. Sólidas barreiras devem ser *erguidas* contra esse dilúvio de sujeira e anti-socialidade: internamente, ideias moralistas e inibições; externamente, a polícia de costumes e a opinião pública. Para poderem existir, entretanto, as pessoas têm de renunciar aos seus próprios interesses mais vitais; têm de adotar formas artificiais de vida e atitudes que elas mesmas tornaram necessárias. O resultado disso é que sentem como inato e como um dever constante algo que lhes é alheio à natureza; pensam nisso como se fosse a "natureza eternamente moral do homem", como "o verdadeiramente humano" oposto ao "animal". As muitas fantasias que os pacientes psicóticos têm sobre a reorganização de um estado de coisas podem ser explicadas com base nessa dualidade. Eles desejam frequentemente trancar os médicos e os auxiliares, como se esses fossem os verdadeiros doentes; como se eles é que estivessem certos e não os outros. Essa ideia não é tão fantasiosa como se gostaria de considerar. Grandes homens, e homens sensíveis, preocuparam-se com esse fenômeno; por exemplo Ibsen, em *Peer Gynt*. Todo mundo está certo, de algum modo. Mesmo os pacientes psicóticos têm de estar certos, principalmente em alguns pontos definidos. Mas em quais? Certamente não naqueles nos quais afirmam estar. Mesmo assim, quando alguém consegue estabelecer contato com eles, descobre que são capazes de conversar muito sensata e seriamente a respeito das numerosas peculiaridades da vida.

O leitor que seguiu cuidadosamente a exposição até aqui deve estar meio intrigado. Quererá saber se as estranhas e perversas impressões sexuais sentidas pelo paciente psicótico representam realmente uma irrupção de algo que é "natural" nele. São a coprofagia, as fantasias sexuais, o sadismo, etc., experiências naturais de vida? O leitor tem razão de estar quebrando a cabeça a respeito desses fatos. Os instintos que irrompem inicialmente no paciente esquizofrênico são mesmos perversos. Mas no fundo da experiência esquizofrênica há algo que é obscurecido pela perversidade. O paciente esquizofrênico experimenta as sensações do seu órgão e as suas correntes vegetativas, sob a forma de conceitos e ideias parcialmente tomados do mundo ao redor, e parcialmente adquiridos para o desvio da sua sexualidade natural. A pessoa média normal também pensa na sexualidade através de conceitos antinaturais ou perversos; por exemplo, o ato sexual animal puro e simples[2]. De mãos dadas com a deterioração da sensação do órgão sexual natural caminham as palavras e expressões que o designam. Se só irrompessem perversões no esquizofrênico, não haveria fantasias sobre o dia do Juízo e sobre processos cósmicos – mas tão somente perversões. O que pertence especificamente ao paciente esquizofrênico é que, embora sinta a biologia vital do corpo, não pode enfrentá-la. Confunde-se e começa a pensar a respeito das suas correntes vegetativas em termos de sexualidade perversa. Quanto à sua experiência de vida, o paciente neurótico e o paciente pervertido estão para o esquizofrênico assim como o ladrão ordinário está para o arrombador ousado.

E assim, às impressões de pós-encefalite letárgica somavam-se as da esquizofrenia. As ideias de uma "deterioração vegetativa" gradual ou rápida e as da "cisão do funcionamento vegetativo unitário e ordenado" tornaram-se as fontes essenciais das minhas investigações posteriores. Para mim, a falta de concentração e a sensação de desamparo do esquizofrênico, o bloqueio catatônico e a deterioração hebefrênica eram simplesmente formas diferentes de um e mesmo processo, i.e., a cisão progressiva da função normalmente unitária do mecanismo vital. Foi somente doze anos mais tarde que a unidade da função vital se tornou clinicamente compreensível sob a forma do *reflexo orgástico*.

Se se duvida da absoluta racionalidade e da exatidão do pensamento deste mundo "respeitável", o acesso à natureza dos pacientes psicóticos se torna mais fácil. Observei uma garota que estava de cama na clínica havia anos e não fazia nada exceto mover a região pélvica e passar o dedinho no clitóris. Estava totalmente bloqueada. Uma vez ou de outra, um vago sorriso lhe cobria o rosto. Só raramente se conseguia vencer-lhe o alheamento. Não respondia a nenhuma pergunta. De vez em quando, entretanto, uma expressão inteligível se desenhava no seu rosto. Se alguém conhece realmente a terrível angústia das crianças pequenas que são proibidas de masturbar-se, então entenderá semelhante comportamento em pacientes neuróticos. Eles desistem do

---

[2] Para este "ato sexual animal puro e simples" o original alemão traz a expressão *vogeln* e também o seu correspondente inglês *to fuck*. (N. do T.).

LACUNAS NA PSICOLOGIA E NA TEORIA DO SEXO

mundo, e dementes, praticam o ato que um mundo irracionalmente governado uma vez lhes proibiu. Não se vingam; não castigam; não causam qualquer mal. Simplesmente permanecem deitados e tentam salvar os últimos restos de um prazer patologicamente corrompido.

A psiquiatria não entendia nada disso. Temia entendê-lo. Teria precisado submeter-se a uma modificação radical. Freud havia conseguido aproximar-se do problema, porém as suas "interpretações" haviam sido ridicularizadas. Graças ao meu conhecimento da teoria da sexualidade infantil e da repressão dos instintos, eu tinha uma compreensão melhor dos pacientes psicóticos. Defendi seriamente a causa de Freud. Estava claro para mim que a função da ciência psiquiátrica era desviar a atenção de uma verdadeira explicação das condições sexuais da existência, e que envidava todos os esforços para "provar" que os pacientes psicóticos tinham estigmas hereditários e que a sua degeneração estava no próprio protoplasma. Eu tinha de provar a qualquer preço que as perturbações da função cerebral, ou uma secreção interna, causavam as enfermidades mentais. Os psiquiatras exultavam ao ver que pacientes que sofriam de paresia geral apresentavam alguns sintomas de autêntica esquizofrenia ou melancolia. "Vejam, isso é o que advêm da imoralidade"; essa era, e ainda é, a atitude frequentemente assumida. Não ocorria a ninguém que os desequilíbrios das funções do corpo, sob qualquer forma, poderiam igualmente ser os resultados de uma perturbação geral do funcionamento vegetativo.

Havia três conceitos básicos sobre a relação entre a esfera somática e a esfera psíquica:

1. Toda enfermidade ou manifestação psíquica tem uma causa física. Essa era fórmula do *materialismo mecanicista*.
2. Toda enfermidade ou manifestação psíquica pode ter somente uma causa física. Para o pensamento religioso, todas as enfermidades somáticas são também de origem psíquica. Essa era a fórmula do *idealismo metafísico*. Corresponde à ideia de que "o espírito cria a matéria", e não o contrário.
3. O psíquico e o somático são dois processos paralelos que exercem efeito recíproco um sobre o outro – *paralelismo psicofísico*.

Não havia nenhum conceito funcional-unitário da relação corpo-mente. As questões filosóficas não desempenhavam qualquer papel no meu trabalho clínico, nem o meu trabalho clínico procedia de qualquer

A FUNÇÃO DO ORGASMO

filosofia. Pelo contrário, com base no meu trabalho clínico, desenvolvi um método que, a princípio, apliquei bem inconscientemente. Esse método requeria clareza quanto à conexão entre os campos somático e psíquico.

Inúmeros pesquisadores observaram corretamente os mesmos dados. No trabalho científico entretanto eram rivais uns dos outros; a teoria do "caráter nervoso", de Adler, por exemplo, opunha-se à teoria da etiologia sexual das neuroses, de Freud. Por mais que se hesite em admiti-lo, é todavia verdade: "caráter" e "sexualidade" constituíam dois polos irreconciliáveis do pensamento psicanalítico. Falar demais em caráter não era exatamente o que a Associação Psicanalítica mais apreciava. Eu lhe entendia as razões. Não havia outro tema que permitisse tantos sofismas quanto o "caráter". Poucos estabeleciam uma distinção clara entre a avaliação do caráter ("bom" ou "mau") e as investigações científico-naturais. Caracterologia e ética eram, e ainda são, quase idênticas. Mesmo na psicanálise, o conceito de caráter não estava livre das avaliações morais. Havia um estigma ligado ao caráter "anal"; também, embora menos, ao caráter "oral", mas este último era considerado infantil. Freud havia demonstrado que a origem de inúmeros traços típicos de caráter está nos impulsos da primeira infância. Abraham fornecera dados brilhantes sobre os traços de caráter na melancolia e nos estados maníaco-depressivos. Por isso, a confusão entre avaliações morais e investigações empíricas era absolutamente desconcertante. Dizia-se, naturalmente, que o trabalho científico tinha de ser "objetivo" e "não avaliativo". Mesmo assim cada frase sobre comportamento do caráter era um julgamento; não – o que seria correto – um julgamento sobre a "sanidade" ou a "enfermidade" de uma forma particular de comportamento; mas um julgamento no sentido do "bom" e do "mau". A ideia era de que havia certos "caracteres maus" incompatíveis com o tratamento psicanalítico. Dizia-se que o tratamento psicanalítico requeria certo nível de organização psíquica no paciente, e que muitos não valiam a pena. Além disso, muitos pacientes eram tão "narcisistas" que o tratamento não conseguia vencer a barreira. Mesmo um QI baixo era considerado como empecilho para o tratamento psicanalítico. Por essa razão, o trabalho psicanalítico limitava-se aos sintomas neuróticos circunscritos às pessoas inteligentes, capazes de associações livres e possuidoras de caráter "corretamente desenvolvido".

Esse conceito feudalista da psicoterapia, que pela sua própria natureza é extremamente individualista, entrou naturalmente em conflito imediato com as necessidades do trabalho médico quando se abriu, no

LACUNAS NA PSICOLOGIA E NA TEORIA DO SEXO

dia 22 de maio de 1922, a Clínica Psicanalítica de Viena para pessoas pobres. No Congresso de Budapeste, em 1918, Freud havia falado sobre a necessidade de fundar clínicas psicanalíticas públicas para os que não podiam pagar um tratamento particular. Entretanto, disse, ouro puro da psicanálise deveria ser misturado "com o cobre da terapia de sugestão". Um tratamento em massa tornaria isso necessário.

Já no ano de 1920, uma clínica psicanalítica fora instalada em Berlim, sob a direção de Karl Abraham. Em Viena, as duas autoridades médicas locais, que haviam autorizado a clínica psicanalítica e também o departamento estadual de saúde, interpuseram dificuldades consideráveis. Os psiquiatras estavam positivamente contra ela e apresentavam toda sorte de desculpas esfarrapadas, enquanto a associação médica temia que a profissão viesse a sofrer prejuízos financeiros. Resumindo, a criação de uma clínica foi considerada inteiramente inútil. Finalmente, entretanto, conseguiu-se a necessária autorização. Mudamo-nos para algumas salas na secção de cardiologia de Kaufmann e Meyer. Seis meses mais tarde foi emitida uma proibição contra nossa permanência ali. A clínica foi jogada de um lado para outro, porque as autoridades não sabiam o que fazer com ela; nem ela se ajustava à estrutura do seu pensamento. Hitschmann, o diretor da clínica psicanalítica, descreveu-lhe as dificuldades num livro escrito em honra do décimo aniversário. Quero, entretanto, voltar ao meu tema principal.

A clínica psicanalítica tornou-se um manancial de observações dos mecanismos das neuroses, em pessoas pobres. Trabalhei nessa clínica desde o dia da sua abertura, como primeiro assistente médico; trabalhei ali durante oito anos, ao todo; no fim, como diretor eleito. Os horários de consulta viviam apinhados de gente. Havia industriários, funcionários de escritório, estudantes e trabalhadores rurais. A afluência era tão grande que nós não dávamos conta, sobretudo depois que a clínica se tornou conhecida entre o povo. Cada psicanalista concordou em oferecer gratuitamente uma sessão diária. Mas não foi o suficiente. Precisávamos destacar os casos mais passíveis de análise. Isso nos obrigou a procurar descobrir os meios de avaliar as possibilidades de tratamento. Mais tarde, convenci os analistas a dar uma contribuição mensal. Queria empregar esse dinheiro para contratar um ou dois médicos pagos; assim, podia esperar-se que o nome de "clínica" viesse a ser um dia justificado. Segundo os padrões do tempo, acreditava-se que o tratamento requeria uma sessão diária, durante pelo menos seis meses. Uma coisa se tornou logo clara: *a psicanálise não é uma terapia*

A FUNÇÃO DO ORGASMO

para aplicação em massa. A ideia de prevenir neuroses não existia – e ninguém saberia o que dizer a respeito. O trabalho na clínica logo se tornou claro o seguinte:

- a neurose é uma doença da massa, uma infecção semelhante a uma epidemia, e não capricho de mulheres mimadas, como se afirmou mais tarde na luta contra a psicanálise;
- a perturbação da função genital era, sem sombra de dúvida, a razão mais frequentemente apresentada para a vinda à clínica.

Eram indispensáveis critérios de avaliação dos resultados do tratamento psicoterapêutico se queríamos fazer qualquer progresso. Quais os critérios para a determinação do prognóstico da terapia? Essa questão não havia sido anteriormente considerada.

Por que um analista conseguia curar um paciente, e não outro, era também uma questão de primeira grandeza. Se pudéssemos saber isso, então poderíamos fazer uma seleção melhor dos pacientes. A essa altura, não havia uma teoria da terapia.

Nem o psiquiatra nem o psicanalista haviam pensado em pesquisar as condições de vida dos pacientes. Sabia-se, claro, que havia pobreza e necessidade material, mas de certa forma isso não se considerava como um aspecto relevante do tratamento. Assim mesmo, as condições materiais do paciente eram um problema constante na clínica. Frequentemente era necessário dar, primeiro, uma ajuda social. De repente apareceu uma lacuna tremenda entre a prática privada e as práticas na clínica.

Depois de estarmos trabalhando por dois anos mais ou menos, ficou claro que a psicoterapia individual tinha um significado muito limitado. Somente uma parte dos pacientes emocionalmente doentes poderia receber tratamento. E centenas de horas de trabalho, com aqueles que se tratavam, eram perdidas em esforços infrutíferos por causa dos problemas terapêuticos não resolvidos quanto à técnica. Os esforços eram recompensados por uma pequena percentagem de casos apenas. A psicanálise nunca fez segredo da sua fraqueza na prática real.

Havia então pacientes cuja vida particular não oferecia nenhuma oportunidade de observação; pacientes tão perturbados mentalmente que se encontravam, em absoluto, fora da sociedade. O diagnóstico psiquiátrico habitual para esses casos era "psicopatia", "insanidade moral" ou "degeneração esquizoide". Uma séria "mancha hereditária" era considerada como a causa única e essencial. Os seus sintomas não

LACUNAS NA PSICOLOGIA E NA TEORIA DO SEXO

podiam ser classificados em nenhuma das categorias conhecidas. Ações compulsivas, comas histéricos, fantasias e impulsos homicidas arrancavam-nos completamente do mundo diário. Embora essas obsessões individuais fossem, no caso das pessoas abastadas, socialmente inofensivas, assumiam no caso só dos pobres um caráter absurdo e perigoso. Como resultado da necessidade material, as inibições morais haviam sido de tal forma vencidas que os impulsos criminosos e perversos clamavam por ação. O meu livro *Der triebhafte Charakter* é uma investigação desse tipo. Durante três anos, lidei sobretudo com esses casos difíceis na clínica. Eram colocados na ala dos agitados e aí permaneciam até sossegarem. Depois eram dispensados ou, quando aparecia uma psicose, enviados a uma instituição para doentes mentais. Eram quase exclusivamente operários ou empregados.

Um dia, operária moça e bonita veio à clínica. Trazia consigo dois meninos e uma criança pequena. Perdera a voz, sintoma conhecida como "mutismo histérico". Escreveu em um pedacinho de papel que havia subitamente perdido a voz, alguns dias antes. Uma vez que uma análise não era possível, tentei eliminar a perturbação da fala pela hipnose e obtive sucesso após algumas sessões. Agora falava em voz baixa, rouca e meio assustada. Havia anos que vinha sofrendo de um impulso compulsivo de matar as crianças. O pai dos meninos a havia abandonado. Estava sozinha com as crianças e dificilmente encontravam o que comer. Costurava em casa, mas ganhava desesperadamente pouco. Sacudiu-a então a ideia do assassínio. Estava a ponto de empurrar as crianças para dentro d'água quando foi tomada de terrível angústia. Daí em diante foi atormentada pelo impulso de confessar-se à polícia a fim de proteger as crianças contra ela mesma. O impulso mantinha-a em um estado de medo mortal, pois temia ser enforcada pelo crime. O pensamento provocou-lhe uma constrição na garganta. O mutismo impedia-a de ceder ao impulso. Na realidade, o mutismo era um espasmo extremo das cordas vocais. Não foi difícil apontar a situação de infância que permanecia por detrás disso. Fora órfã e vivera com estranhos, morando com seis ou mais pessoas no mesmo quarto. Menina, fora sexualmente violada por homens feitos. Era atormentada pelo desejo de uma mãe que a protegesse. Nas suas fantasias sentia-se como uma criança protegida. Havia sentido sempre na garganta e no colo toda aquela angústia sufocante e aquela ansiedade. Agora era mãe e via os filhos em uma situação semelhante à que enfrentara quando criança. Não queria que vivessem. Além do mais transferira para eles o ódio amargo que nutria pelo marido. A situação era terrivelmente complicada. Ninguém a entendia. Embora fosse totalmente fria, dormia com muitos homens diferentes. Consegui ajudá-la a vencer algumas dificuldades. Encaminhei os meninos para um bom internato. Ela criou coragem bastante para recomeçar a trabalhar. Fizemos uma coleta para ela. Na verdade a miséria continuou – apenas um pouco aliviada. O desamparo de tais pessoas leva-as a cometerem atos imprevisíveis. Vinha à minha casa à noite e ameaçava cometer suicídio ou infanticídio a menos eu fizesse isto ou aquilo, a menos que concordasse em ajudá-la nesta ou naquela situação etc. Visitei-a no seu apartamento a aí tive que enfrentar não a nobre questão da etiologia das neuroses mas a questão de *como* um organismo humano podia viver naquelas condições, ano após ano. Não havia nada, absolutamente nada, que trouxesse luz a essa vida. Nada havia senão miséria, solidão, mexericos dos vizinhos, preocupação com a refeição seguinte – e, sobre tudo isso, as trapaças criminosas do senhorio e do patrão. Apesar do fato que o seu trabalho era dificultado por perturbações psíquicas agudas, era explorada cruelmente e sem piedade. Recebia uns dois *schillings* por dia de dez horas de trabalho, o que quer dizer que devia sustentar-se, e aos três filhos, com uns sessenta ou oitenta *schillings* por mês! O extraordinário é que o conseguia! Nunca pude descobrir como. Apesar de tudo, não se descuidava absolutamente da sua aparência. Lia sempre, inclusive alguns livros que me tomou emprestado.

Mais tarde, quando os marxistas não se cansavam de dizer-me que a etiologia sexual da enfermidade psíquica era um capricho burguês, que era "apenas necessidade material" o que produzia as neuroses, eu me lembrava sempre de casos como esse. Como se a miséria sexual não fosse uma "miséria material"! Não é uma "necessidade material" no sentido da economia marxista o que produz as neuroses. Antes, são as neuroses dessas pessoas que lhes destroem a possibilidade de fazerem algo de sensato quanto à miséria; de se afirmarem mais eficazmente; de entrarem na competição do mercado de trabalho; de chegarem a um entendimento com outros em semelhante situação social e de manterem a cabeça fria para o pensamento racional. Podem ser desmentidas pelos fatos as objeções que visem a mostrar que tais casos não são exceções, especialmente quando essas objeções forem levantadas por pessoas que rejeitam a neurose como "um luxo de senhoritas burguesas".

As neuroses da população operária carecem, muito simplesmente, do refinamento cultural. São cruas e ásperas revoltas contra o massacre psíquico a que todo mundo é submetido. O cidadão próspero suporta a sua neurose com dignidade, ou manifesta-a materialmente de uma ou

LACUNAS NA PSICOLOGIA E NA TEORIA DO SEXO

de outra forma. Entre as grandes massas de população que trabalha, a neurose se manifesta em toda a sua deformidade trágica.

Outra paciente estava sofrendo da chamada ninfomania. Não conseguia nunca experimentar a satisfação. Por isso, dormia com qualquer homem disponível –sem encontrar satisfação. Masturbava-se com o cabo de uma faca, ou mesmo com a lâmina, até que lhe sangrava a vagina. Somente aqueles que conhecem o tormento de uma excitação sexual insaciável e sumamente tensa deixarão de falar sobre a "transcendência da espiritualidade fenomenológica". Nessa paciente também a influência destrutiva de uma família operária grande, pobre e materialmente atormentada, revelou-se impiedosa. As mães nessas famílias nunca têm tempo nem possibilidade de educar cuidadosamente os filhos. Quando a mãe percebe que a criança se está masturbando, atira simplesmente uma faca na criança. E a criança associa a faca ao medo de ser punida pela atividade sexual e aos consequentes sentimentos de culpa; a criança não se permite alcançar satisfação e, mais tarde, tenta, atormentada pelos sentimentos inconscientes de culpa, alcançar o orgasmo com a mesma faca. Esse caso está pormenorizadamente descrito no meu livro *Der triebhafte Charakter*.

Semelhantes casos não pertencem à mesma categoria que as simples neuroses ou as enfermidades psicóticas. Os caracteres impulsivos pareciam representar um estágio de transição entre a neurose e a psicose. O ego ainda funcionava corretamente mas dividia-se entre a afirmação do instinto e a afirmação da moralidade, entre a negação da moralidade e a negação do instinto, ao mesmo tempo. Parecia furioso com a sua própria consciência; parecia querer livrar-se dela pelo exagero das ações impulsivas. E a consciência podia ser claramente determinada como o produto da educação contraditória e brutal. Os neuróticos compulsivos e os pacientes histéricos foram educados desde tenra idade de forma absolutamente antissexual. Na primeira infância não tiveram orientação sexual, ou foram prematuramente ativos. Então, subitamente, foram brutalmente punidos, e a punição viveu no inconsciente como um sentimento de culpa sexual. O ego defendeu-se contra essa consciência exagerada reprimindo da mesma forma pela qual habitualmente reprimiria apenas os desejos sexuais.

A estase da energia sexual nesses pacientes era muito maior e mais drástica do que o seria em pacientes instinto-inibidos. Tratando-os, precisei antes de tudo lutar contra o seu ser total – o seu caráter. As dificuldades que apresentavam dependiam diretamente do grau de tensão sexual, ou

A FUNÇÃO DO ORGASMO

da medida na qual a satisfação sexual havia sido experimentada. Toda descarga da tensão sexual por meio da satisfação genital aliviava imediatamente o efeito da irrupção dos impulsos patológicos. Os que estão familiarizados com as ideias básicas da economia sexual observarão que se encontrava nesses pacientes tudo quanto, mais tarde, foi incorporado à minha teoria: a resistência do caráter, o papel curativo da satisfação genital e o efeito cumulativo da estase sexual nos impulsos sexuais antissociais e perversos. Consegui juntar todos esses dados somente depois de ter tido experiências semelhantes com neuroses *instintos-inibidas*. Escrevi uma monografia de oito páginas, na qual expliquei pela primeira vez a necessidade de um "trabalho de análise do caráter" no paciente. Freud leu o manuscrito em três dias e escreveu-me uma carta de apreciação. Era possível, dizia, que de agora em diante se descobrisse haver entre o ego e o superego mecanismos operantes, semelhantes aos que se havia descoberto operarem entre o ego e o id.

Era nova a ideia de que os impulsos perversos e antissociais fossem ampliados pela perda da função sexual normal. Os psicanalistas costumam explicar semelhantes casos com base na "intensidade constitucional de um instinto". Dizia-se que a sexualidade anal dos pacientes neuróticos compulsivos era causada por uma "forte predisposição erógena da zona anal". Abraham afirmava existir, na melancolia, "forte disposição oral", que predeterminava a tendência aos estados depressivos. Presumia-se que um "erotismo particularmente forte da pele "se encontrava na base da fantasia masoquista de apanhar. O exibicionismo era atribuído a uma erogenicidade especialmente forte dos olhos. Um "erotismo muscular exagerado" passava por ser o responsável pelo sadismo. Esses conceitos são importantes para compreender a pesquisa que eu tinha de empreender antes de poder associar as minhas experiências clínicas ao papel da genitalidade. Difícil de compreender no início eram os equívocos contra os quais eu tinha constantemente de lutar.

O fato de que a intensidade das ações antissociais depende da perturbação da função genital havia sido corretamente percebido. Contradizia o conceito psicanalítico dos "instintos parciais" isolados. Embora Freud houvesse presumido um desenvolvimento do instinto sexual de um estágio pré-genital para estágio genital, essa ideia se perdeu no meio dos conceitos mecanicistas. Eis algumas das afirmações que se faziam: toda zona erótica (boca, ânus, olhos, pele, etc.) tem um instinto parcial correspondente; por exemplo, o prazer de olhar, o prazer de apanhar, etc. Ferenczi realmente pensava que a sexualidade genital era resultado de qualidades pré-genitais. Freud agarrava-se à ideia de que as meninas têm apenas uma sexualidade clitória e não experimentam o erotismo vaginal na primeira infância. Examinei as minhas notas vezes sem conta. Nada se podia fazer. As minhas observações mostravam claramente que os impulsos sexuais pré-genitais aumentavam com a impotência e diminuíam com a potência. Confrontando as minhas observações, ocorreu-me que um vínculo sexual completamente desenvolvido entre pai – ou mãe – e filho podia existir em qualquer fase do desenvolvimento sexual infantil. Era possível que, o mesmo aos cinco anos, um garoto pudesse desejar a mãe de uma forma somente oral, enquanto uma menina da mesma idade poderia desejar o pai de maneira somente oral ou anal. As relações das crianças com adultos de ambos os sexos podiam ser variadíssimas. A fórmula de Freud "amo o meu pai ou a minha mãe e odeio a minha mãe ou o meu pai" era apenas um começo. Para a minha própria conveniência, eu distinguia, nas relações das crianças com os pais, as pré-genitais das genitais. Clinicamente, as primeiras apresentavam regressões e danos psíquicos muito mais profundos que as segundas. Em termos do desenvolvimento sexual, eu tinha de julgar a vinculação genital como normal e a vinculação pré-genital como patológica. Um menino que tivesse uma vinculação genital plenamente desenvolvida em relação à mãe teria muito maior facilidade em estabelecer uma vinculação genital com uma mulher do que um menino que houvesse amado a mãe de uma forma somente anal, i.e., perversa. No primeiro, seria apenas necessário afrouxar a fixação: no segundo, a personalidade total do menino teria assumido características passivas e femininas. Pela mesma razão, era mais fácil curar uma menina que tivesse uma atração vaginal ou anal pelo pai do que curar uma menina que houvesse assumido uma posição sadística masculina. Por isso, a histeria com a sua fixação genital incestuosa oferecia menos dificuldades terapêuticas do que os pacientes compulsivos com a sua estrutura pré-genital.

Não se sabia ainda muito bem por que era mais fácil anular a fixação genital do que anular a fixação pré-genital. A essa altura, eu não sabia nada sobre a diferença fundamental entre sexualidade genital e pré-genital. Na psicanálise, nenhuma distinção se fazia, ou se faz, entre as duas. Presumia-se ser a genitalidade tão passível de sublimação quanto analidade e a oralidade. A satisfação no caso da última era considerada como semelhante à "satisfação" no caso da primeira. Havia "supressão cultural" e "condenação" tanto na primeira como na última.

A FUNÇÃO DO ORGASMO

Neste ponto é necessário entrar em pormenores. Não há nenhuma base para a afirmação dos psicanalistas de que associaram a teoria da genitalidade à sua teoria das neuroses. É indispensável, portanto, definir precisamente o que se entende por genitalidade. É verdade que as minhas publicações a esse respeito desde 1922, têm sido parcialmente associadas ao pensamento psicanalítico. É também verdade, entretanto, que não há ainda uma compreensão dos elementos mais essenciais das minhas ideias. O desenvolvimento independente da economia sexual começou com a questão da diferença entre prazer pré-genital e genital. Nem um só ponto da minha teoria é válido sem isso. A sua explicação correta leva-me automaticamente ao caminho que devo seguir. Fugir a ele seria comprometer o meu trabalho.

Capítulo IV

O DESENVOLVIMENTO DA TEORIA DO ORGASMO

1 EXPERIÊNCIAS INICIAIS

Em dezembro de 1920, Freud enviou-me para tratamento um jovem estudante. Sofria de uma compulsão de ruminar e de contar; de fantasias anais compulsivas, masturbação habitual, sintomas neurastênicos agudos, por exemplo, dores nas costas e dores de cabeça, indisposição e náuseas. Tratei-o durante vários meses. A compulsão de ruminar tornou-se imediatamente uma compulsão de associar. O seu caso parecia totalmente desesperador. Subitamente, surgiu uma fantasia incestuosa, e pela primeira vez o paciente se masturbou com satisfação. Todos os seus sintomas desapareceram imediatamente. Em oito dias voltaram pouco a pouco. Masturbou-se outra vez. Os sintomas desapareceram de novo, apenas para voltar alguns dias mais tarde. Isso continuou por várias semanas. Finalmente consegui chegar à raiz dos seus sentimentos de culpa quanto à masturbação, e corrigir alguns hábitos prejudiciais de comportamento. Após um total de nove meses, terminei o tratamento. O paciente estava agora capacitado para trabalhar e o seu estado era significativamente melhor. Os meus apontamentos mostram que fui informado sobre o estado do paciente durante um período de seis anos. Casou-se mais tarde e continuou são.

Ao mesmo tempo, estava analisando também um garçom totalmente incapaz de ter uma ereção. O tratamento foi fácil. No terceiro ano chegamos à perfeita reconstrução da "cena primária". Tinha dois anos de idade quando acontecera. A mãe tivera um bebê. Do quarto ao lado, pudera observar cada pormenor do parto. A impressão de uma grande cavidade sangrenta entre as pernas da mãe permaneceu firmemente arraigada na sua mente. No nível consciente, permaneceu só a sensação de um "vazio" nos seus próprios órgãos genitais. De acordo com o conhecimento psicanalítico desse tempo, apenas liguei a sua

A FUNÇÃO DO ORGASMO

incapacidade de ter uma ereção com a impressão seriamente traumática do genital feminino "castrado". Isso era sem dúvida correto. Entretanto foi somente há poucos anos que comecei a prestar atenção especial ao "sentimento de vazio nos órgãos genitais" dos meus pacientes, e a entendê-lo. Corresponde a uma retração da energia biológica.

Àquele tempo, avaliei incorretamente a personalidade total do meu paciente. Era muito quieto, tinha boas maneiras e bom comportamento, e fazia quanto se lhe pedia. Nunca se excitava. Ao longo de três anos de tratamento, nem uma só vez se zangou ou emitiu um juízo crítico. Assim, de acordo com os conceitos vigentes, era um caráter totalmente "integrado" e "ajustado", com um só sintoma agudo (neurose monosintomática). Apresentei um relatório do caso ao seminário de técnica e fui convidado a explicar exatamente a cena primária traumática. Teoricamente, eu tinha dado uma explicação completa do sintoma: a incapacidade do paciente de ter uma ereção. Uma vez que o paciente era diligente e ordeiro – "ajustado à realidade", como costumávamos dizer – não ocorreu a nenhum de nós que era precisamente essa tranquilidade emocional, essa equanimidade inabalável, que formava a base patológica do caráter, pela qual a impotência eretiva podia ser mantida. Os analistas mais velhos consideravam o trabalho de análise por mim realizado como completo e correto. Eu, porém, deixei insatisfeito a reunião. Se tudo estava afinal exatamente como devia, por que não houvera mudança na impotência do paciente? Devia estar faltando algo em algum ponto mas nenhum de nós sabia o quê. Terminei a análise alguns meses mais tarde e o paciente não estava curado. A imperturbabilidade com que aceitou isso era tão estóica quanto a imperturbabilidade com que aceitou tudo, durante o tratamento todo. Esse paciente gravou em mim o importante conceito de "bloqueio emocional" na análise do caráter. Eu encontrara a ligação extrema entre a formação presente de um caráter humano e a frieza emocional e morte genital.

Isso se deu quando a psicanálise estava exigindo períodos cada vez mais longos de tratamento. Logo que comecei a tratar os pacientes, seis meses se considerava um tempo longo. Em 1923, um ano já era uma realidade. Alastrava-se a ideia de que seria ainda melhor levar dois ou três anos no tratamento. Não havia como fugir; as neuroses eram doenças complicadas e sérias. Freud escreveu o seu *History of an Infantile Neurosis*, agora famoso, com base em um caso que havia tratado durante cinco anos. Freud adquiria evidentemente, com esse caso, profundo conhecimento do mundo da experiência de uma

O DESENVOLVIMENTO DA TEORIA DO ORGASMO

criança. Os psicanalistas, por outro lado, faziam da necessidade uma virtude. Abraham afirmava que eram precisos anos para se entender uma depressão crônica, e que a "técnica passiva" era a única técnica verdadeira. Os psicanalistas faziam graças maliciosas a respeito da sua preguiça durante a sessão analítica. Se um paciente não fazia nenhuma associação durante horas a fio, o analista tinha de fumar muito para não adormecer. Houve analistas, inclusive, que deduziam disso teorias grandiosas. Se o paciente permanecia em silêncio, e então, o analista devia também manter-se em silêncio, mesmo que fosse, afinal por horas ou semanas. Isso era considerado como "técnica consumada". Desde o início, percebi que algo estava fundamentalmente errado aí. Mesmo assim, também tentei seguir a "técnica". Não deu em nada. Os pacientes apenas revelavam uma profunda sensação de desamparo, uma consciência má, e a resistência que caminha de mãos dadas com ambas. A situação não era nada melhorada nem pelas brincadeiras a respeito do analista que despertou de um sono profundo, durante uma sessão, e encontrou, vazio o divã; nem pelas explicações enroladas para provar que estava certo que o analista cochilasse um instante, pois o seu inconsciente permaneceria atento ao paciente. Afirmava-se mesmo que o inconsciente do analista podia, ao despertar do sono durante um tratamento, compreender exatamente o rumo que o inconsciente do paciente estava seguindo. Era deprimente e desanimador. Por outro lado, Freud aconselhava-nos a não ser demasiado ambiciosos nos nossos esforços terapêuticos. Foi somente muitos anos mais tarde que compreendi o que queria dizer. As afirmações feitas pelos psicotera-peutas simplesmente não eram verdadeiras. Seguindo a descoberta dos mecanismos inconscientes, o próprio Freud acalentara inicialmente a esperança definida de poder pisar em terreno firme na direção do desenvolvimento de uma psicoterapia causal. Enganara-se. Deve ter ficado enormemente desapontado. Estava certa a sua conclusão de que uma pesquisa ulterior era muitíssimo necessária. Um desejo pre-cipitado de curar não leva ao conhecimento de novos fatos. Eu tinha, como qualquer outro, uma noção bem pequena da natureza do campo ao qual essa pesquisa indispensável devia levar. Nem tinha qualquer noção do que era o medo do psicanalista às consequências sociais da psicanálise que o levava a assumir atitudes tão estranhas nas questões terapêuticas. Debatiam-se as seguintes questões:

1. Está completa a teoria da etiologia da neurose, de Freud?

2. É possível chegar a uma teoria científica da técnica e da terapia?
3. É exata a teoria freudiana do instinto? Está completa? Se não, o que está faltando?
4. O que foi que, primeiro, tornou necessária a repressão sexual (que causou a neurose)?

Essas perguntas continham o germe de tudo quanto veio a ser chamado, depois, *economia sexual*. É só a título de retrospecto que posso fazer essas perguntas esclarecedoras. Naquele tempo a consciente formulação de qualquer delas poderia ter-me afastado prematuramente de qualquer tipo de pesquisa. Sinto-me grato por não ter tido nenhuma ideia concreta dessas questões naqueles tempos iniciais; por ter prosseguido inocentemente o meu trabalho na clínica psicanalítica e por ter trabalhado no desenvolvimento do sistema psicanalítico – tudo na crença de que a minha atividade se realizava em nome de Freud, e para o trabalho da sua vida. Profundamente entregue ao trabalho da minha própria vida, não sinto hoje a mais leve tristeza pelo fato de que essa atitude, não muito autoconfiante, me causou mais tarde sofrimento considerável. Essa atitude foi a condição das minhas posteriores descobertas.

2 SUPLEMENTO À IDEIA FREUDIANA DA NEUROSE DE ANGÚSTIA

Lembrarei ao leitor que cheguei a Freud através da sexologia. Não admira, portanto, que eu tenha achado a sua teoria das neuroses atuais (*Aktualneurosen*), que chamei neuroses estásicas sexuais, muito mais interessante e científica do que a "interpretação" do "significado" dos sintomas nas psiconeuroses. Freud chamava neuroses atuais as enfermidades causadas pelas perturbações presentes da vida sexual. Segundo essa ideia, a neurose de angústia e a neurastenia eram enfermidades que não tinha uma "etiologia psíquica". Achava que eram manifestações diretas de uma sexualidade reprimida. Eram exatamente como as perturbações tóxicas. Freud presumia que o corpo continha "substâncias químicas" de "natureza sexual" que, se não eram adequadamente "metabolizadas", produziam palpitações nervosas, irregularidade cardíaca, crises agudas de angústia, suor e outros sintomas do mecanismo da vida vegetativa. Estava longe da intenção de Freud estabelecer uma relação entre a neurose de angústia e o sistema vegetativo. Com base na sua experiência clínica, afirmava que a neurose de angústia era o resultado da abstinência sexual

O DESENVOLVIMENTO DA TEORIA DO ORGASMO

ou do *coitus interruptus*. Era diferente da neurastenia, que, ao contrário da neurose de angústia, era causada por "abusos sexuais", isto é, pela sexualidade desregrada; por exemplo, pela masturbação excessiva. Os sintomas da neurastenia eram dores nas costas e lumbago; dores de cabeça, irritabilidade geral, perturbação da memória e da concentração, etc. Em outras palavras, Freud classificava síndromes que não eram entendidas pela neurologia e pela psiquiatria oficiais de acordo com a sua etiologia. Por essa razão é que foi atacado pelo psiquiatra Löwenfeld, que, como centenas de outros psiquiatras, negava completamente a etiologia sexual das neuroses. Freud atinha-se à terminologia clínica oficial. Afirmava que os supracitados sintomas não revelavam qualquer conteúdo psíquico, enquanto tais conteúdos eram revelados pelas psiconeuroses, particularmente pela histeria e pela neurose compulsiva. Os sintomas dessas enfermidades apresentavam um conteúdo concretamente compreensível, que era sempre sexual. Era apenas necessário ter uma ideia suficientemente ampla e sensata da sexualidade. A fantasia do incesto e o medo de ser ferido nos genitais estavam no cerne de toda psiconeurose. As fantasias inconscientes patenteadas no sintoma psiconeurótico eram claramente de natureza sexual infantil. Freud estabelecia distinção nítida entre as neuroses atuais e as psiconeuroses. Compreensivelmente, as psiconeuroses tinham importância capital no trabalho clínico psicanalítico. Era convicção de Freud que as neuroses atuais podiam ser curadas libertando-se o paciente das atividades sexuais prejudiciais, i.e., da abstinência ou do *coitus interruptus* no caso da neurose de angústia, e da masturbação excessiva no caso da neurastenia. As psiconeuroses, por outro lado, deviam ser tratadas psicanaliticamente. A respeito dessa dicotomia, admitia uma relação entre os dois grupos. Tinha a opinião de que toda psiconeurose se desenvolvia em torno de "um cerne neurótico atual". Foi essa expressão brilhante que constituiu o ponto de partida das minhas investigações da angústia estásica. Freud nunca mais publicou nada a esse respeito.

Segundo a convicção freudiana da neurose atual, a energia sexual é inadequadamente disposta. O seu acesso à consciência e à motilidade é bloqueado. A angústia atual e os concomitantes sintomas nervosos fisiologicamente determinados são, por assim dizer, proliferações de natureza maligna alimentadas por uma excitação sexual não resolvida. Mas mesmo as formações psíquicas estranhas dos pacientes neuróticos compulsivos e histéricos tinham a aparência de proliferações malignas, biologicamente sem significado. De *onde obtêm a sua energia*? Poderia

A FUNÇÃO DO ORGASMO

haver dúvidas de que era do "cerne neurótico atual" da excitação sexual reprimida? Em outras palavras, essa deve ser também a fonte de energia das psiconeuroses. A sugestão de Freud não admitia outra interpretação. Esta seria a única maneira possível de ver. A objeção que muitos psicanalistas ergueram contra a teoria das neuroses atuais causou um efeito perturbador. Afirmaram não haver nada de semelhante a essa "neurose atual". A enfermidade também, disseram, era "psiquicamente determinada". Os conteúdos psíquicos inconscientes poderiam também ser apontados na chamada "angústia de flutuação livre". Stekel era o expoente máximo dessa convicção. Afirmava que todas as formas de angústia e as perturbações nervosas eram psiquicamente determinadas e não somaticamente determinadas, como se afirmava no caso das neuroses atuais. Como muitos outros, Stekel não conseguia ver a diferença fundamental entre a excitação psicossomática e o conteúdo psíquico de um sintoma. Freud não elucidou a contradição, mas se ateve à diferenciação inicial. Eu por mim. Vi inúmeros sintomas somáticos na clínica psicanalítica. Entretanto, não se podia negar os sintomas da neurose atual tinham também uma superestrutura psíquica. Os casos de neuroses atuais puras eram raros. A distinção não era tão nítida quanto presumira Freud. Semelhantes questões específicas da pesquisa científica podem bem parecer sem importância, ao leigo. Ver-se-á que problemas realmente decisivos da saúde humana estavam escondidos aí. Em suma, *não havia dúvidas de que as psiconeuroses tinham um cerne neurótico atual (estase) e que as neuroses estásicas tinha uma superestrutura psiconeurótica.* Haveria ainda necessidade de atingir as duas? Não se trataria apenas de uma questão quantitativa?

Embora muitos analistas atribuíssem a maior importância aos conteúdos psíquicos dos sintomas neuróticos, eminentes psicopatologistas, como Jaspers (*cf. a sua Psychopathologie*), negavam completamente o caráter científico da interpretação psicológica do significado, e por isso negavam o caráter científico da própria psicanálise. Jaspers afirmava que o "significado" de uma atitude psíquica ou de uma ação podia ser compreendido apenas "filosoficamente" – e não cientificamente. As ciências naturais, dizia, preocupavam-se apenas com *quantidades* e energias, enquanto a filosofia se preocupa com *qualidades* psíquicas. Não havia nenhuma ponte entre os fatores quantitativos e qualitativos. Debatia-se uma questão decisiva: tinham os psicanalistas e os seus métodos um caráter científico-natural? Em outras palavras: pode haver uma psicologia científico-natural *strictu sensu*? Pode a psicanálise pretender ser uma ciência natural, ou é apenas uma das muitas disciplinas filosóficas? Freud não prestava atenção a essas questões metodológicas e publicava despreocupadamente as suas observações clínicas. Detestava discussões filosóficas. Mas eu tive de lutar contra oponentes bitolados. Queriam relegar os psicanalistas à categoria dos espíritas e assim livrar-se de nós. Sabíamos entretanto que, pela primeira vez na história da psicologia, estávamos praticando uma ciência natural. Queríamos ser levados a sério. Foi na difícil luta para esclarecer essas questões no diálogo com os nossos oponentes que se forjaram as armas com as quais mais tarde, defendi a causa de Freud. Se é verdade que somente a psicologia experimental de Wundt é "científica" porque mede quantitativamente as reações; se, além do mais, a psicanálise não é científica porque não mede quantidades, mas apenas descreve e estabelece a relação dos significados entre os fenômenos psíquicos que se desviaram: então a ciência natural e falsa. Wundt e os seus discípulos nada sabiam a respeito do homem na sua realidade vital. Faziam avaliações sobre o homem considerando quantos segundos ele levava para reagir à palavra-estímulo *cão*. Ainda hoje fazem isso. Nós, entretanto, fazíamos as avaliações considerando a maneira como uma pessoa se havia com os seus conflitos, e os motivos que lhe determinavam as ações. No fundo dessa discussão estava a questão de saber se era possível chegar a compreender mais concretamente o conceito freudiano de "energia psíquica" ou, melhor, a classificá-la sob o conceito geral de energia.

Os fatos não são de grande utilidade no cômputo dos argumentos filosóficos. Allers, o filósofo e fisiologista vienense, recusou-se a entrar na questão da vida psíquica inconsciente porque, do ângulo da filosofia, a hipótese de um "inconsciente" era *a priori* falsa. Ainda hoje cruzo com argumentos desse tipo. Quando sustento que substâncias altamente esterilizadas podem estar vivas, as pessoas dizem que não – não é possível. A lâmina devia estar suja, ou o que eu vi foi o "movimento browniano". O fato de que é fácil distinguir, na lâmina, a sujeira e os *bions* não faz para elas a menor diferença. Em suma, a "ciência objetiva" é um problema em si mesma.

Inesperadamente, diversas observações no dia a dia da clínica, assim como as que foram feitas nos dois pacientes supracitados, ajudaram-me a encontrar o meu caminho nessa confusão. Foi-se tornado claro gradualmente que a *intensidade de uma ideia psíquica depende da excitação somática momentânea à qual é associada*. A emoção tem origem nos instintos, portanto no campo somático. Uma ideia, por outro lado, é uma formação não física, puramente "psíquica". Qual é, então, a relação entre a ideia "não física" e a excitação "física"? Quando uma pessoa é sexualmente estimulada de maneira plena, a ideia da relação sexual é vívida e insistente. Após a satisfação, por outro lado, não pode ser imediatamente reproduzida; é fraca, descolorida e, de certa forma, nebulosa. Não pode haver dúvida de que esse fato continha o segredo da relação entre a neurose de angústia fisiogênica e a psiconeurose psicogênica. O meu primeiro paciente havia perdido momentaneamente todos os seus sintomas psíquicos compulsivos após experimentar a satisfação sexual. Com o reaparecimento da excitação, os sintomas também reapareceram e permaneceram até a satisfação seguinte. O meu outro paciente, entretanto, tinha acionado completamente, de ponta a ponta, todos os elementos da esfera psíquica mas não houvera nenhuma excitação sexual. As ideias inconscientes que o haviam tornado incapaz de ter uma ereção não haviam sido influenciadas pelo tratamento. Subitamente, as peças começaram a ajustar-se. Eu compreendia agora que uma ideia psíquica dotada de uma pequeníssima quantidade de energia pode provocar um aumento de excitação. Por sua vez, essa excitação provocada torna a ideia insistente e vívida. Se cessa a excitação, a ideia também desaparece. Se, como no caso da neurose estásica, uma ideia consciente do ato sexual não consegue materializar-se por causa de uma inibição moral, o que acontece é que a excitação se prende a outras ideias que podem ser pensadas mais livremente. Concluí disso que a neurose estásica é uma perturbação *física* provocada pela excitação sexual inadequadamente resolvida, i.e., insatisfeita. Entretanto, sem uma inibição psíquica, a excitação sexual seria sempre adequadamente descarregada. Surpreendi-me de que Freud negligenciasse esse fato. Uma vez que a inibição haja produzido uma estase sexual, pode facilmente acontecer que a última intensifique a inibição e reative ideias infantis, que tomam o lugar das ideias normais. Como resultado de uma inibição atual, experiências da infância, em si mesmas não patológicas, podem, por assim dizer, receber um excesso de energia sexual. Se isso acontece, tornam-se insistentes, entram em conflito com a organização psíquica adulta e têm, de então em diante, quer ser mantidas sob controle com a ajuda de repressão. É assim que uma psiconeurose crônica, com os seus conteúdos sexuais infantis, se desenvolve de uma inibição sexual causada no presente e, a princípio, "inofensiva". Isso é a essência do que Freud descreveu como "regressão neurótica aos mecanismos infantis". Todos os casos de que tratei apresentavam esse mecanismo. Mesmo que a neurose não tenha existido desde a infância, desenvolvendo-se mais tarde, ainda assim o que se verifica é que uma inibição sexual "normal", ou uma dificuldade na vida sexual do indivíduo, produziu uma estase; essa estase, por sua vez, ativou os desejos incestuosos e as angústias sexuais infantis.

A questão seguinte era: são "neuróticas" ou "normais" a inibição sexual e a concomitante rejeição da sexualidade que se desenvolvem no início de uma enfermidade crônica? Ninguém falava a respeito disso. Parecia que a inibição sexual de uma garota bem educada da classe média era exatamente o que deveria ser. Eu também tinha a mesma opinião; quer dizer, eu simplesmente não pensava absolutamente nisso, naquele tempo. Se por causa de um casamento insatisfatório, uma mulher jovem e ardente desenvolvia uma neurose estásica, por exemplo uma angústia cardíaca nervosa, não ocorria a ninguém indagar a respeito da inibição que a impedia de experimentar a satisfação sexual a despeito do seu casamento. Com o tempo, é mesmo possível que ela pudesse desenvolver uma histeria real ou uma neurose compulsiva. Nesse caso, a causa primeira teria sido inibição moral, enquanto a sexualidade insatisfeita seria a sua força motriz.

Esse foi o ponto de partida para a solução de muitos problemas. Mas era muito difícil resolvê-los imediata e energicamente. Durante sete anos pensei estar trabalhando em completo acordo com a escola freudiana de pensamento. Ninguém adivinhava que essa linha de pesquisa haveria de conduzir a um choque fatal entre conceitos científicos fundamentalmente incompatíveis.

3 POTÊNCIA ORGÁSTICA

O caso do garçom não curado levou à questão da exatidão da fórmula da terapia freudiana. O outro caso revelou claramente o mecanismo real de cura. Durante muito tempo, tentei harmonizar conceitos opostos. Na sua *History of the Psychoanalytic Movement*, Freud conta como ouviu Charcot relatar a um colega o caso de uma mulher jovem que estava sofrendo de sintomas agudos. O marido era impotente ou muito desajeitado no ato sexual. Vendo que o colega não percebera a relação, Charcot subitamente exclamou com grande vivacidade: "*Mais, dans des cas pareils, c'est toujours la chose génitale, toujours! toujours! toujours!*" "Sei", escreve Freud, "que por um momento fiquei paralisado e atônito, e disse a mim mesmo: Sim, mas se ele o sabe, por que nunca o disse?"

A FUNÇÃO DO ORGASMO

Um ano mais tarde, o médico vienense Chrobak enviou uma paciente a Freud. Sofria de crises agudas de angústia e ainda era virgem, após oito anos de casamento com um homem impotente. Chrobak escreve o seguinte comentário: "Sabemos bem demais qual é a única prescrição para estes casos, mas não podemos prescrevê-la. É: *Penis normalis, dosim. Repetatur!*" Em outras palavras, a paciente histérica adoeceu por causa de uma falta de satisfação genital. Isso pôs Freud na pista da etiologia sexual da histeria, mas ele evitou as consequências plenas da afirmação de Charcot.

É simples e parece até vulgar mas eu sustento que toda pessoa que tenha conseguido conservar alguma naturalidade sabe disto: os que estão psiquicamente enfermos precisam de uma só coisa – completa e repetida satisfação genital. Em vez de investigar, simplesmente, este fato, confirmá-lo, expressá-lo e empreender imediatamente a sua defesa, envolvi-me durante anos a fio na formulação psicanalítica de teorias que apenas me desviaram dele. A maior parte das teorias que os psicanalistas desenvolveram desde a publicação de *The Ego and the Id*, de Freud, tem uma única função: destruir a afirmação de Charcot – "Nesses casos, a questão é sempre de genitalidade, e quero dizer *sempre*". O fato de que os órgãos sexuais de um homem não funcionem de maneira normal, impedindo assim a satisfação para os dois sexos, o fato de que isso seja a causa da maior parte das misérias psíquicas e tenha, inclusive, uma responsabilidade no flagelo do câncer, era simples demais para ser percebido. Vejamos se há exagero.

Os fatos da experiência médica foram frequentemente confirmados, onde quer que eu estivesse trabalhando: na minha prática particular, na clínica psicanalítica, e na clínica neuropsiquiátrica.

A gravidade de todas as formas de enfermidade psíquica está diretamente relacionada com a gravidade na perturbação genital.

As probabilidades de cura e o sucesso da cura dependem diretamente da possibilidade de estabelecer a capacidade para a satisfação genital plena.

Das centenas de casos que observei e tratei ao longo de vários anos de trabalho extensivo e intensivo, não havia uma só mulher que não tivesse uma perturbação orgástica vaginal. Uns sessenta ou setenta por cento dos pacientes masculinos tinham perturbações genitais graves. Ou eram incapazes de ter uma ereção durante o ato, ou sofriam de ejaculações prematuras. A perturbação da capacidade de experimentar satisfação genital, de experimentar aquilo que é o fato natural por excelência, mostrou que era um sintoma sempre presente nas mulheres e raramente nos homens. A esse tempo, eu não pensava mais nos trinta ou quarenta por cento dos homens que pareciam genitalmente sãos mas tinham outras formas de neurose. Essa negligência no pensamento clínico era condizente com o conceito psicanalítico de que a impotência ou a frieza eram "apenas um sintoma entre muitos".

Em novembro de 1922, li uma comunicação diante da Sociedade psicanalítica de Viena sobre os "Limites da Atividade da Memória na Cura Psicanalítica". A apresentação encontrou aprovação entusiástica, pois todos os terapeutas andavam atormentados com a aplicação da regra básica, com a qual os pacientes não colaboravam, ou com a obtenção de lembranças que os pacientes deveriam conseguir, mas não conseguiam. Nas mãos de analistas medíocres, a cena primária permanecia como uma reconstrução não muito convincente, antes arbitrária. Salientei que não podia haver dúvidas quanto à formulação freudiana a respeito das experiências traumáticas primárias, em crianças de um a quatro anos. Era da maior importância, portanto, investigar as limitações do método.

Em janeiro de 1923, apresentei o relatório do caso de um tique psicogenético. O paciente era uma mulher idosa que sofria de um tique diafragmático: este cedeu quando a paciente conseguiu masturbar-se. A minha exposição foi elogiada e aprovada.

Em outubro de 1923, li uma comunicação diante da Sociedade sobre a "Introspecção em um Paciente Esquizofrênico". Estava tratando uma paciente esquizofrênica, que tinha uma compreensão particularmente clara dos mecanismos das suas ideias de perseguição. Ela confirmava a descoberta de Tausk sobre a influência do mecanismo genital.

No dia 28 de novembro de 1923, após três anos de investigação, li a primeira das minhas principais comunicações "Sobre a Genitalidade, do Ponto de Vista da Prognose e Terapia da Psicanálise". Foi publicada no *Internationale Zeitschrift für Psychoanalyse*, no ano seguinte.

Durante a minha exposição, notei uma crescente frieza na atmosfera da reunião. Eu era bom orador e fora ouvido sempre com atenção. Quando terminei, um silêncio gelado caiu sobre a sala. Após uma pausa, iniciou-se a discussão. A minha afirmação de que a perturbação genital era um importante – talvez o mais importante – sintoma da neurose foi considerada falsa. O mesmo se disse a respeito da minha afirmação de que dados prognósticos e terapêuticos podiam proceder da avaliação da genitalidade. Dois analistas afirmaram textualmente que conheciam diversas pacientes que tinham uma "vida genital absolutamente sã". Pareceram-me mais excitados do que se esperaria da sua habitual reserva científica.

Eu levava desvantagem nessa controvérsia, pois tinha que admitir que havia muitos pacientes masculinos que não pareciam ter qualquer perturbação genital. Entre as mulheres, por outro lado, esse não era evidentemente o caso. Eu estava procurando pela *fonte de energia da neurose*: pelo seu cerne somático. Esse cerne não poderia ser outro senão a energia sexual reprimida, mas eu não podia explicar a origem dessa estase se a potência não estivesse enfraquecida. Afastaram-me do meu caminho dois conceitos fundamentais da psicanálise. Um homem era considerado "potente" quando era capaz de realizar o ato sexual. Era considerado "muito potente" quando podia realizá-lo várias vezes ao longo de uma noite. O assunto mais apreciado entre os homens de todos os círculos gira em torno da questão de saber qual deles pode dormir com uma mulher o maior número de vezes numa noite. O psicanalista Roheim foi, inclusive, ao ponto de definir a potência como a capacidade de um homem de amar uma mulher de tal forma que lhe cause uma inflamação na vagina.

O outro conceito enganoso é o de que um instinto parcial, por exemplo o desejo de sugar o peito materno, não podia ser bloqueado individualmente. Assim, argumenta-se, a existência de sintomas neuróticos em pacientes portadores de "potência total" podia ser explicada. Essa opinião estava inteiramente de acordo com a ideia das zonas erógenas não relacionadas. Além disso, os psicanalistas negaram a minha afirmação de que não há um só paciente capaz de sentir uma satisfação genital plena. Uma mulher era considerada genitalmente sã quando capaz de experimentar um orgasmo clitório. A esse tempo, desconhecia-se a distinção econômico-sexual entre excitação clitória e vaginal.[3] Em suma, ninguém tinha ideia da função natural do orgasmo. Havia a considerar ainda um saldo duvidoso de homens genitalmente sãos que, se de fato eram capazes de experimentar satisfação genital, punham a perder todas as hipóteses sobre o papel prognóstico e terapêutico da genitalidade. Estava claro: *se a minha hipótese estava certa, i.e., se a perturbação genital constituía a fonte de energia dos sintomas*

---

[3] A controvérsia não chegou ao fim. Masters e Johnson são as autoridades que mais recentemente negaram a distinção. Ainda assim, a única autoridade verdadeira deve ser a mulher que experimentou tanto o orgasmo clitório como o vaginal. Invariavelmente afirmará que há uma diferença. (N. do E. americano.)

O DESENVOLVIMENTO DA TEORIA DO ORGASMO

neuróticos, então não poderia haver um só caso de neurose com genitalidade não perturbada.

A minha norma de trabalho foi neste caso a mesma de sempre, em todas as minhas outras realizações científicas. De uma série de observações clínicas derivava uma hipótese geral que continha lacunas aqui e ali; e estava aberta às objeções que parecessem justificadas. Raramente os oponentes de alguém deixam de esmiuçar essas lacunas e de, tomando-as por base, rejeitar a hipótese como um todo. Como disse uma vez Du Teil,[4] "a objetividade científica não é deste mundo. De fato, a sua existência é inteiramente duvidosa". Há pouca esperança de uma cooperação objetiva em qualquer problema. Era precisamente pelas suas objeções "fundamentais" que os críticos me ajudavam a vencer as dificuldades, embora dificilmente fosse essa a sua intenção. O caso aqui foi semelhante. A objeção de que há neuróticos genitalmente sãos impeliu-me a examinar de perto a "saúde genital". Por mais que pareça incrível, a pura verdade é que uma análise precisa do comportamento genital, além das frases nada explicativas "dormi com uma mulher" ou "dormi com um homem", era absolutamente proibida na psicanálise. Levei mais de dois anos de experiência para livrar-me completamente dessa reserva delicada, e descobrir que as pessoas confundem o ato sexual puramente animal com a posse amorosa[5].

Quanto mais precisamente os meus pacientes descreviam o seu comportamento e as suas experiências no ato sexual, mais firme eu me tornava na minha convicção, clinicamente demonstrada, de que *todos os pacientes, sem exceção, estavam seriamente perturbados na sua função genital.* Os mais perturbados de todos eram os homens que gostavam de alardear e exibir a sua masculinidade, homens que possuíam, ou conquistavam, tantas mulheres quantas fosse possível, e que podiam "fazê-lo" muitas vezes em uma noite. Ficou perfeitamente claro que, embora fossem eretivamente potentes, esses homens não experimentavam nenhum prazer, ou experimentavam apenas um prazer muito pequeno, no momento da ejaculação; ou então, muito pelo contrário, experimentavam desgosto e desprazer. A análise precisa das fantasias que acompanhavam o ato sexual revelou que os homens tinham habitualmente atitudes sadísticas ou vaidosas, e que as mulheres sentiam medo e inibição, ou se imaginavam como homens. Para o homem

---

[4] Roger Du Teil dirigiu os experimentos com bions na Universidade de Nice. Id.
[5] V. nota 2.

A FUNÇÃO DO ORGASMO

ostensivamente potente a relação sexual significa penetrar, dominar ou conquistar a mulher. Quer apenas provar a sua potência, ou ser admirado pela sua resistência eretiva. Essa "potência" pode ser facilmente solapada pela exposição dos seus motivos. Sérias perturbações de ereção e ejaculação se escondem nela. Em nenhum desses casos há o mais leve traço de *comportamento involuntário ou perda da atividade consciente no ato*. Gradualmente, procurando vencer o meu caminho passo a passo, adquiri um conhecimento das características da *impotência orgástica*. Levei dez anos para conseguir pleno entendimento dessa perturbação, descrevê-la e aprender a técnica certa para eliminá-la.

A impotência orgástica tem estado sempre na vanguarda da pesquisa econômico-sexual, e os seus pormenores todos ainda não são conhecidos. O seu papel na economia sexual é semelhante ao papel do complexo de Édipo na psicanálise. Quem não tiver disso uma compreensão precisa não poderá ser considerado um economista sexual. Jamais perceberá realmente as suas implicações. Não entenderá a diferença entre saúde e doença, nem compreenderá a ânsia humana de prazer, ou a natureza do conflito entre pais e filhos e a miséria do casamento. É até mesmo possível que procure realizar reformas sexuais, mas não atingirá jamais o cerne da miséria sexual. Pode admirar as experiências com os *bions*, imitá-las até, mas não efetuará jamais uma pesquisa real no campo da economia sexual. Não compreenderá jamais o êxtase religioso, nem terá a menor intuição do irracionalismo fascista. Porque lhe faltam os princípios mais importantes, aderirá necessariamente à antítese entre a natureza e cultura, instinto e moralidade, sexualidade e realização. Não será capaz de resolver realmente um só problema pedagógico. Não entenderá jamais a identidade entre processo sexual e processo de vida. Nem, consequentemente, será capaz de perceber a teoria econômico-sexual do câncer. Confundirá doença com saúde e saúde com doença. Acabará interpretando mal o medo do homem à felicidade. Em suma, poderá ser qualquer coisa, mas não será jamais um economista sexual – que sabe que o homem é a única espécie biológica que destruiu a sua própria função sexual natural e está doente em consequência disso.

Em vez de apresentá-lo sistematicamente, quero descrever a teoria do orgasmo da mesma maneira como se desenvolveu. Isso ajudará o leitor a perceber mais facilmente a sua lógica interna. Ficará claro que nenhum cérebro humano poderia ter inventado essas relações.

Até 1923, ano em que nasceu a teoria do orgasmo, apenas as potências ejaculativa e eretiva eram conhecidas da sexologia e dos

O DESENVOLVIMENTO DA TEORIA DO ORGASMO

psicanalistas. Sem a inclusão dos componentes funcionais, econômicos e experimentais, o conceito de potência sexual não teria existido. *Potência eretiva e ejaculativa eram apenas pré-condições indispensáveis da potência orgástica. Potência orgástica é a capacidade de abandonar-se, livre de quaisquer inibições, ao fluxo de energia biológica; a capacidade de descarregar completamente a excitação sexual reprimida, por meio de involuntárias e agradáveis convulsões do corpo.* Nem um único neurótico é orgasticamente potente, e as estruturas de caráter de esmagadora maioria dos homens e mulheres são neuróticas. No ato sexual livre de angústia, de desprazer e de fantasias, a intensidade de prazer no orgasmo depende da quantidade de tensão sexual concentrada nos genitais. Quando maior e mais abrupta é a "queda" da excitação, tanto mais intenso é o prazer.

A seguinte descrição do ato sexual orgasticamente satisfatório refere-se apenas ao desenvolvimento de algumas fases e modos de comportamento típicos e naturalmente determinados. Não levei em conta o prelúdio biológico, determinado pelas necessidades individuais, e que não apresenta um caráter universal. Além do mais devemos observar que os processos bioelétricos da função orgástica não foram explorados e, portanto, esta descrição é incompleta.

Fase de controle voluntário da excitação

1.[6] A ereção não é dolorosa como no caso do priapismo, espasmos da região pélvica ou do ducto espermático. É agradável. O pênis não está superexcitado, como após um período prolongado de abstinência ou em casos de ejaculação prematura. O genital feminino torna-se hiperêmico e úmido de forma específica, pela profusa secreção das glândulas genitais; isto é, no caso de funcionamento genital não perturbado, a secreção tem propriedades químicas e físicas que faltam quando a função genital está perturbada. Uma característica importante da potência orgástica masculina é o desejo de penetrar. Podem ocorrer ereções sem esse desejo, como em certos caracteres narcisistas eretivamente potentes, e na satiríase.

2. O homem e a mulher mostram-se ternos um para com o outro; não há impulsos contraditórios. São os seguintes os desvios patológicos desse comportamento: agressividade proveniente de impulsos sadísticos,

---

[6] Os algarismos arábicos do texto correspondem aos algarismos arábicos da legenda do diagrama.

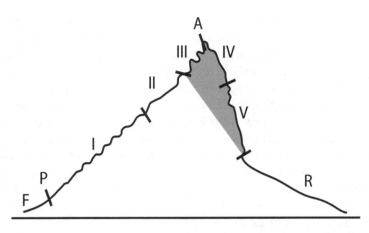

F = anteprazer (1, 2). P = penetração do pênis (3) I (4, 5) = fase de controle voluntário da excitação e prolongação que ainda não é prejudicial. II = (6 a-d) = fase de contrações musculares involuntárias e aumento automático da Excitação. III (7) = súbita e vertical ascensão ao clímax (C). IV (8) = orgasmo. A parte sombreada representa a fase das convulsões involuntárias do corpo. V (9. 10) = queda brusca da excitação. R = relaxação agradável. Duração de cinco a vinte minutos.

Diagrama que mostra as fases típicas do ato sexual em que ambos, o homem e a mulher, são orgasticamente potentes.

como em alguns neuróticos compulsivos eretivamente potentes, e inatividade do caráter passivo-feminino. A ternura também está ausente no "coito onanista" com um objeto não amado. Normalmente a atividade da mulher não difere de modo algum da do homem. A passividade da mulher, embora comum, é patológica e resulta habitualmente de fantasias masoquistas de violação.

3. A excitação agradável, que permaneceu mais ou menos no mesmo nível durante a atividade do anteprazer, aumenta subitamente em ambos, no homem e na mulher, com a penetração do pênis na vagina. O sentimento do homem de "estar sendo absorvido" é o correspondente do sentimento da mulher de "estar absorvendo" o pênis.

4. Aumenta o desejo do homem de penetrar mais profundamente, mas não assume a forma sadística de "querer transpassar" a mulher, como ocorre no caso dos caracteres neuróticos compulsivos. Pela fricção mútua, gradual, rítmica, espontânea e sem esforço, a excitação vai-se concentrando na superfície e na glande do pênis, e nas partes posteriores da membrana mucosa da vagina. A sensação característica

que precede e acompanha a descarga do sêmen está ainda totalmente ausente (não nos casos de ejaculação prematura). O corpo ainda está menos excitado que o genital. A consciência está inteiramente dirigida para a assimilação das sensações ondulantes de gozo. O ego participa ativamente, na medida em que tenta explorar todas as possíveis fontes de prazer e atingir o mais alto grau de tensão antes do momento do orgasmo. Intenções conscientes obviamente não têm lugar aqui. Tudo acontece espontaneamente com base nas experiências de anteprazer individualmente diferentes, por uma mudança de posição, pela natureza da fricção, pelo ritmo, etc. Segundo a maior parte dos homens e mulheres potentes, quando mais lentas e delicadas são as fricções, e mais estreitamente sincronizadas, mais intensas são as sensações de prazer. Isso pressupõe um alto grau da afinidade entre o homem e a mulher. Um correspondente patológico disso é o desejo de fazer ficções violentas especialmente pronunciado nos caracteres sádicos compulsivos que sofrem de anestesia do pênis e da incapacidade de descarregar o sêmen. Outro exemplo é a pressa nervosa dos que sofrem de ejaculações prematuras. Os homens e mulheres orgasticamente potentes nunca riem ou falam durante o ato sexual exceto, possivelmente, para trocar palavras de carinho. Falar e rir indicam sérias perturbações da capacidade de entregar-se; entregar-se pressupõe completa concentração na ondulante sensação de prazer. Os homens que sentem o entregar-se como "feminino" são sempre orgasticamente perturbados.

5. Nesta fase, a interrupção da fricção é em si mesma agradável por causa das sensações especiais de prazer que acompanham essa pausa, e não exigem esforço psíquico. Dessa forma, prolonga-se o ato. A excitação diminui um pouco durante a pausa. Não desaparece inteiramente, entretanto, como nos casos patológicos. A interrupção do ato sexual pela retração do pênis não é desagradável na medida em que ocorra após uma pausa tranquila. Ao continuar a fricção, a excitação aumenta firmemente além do nível anteriormente atingido. Toma gradualmente, mais e mais, posse *do corpo inteiro*, enquanto o próprio genital mantém um nível mais ou menos constante de excitação. Finalmente, como resultado de um novo aumento habitualmente repentino de excitação genital, inicia-se a fase de contratação muscular involuntária.

Fase de contrações musculares involuntárias

6. Nesta fase, o controle voluntário do desenvolvimento da excitação não é mais possível. Apresenta os seguintes traços característicos:

A FUNÇÃO DO ORGASMO

a. O aumento da excitação não pode mais ser controlado; antes, a excitação domina a personalidade total e causa uma aceleração do pulso e uma exalação profunda.

b. A excitação física torna-se cada vez mais concentrada no genital; ocorre uma suave sensação que se pode descrever melhor como um eflúvio de excitação do genital para outras partes do corpo.

c. Em primeiro lugar, essa excitação causa contrações involuntárias de toda a musculatura das regiões genital e pélvica. Essas contrações se experimentam sob a forma de ondas: a elevação da onda coincide com a total penetração do pênis, enquanto a descida da onda coincide com a retração do pênis. Mas logo que a retração ultrapassa um certo limite ocorrem imediatamente contrações espasmódicas, que aceleram a ejaculação. Na mulher é a musculatura lisa da vagina que se contrai.

d. Neste estágio, a interrupção do ato é totalmente desagradável, tanto para o homem como para a mulher. Havendo interrupção, as contrações musculares que levam ao orgasmo na mulher e à ejaculação no homem são espasmódicas em vez de rítmicas. As sensações causadas são sumamente desagradáveis e, ocasionalmente, sentem-se dores nas regiões pélvica e sacra. Além do mais, como resultado do espasmo, a ejaculação ocorre mais cedo que no caso do ritmo imperturbado.

A prolongação voluntária da primeira fase do ato sexual (1 a 5) não é dolorosa quando levada até um certo ponto, e tem um efeito intensificador do prazer. Por outro lado, a interrupção ou mudança voluntária do seguimento da excitação na segunda fase é dolorosa por causa da natureza involuntária dessa fase.

7. Por meio de nova intensificação e do aumento de frequência das contrações musculares involuntárias, a excitação sobe rápida e intensamente em direção ao clímax (III a C no diagrama); isso coincide, normalmente, com as primeiras contrações musculares ejaculatórias no homem.

8. Nesse ponto, a consciência se torna mais ou menos nublada: seguindo-se a uma pequena pausa no "auge" do clímax, as fricções aumentaram espontaneamente e o desejo de penetrar "completamente" se torna mais intenso com cada contração muscular ejaculatória. As contrações musculares na mulher seguem o mesmo curso que seguem

O DESENVOLVIMENTO DA TEORIA DO ORGASMO

no homem;há apenas uma diferença psíquica, isto é, a mulher sã quer "receber completamente" durante, e logo após, o clímax.

9. A excitação orgástica conta do corpo inteiro e produz fortes convulsões da musculatura do corpo todo. Auto-observações de pessoas sãs de ambos os sexos, e também a análise de certas perturbações do orgasmo, provam que o que chamamos alívio da tensão e experimentamos como uma descarga motora (curva descendente do orgasmo) é, essencialmente, o resultado da reversão da excitação do genital ao corpo. Essa reversão é experimentada como uma súbita redução da tensão.

Por isso, o clímax representa o ponto decisivo no seguimento da excitação; isto é, antes do clímax, a direção da excitação é *para* o genital; após o clímax, a excitação reflui do genital. Essa completa volta da excitação do genital para o corpo é que constitui a satisfação. Isso significa duas coisas: Refluir da excitação para o corpo inteiro, e relaxação do aparelho genital.

10. Antes de ser alcançado o ponto neutro, a excitação desaparece em curva suave e é imediatamente substituída por uma agradável relaxação física e psíquica. Habitualmente há também grande vontade de dormir. As relações sensuais se abrandam, mas permanece em relação ao companheiro uma atitude "saciada" e terna, a que se junta o sentimento de gratidão.

Ao contrário, a pessoa orgasticamente impotente experimenta um esgotamento plúmbeo, desgosto, repulsa, aborrecimento ou indiferença e, ocasionalmente, aversão ao companheiro. Nos casos de satiríase e ninfomania, a excitação sexual não desaparece. A insônia é uma das características essenciais da falta de satisfação. Não se pode, entretanto, concluir automaticamente que uma pessoa experimentou a satisfação quando cai no sono imediatamente após o ato sexual.

Se reexaminarmos as duas fases do ato sexual, veremos que a primeira fase é essencialmente caracterizada pela experiência sensorial de prazer, enquanto a segunda fase é caracterizada pela experiência motora de prazer.

A convulsão bioenergética involuntária do organismo e a completa solução da excitação são as características mais importantes da potência orgástica. A parte sombreada do diagrama representa a relaxação vegetativa involuntária. Há soluções parciais da excitação que são semelhantes à solução orgástica; têm sido até agora, consideradas como a distensão real. A experiência clínica mostra que, como resultado da repressão sexual universal, homens e mulheres perdem a capacidade

A FUNÇÃO DO ORGASMO

de experimentar a entrega última involuntária. É precisamente essa fase antes desconhecida de excitação final e de solução da tensão que eu tenho em mente quando falo de "potência orgástica". Ela constitui a função biológica básica e primária que o homem tem em comum com todos os outros organismos vivos. Toda experiência da natureza deriva dessa função, ou do desejo dela.

O desenvolvimento da excitação na mulher é exatamente o mesmo que no homem. O orgasmo em ambos os sexos é mais intenso quando coincide neles o ápice da excitação genital. Esse é muito frequentemente o caso entre homens e mulheres capazes de concentrar afeição e sensualidade em *um* companheiro que corresponde a essa afeição e sensualidade. É regra quando a relação amorosa não é perturbada nem por fatores internos, nem externos. Nesses casos a atividade fantasista, consciente pelo menos está de todo ausente; o ego absorve-se, e está plenamente concentrado, nas sensações de prazer. A capacidade de concentrar a personalidade afetiva inteira na experiência orgástica, apesar de quaisquer contradições, é outra característica da potência orgástica.

Não é fácil determinar se a atividade fantasista inconsciente também está adormecida. Certos fatores indicariam que assim é. Fantasias as quais não se permite que se tornem conscientes podem apenas prejudicar a experiência. É preciso distinguir dois grupos de fantasias que poderiam acompanhar o ato sexual: umas em harmonia com a experiência sexual, outras em contradição com ela. Se o companheiro é capaz de atrair todo o interesse sexual para ele ou para ela, ao menos momentaneamente, então as fantasias inconscientes são também supérfluas. Em termos da própria natureza, essas fantasias se opõem à experiência real, pois só se fantasia o que não se pode obter na realidade. Há uma transferência genuína do objeto primitivo para o companheiro. É possível que o companheiro substitua o objeto da fantasia por causa de identidade das suas características básicas. Se, entretanto, a transferência dos interesses sexuais ocorre somente com base em um desejo neurótico do objeto primitivo, sem a capacidade interna da transferência genuína, e apesar de não haver identidade entre o companheiro e o objeto fantasiado, então nenhuma ilusão pode afogar o vago sentimento de artificialidade na relação. No primeiro exemplo, o coito não é seguido de desapontamento. No segundo, o desapontamento é inevitável, e podemos presumir que a atividade fantasia durante o ato não cessou: serviu, antes, para manter a ilusão. No primeiro exemplo, o sujeito perde o interesse pelo objeto original e, consequentemente, a sua força geradora de fantasia também se perde. O objeto original é substituído pelo companheiro. Em uma transferência genuína, não há exaltação do companheiro sexual; as características em contradição com o objeto primitivo são avaliadas corretamente, e toleradas. Em uma transferência artificial, o companheiro sexual é excessivamente idealizado e a relação é cheia de ilusões. As características negativas não são reconhecidas e a atividade fantasista precisa continuar, ou a ilusão se perde.

Quanto mais intensamente a fantasia precisa trabalhar para aproximar, do ideal, o companheiro, tanto mais o prazer sexual perde em intensidade e valor econômico-sexual. Depende inteiramente da natureza das discordâncias que existem em toda relação prolongada a redução, ou não, da intensidade da experiência sexual; e, no caso afirmativo, o grau de redução. Essa redução tende a transformar-se em uma perturbação patológica muito mais cedo quando há uma fixação forte do objeto primitivo e incapacidade de realizar uma transferência genuína e quando, além do mais, é necessária grande quantidade de energia para superar no companheiro as características em contradição com o objeto primitivo.

4   A ESTASE SEXUAL – FONTE DE ENERGIA DAS NEUROSES

Desde as minhas primeiras observações em 1920, destaquei e observei perturbações genitais nos pacientes que tratei na clínica. Ao longo de dois anos, colecionei material suficiente para poder fazer esta afirmação: a perturbação da genitalidade não é, como se pensava, um sintoma entre outros. É o sintoma da neurose. Pouco a pouco, todas as evidências levaram a uma conclusão: a enfermidade psíquica não é só um resultado de uma perturbação sexual no sentido freudiano lato da palavra; mais concretamente, é o resultado da perturbação da função genital, no sentido estrito da impotência orgástica.

Se eu houvesse definido a sexualidade apenas como sexualidade genital, cairia na noção pré-freudiana errada de sexualidade, e *sexual* equivaleria a "genital". Alargando o conceito de função genital com o conceito de potência orgástica, e definindo-o em termos de energia, somei uma nova dimensão à teoria psicanalítica de sexualidade e libido, conservando o seu arcabouço original. Os argumentos que o confirmam são os seguintes:

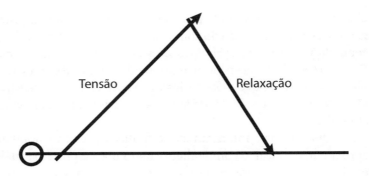

1. Processo da energia econômico-sexual

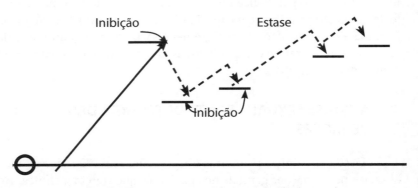

2. Inibição. Economia sexual perturbada (estase).

1. Se toda enfermidade psíquica tem um cerne de excitação sexual reprimida, só pode ser causada pela perturbação da capacidade de experimentar a satisfação orgástica. Por isso, a impotência e a frieza são a chave para entendimento da economia das neuroses.

2. *A fonte de energia da neurose tem origem na diferença entre o acúmulo e a descarga da energia sexual.* A excitação sexual não satisfeita, que está sempre presente no mecanismo psíquico neurótico, distingue-o do mecanismo psíquico saudável. Isso é verdadeiro não só quanto às neuroses estásicas (na terminologia freudiana, neurose atuais) mas quanto a todas as enfermidades psíquicas; com ou sem formação de sintomas.

O DESENVOLVIMENTO DA TEORIA DO ORGASMO

3. A fórmula terapêutica de Freud para as neuroses, embora correta, é incompleta. O pré-requisito fundamental da terapia consiste em tornar o paciente consciente da sua sexualidade reprimida. Só isso não cura; isto é, *pode* curar, mas não cura *necessariamente*. O tornar o paciente consciente dos impulsos sexuais reprimidos garante a cura quando também elimina a fonte de energia da neurose, i.e., a estase sexual. Em outras palavras, esse tipo de terapia efetua a cura quando a consciência das exigências instintivas restaura também a capacidade de obter uma plena satisfação orgástica. Dessa forma, as proliferações patológicas são privadas da fonte da sua energia (*princípio de remoção de energia*).

4. Não pode haver dúvidas, portanto, de que a meta mais alta e mais importante da terapia analítica causal é o estabelecimento da potência orgástica: a capacidade de descarregar energia sexual acumulada.

5. A excitação sexual é um processo somático. Os conflitos da neurose são de natureza psíquica. O que acontece é que um conflito secundário, em si mesmo normal, causa uma leve perturbação na balança da energia sexual. Essa estase secundária intensifica o conflito e o conflito por sua vez aumenta a estase. Assim, o conflito psíquico e a estase da excitação somática aumentam-se mutuamente. O conflito psíquico central é a relação sexual entre a criança e os pais. Está presente em toda neurose. É o armazém histórico da experiência, de que se alimenta o conteúdo da neurose. Todas as fantasias neuróticas podem ser reduzidas à primeira vinculação sexual da criança com os pais. Entretanto, se não fosse continuamente alimentado pela estase simultânea de excitação que inicialmente produziu o conflito entre a criança e os pais não poderia, por si mesmo, causar uma perturbação permanente do equilíbrio psíquico. Por isso, a estase da excitação é o fator sempre-presente simultâneo da enfermidade; não contribui para o conteúdo da neurose mas lhe fornece energia. As fixações patológicas incestuosas pelos pais, pelos irmãos e irmãs, perdem a sua força quando se elimina a estase simultânea de energia, i.e., quando a plena satisfação orgástica é experimentada no presente real. Por isso, *depende do grau de descarga da energia sexual que o conflito de Édipo se torne ou não patológico*. Em suma, a neurose atual e a psiconeurose se sobrepõem: não podem ser concebidas como tipos separados de neurose.

6. As dinâmicas da sexualidade pré-genital (oral, anal, muscular, etc.) são fundamentalmente diferentes das dinâmicas da sexualidade genital. Se as atividades sexuais não genitais são reprimidas, a função genital se torna perturbada. Essa perturbação provoca fantasias e

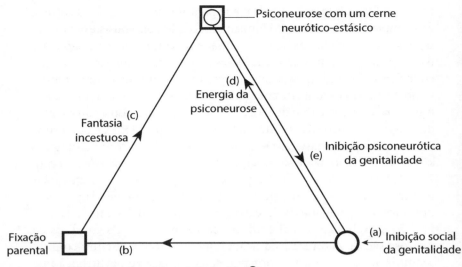

(a) Inibição sexual socialmente induzida (O)
(b) A estase resulta em uma fixação nos pais (conteúdo histórico □)
(c) Fantasia incestuosa
(d) Fonte de energia da neurose
(e) A neurose mantém a estase (estase atual de energia)

Diagrama que mostra a relação entre o conteúdo da experiência infantil e a estase sexual.

ações pré-genitais. As fantasias e atividades sexuais pré-genitais, que encontramos nas neuroses e perversões, são não apenas a causa das perturbações genitais mas, de qualquer forma, também o resultado dessa perturbação. Esses critérios e observações constituem o fundamento da distinção, que fiz em 1936, entre impulsos naturais e secundários. Quanto à teoria do instinto e à teoria da cultura a fórmula mais decisiva era: a perturbação sexual geral é um resultado da perturbação genital, i.e., da impotência orgástica. O que eu entendia por sexualidade genital era uma função desconhecida, e não conforme com as ideias habituais sobre as atividades sexuais do homem. *Genital*, no sentido econômico-sexual da palavra, e *genital*, no sentido habitual da palavra, não têm o mesmo significado; não mais do que *sexual* e *genital*, que também não têm o mesmo significado.

7. Além disso, resolveu-se de maneira simples um problema da teoria da neurose que atormentou Freud nos anos seguintes. As

O DESENVOLVIMENTO DA TEORIA DO ORGASMO

enfermidades psíquicas revelam apenas qualidades. Todavia, sempre parecem depender dos chamados fatores quantitativos, da resistência e da força, da *catexia* de energia, das experiências e ações psíquicas. Em uma reunião do círculo mais íntimo de analistas, Freud uma vez aconselhou-nos a ser prudentes. Tínhamos, disse, que estar preparados para esperar perigosos desafios de uma *futura organoterapia* à terapia psíquica da neurose. Não havia maneira de saber o que poderia ser essa organoterapia, mas já se podiam ouvir os seus expoentes batendo à porta. A psicanálise deverá um dia estabelecer-se sobre uma base orgânica. Isso era uma verdadeira intuição freudiana! Quando Freud disse isso, entendi que a solução do problema da quantidade na neurose pressupunha a solução do problema da organoterapia. O acesso à última só poderia ser proporcionado pelo entendimento e pelo controle da estase sexual fisiológica. Eu já havia começado a trabalhar nesse sentido. De fato, a primeira conquista significativa fora conseguida cinco anos antes: o progresso de uma análise do caráter para a formulação dos princípios fundamentais da técnica da vegetoterapia da neurose. Enquanto isso, decorreram quinze anos de trabalho árduo e de lutas difíceis.

Nos anos de 1922 a 1926, a teoria do orgasmo era formulada, comprovada – peça por peça –, e seguida pelo desenvolvimento da técnica de análise do caráter. Toda a experiência subsequente, tanto no sucesso quanto no fracasso, confirmou essa teoria, que se desenvolveu por si mesma, sobre a base daquelas primeiras observações decisivas. Quanto ao meu trabalho, os problemas caíram sobre ele – rápida e completamente.

O trabalho clínico, numa direção, conduzia ao presente nível do trabalho experimental no campo da economia sexual. Uma segunda direção decorria da pergunta: "Qual é a fonte, e qual é a função, da supressão da sexualidade?"

Muito mais tarde, a partir de 1933, desenvolveu-se a partir do primeiro complexo de problemas um ramo biológico da economia sexual: a pesquisa do *bion*, a pesquisa econômico-sexual do câncer e a investigação da radiação do *orgônio*. Uns sete anos mais tarde, o segundo complexo de problemas bipartiu-se: de um lado a sociologia sexual atual: de outro, a psicologia política.[7] A teoria do orgasmo determinou os setores psicológico, psicoterapêutico, fisiobiológico e sociológico

---

[7] Cf. Reich, *The Sexual Revolution*, 1973; *The Invasion of Compulsory Sex-Morality*, 1971; e *The Mass Psychology of Fascism*, Farrar, Straus and Giroux, 1970.

da economia sexual. Não afirmo que a estrutura da economia sexual pudesse substituir esses campos especializados. Mas a economia sexual pretende ser hoje uma teoria unitária e científico-natural do sexo, em cujas bases seria possível ressuscitar e fecundar todos os aspectos da vida humana. Isso nos obriga a dar uma explicação completa da sua estrutura, em todos os campos afins. Já que o processo vital e o processo sexual são um só e mesmo processo, não é preciso dizer que *a energia vegetativa e sexual é ativa em tudo quanto vive*. Essa afirmação é muito perigosa, precisamente porque é simples, e absolutamente correta. Para aplicá-la corretamente, é preciso tomar cuidado a fim de evitar que se torne em um lugar-comum, ou se deteriore em um sistema. Os seguidores tendem a tornar todas as questões muito fáceis para si mesmos. Tomam a matéria duramente elaborada e operam com ela da maneira mais cômoda possível. Não fazem nenhum esforço para encontrar novas aplicações para todas as sutilezas do método. Tornam-se indolentes, e o complexo de problemas deixa ser um desafio. Espero conseguir salvar desse fado a economia sexual.

Capítulo V

O DESENVOLVIMENTO DA TÉCNICA DE ANÁLISE DO CARÁTER

1 DIFICULDADES E CONTRADIÇÕES

A técnica psicanalítica empregava a associação livre para desencavar a interpretar fantasias inconscientes. Entretanto, o efeito terapêutico da interpretação mostrou-se limitado. Havia apenas poucos pacientes capazes de fazer associações inconscientes e livres. As melhoras conseguidas podiam atribuir-se a irrupções da energia genital. Eram em geral conseguidas acidentalmente pela relaxação do mecanismo psíquico, em consequência da associação livre. Eu podia ver que a liberação das energias genitais exerce enorme efeito terapêutico, mas não sabia como dirigir e controlar esse fator. Não era nunca realmente possível dizer quais os processos responsáveis, no paciente, pela irrupção acidental. Foi necessário, por isso, estudar cuidadosamente a técnica psicanalítica em si mesma.

Já descrevi o desamparo da situação técnica, nesse tempo. Quando me tornei presidente do seminário de técnica de Viena, no outono de 1924, tinha uma boa ideia do trabalho que devia ser feito. Nos dois anos anteriores, a falta de uma apresentação sistemática nos relatórios dos casos fora desagradavelmente manifesta. Esbocei um plano de relatórios sistemáticos. Os casos oferecem uma desconcertante profusão de experiências. Sugeri, por isso, que só se apresentasse o material concernente aos problemas da técnica. Os outros assuntos surgiriam por si mesmos ao longo da discussão. Antes disso, costumava-se fazer uma completa apresentação do histórico do caso, até a infância, sem qualquer referência ao problema terapêutico; na conclusão, ofereciam-se sugestões ao acaso. Eu não via nenhum objetivo nisso. Se a psicanálise era uma terapia científica e causal, então a técnica especificamente necessária devia surgir, por si mesma, da estrutura do caso. A estrutura da neurose podia ser determinada apenas pelas fixações em situações de infância. Estava, além disso, provado que as resistências eram evitadas, em parte por não

A FUNÇÃO DO ORGASMO

serem reconhecidas; e em parte porque se acreditava constituírem uma obstrução ao trabalho analítico – devendo ser, por isso, evitadas o mais possível. Por essa razão, apenas situações concernentes à resistência foram discutidas nos primeiros anos da minha atividade como chefe do seminário. No início, estávamos completamente desamparados. Logo aprendemos, porém, muita coisa, que rapidamente somamos ao nosso conhecimento. O fruto mais importante desses primeiros anos do nosso trabalho no seminário foi a compreensão decisiva de que, falando de "transferência", os analistas designavam apenas a transferência positiva e não a transferência negativa, embora a distinção teórica entre as duas houvesse sido feita por Freud havia muito tempo. Os analistas temiam ouvir, examinar, confirmar ou refutar opiniões depreciativas, e críticas embaraçosas dos pacientes. Em suma, o analista sentia-se inseguro, tanto pessoal como profissionalmente, por causa dos componentes sexuais e da vasta complexidade da natureza humana.

Estava também provado que as atitudes hostis inconscientes por parte do paciente formavam a base da neurose como um todo. Toda interpretação da matéria inconsciente resvalava sobre essa hostilidade secreta. Consequentemente pois, nenhum componente inconsciente devia ser interpretado até que fossem descobertas e eliminadas as atitudes depreciativas secretas. Na verdade, isso estava de acordo com princípios conhecidos do trabalho prático – mas a sua aplicação ainda precisava ser aprendida.

A discussão de questões práticas eliminou muitas atitudes incorretas e complacentes por parte dos terapeutas; por exemplo, a chamada "espera", que se supunha ter algum sentido. Habitualmente não era senão uma completa sensação de abandono. Condenamos o hábito de muitos analistas, que simplesmente repreendiam o paciente quando ele, ou ela, demonstrava resistência ao tratamento: pois era totalmente inerente aos princípios psicanalíticos o tentar compreender a resistência, e eliminá-la por meio de recursos analíticos. Nesse tempo, os analistas tinham o hábito de fixar datas para o fim do tratamento, quando este se estagnava. A ideia que levava a essa prática era a de que o paciente devia decidir-se, antes de uma certa data, "a abandonar a resistência para ficar bom". Se ele, ou ela, não conseguia fazê-lo, é porque tinha simplesmente, "resistências insuperáveis". Deve-se lembrar, entretanto, que a clínica estava constantemente fazendo altas exigências à nossa perícia; mas ninguém tinha qualquer ideia do suporte fisiológico de semelhantes resistências.

O DESENVOLVIMENTO DA TÉCNICA DE ANÁLISE DO CARÁTER

Havia diversos processos técnicos incorretos, que era preciso eliminar. Como eu mesmo cometera desses enganos durante cinco anos e, como resultado tratara sem sucesso muitos pacientes, sabia precisamente quais eram esses processos – e podia reconhecê-los em outros analistas. Um era a maneira não sistemática pela qual o analista lidava com os elementos que o paciente lhe fornecia. Esses elementos eram interpretados "tal como vinham"; não se levava em conta a sua profundidade e as resistências que impediam o seu verdadeiro entendimento. O processo resultava frequentemente em situações grotescas. Os pacientes adivinhavam logo o que o psicanalista esperava em termos de teoria, e faziam as "associações" adequadas. Em suma, forneciam elementos que agradassem ao analista. Se eram indivíduos astutos, desviavam conscientemente o analista; por exemplo, apresentavam sonhos extremamente confusos, de modo que ninguém podia entendê-los. Exatamente essa confusão permanente dos sonhos, não o seu conteúdo, é que era o problema crucial. Ou então forneciam um símbolo depois do outro – cujo significado sexual facilmente adivinhavam – e num instante eram capazes de operar com esses conceitos. Falariam sobre o complexo de Édipo sem qualquer sombra de paixão. Intimamente, não acreditavam nas interpretações das suas associações, que os analistas em geral tomavam pelo seu valor aparente. Não havia ordem na matéria colhida, nem organização no tratamento e, portanto, nem evolução do processo. A maior parte dos casos era esquecida após dois ou três anos de tratamento. Ocasionalmente havia melhoras, mas ninguém podia explicar com precisão o que as havia causado. Assim, acabamos compreendendo a importância de um trabalho sistemático e ordenado quanto às resistências. No tratamento, a neurose irrompe, por assim dizer, em forma de resistências isoladas, que o analista deve manter nitidamente separadas umas das outras – e eliminar uma a uma –, partindo da que se encontra mais próximo da superfície, i.e., da percepção consciente do paciente. Isso não era novo – era apenas uma aplicação firme da noção freudiana.

Dissuadi os analistas de tentarem "convencer" os pacientes da exatidão de uma interpretação. Se a resistência a um impulso inconsciente havia sido compreendida e eliminada, o paciente iria adiante por sua própria iniciativa. Esses elementos de instinto, contra o qual a resistência se dirige, se contém na própria resistência. Se o paciente reconhece o significado da defesa, então está bem encaminhado no sentido de compreender o que está sendo repelido. Isso significa, porém, que o analista

A FUNÇÃO DO ORGASMO

precisa descobrir todo sinal preciso de desconfiança e rejeição por parte do paciente. Todo paciente é profundamente cético em relação ao tratamento. Cada um apenas disfarça de maneira diferente. Apresentei uma vez um relatório sobre um paciente que disfarçava a sua secreta desconfiança de um modo extremamente engenhoso: mostrava-se muito polido e concordava com tudo. Atrás dessa polidez e aquiescência encontrava-se a verdadeira fonte de angústia. Assim, revelou muito, mas escondendo sempre muito inteligentemente a sua agressão. A situação exigia que eu não interpretasse os seus sonhos bem claros de incesto com a mãe, antes que eles manifestassem a sua agressão contra mim. Isso estava em manifesta contradição com a prática vigente de interpretar em particular cada fragmento de sonho ou associação. Assim mesmo, estava de acordo com os princípios da análise das resistências.

Percebi logo que me estava envolvendo em um conflito. Como a prática psicanalítica não estava de acordo com a teoria psicanalítica, era claro que alguns analistas discordariam de mim. De fato, exigia-se deles que submetessem a sua prática à teoria, i.e., que fizessem readaptações técnicas. Isso, aos seus olhos, era uma exigência irracional. Sem qualquer pressentimento do fato, nós nos havíamos aproximado da principal característica do homem moderno, que é a tendência de repelir os impulsos sexuais autênticos e agressivos com atitudes espúrias, falsas e enganosas. A adaptação da técnica à hipocrisia do caráter do paciente apresentava consequências que ninguém adivinhava, e que todos inconscientemente temiam. Debatia-se a estrutura pessoal do terapeuta, que tinha de enfrentar e dominar essa agressão e sexualidade. Mas nós, analistas, éramos os filhos do nosso tempo. Estávamos lidando com a matéria subjetiva que, embora fosse teoricamente conhecida, evitávamos na prática. Não queríamos experimentá-la. Era como se estivéssemos algemados pelas convenções acadêmicas formais. A situação da análise exigia liberdade dos padrões convencionais e, em relação à sexualidade, uma atitude desembaraçada de preconceitos morais. Durante os primeiros anos do seminário, não houve nenhuma referência à efetivação da capacidade de experimentar o orgasmo. Instintivamente eu evitava o assunto. Era delicado e todos, em geral, ficavam muito excitados ao discuti-lo. Eu próprio não me sentia muito seguro a respeito. E não era nada fácil compreender corretamente os hábitos privados e as peculiaridades sexuais do paciente, e continuar a manter a dignidade social e acadêmica. Preferia-se falar de "fixação anal" ou de "desejos orais". O animal era, e permanecia, intocável.

O DESENVOLVIMENTO DA TÉCNICA DE ANÁLISE DO CARÁTER

A situação era difícil sob outros aspectos também. Com base em diversas observações clínicas, eu havia formulado uma hipótese sobre a terapia da neurose. Alcançar, na prática, a meta almejada requeria considerável experiência técnica. Era como uma difícil caminhada em direção a um alvo definido que, claramente visível, parecia afastar-se mais e mais a cada passo. Se a experiência clínica por um lado confirmava repetidas vezes que as neuroses se curavam rapidamente quando a satisfação genital se tornava possível, por outro lado revelava que eram tanto mais difíceis os casos em que a satisfação não era (ou era inadequadamente) conseguida. Isso estimulava a um estudo consciencioso dos obstáculos e das muitas etapas até o alcance do objetivo. Não é fácil expor claramente isto. Todavia, quero tentar pintar o mais vividamente possível o modo como a teoria do orgasmo na terapia das neuroses se tornou, aos poucos, cada vez mais estreitamente ligada ao desenvolvimento da técnica de análise do caráter. Em poucos anos tornaram-se em uma unidade inseparável. À medida que a base do trabalho foi ganhando em claridade e firmeza, os conflitos com os psicanalistas da velha escola se tornaram mais frequentes.

Não houve conflitos durante os dois primeiros anos, mas então uma oposição crescente começou a se fazer sentir por parte dos colegas mais velhos. Eles simplesmente se recusavam a entender o que estávamos fazendo; temiam perder a sua reputação como "autoridades experientes". Tinham, portanto, de tomar uma entre duas atitudes quando ao novo abjeto que estávamos investigando;(1) "Não há nada de novo aqui – Freud sabia tudo a respeito", (2) ou declaravam que a nossa abordagem estava "errada". Afinal, o papel da satisfação sexual na terapia das neuroses não podia conservar-se escondido. Surgia inevitavelmente na discussão de todos os casos. Isso fortificou a minha posição mas também me criou inimigos. O objetivo de capacitar o paciente a experimentar a "satisfação genital orgástica" configurava a técnica da seguinte forma: todos os pacientes estão perturbados na sua função genital; essa função deve ser novamente restaurada. Assim, todas as atitudes patológicas que impedem a efetivação da potência orgástica têm de ser descobertas e destruídas. Isso veio a constituir o peso da técnica para uma geração de analistas terapeutas, pois os obstáculos à função genital eram uma legião e tinham uma variedade infinita de formas. Estavam enraizados tanto na estrutura social como na estrutura psíquica. E, o que é mais importante, como mais tarde descobrimos, estavam enraizados no corpo.

A FUNÇÃO DO ORGASMO

Comecei pondo a maior ênfase do trabalho no estudo das fixações pré-genitais, dos desvios da satisfação sexual e das dificuldades sociais que impedem uma vida sexual satisfatória. Sem que o planejássemos, as questões concernentes ao casamento, adolescência e à inibição social da sexualidade surgiram gradualmente nas discussões. Tudo isso parecia caber ainda dentro da estrutura da pesquisa psicanalítica. Os meus colegas jovens eram muito entusiásticos e demonstravam grande disposição para o trabalho. Não escondiam o seu entusiasmo pelo meu seminário. A sua conduta posterior, não profissional e não científica, ao ocorrer a ruptura das minhas relações com a Associação Psicanalítica, não pode diminuir a minha admiração pelas suas realizações no seminário.

A publicação da obra de Freud, *The Ego and the Id*, em 1923, causou um impacto desconcertante na prática analítica diária, cujo interesse central estava nas dificuldades sexuais do paciente. Na prática, era muito difícil saber o que fazer com o "superego" e com os "sentimentos inconscientes de culpa", que eram formulações teóricas de fatos ainda muito obscuros. A técnica para lidar com esses "fenômenos" não havia sido especificada. Assim, preferia-se operar com a angústia da masturbação e com os sentimentos sexuais de culpa. Em 1920, Freud havia publicado *Beyond the Pleusure Principle*, no qual, inicialmente como uma hipótese, o instinto de morte estava colocado no mesmo pé de igualdade que o instinto sexual, embora o autor lhe atribuísse uma força instintiva mais profunda. Os analistas jovens que ainda não tinham começado a praticar e os analistas que não haviam sequer percebido a estrutura da teoria sexual começaram a aplicar a nova teoria do ego. Era uma situação muito confusa. Em vez de sexualidade, os analistas começaram a falar de "Eros". Terapeutas medíocres afirmavam estarem aptos a "pôr as mãos" no superego, conceito que havia sido postulado teoricamente para ajudar a perceber a estrutura psíquica. Operavam com ele como se se tratasse de um fato concretamente estabelecido. O id era "mau", o superego sentava-se num trono com uma longa barba e era "austero"; e o pobre do ego esforçava-se por ser um "medianeiro" para os dois. A descrição vivida e corrente dos fatos era substituída por um método mecânico, que parecia tornar desnecessário qualquer pensamento adicional. As discussões clínicas foram sendo cada vez mais deixadas em segundo plano, e começou a especulação. Logo, estranhos que jamais haviam analisado se apresentaram e pronunciaram "brilhantes" conferências sobre o ego e o superego, ou sobre a esquizofrenia – que jamais haviam visto. Em 1934, quando

O DESENVOLVIMENTO DA TÉCNICA DE ANÁLISE DO CARÁTER

se deu o meu rompimento com a Associação Psicanalítica, atuavam oficialmente como expoentes "transcendentais" da psicanálise contra o princípio econômico-sexual da psicologia profunda. Estagnaram-se as investigações clínicas. A sexualidade tornou-se algo indistinto; o conceito de "libido" foi despido de todos os traços de conteúdo sexual e transformou-se em uma figura de retórica. Desapareceu a seriedade das comunicações psicanalíticas: foi cada vez mais substituída por um *pathos*, reminiscência dos filósofos morais. Pouco a pouco, a teoria das neuroses foi traduzida para a linguagem da "psicologia do ego". A atmosfera estava se tornando refinada!

Lentamente, mas com segurança, foi-se esvaziando de todas as conquistas de Freud. Imperceptivelmente a princípio, procurou-se nivelar a psicanálise por um mundo que pouco antes havia ameaçado destruí-la. Os analistas ainda mencionavam a sexualidade, mas tinham algo diferente na cabeça. Ao mesmo tempo, haviam conservado um resquício do velho orgulho pioneiro. Mas tinham desenvolvido uma consciência má e usurparam os meus novos achados, declarando-os componentes tradicionais da psicanálise, com a intenção de destruí-los. A forma eclipsou o conteúdo; a organização tornou-se mais importante que a tarefa. Teve início o mesmo processo de deterioração que destruiu os grandes movimentos sociais da história. Exatamente como o primitivo cristianismo de Jesus se havia transformado na igreja, e como a ciência marxista se tornara na ditadura fascista, muitos psicanalistas logo se tornaram os piores inimigos da sua própria causa. A cisão no âmago do movimento já não tinha concerto. Hoje, quinze anos depois, isso é evidente para todos. Foi somente em 1934 que o percebi claramente. Era tarde demais. Até então, dominado a minha convicção íntima da minha própria causa, eu havia lutado dentro da estrutura da Associação Psicanalítica Internacional, oficialmente e por mim mesmo, em nome da psicanálise.

Por volta de 1925, ocorreu uma ruptura na formulação da teoria psicanalítica; não foi inicialmente percebida, mas hoje está bem clara. Na mesma medida em que uma causa perde terreno, torna-se o campo da intriga pessoal. O que passava, externamente, por ser um interesse objetivo era política nos bastidores, era jogo de interesses e diplomacia. Talvez seja às dolorosas experiências desse caso com a Associação Psicanalítica Internacional que devo os frutos mais importantes dos meus esforços: o conhecimento do mecanismo de todos os tipos de política.

A descrição desses fatos não é de maneira nenhuma irrelevante. A posição crítica que assumi contra esses sinais de desintegração dentro

A FUNÇÃO DO ORGASMO

do movimento psicanalítico (por exemplo, a teoria do instinto de morte) proveu às bases da minha irrupção bem sucedida no domínio da vida vegetativa, anos depois.

Reik publicou um livro, *Geständniszwang und Strafbedürfnis* [*Compulsão de confessar e necessidade de punição*], no qual todo o conceito original de enfermidade psíquica estava de cabeça para baixo. O pior de tudo é que o livro encontrou aprovação. Reduzida à expressão mais simples, a sua inovação podia ser descrita como a eliminação do medo à punição pelas transgressões sexuais cometidas na infância. Em *Beyond the Pleasure Principle* e *The ego and the id*, Freud presumia a existência de uma necessidade inconsciente de punição. Essa necessidade explicava ostensivamente a resistência do paciente à cura. Ao mesmo tempo, o "instinto de morte" se tornava uma parte da teoria psicanalítica. Freud presumia que a substância viva era governada por duas forças instintivas antitéticas. Por um lado, postulava os instintos de vida, que punha em equação com o instinto sexual (Eros). Segundo Freud, esses instintos tinham a função de despertar a substância viva do seu estado de repouso inorgânico, de criar tensão e de concentrar a vida em unidades cada vez maiores. Esses instintos são turbulentos, clamorosos; são os responsáveis pelo tumulto da vida. Agindo por detrás desses instintos de vida, entretanto, estaria o instinto "mudo", mas "muito mais importante", de morte (Thanatos): tendência a reduzir a substância da vida a uma condição inanimada ao nada, a um Nirvana. Segundo essa concepção, a vida seria realmente apenas uma perturbação do silêncio eterno do nada. Na neurose, de acordo com essa opinião, o instinto contrariaria, nos seus instintos, a vida criativa, i.e., sexual. É claro que, o instinto de morte não podia ser percebido. Mas as suas manifestações eram tidas como evidentes demais para serem desprezadas. Em tudo quanto fazia, o homem demonstrava a sua tendência em direção ao auto-aniquilamento. O instinto de morte manifesta-se em impulsos masoquistas. Era por causa desses impulsos que os pacientes neuróticos "se recusavam" a ser curados. Nutriam o sentimento inconsciente de culpa, que podia também ser chamado de necessidade de punição. Os pacientes não queriam curar-se muito simplesmente porque os impedia essa necessidade de punição, que encontrava satisfação na neurose.

Reik me fez entender onde havia começado a enganar-se. Desprezando todas as precauções de Freud, Reik simplesmente se servia do instinto de morte do paciente para desculpar as suas próprias

O DESENVOLVIMENTO DA TÉCNICA DE ANÁLISE DO CARÁTER

imperfeições terapêuticas. Reik exagerava percepções corretas, por exemplo, a de que os criminosos facilmente se traem, ou a de que as pessoas se sentem aliviadas quando podem confessar um crime.

Até aí, a neurose era considerada como o resultado de um conflito entre uma exigência sexual e o medo da punição. Agora se dizia que a neurose era um conflito entre uma exigência sexual e uma exigência de punição, i.e., exatamente o oposto do medo à punição por atividades sexuais. Isso era uma completa destruição da teoria psicanalítica da neurose. Estava em desacordo com todas as observações clínicas. Estas últimas não deixavam dúvidas de que a primeira formulação de Freud era correta, i.e., as neuroses eram causadas pelo medo à punição da atividade sexual e não pelo desejo de ser punido por causa dela. Alguns pacientes, por causa das complicações em que se envolviam pela inibição da sua sexualidade, assumiam a seguir a atitude masoquista de quererem ser punidos, de prejudicar-se a si mesmos, ou de agarrar-se à sua doença. A tarefa do analista era, sem dúvida, tratar esses desejos de autopunição como uma formação neurótica secundária, eliminar o medo do paciente à punição, e liberar-lhe a sexualidade. Não era função do tratamento confirmar essas tendências de destruição como manifestações de tendências biológicas profundas. Os expoentes do instinto de morte, que apareciam em número cada vez maior e com dignidade crescente porque podiam falar em "Thanatos" em vez de sexualidade, atribuíam a intenção neurótica autodestruidora do organismo psíquico enfermo a um instinto biológico primário da substância viva. A psicanálise jamais se recuperou disso.

Reik foi seguido por Alexander, que analisou alguns criminosos e verificou que, na maior parte, o crime era a consequência de um desejo inconsciente de punição que compelia a pessoa a cometer um ato criminoso. Não procurou a origem desse comportamento desnatural. Não dedicou uma só palavra à poderosa base social da criminalidade. Isso poupava o aborrecimento de qualquer discussão posterior. Se o analista não conseguia curar um paciente, o instinto de morte é que era o responsável. Se as pessoas cometiam um assassínio, elas o faziam para serem encarceradas. Se as crianças roubavam, era para livrar-se da pressão de uma consciência que as atormentava. Hoje olho para trás com assombro: para a energia despendida, a esse tempo, na discussão de semelhantes opiniões. Freud todavia, havia pretendido algo que estava à altura de uma grande realização. Voltarei a isso mais tarde. Analistas indolentes, entretanto, agarraram-se à sua primeira ideia e desperdiçaram décadas de realização.

A "reação terapêutica negativa" do paciente mostrou depois que era o resultado da inabilidade teórica e técnica do analista para estabelecer no paciente a potência orgástica: em outras palavras, da sua inabilidade para tratar da angústia de prazer do paciente.

Com essas preocupações na cabeça, telefonei a Freud. Perguntei-lhe se havia pretendido apresentar o instinto de morte como teoria clínica. Ele próprio, assinalei, havia negado que o instinto de morte fosse um fenômeno clínico tangível. Freud tranquilizou-me. Era "somente uma hipótese", disse. Poderia perfeitamente afastar-se. A sua eliminação não mudaria nada na estrutura básica do sistema psicanalítico. Ele se tinha apenas permitido aventar uma hipótese. Sabia muito bem que a sua hipótese estava sendo mal empregada. Eu não devia permitir que isso me preocupasse, disse, mas devia apenas continuar a trabalhar clinicamente. Senti um alívio. Mas estava decidido a opor, na minha esfera de trabalho, uma luta árdua contra qualquer tagarelice a respeito do instinto de morte, e escrevi um artigo contra Alexander, no qual provei a insustentabilidade das suas opiniões.

A minha crítica negativa ao livro de Reik e o artigo contra Alexander foram publicados em 1927. No meu seminário de técnica, o instinto de morte e a necessidade inconsciente de punição dificilmente se mencionavam como causas do fracasso terapêutico. O que o impedia era a apresentação clínica precisa e meticulosa dos casos individuais. Só ocasionalmente, um dos teóricos do instinto de morte tentava demonstrar as suas opiniões. Eu evitava cuidadosamente qualquer ataque direto a essa teoria errônea. Claro estava que a sua completa insustentabilidade teria de ser provada pelo próprio trabalho clínico. Quanto mais minuciosamente estudávamos os mecanismos das neuroses, mais certos estávamos de triunfar. Na Associação Psicanalítica, por outro lado, a interpretação inexata da teoria do ego ia ganhando força. A situação se tornava cada vez mais tensa. De repente se descobriu que eu era muito agressivo, "montado no meu cavalo de batalha" e exagerando a importância da genitalidade.

No Congresso Psicanalítico de Salzburg, em abril de 1924, juntei a "potência orgástica" às minhas formulações iniciais quanto à importância terapêutica da genitalidade. A minha apresentação prendia-se a dois fatos básicos:

(1) *a neurose é a manifestação de uma perturbação genital e não apenas sexual em geral*; (2) *uma recaída em uma neurose após o tratamento analítico pode evitar – se na medida em que a satisfação orgástica*

O DESENVOLVIMENTO DA TÉCNICA DE ANÁLISE DO CARÁTER

no ato sexual houver sido assegurada. A minha apresentação foi bem recebida. Abraham cumprimentou-me pela minha bem-sucedida formulação do fator econômico da neurose.

Para estabelecer a potência orgástica dos pacientes, não era suficiente liberar as excitações genitais existentes das suas inibições e repressões. A energia sexual está cravada nos sintomas. A dissolução de qualquer sintoma, portanto, desprende uma quantidade de energia psíquica. Naquele tempo os dois conceitos – "energia psíquica" e "energia sexual" – não eram, absolutamente, idênticos. A energia sexual liberada era espontaneamente transmitida ao sistema genital: a *potência melhorava.* O paciente aventurava-se a procurar uma companhia, abandonava a abstinência, ou experimentava contatos sexuais mais satisfatórios. Entretanto somente em poucos casos se concretizava a esperança de que essa libertação de energia sexual acarretasse também o estabelecimento da função orgástica. Concluindo, poder-se-ia dizer que apenas uma energia insuficiente se havia libertado das amarras neuróticas. De modo geral, entretanto, o paciente permanecia bloqueado. Propunha-se, assim, a questão: onde além dos sintomas neuróticos, se prende a energia sexual? Isso era um problema novo na psicanálise, mas não estava fora da sua estrutura. Pelo contrário, tratava-se apenas de uma aplicação consistente do método de raciocínio analítico, que tomava o sintoma neurótico como ponto de partida. A princípio, não obtive resposta para a pergunta. Problemas clínicos e terapêuticos nunca podem ser resolvidos pela meditação. Solucionam-se no processo de controle dos trabalhos práticos. Isso é geralmente válido para qualquer forma de trabalho científico. A formulação correta de um problema prático leva automaticamente a formulações posteriores, que se concentravam gradualmente em uma representação uniforme do problema total.

Com base na teoria psicanalítica da neurose, parecia lógico procurar a energia, necessária para estabelecer a plena potência orgástica, no não genital, i.e., na primeira infância: atividades pré-genitais e fantasias. Se uma quantidade grande do interesse sexual se focaliza no sugar e no morder, no desejo de ser amado, nos hábitos anais, etc., a capacidade de experimentar uma experiência genital é reduzida. Isso confirma a opinião de que os instintos sexuais individuais não funcionam independentemente uns dos outros mas constituem uma unidade, como um líquido em vasos comunicantes. *Pode haver apenas uma energia sexual uniforme, que procura satisfação nas várias zonas erógenas e ideias psíquicas.* Isso estava de acordo com opiniões que, a essa altura,

113

A FUNÇÃO DO ORGASMO

começavam a ganhar terreno. Ferenczi publicou a sua teoria da genitalidade, segundo a qual a excitação genital se compõe de excitações pré-genitais – anal, oral e agressiva. Isso não concordava com a minha experiência clínica. Eu observara exatamente o contrário: qualquer intromissão de excitações não genitais no ato sexual, ou na masturbação, enfraquecia a potência orgástica. Uma mulher que inconscientemente equipare a vagina ao ânus pode temer deixar escapar uma ventosidade durante a excitação e parecer ridícula. Semelhante atitude pode exercer um efeito paralisante sobre a atividade total da sua vida. Um homem que inconscientemente considere o seu pênis, como uma faca, ou que use para provar a sua potência, é incapaz de uma entrega total no ato sexual. Helene Deutsch publicou um livro sobre a sexualidade feminina, no qual afirmava que, para a mulher, a culminância da satisfação sexual, se encontra no ato de dar à luz. Segundo esse conceito, não há uma excitação vaginal primária mas uma excitação composta de excitações que, na boca e do ânus, se deslocam para útero. Exatamente a essa altura, Otto Rank publicou o seu *Trauma der Geburt*, no qual afirmava que o ato sexual correspondia a uma "volta ao útero". Eu estava em bons termos com esses psicanalistas e respeitava as suas opiniões, mas havia grande divergência entre as minhas experiências e ideias, e as suas. Aos poucos, foi-se tornando claro que era fundamentalmente incorreto tentar dar uma interpretação psicológica à experiência do ato sexual ou procurar nele uma significação psíquica, como se se procurasse uma significação psíquica em um sintoma neurótico. A verdade é exatamente o oposto: toda ideia psíquica durante o ato sexual pode apenas prejudicar a concentração na excitação. Além disso, semelhantes interpretações da genitalidade constituem uma negação da sua função biológica. Encarando-a como a concentração de excitações não genitais, nega-se-lhe a existência. Era precisamente na função do orgasmo que eu, por outro lado reconhecia a diferença qualitativa básica entre genitalidade e pré-genitalidade. Somente o aparelho genital é capaz de proporcionar o orgasmo e de descarregar plenamente a energia biológica. A pré-genitalidade pode apenas aumentar as tensões vegetativas. Pode perceber-se profunda ruptura que começava a dominar a opinião psicanalítica sobre a função dos instintos.

As implicações terapêuticas decorrentes dessas duas opiniões eram incompatíveis. Se a excitação genital é apenas uma mistura de excitações não genitais, então a cura deve consistir em um deslocamento do erotismo anal e oral para o genital. Se, entretanto, a minha opinião

O DESENVOLVIMENTO DA TÉCNICA DE ANÁLISE DO CARÁTER

estava correta, então a excitação genital devia ser libertada e purificada (por assim dizer, filtrada) das misturas com excitações pré-genitais. Nada havia nos escritos de Freud que sugerisse uma resposta num ou noutro sentido.

Freud afirmara que o desenvolvimento da libido na criança progredia do estágio oral para anal e do anal para o fálico. Atribuía o estágio genital fálico a ambos os sexos. O erotismo fálico da menina se concentrava no clitóris, da mesma forma que o erotismo fálico do menino se concentrava no pênis. Era somente na puberdade, segundo Freud, que as excitações sexuais infantis se subordinavam à "primazia genital", que então "começava a desempenhar a função procriativa". Essa formulação conservava a antiga identificação entre genitalidade e procriação, continuando o prazer genital a ser considerado como uma função da procriação. Não consegui ver isso, no início. Foi um psicanalista de Berlim quem me chamou a atenção, alguns anos mais tarde, quando a cisão já se tornava óbvia, de maneira flagrante. Pude permanecer por tanto tempo na Associação Psicanalítica Internacional com a minha teoria da genitalidade unicamente porque me referia continuamente a Freud para comprovar as minhas opiniões. Isso foi, aliás, uma injustiça para com a minha teoria, e tornou difícil para os meus companheiros a separação da organização psicanalítica.

Hoje, semelhantes opiniões parecem impossíveis. Admiro-me de quão seriamente os analistas discutiam naquele tempo sobre se havia ou não uma função genital original. Nenhum deles tinha a menor suspeita das razões sociais dessa ingenuidade científica. O desenvolvimento posterior da teoria da genitalidade revelou-as todas com excessiva evidência.

2 A ECONOMIA SEXUAL DA ANGÚSTIA NEURÓTICA

As amplas divergências na formulação da teoria psicanalítica depois de 1922 são também evidentes quanto ao problema central da angústia. A hipótese original era que segue: se o caminho para a percepção e descarga da excitação sexual física está bloqueado, então a excitação se converte em angústia. Nada se dizia sobre a maneira como se dava essa "conversão". Como eu estava continuamente enfrentando o trabalho de liberar a energia sexual das suas amarras neuróticas, o problema exigia explicação. A angústia estásica era uma excitação sexual não descarregada. Para reconvertê-la em excitação sexual, era necessário saber como se dera a conversão inicial em angústia. Em 1924, tratei duas pacientes com neurose cardíaca. Com o aparecimento da excitação genital, diminuía a angústia cardíaca. Em uma das pacientes pude observar, durante várias semanas, a alternância entre angústia cardíaca e excitação genital. Toda inibição da excitação vaginal provocava imediatamente uma sensação de constrição e angústia "na região cardíaca". Isso era uma confirmação eloquente do conceito freudiano original da relação entre libido e angústia. Mas havia mais que isso. Eu conseguira então localizar o ponto da sensação de angústia. Era na região do coração e do diafragma. A outra paciente apresentava a mesma função alterada; e também urticária. Quando temia ceder à sua excitação vaginal, o resultado era a angústia, ou grandes vergões de coceira em vários lugares da pele. Estava claro, portanto, que a excitação sexual e a angústia tinham algo que ver com as funções do sistema nervoso vegetativo. Isso se confirmou, adiante, pelo fato de que a angústia se localizava na região cardíaca. Reformulei a fórmula freudiana como segue: *não há conversão de uma excitação sexual. A mesma excitação que aparece nos genitais como sensação de prazer é percebida como angústia quando se apodera do sistema cardíaco, i.e., é percebida como o oposto exato do prazer.* O sistema vasovegatativo pode, num momento, manifestar-se em forma de excitação sexual e, noutro momento, quando a excitação é bloqueada, manifestar-se em forma de angústia. A ideia mostrou ser correta. O seu desenvolvimento levou, passo a passo, diretamente à minha presente opinião de que sexualidade e angústia são manifestações de duas direções antitéticas das sensações vegetativas de excitação. Foram necessários uns dez anos para elucidar a natureza bioelétrica dessas sensações e excitações.

Freud não havia mencionado o sistema nervoso vegetativo em relação com a sua teoria da angústia. Eu não tinha a menor dúvida de que o meu acréscimo seria claro para ele. Quando, entretanto, lhe apresentei a minha ideia em uma reunião no seu apartamento, pelos fins de 1926, rejeitou a relação entre a angústia e o sistema vasovegetativo. Nunca entendi por que.

Tornava-se cada vez mais claro que a sobrecarga do sistema vasovegetativo com excitação sexual não descarregada é o mecanismo central da angústia e, portanto, da neurose. Cada novo caso confirmava as observações iniciais. Aparentemente, a angústia sempre se desenvolvia quando o sistema vasovegetativo se tornava, em certo sentido, superexcitado. A angústia cardíaca se encontra na *angina pectoris*, na asma

O DESENVOLVIMENTO DA TÉCNICA DE ANÁLISE DO CARÁTER

brônquica, no envenenamento pela nicotina e na exoftalmia. Assim, a angústia sempre se desenvolve quando o sistema cardíaco é afetado por qualquer excitação anormal. E, em suma, a angústia da estase sexual se entrelaça muito bem com o problema da angústia como um todo. Apenas, aqui, a excitação sexual não descarregada oprime o sistema cardíaco tal como a nicotina ou as substâncias tóxicas o fazem, em outros casos. Permaneciam a questão da natureza dessa superexcitação. Quanto a isso, eu ainda não tinha conhecimento da antítese entre as reações simpáticas e parassimpáticas.

Para as minhas próprias necessidades clínicas, distinguia o conceito de ansiedade, de medo, ou apreensão. "Tenho *medo* de ser surrado, punido ou castrado" é algo diferente da "angústia" que se sente quando se depara com um perigo real. O "medo", ou "apreensão", passa a ser uma "experiência mórbida de angústia" somente quando a estase de excitação física sobrecarrega o sistema autônomo. Alguns pacientes sentiam a "angústia" de castração sem nenhum afeto de angústia. Havia outros que experimentavam afetos de angústia sem nenhuma ideia de perigo; por exemplo, pacientes sexualmente abstinentes. Assim era necessário distinguir a angústia que resultava de uma estase de excitação, e a angústia que era a causa de uma repressão sexual. A primeira determinava as neuroses estáticas, a última, as psiconeuroses. Mas os dois tipos de angústia agiam simultaneamente em qualquer dos casos. Inicialmente, o medo de ser punido ou de ser socialmente "ostracizado" produz uma repressão da excitação sexual. Essa excitação é deslocada do sistema sensório genital para o sistema cardíaco, e aí se acumula em forma de uma angústia estática. Mesmo a angústia experimentada no medo, pensava eu, não podia ser senão uma excitação sexual seriamente reprimida, a refluir subitamente para o sistema cardíaco. Basta uma *pequena* quantidade de angústia estásica para produzir a sensação de apreensão. Mesmo uma ideia vivida de um perigo possível pode criá-la. Nesse caso, a situação de perigo é, por assim dizer, fisicamente antecipada pela sua imagem. Isso se entrelaçava muito bem com a primitiva consideração de que a intensidade de uma ideia psíquica, de prazer ou de angústia, é determinada pela intensidade da quantidade de excitação que está, nesse momento, atuando no corpo. Na fantasia ou na expectativa de um perigo, o organismo age como se o perigo já estivesse presente. As fantasias em geral se baseiam, possivelmente nessas reações do mecanismo vital. A esse tempo, eu estava trabalhando no meu livro *Die Funktion des Orgasmus*. Em capítulos especiais sobre a

A FUNÇÃO DO ORGASMO

"neurose vasomotora" e sobre "a angústia e o sistema vasovegetativo", demonstrei as relações mencionadas acima.

No outono de 1929. Freud publicou *Hemmung, Symptom und Angst*. Nesse trabalho escamoteou muitas formulações originais sobre a angústia real. A angústia neurótica foi definida como um "sinal" do ego. A angústia era encarada como um sinal de alarme do ego quando agitavam impulsos proibidos, ou quando um perigo real ameaçava do exterior. Não era possível, afirmava Freud, estabelecer uma conexão entre angústia real e angústia neurótica. Isso era muito lamentável, dizia, mas concluía as suas observações com um *non liquet*. A angústia não devia continuar a ser entendida como resultado da pressão sexual, mas como a sua causa real. A questão relativa às causas pelas quais a angústia é produzida não apresentava interesse. A afirmação de que era a libido que se convertia em angústia perdia a importância. Freud não chegou a ver que angústia, fenômeno biológico, não pode aparecer no ego a menos que seja preparada, primeiro, na profundeza biológica.

Isso era um golpe duro para meu trabalho sobre o problema da angústia. Eu acabara justamente de dar um grande passo à frente no rumo da distinção entre angústia como causa e angústia como resultado da repressão. Daí em diante, seria mais difícil provar a opinião de que a angústia estásica resultava da estase sexual porque as formulações de Freud eram, naturalmente, portadoras de autoridade considerável. Não era muito fácil sustentar uma opinião diferente: com certeza, não em assunto de tamanha importância. No meu livro sobre o orgasmo, transpus a dificuldade com uma inofensiva nota de rodapé; concorda--se geralmente, assinalei, em que na neurose a angústia é a causa da repressão sexual. Ao mesmo tempo, sustentei a minha própria opinião de que a angústia é o resultado da estase sexual. E isso Freud liquidou.

A cisão aprofundou-se rapidamente e atingiu um ponto alarmante. Infelizmente eu estava certo. Desde *Hemmung, Symptom und Angst*, não há mais nenhuma teoria psicanalítica da angústia que satisfaça às necessidades clínicas. Eu estava firmemente convencido da exatidão da minha ampliação do conceito original de Freud sobre a angústia. Era muito agradável sentir que me estava aproximando cada vez mais da sua função fisiológica. Ao mesmo tempo, isso acarretou violência ao conflito.

No meu trabalho clínico tornava-se cada vez mais necessário reconverter a angústia estásica em excitação genital. Quando conseguia fazê-lo, alcançava resultados bons e duradouros. Entretanto, nem sempre conseguia libertar a angústia cardíaca e fazê-la oscilar com a excitação genital. Assim, a questão seguinte era: o que é que impede a excitação biológica de se manifestar como uma angústia cardíaca logo que a excitação genital é bloqueada? Por que não aparece a angústia estática em todos os casos de psiconeurose? Aqui, também, fórmulas originais da psicanálise vieram em meu auxílio. Freud havia demonstrado que a angústia na neurose se torna fixa. O paciente escapa à angústia se por exemplo, desenvolve um sintoma compulsivo. Se a função da compulsão é perturbada, a angústia aparece imediatamente. Muitos casos persistentes de neurose de compulsão e depressão crônica não puderam ser alterados. Eram de certa forma inacessíveis. Eu tinha mais trabalho com os caracteres compulsivos emocionalmente bloqueados. Podiam fazer associações, mas nenhum traço de emoção se revelava jamais. Todos os esforços ricocheteavam como se houvessem batido em "uma parede grossa e dura". Eles estavam "encouraçados" contra qualquer ataque. Na literatura psicanalítica, não havia processos técnicos para vencer superfície desse estado enrijecido. Era o caráter como um todo que resistia. Com esse critério, eu estava no limiar da *análise do caráter*. Aparentemente, a couraça do caráter era o mecanismo que prendia toda a energia. Era também o mecanismo que permitia a tantos psicanalistas sustentarem que não existe angústia estásica.

3 A COURAÇA DO CARÁTER E A ESTRATIFICAÇÃO DINÂMICA DOS MECANISMOS DE DEFESA

A teoria da "couraça de caráter" foi o resultado dos meus esforços, no princípio apenas "tentativas", de arrancar as resistências do paciente, uma por uma. Entre 1922, quando se compreendeu a função terapêutica da genitalidade, e 1927, quando foi publicado o meu livro *Die Funktion des Orgasmus*, colecionei inúmeras experiências principais e secundárias que, tomadas em conjunto, apontavam em uma única direção: é a "personalidade" total, ou o "caráter", do paciente o que constitui a dificuldade da cura. A "couraça do caráter" define-se no tratamento como uma "resistência do caráter".

Quero descrever os aspectos essenciais do meu trabalho preliminar. Isso permitirá ao leitor perceber a teoria econômico-sexual do caráter e a teoria da estrutura mais facilmente do que poderá percebê-la um leitor da apresentação sistemática que fiz no meu livro *Character Analysis*.

Nesse trabalho, a teoria analítica do caráter ainda pode parecer uma ampliação da teoria freudiana da neurose. Entretanto, as duas teorias logo entraram em conflito, uma com a outra. A minha teoria desenvolveu-se na luta contra as concepções mecanicistas da psicanálise.

A função da terapia psicanalítica era descobrir e eliminar resistência. Não se esperava que interpretasse diretamente a matéria inconsciente. Assim, o analista devia partir da repressão dos impulsos inconscientes pelo ego moralista. Mas não era apenas *um ponto* o que se precisava romper para penetrar nas defesas do ego, atrás das quais se entende o grande domínio do inconsciente. Na realidade, os desejos instintivos e as funções de defesa do ego se entretecem e se permeiam com a estrutura psíquica inteira.

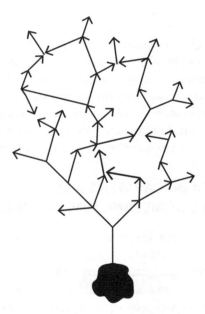

Estrutura da couraça resultante da interação dinâmica das forças.

Aqui é onde se encontra a dificuldade. O esquema de Freud da inter-relação do "inconsciente" com o "pré-consciente" e o "consciente", não coincide com o seu outro esquema da estrutura psíquica, que consiste do "id", do "ego" e do "superego". De fato, frequentemente se contradizem. O "inconsciente" de Freud não é idêntico ao "id". O último é mais profundo. O inconsciente compreende os desejos reprimidos e importantes elementos do superego moralista. Uma vez que o superego tem a sua origem na vinculação incestuosa da criança aos pais, carrega as antigas características dessa vinculação. O próprio superego é provido de grande intensidade instintiva, particularmente de natureza agressiva e destrutiva. O "ego" não é idêntico ao "sistema consciente". A defesa do ego contra os desejos sexuais proibidos é, ela própria, reprimida. Além disso, o ego tem origem no id, do qual é apenas uma parte especialmente diferenciada, embora mais tarde sob influência do superego entre em conflito com o id. Quando se entende corretamente Freud, vê-se que *primeira infância* não corresponde necessariamente a "id", ou "inconsciente"; e que *adulto* não significa necessariamente "ego" ou "superego". Antes, assinalei apenas algumas das inconsistências da teoria psicanalítica, sem discutir ou esboçar qualquer conclusão sobre elas. Sinto-me imensamente feliz em deixar essa parte para os teóricos da psicanálise. De qualquer maneira, a pesquisa econômico-sexual da estrutura do caráter humano elucidou várias dessas questões. O conceito econômico-sexual do mecanismo psíquico não é de natureza psicológica, mas biológica.

A distinção entre o que é reprimido e o que é capaz de se tornar consciente desempenhava a função mais importante no trabalho clínico. Também era importante a distinção dos estágios individuais do desenvolvimento sexual da criança. Isso era algo com que o analista podia trabalhar da maneira prática: a esse tempo não era possível trabalhar com o id, que não era tangível, nem com o superego, que era apenas uma hipótese teórica, expresso claramente na forma de uma angústia de consciência. Nem era possível trabalhar com o inconsciente, no sentido estrito, porque, como assinalara corretamente Freud, o inconsciente só pode ser atingido através dos seus derivativos, i.e., de manifestações que já são conscientes. Para Freud, o "inconsciente" nunca tinha sido mais que uma "hipótese indispensável". Suscetíveis de compreensão imediata e prática eram as manifestações dos impulsos pré-genitais do paciente e as diversas formas de repulsa moral ou apreensiva, dos instintos. O fato de que, nos seus trabalhos teóricos, os psicanalistas não houvessem atribuído nenhum valor às diferenças, quaisquer que fossem, entre teoria, estrutura hipotética e fenômenos claramente visíveis e sujeitos a mudança, e o fato de que se referissem ao inconsciente como se este fosse algo concreto contribuíram grandemente para a confusão. Esta agiu obstruindo a investigação da natureza vegetativa

A FUNÇÃO DO ORGASMO

do id e, consequentemente, impediu o acesso às bases biológicas do funcionamento psíquico.

Percebi pela primeira vez a estratificação do mecanismo psíquico no caso acima citado – do jovem passivo-feminino que sofria de sintomas histéricos, incapacidade para o trabalho, e impotência ascética. Abertamente, era muito polido; secretamente o seu medo o tornava muito astuto. Assim, concordava com tudo. A polidez representava o estrato mais alto da sua estrutura. Produzia matéria superabundante sobre a fixação sexual pela mãe. "Produzia", sem qualquer convicção interior. Não examinei essa matéria, mas procurei continuamente chamar-lhe a atenção para a sua polidez, como uma defesa contra a percepção realmente afetiva. O ódio escondido começou a aparecer cada vez mais nos seus sonhos. Como a sua polidez diminuísse, tornou-se insultante. Assim, era a polidez que lhe aparava o ódio. Consegui torná-lo evidente, por completo, destruindo cada uma das suas inibições. Até então, o ódio havia sido uma atitude inconsciente. Ódio e polidez eram antíteses. Ao mesmo tempo, a sua polidez excessiva era uma expressão disfarçada do ódio. Pessoas excessivamente polidas são habitualmente as mais impiedosas e perigosas.

Por seu lado, o ódio libertado repelia um medo intenso ao pai. Era simultaneamente um impulso reprimido e uma defesa inconsciente do ego contra a angústia. Quanto mais claramente o ódio era trazido à superfície, mais distintamente apareciam as manifestações de angústia. Finalmente o ódio deu lugar a nova angústia. O primeiro não era absolutamente a agressão original da infância, mas uma formação nova, de um período posterior. A nova angústia que irrompeu era a manifestação de uma defesa contra um estrato mais profundo do ódio destrutivo. O estrato superficial do ódio se havia satisfeito com o ridículo e o desprezo. A atitude destrutiva mais profunda consistia em impulsos assassinos contra o pai. Eliminado o medo a esses impulsos ("angústia destrutiva"), a atitude destrutiva mais profunda se tornou manifesta em sentimentos e fantasias. Assim, esse estrato mais profundo de destruição era o elemento reprimido com relação à angústia, pela qual era mantido em repressão. Ao mesmo tempo, entretanto, era idêntico ao medo de destruição. Não podia surgir sem produzir angústia, e o medo à destruição não podia subir à superfície sem, ao mesmo tempo, trair a agressão destrutiva. Dessa forma consegui perceber a *unidade funcional antitética que existe entre o que reprime e o que é reprimido*. Não publiquei nada disso senão oito anos mais tarde quando o ilustrei com o diagrama da página seguinte. Como resultado da maneira pela qual se desenvolve a estrutura de caráter do homem moderno, uma "resistência interior" é constantemente

122

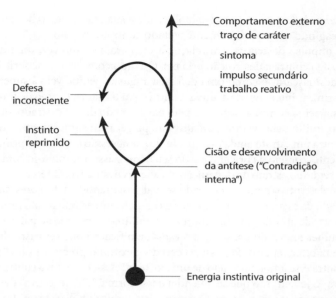

Diagrama que mostra a unidade funcional antitética de instinto e defesa.

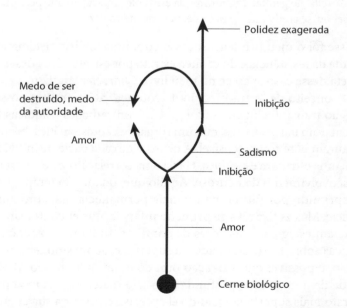

O mesmo diagrama ilustrando os impulsos específicos.

A FUNÇÃO DO ORGASMO

interpolada entre o impulso biológico e a sua realização; o homem age "reagindo" e está intimamente voltado contra si mesmo. O impulso destrutivo em relação ao pai era, por sua vez, uma defesa do ego contra a destruição *pelo* pai. Quando comecei a descobrir isso e a desmascará-lo como uma defesa, a angústia genital veio à superfície. Assim, as intenções destrutivas contra o pai tinham a função de proteger o paciente contra a castração pelo pai. O medo de ser castrado, que era reprimido pela aversão destrutiva ao pai, era em si mesmo uma defesa contra um estrato ainda mais profundo de agressão destrutiva, principalmente o desejo de privar o pai do seu pênis e assim eliminá-lo com rival. O segundo estrato de destruição era apenas destrutivo. O terceiro estrato era destrutivo com um colorido sexual. Era mantido sob repressão pelo medo da castração; ao mesmo tempo, repelia um estrato muito profundo e forte de atitude passiva, amorosa e feminina em relação ao pai. Ser uma mulher diante do pai tinha a mesma significação que ser castrado, i.e., de não ter o pênis. Por isso, o ego do garotinho precisava proteger-se contra esse amor, por meio de uma forte agressão destrutiva contra o pai. Era "o jovem" são que se defendia dessa forma. E "esse jovem" desejava apaixonadamente a mãe. Quando a sua feminilidade reprimida, i.e., a mesma feminilidade visível na superfície do seu caráter, foi eliminada, o desejo genital incestuoso apareceu, e, com ele, a sua inteira capacidade de excitação genital. Embora ainda estivesse orgasticamente perturbado, tornou-se eretivamente potente, pela primeira vez.

Esse foi o meu primeiro sucesso com uma análise sistemática e ordenada da resistência e do caráter, estrato por estrato. Uma descrição completa desse caso aparece no meu livro *Character Analysis*.

O conceito de "estratificação da couraça" abriu muitas possibilidades ao trabalho clínico. As forças e as contradições psíquicas não representavam mais um caos, mas uma organização sistemática, histórica e estruturalmente compreensível. A neurose de cada paciente individual revelou uma estrutura específica. Havia uma correlação entre a estrutura e o desenvolvimento da neurose. Aquilo que, quanto ao tempo, havia sido reprimido por último na infância permanecia mais próximo à superfície. Mas as fixações da primeira infância, que encontravam um suporte em estágios posteriores de conflitos, tinham consequências dinâmicas sobre a profundidade e a superfície, ao mesmo tempo. Por exemplo, é possível que a fixação oral de uma mulher pelo marido, derivada de uma fixação profunda pelo seio materno, seja uma parte do estrato mais superficial quando ela precisa reprimir a sua angústia genital em relação ao marido. Em termos de energia, a defesa do ego

O DESENVOLVIMENTO DA TÉCNICA DE ANÁLISE DO CARÁTER

não é mais que um impulso reprimido em sua função reversa. Isso é verdadeiro para todas as atitudes moralistas do homem moderno.

Habitualmente, a estrutura da neurose corresponde ao seu desenvolvimento, em sequência reversa. A "unidade funcional antitética entre instinto e defesa" tornou possível compreender simultaneamente as experiências contemporâneas e as pertencentes à primeira infância. Não havia mais nenhuma dicotomia entre a matéria histórica e contemporânea. *O mundo total da experiência passada incorpora-se ao presente sob a forma de atitudes de caráter. O caráter de uma pessoa é a soma total funcional de todas as experiências passadas.* Essas explicações, por mais acadêmicas que pareçam são da maior importância para a compreensão da reestruturação humana.

Essa estrutura não era um esquema que eu houvesse imposto aos meus pacientes. A lógica com que os estratos dos mecanismos de defesa eram, um após o outro, expostos e eliminados pela correta dissolução das resistências, mostrava que a estratificação estava real e objetivamente presente, apesar de mim. Eu comparava a estratificação do caráter com a estratificação dos depósitos geológicos, que também são história solidificada. Um conflito, combatido em determinada idade, sempre deixa atrás de si um vestígio no caráter do indivíduo. Esse vestígio se revela como um enrijecimento do caráter. Funciona automaticamente e é difícil de eliminar. O paciente não o sente como algo alheio; frequentemente, porém, percebe-o como uma rigidez ou como uma perda da espontaneidade. Cada um desses estratos da estrutura do caráter é uma parte da história da vida do indivíduo, conservada e, de outra forma, ativa no presente. A experiência mostrou que os conflitos antigos podem ser bem facilmente reativados pela liberação desses estratos. Se os estratos de conflitos enrijecidos eram especialmente numerosos e funcionavam automaticamente, se formavam uma unidade compacta e não facilmente penetrável, o paciente os sentia como uma "couraça" rodeando o organismo vivo. Essa couraça podia estar na "superfície" ou na "profundeza", podia ser "tão macia quanto uma esponja" ou "tão dura quanto uma rocha". A sua função em todos os casos era proteger o indivíduo contra experiências desagradáveis. Entretanto, acarretava também uma redução da capacidade do organismo para o prazer. Experiências de vários conflitos compunham o conteúdo latente da couraça. A energia que conservava a couraça unida era, habitualmente, uma tendência destrutiva inibida. Isso se comprova pelo fato de que a agressão começava a soltar-se imediatamente, quando a couraça era penetrada. Qual a fonte

A FUNÇÃO DO ORGASMO

da agressão destrutiva e cheia de ódio que aflorava à superfície nesse processo? Qual a sua função? Era uma tendência destrutiva primária, biológica? Muitos anos se passaram antes que semelhantes perguntas fossem respondidas. Descobri que as pessoas reagiam com profunda aversão a qualquer perturbação do equilíbrio neurótico da sua couraça. Essa era uma das maiores dificuldades na investigação da estrutura do caráter. A tendência destrutiva, em si mesma, nunca era livre. Era refreada por atitudes de caráter opostas. Por isso, nas situações da vida em que era necessário ser agressivo, agir, ser decidido, assumir uma posição definida, a pessoa era levada pela piedade, pela polidez pelas reticências, pela falsa modéstia; em suma, pelas virtudes que são tidas em alta estima. Mas não podia haver dúvidas de que paralisavam toda reação racional, todo impulso ativo de vida no indivíduo.

Se a agressão natural às vezes era expressa em ação, era desconexa, sem objetivo, e escondia um profundo sentimento de insegurança ou um egoísmo patológico. Assim, era uma agressão patológica – não uma agressão sã, dirigida para um objetivo.

Comecei, aos poucos, a compreender a atitude latente de ódio dos pacientes. Nunca faltava. Se o analista não se confundia com associações que não causavam a menor emoção ao paciente, se se recusava a satisfazer-se com interpretações de sonhos e investia contra as defesas do caráter escondidas nas atitudes do paciente, então o paciente se enfurecia. A princípio, não entendi essa reação. O paciente queixava-se do vazio das suas experiências. Mas quando eu lhe apontava o mesmo vazio na essência das suas comunicações, na sua frieza, na sua natureza grandiloquente ou hipócrita, ele se enfurecia. Ele percebia o sintoma – uma dor de cabeça ou um tique – como algo estranho. *Mas o seu caráter era ele próprio.* Perturbava-se quando lhe apontava isso. O que é que impedia uma pessoa de perceber a sua própria personalidade? Afinal, a personalidade é o que a pessoa é! Gradualmente comecei a entender que é o ser total que constitui a massa compacta e obstinada que obstrui todos os esforços de análise. A personalidade inteira do paciente, o seu caráter, a sua individualidade resistiam à análise. Mas por quê? *A única explicação é que cumprem uma secreta função de defesa e proteção.* Eu estava familiarizado com a teoria do caráter, de Adler. Estaria eu também destinado a extraviar-me, como Adler? Eu vi a autoafirmação, o sentimento de inferioridade, a ambição de poder – todos passíveis de ser examinados abertamente. A vaidade e a dissimulação das fraquezas ali estavam também. Estaria Adler com a razão, afinal? Mas ele afirmara

O DESENVOLVIMENTO DA TÉCNICA DE ANÁLISE DO CARÁTER

Medo de perder o amor e a proteção

Polidez; impotência; ascetismo; condição de angústia

Medo e sentimento de inferioridade em relação à autoridade

Despeito; ridículo; desconfiança; ânsia de poder

Medo da agressão

Agressão em direção à autoridade

Autoproteção; medo de ser destruído

Impulsos assassinos em direção ao pai

Medo de ser castrado

Desejo de castrar o pai

Medo de ser mulher; i.e., castrado

Atitude passivo-feminina em relação ao pai; erotismo anal

Desapontamento com a mãe; medo da vagina

Atitude sadística em relação à mãe; desejo de transpassar; fálico

Amor genital objetivo em relação à mãe

Diagrama que mostra as forças defensivas e a estratificação da estrutura neurótica.

A FUNÇÃO DO ORGASMO

que o caráter, *"não a sexualidade"*, é que era a causa da enfermidade psíquica. De que maneira, então, se relacionavam os mecanismos do caráter e os mecanismos sexuais? Eu não tinha a menor dúvida de que a teoria das neuroses, de Freud, não a de Adler, é que era correta.

Levei anos para ter certeza disto: *a tendência destrutiva cravada no caráter não é senão a cólera que o indivíduo sente por causa da sua frustração na vida e da sua falta de satisfação sexual*. Quando o analista prossegue em direção ao fundo, todos os impulsos destrutivos dão lugar a um impulso sexual. O desejo de destruir é apenas a reação ao desapontamento amoroso ou à perda do amor.

Se uma pessoa encontra obstáculos intransponíveis nos seus esforços para experimentar o amor ou a satisfação das exigências sexuais, começa a odiar. Mas o ódio não pode ser expresso. Deve ser refreado para evitar a angústia que causa. Em suma, o amor contrariado causa angústia. Igualmente, a agressão inibida causa angústia; e a angústia inibe as exigências do ódio e do amor.

Tinha agora uma compreensão teórica do que experimentei analiticamente na solução da neurose. Tinha também uma compreensão analítica daquilo que sabia teoricamente, e consegui o mais importante dos resultados: a pessoa orgasticamente insatisfeita desenvolve um caráter artificial e um medo às reações espontâneas da vida: e assim também, um medo de perceber as suas próprias sensações vegetativas.

Nessa época, as teorias sobre os instintos destrutivos começavam a adquirir importância na psicanálise. No seu ensaio sobre o masoquismo primário., Freud introduziu importante mudança em uma fórmula anterior. Dizia-se, inicialmente, que o ódio era uma força instintiva biológica, paralela ao amor. A tendência destrutiva dirigia-se, primeiro, contra o mundo exterior. Sob influência deste último, entretanto, voltava-se para dentro, contra si mesma, e assim se transformava em masoquismo, i.e., no desejo de sofrer. Agora parecia que o inverso é que era verdadeiro: o "masoquismo primário", ou "instinto de morte", estava no organismo desde o princípio. Fazia parte integrante das células. A sua projeção para o exterior, contra o mundo, fazia emergir uma agressão destrutiva, que, por seu lado, podia ser novamente voltada contra o ego, como um "masoquismo secundário". Afirmava-se que a secreta atitude negativa do paciente era alimentada pelo seu masoquismo. Segundo Freud, o masoquismo também era responsável pela "reação terapêutica negativa" e pelo "sentimento inconsciente de culpa". Após muitos anos de trabalho em

128

O DESENVOLVIMENTO DA TÉCNICA DE ANÁLISE DO CARÁTER

diferentes formas de tendência destrutiva, que causavam sentimentos de culpa e depressões, comecei finalmente a ver a sua significação na couraça do caráter, e a sua dependência da estase sexual.

Com o consentimento de Freud, comecei a pensar seriamente em escrever um livro sobre a técnica psicanalítica. Nesse livro, eu tinha de assumir uma posição definida quanto à questão da tendência destrutiva. Ainda não tinha uma opinião própria. Ferenczi discordara de Adler em um ensaio intitulado *"Weitere Ausbau der aktiven Technik"*. "Investigações do caráter", escrevera, "nunca desempenham função relevante na nossa "técnica". Apenas no fim do tratamento têm "alguma importância". O caráter assume importância apenas quando certos traços anormais, semelhantes a psicose, rompem o curso normal da análise". Nessas frases, formulara exatamente a atitude da psicanálise em relação à função do caráter. A esse tempo, eu estava profundamente mergulhado nas investigações do caráter. Adler invocara a análise do caráter no lugar da análise da libido. Eu estava, porém, tentando desenvolver a psicanálise no sentido de uma "análise do caráter". A verdadeira cura, afirmava eu, só pode ser conseguida pela eliminação da base dos sintomas no caráter do paciente. A dificuldade do trabalho estava na compreensão das situações analíticas que exigiam não uma análise do sintoma, porém uma análise do caráter. A minha técnica diferia da de Adler porque eu visava à análise do caráter através da análise do comportamento sexual do paciente. Adler entretanto, dissera: "Não uma análise da libido mas uma análise do caráter". Não há nenhum paralelo entre o meu conceito de couraça do caráter e a ideia de Adler quanto aos traços individuais do caráter. Qualquer referência a Adler na discussão da teoria econômico-sexual da estrutura indica profunda divergência. Traços de caráter como "complexo de inferioridade" ou ambição de poder" são apenas manifestações superficiais do processo de "encouraçamento", no sentido biológico da inibição vegetativa do funcionamento vital.

Em *Der triebhafte Charakter* (1925), com base nas minhas experiências com pacientes impulsivos, passei da análise do sintoma para a análise do caráter. Era lógico, mas eu não tinha suficiente conhecimento clínico e técnico para ir adiante, naquele tempo. Assim, agarrei-me à teoria do ego e do superego, de Freud. Entretanto, uma técnica de análise do caráter não podia ser elaborada com os conceitos auxiliares da psicanálise. O que era necessário era formular uma teoria da estrutura psíquica, funcional e biologicamente comprovada.

Ao mesmo tempo, as minhas experiências clínicas revelaram claramente que o objetivo da terapia consistia em estabelecer a capacidade de conseguir plena satisfação sexual. Eu sabia que o objetivo era esse, embora só o houvesse atingido em poucos pacientes. Não tinha ideia de uma técnica, fosse qual fosse, que me permitisse alcançá-lo sempre. De fato, quanto mais firme eu me tornava na minha afirmação de que a potência orgástica é o objetivo da terapia, tanto mais consciente estava das imperfeições da nossa experiência técnica. Em vez de diminuir, aumentava a lacuna entre o objetivo e a habilidade.

Terapeuticamente, os esquemas freudianos da função psíquica mostraram-se eficientes apenas em um campo limitado. Tornar conscientes os desejos e conflitos inconscientes só tinha efeito curativo quando a genitalidade também era restabelecida. Quanto à necessidade inconsciente de punição, não tinham nenhuma utilidade terapêutica, pois, se há um instinto biológico profundamente enraizado de permanecer doente e de sofrer, então a terapia nada pode fazer!.

Muitos analistas desorientavam-se por causa da desolação reinante no campo da terapia. Stekel não quis trabalhar sobre a resistência psíquica à revelação da matéria inconsciente, preferindo "atirar contra o inconsciente com interpretações". Essa prática ainda é seguida por muitos psicanalistas desorientados. Era uma situação desesperada. Stekel rejeitou as neuroses atuais e o complexo de castração. Queria efetuar curas rápidas. Era a sua maneira de se destacar do arado de Freud, que, embora lento, arava completamente.

Adler não pôde lutar contra a teoria da sexualidade quando percebeu sentimentos de culpa e agressão. Acabou como filósofo finalista e moralista social.

Jung generalizou a tal ponto o conceito de libido que este perdeu completamente a sua significação de energia sexual. Acabou no "inconsciente coletivo" e com isso no misticismo, que mais tarde representou oficialmente como nacional-socialista.

Ferenczi, homem de talento e humanamente destacado, tinha perfeita consciência da desolação reinante no campo da terapia. Procurou a solução no corpo. Desenvolveu uma "técnica ativa", concentrada nos estados de tensão física. Mas não estava familiarizada com a neurose estásica, e cometeu o erro de não levar a sério a teoria do orgasmo.

Rank também tinha consciência da desolação terapêutica. Reconhecia o desejo de paz – desejo de uma volta ao útero. Entretanto, não compreendeu o medo que o homem sente de viver neste mundo horrível,

O DESENVOLVIMENTO DA TÉCNICA DE ANÁLISE DO CARÁTER

interpretando-o biologicamente como o trauma do nascimento, que supunha ser o cerne da neurose. Não lhe ocorreu perguntar por que as pessoas querem fugir da vida real, voltando para o útero protetor. Entrou em conflito com Freud, que prosseguiu com a teoria da libido; retirou-se da Associação.

Todos eles afundaram por causa da questão única suscitada por toda situação psicanalítica: onde e como deverá o paciente expressar a sua sexualidade natural quando esta foi libertada da repressão? Freud não aludia a essa questão nem podia sequer tolerá-la, como ficou claro mais tarde. E finalmente, porque se recusara a tratar dessa questão central, o próprio Freud criou enormes dificuldades ao postular um impulso biológico para o sofrimento e a morte.

Semelhantes problemas não podiam resolver-se teoricamente. Os exemplos de Rank, Adler, Junk e outros dissuadiam-nos de apresentar argumentos que não houvessem sido clinicamente comprovados em todos os pormenores. Eu podia estar correndo o risco de simplificar demais o complexo total dos problemas: digam aos pacientes que tenham relações sexuais, se vivem em abstinência; que se masturbem, e tudo irá bem! Era assim que os analistas tentavam interpretar – mal – a minha teoria da genitalidade. De fato, isso era precisamente o que muitos médicos e psiquiatras estavam dizendo aos seus pacientes naquele tempo. Tinham ouvido dizer que Freud afirmara ser a estase sexual a responsável pela neurose e, portanto, encorajavam os pacientes a "satisfazer-se". Procuravam resultados imediatos. Não conseguiam ver que justamente a incapacidade de experimentar satisfação é que caracteriza a neurose. O conceito de "impotência orgástica" continha a essência da questão que, embora parecesse simples, era bem complicada. A minha primeira premissa estabelecia que a satisfação genital resolve os sintomas. A experiência clínica, porém, mostrava que poucos pacientes tinham à sua disposição a energia genital necessária para experimentar satisfação genital. Assim, era necessário encontrar os pontos e os mecanismos nos quais a energia estava cravada, ou pelos quais havia sido desviada. O prazer patológico da tendência destrutiva (ou, em palavras mais simples, a maldade humana) era um desses pontos de desvio da energia genital. Um amplo trabalho teórico, rigorosamente controlado, havia sido necessário para se chegar a essa conclusão. A agressividade do paciente era mal dirigida, sobrecarregada com sentimentos de culpa, excluída da realidade e, em geral, profundamente reprimida. A teoria freudiana da tendência destrutiva biológica primária dificultava a

A FUNÇÃO DO ORGASMO

solução. Realmente, se as manifestações diárias, evidentes e encobertas, do sadismo e da brutalidade humanos eram a expressão de uma força instintiva biológica e portanto natural, havia pouca esperança para a terapia das neuroses, ou para as perspectivas culturais – tidas em alta estima e consideração. E se, de fato, os impulsos de autoaniquilação eram biológicos e imutáveis, restava apenas a perspectiva de um massacre humano mútuo. Nesse caso, as neuroses seriam manifestações biológicas. Por que, então, praticávamos a psicoterapia? Eu precisava elucidar completamente esses fatos, pois não queria ceder às especulações. Percebiam-se, disfarçadas por trás dessas contendas, emoções que impediam chegar à verdade. Por outro lado, a minha experiência clínica indicava uma direção definida para a realização de um objetivo prático: *a estase sexual é o resultado de uma perturbação da função do orgasmo. Fundamentalmente, as neuroses podem ser curadas pela eliminação da sua fonte de energia, a estase sexual.* Essa direção conduziu-me através de áreas perigosas e escondidas. A energia sexual estava cravada, escondida e disfarçada em muitos pontos e de miríades de formas. O mundo oficial banira o assunto. A técnica de pesquisa e terapia precisava ser arrancada da funesta situação em que estava mergulhada. Apenas um método psicoterapêutico dinâmico e variável poderia protegê-la contra desvios perigosos. Ao longo dos dez anos seguintes, a análise do caráter foi a técnica que ajudou a desvendar as fontes escondidas da energia genital. A sua função como método de cura era quádrupla:

1. completa investigação do comportamento humano, incluindo o ato sexual;
2. compreensão e controle do sadismo humano;
3. investigação das manifestações mais importantes da enfermidade psíquica que tem as suas raízes em períodos anteriores à fase genital da infância; era necessário deixar claro o modo como a sexualidade não genital impede a função genital;
4. investigação da causa social das perturbações genitais.

Começarei por descrever a segunda parte do trabalho.

4   DESTRUIÇÃO, AGRESSÃO E SADISMO

Na psicanálise, os termos *agressão, sadismo, destruição* e *instinto de. morte* eram usados ao acaso e tomados uns pelos outros. A agressão parecia idêntica à destruição, que, por sua vez, era o "instinto de morte dirigido contra o mundo". E o sadismo permanecia o instinto parcial primário, que começava a ser ativo em certo estágio de desenvolvimento sexual. Com base nas suas origens e intenções, tentei avaliar todas as ações humanas que se incluem sob o conceito de "ódio". No meu trabalho clínico, nunca encontrei um instinto primário correspondendo à sexualidade ou à fome. Todas as manifestações que poderiam ser interpretadas como "instinto de morte" provaram ser produtos da neurose. Assim, por exemplo, ocorria no suicídio, que era ou uma a ação inconsciente contra outra pessoa – com a qual o indivíduo se identificava –, ou ação para escapar do enorme desprazer causado por uma situação de vida extremamente difícil.

O medo do paciente à morte podia sempre ser reduzido a um medo das catástrofes e esse medo, por sua vez, podia reduzir-se a uma angústia genital. Além disso, analistas que aceitavam a teoria do instinto de morte confundiam frequentemente angústia e instinto. Foi somente oito anos mais tarde que o assunto se tornou claro para mim: *o medo da morte e de morrer equivale a uma inconsciente angústia de orgasmo, e o suposto instinto da morte, o desejo de desintegração, de inexistência é o desejo inconsciente da solução orgástica da tensão.* Em suma, não é verdade que eu houvesse "generalizado a teoria do orgasmo tão rápida e esquematicamente" como disseram.

Uma criatura viva desenvolve um impulso destrutivo quando quer destruir uma fonte de perigo. Nesse caso, a destruição ou morte do objeto é a meta biologicamente determinada. O motivo original não é o prazer da destruição. De fato a destruição serve o "instinto de vida" (emprego intencionalmente a expressão correta naquele tempo) e é uma *tentativa de evitar a angústia e de preservar o ego na sua totalidade. Destruo uma situação perigosa porque quero viver e não ter nenhuma angústia.* Em suma, o impulso de destruição serve a um desejo biológico primário de viver. Como tal, não tem conotação sexual. O seu objetivo não é o prazer – embora o libertar-se do desprazer seja uma experiência semelhante ao prazer.

Tudo isso é importante para muitos conceitos básicos da economia sexual, que negam o caráter biológico primário da tendência destrutiva. Um animal não mata outro animal porque sente prazer em matar. Isso seria um assassínio sádico em nome do prazer. Mata porque tem fome ou porque sente a sua vida ameaçada. Assim, também aqui, a destruição serve ao "instinto de vida". O que é exatamente o "instinto de vida" ainda não sabemos.

A FUNÇÃO DO ORGASMO

Agressão, no sentido estrito da palavra, não tem nada que ver com sadismo ou com destruição. A palavra significa "aproximação". *Toda manifestação positiva da vida é agressiva a* : o ato do prazer sexual assim como o ato de ódio destrutivo, o ato sádico assim como o ato de procurar alimento. Agressão é a expressão de vida da musculatura e do sistema de movimento. A avaliação da agressão tem enorme importância para a educação das crianças. Grande parte da inibição da agressão que as nossas crianças têm de suportar, em seu próprio detrimento, é o resultado da identificação de "agressivo" com "mau" ou com "sexual". Agressão é sempre uma tentativa de prover os meios para a satisfação de uma necessidade vital. Assim, a agressão não é um instinto, no sentido escrito da palavra: consiste mais no meio indispensável de satisfação de todo impulso instintivo. Este último é essencialmente agressivo porque a tensão exige satisfação. Consequentemente há uma agressividade destrutiva, uma sádica, uma locomotora e uma sexual.

Se a sexualidade agressiva consiste em uma satisfação negada, a necessidade satisfazê-la a despeito da negação continua a se fazer sentir. De fato, surge o impulso de experimentar o prazer desejado *a qualquer preço*. A necessidade de agressão começa a suprimir a necessidade de amar. Se o objetivo do prazer é completamente eliminado, i.e., tornado inconscientemente impregnado de angústia, então a agressão, que originalmente era apenas um meio, se torna – em si mesma – uma ação relaxadora da tensão. Torna-se agradável como uma expressão de vida, dando assim origem ao sadismo. O ódio se desenvolve como resultado da exclusão do objetivo original do amor. E o ódio é mais intenso quando o ato de amar ou de ser amado é bloqueado. Isso é o que transforma a intenção destruidora sexualmente motivada na ação agressiva. Um exemplo seria o assassínio sexual. O seu pré-requisito é o completo bloqueio da capacidade de sentir o prazer genital de forma natural. Assim, a perversão denominada "sadismo" é uma mistura de impulsos sexuais primários e de impulsos destrutivos secundários. Não existe em nenhum outro lugar do reino animal – e é uma característica do homem, adquirida em um período tardio do seu desenvolvimento; um impulso secundário.

Toda ação destrutiva aparentemente arbitrária é uma reação do organismo à frustração da satisfação de uma necessidade vital, especialmente de uma necessidade sexual.

Entre 1924 e 1927, embora essas relações se tornassem claras para mim nas suas características básicas, continuei todavia a usar o termo

134

O DESENVOLVIMENTO DA TÉCNICA DE ANÁLISE DO CARÁTER

instinto de morte nas minhas publicações para não ter que "fugir das fileiras". No meu trabalho clínico, rejeitei o instinto de morte. Não discuti a sua interpretação biológica porque não tinha nada que dizer a respeito. Na prática diária, ele sempre aparecia como um impulso destrutivo. Entretanto, eu já estabelecera a relação de dependência do impulso destrutivo à estase sexual, inicialmente segundo a sua intensidade. Deixei aberta a questão da natureza biológica da tendência destrutiva. Era também necessário ser prudente, em vista da escassez de fatos. O que já estava claro, entretanto, é que toda supressão dos impulsos sexuais provoca ódio, agressividade não dirigida (i.e., inquietação motora sem um objetivo racional), e tendências destrutivas. Numerosos exemplos da experiência clínica, da vida diária e do reino animal vêm imediatamente ao espírito.

Era impossível desprezar a redução dos impulsos de ódio nos pacientes que haviam adquirido a capacidade de obter prazer sexual natural. Toda conversão de uma neurose compulsiva em histeria era acompanhada de uma redução de ódio. Perversões ou fantasias sadísticas no ato sexual diminuíam na medida em que a satisfação aumentava. Essas observações nos permitem entender o aumento dos conflitos conjugais quando a atração sexual e a satisfação diminuem; permitem-nos também entender o desaparecimento da brutalidade conjugal quando aparece outro companheiro de satisfação. Investiguei o comportamento dos animais selvagens e verifiquei que são inofensivos quando bem alimentados e sexualmente satisfeitos. Os touros só são selvagens e perigosos quando levados para junto da vaca; não, porém, quando levados de volta. Cães acorrentados são muito perigosos porque a sua atividade motora e a sua satisfação sexual são impedidas. Acabei por entender os traços brutais de caráter que se manifestam em condições de insatisfação sexual crônica. Pude observar este fenômeno em solteironas malevolentes e em moralistas ascéticos. Em compensação, pessoas capazes de obter satisfação sexual são visivelmente amáveis e boas. Uma pessoa capaz de sentir a satisfação sexual nunca é sádica. Se uma dessas pessoas se tornasse sádica, se poderia presumir com segurança que uma perturbação súbita havia impedido a satisfação habitual. Isso também se observou no comportamento de mulheres que estavam na menopausa. Há mulheres que, na idade crítica, não apresentam traços de maldade ou ódio irracional, e outras que desenvolvem características de ódio na medida em que ainda não as haviam desenvolvido. Não pode haver dúvidas de que a diferença no comportamento se deve à sua

A FUNÇÃO DO ORGASMO

experiência genital anterior. O segundo tipo se constitui de mulheres que nunca tiveram uma relação amorosa satisfatória e lamentam agora essa falha, sentindo consciente ou inconscientemente as consequências da estase sexual. Cheias de ódio e de inveja, tornam-se os mais violentos oponentes de qualquer forma de progresso. Assim fica bem claro que o prazer sádico da destruição tão evidente nos nossos dias, se pode reduzir à inibição geral da sexualidade natural.

Importante fonte de excitação genital havia sido revelada: pela eliminação da agressividade destrutiva e do sadismo, a energia pode ser liberada e transferida para o genital. Logo se constatou que a potência orgástica é incompatível com fortes impulsos destrutivos ou sadísticos. Não se pode querer satisfazer genitalmente o companheiro e simultaneamente querer destruir o companheiro. Assim, não havia razão para falar em "sexualidade masculina sadística e feminina masoquística". Nem havia razão para o argumento de que fantasia de violação era um aspecto da sexualidade normal. Nesses assuntos os psicanalistas não conseguiam, simplesmente, pensar além da presente estrutura sexual do homem.

Frustradas, as energias genitais se tornam destruidoras. Justamente por isso é que essa tendência destrutiva desaparece com a satisfação genital. A teoria da origem biológica do sadismo e da tendência destrutiva era clinicamente insustentável e, de um ponto de vista cultural, sem esperança. Mas mesmo essa compreensão ainda estava longe de uma solução conclusiva do problema. Não era suficiente atingir o objetivo terapêutico da potência orgástica. A energia destrutiva estava também cravada em muitos pontos, e de miríades de formas. Na maioria dos casos, coincidia com a repressão. Assim, quanto à técnica, era necessário encontrar os mecanismos que inibiam as reações de ódio a fim de liberar a energia encravada. E, nisto, a couraça de caráter, sob a forma de *bloqueio afetivo*, tornou-se o campo mais fértil de pesquisa.

O desenvolvimento da análise sistemática das resistências em análise do caráter só ocorreu depois de 1926. Até então, eu havia concentrado o nosso trabalho, no seminário técnico, no estudo das resistências latentes e das perturbações pré-genitais no processo neurótico. Os pacientes demonstravam um comportamento típico quando a energia sexual liberada excitava o sistema genital. A maior parte dos pacientes reagia a um aumento de excitação refugiando-se em atitudes não genitais. Era como se a energia sexual oscilasse de um lado para

136

O DESENVOLVIMENTO DA TÉCNICA DE ANÁLISE DO CARÁTER

outro entre as zonas genitais e pré-genitais de excitação. Chamei a esse fenômeno *oscilação* de excitação.

Em 1925-26, tratei uma mulher jovem, americana, que vinha sofrendo de grave asma brônquica desde a mais tenra infância. Toda situação de excitação sexual produzia uma crise. As crises apareciam sempre que ia ter relações sexuais com o marido, ou quando namoriscava alguém e começava a ficar excitada. Nessas ocasiões, sofria de dispneia aguda, da qual só melhorava com o uso de drogas antiespasmódicas. A vagina era hipestésica. A garganta, pelo contrário, hipersensível. Inconscientemente, sofria de fortes impulsos – dirigidos à mãe – de morder e de sugar. Tinha uma sensação de asfixia na garganta. A fantasia de um pênis transpassado na garganta manifestava-se claramente nos seus sonhos e ações. Quando as fantasias se tornaram conscientes, a asma desapareceu pela primeira vez. Mas foi substituída por excitações intestinais vagotônicas agudas em forma de diarreia. Esta alternava com uma constipação simpaticotônica. A garganta estava livre, enquanto o abdômen estava superexcitado. A fantasia do pênis na garganta cedeu lugar à fantasia de "ter um bebê no estômago, e de ter que vomitá-lo fora". Com a diarreia, a perturbação genital piorou. Deixou de ter qualquer sensação na vagina e rejeitou completamente o ato sexual. Temia uma crise de diarreia durante a cópula. Quando se aliviaram os sintomas abdominais, apareceram pela primeira vez excitações vaginais pré-orgásticas. Entretanto, não iam além de um certo ponto. A cada aumento de excitação, a paciente reagia com angústia ou com uma crise de asma. Por algum tempo, a asma reapareceu na sua forma original, acompanhada de excitações orais e de fantasias, como se estas nunca houvessem sido tratadas. A cada recaída, manifestava-se novamente, enquanto a excitação se aproximava cada vez mais do sistema genital. Cada vez a paciente era mais capaz de suportar excitações vaginais. Os intervalos entre as recaídas se tornaram mais longos. Isso continuou por vários meses. A asma desaparecia com cada progresso em direção à excitação vaginal, e reaparecia com cada deslocamento da excitação para os órgãos respiratórios. A oscilação da excitação sexual entre a garganta e a região pélvica era acompanhada das correspondentes fantasias da sexualidade oral e genital infantis. Quando a excitação era "em cima", ela se tornava petulante e depressiva. Quando se concentrava no genital, tornava-se feminina e desejava o homem. A angústia genital que a levava a "fugir" todas as vezes apareceu inicialmente como um medo de ser ferida no ato sexual. Depois que esse medo foi superado, foi tomada pela angústia de que se desintegraria ou estouraria por causa da excitação. Pouco a pouco, a paciente se acostumou à excitação vaginal e finalmente experimentou o orgasmo. Desta vez, não houve espasmo na garganta e, consequentemente, não houve asma. Esta desapareceu completamente. Permaneci em contato com a paciente por vários anos. Tive notícias dela, pela última vez, em 1932 e ainda estava muito bem.

Este caso foi uma nova confirmação da minha ideia da função terapêutica do orgasmo e revelou importantes processos adicionais. Entendi então que as excitações e formas de satisfação não genitais são conservadas por medo às intensas sensações orgásticas nos genitais, pois as formas não genitais proporcionam um grau de excitação muito menor. Aqui está, portanto, importante chave para o problema da angústia do instinto.

A inibição da excitação sexual produz uma contradição que se torna cada vez pior. *A inibição aumenta a estase de excitação; a estase aumentada enfraquece a capacidade do organismo de reduzir a estase. Em consequência, o organismo adquire um medo da excitação; em outras palavras, angústia sexual.* Por isso, a angústia sexual é causada por uma frustração externa da satisfação do instinto e é internamente ancorada pelo medo da excitação sexual represada. Isso leva à *angústia de orgasmo*, que é o medo do ego à excitação excessivamente poderosa do sistema genital; deve-se ao seu desconhecimento da experiência do prazer. *A angústia de orgasmo constitui o cerne da universal e biologicamente ancorada angústia de prazer.* Expressa-se habitualmente como uma angústia geral a respeito de todas as formas de sensação e excitação vegetativa, ou da percepção de tais excitações e sensações. O prazer de viver e o prazer do orgasmo são idênticos. Uma extrema angústia de orgasmo forma a base do medo generalizado à vida.

As formas visíveis e os mecanismos da angústia de orgasmo são vários. Comum a todas as formas é o medo da excitação genital orgástica, excessivamente poderosa. Há vários mecanismos de inibição. Levei bem oito anos para investigá-los completamente. Até 1926, eram conhecidos somente alguns mecanismos típicos. As pacientes ofereciam melhores possibilidades para o seu estudo. Nos homens a sensação da ejaculação esconde frequentemente a angústia de orgasmo. Nas mulheres, a angústia de orgasmo aparece na sua forma pura. As suas mais frequentes angústias são de sujar-se durante a excitação, de deixar escapar um flato, ou de urinar involuntariamente. A intensidade da inibição e, consequentemente, da angústia de orgasmo depende da tenacidade com que as ideias e fantasias não genitais absorvem a energia genital. Quando inibida, a excitação orgástica é experimentada como um aniquilamento físico. As mulheres temem cair sob "o poder do homem", temem ser feridas ou internamente dilaceradas por ele. Assim, na fantasia, a vagina se transforma em um órgão que morde, e a intenção disso é remover a ameaça do pênis. Todos os espasmos da vagina se desenvolvem nesse sentido. Se o espasmo aparece antes do ato sexual, significa que se nega à entrada do pênis. Se aparece durante o ato, significa que há um desejo inconsciente de reter ou de morder o pênis. Se há fortes impulsos destrutivos, o organismo teme entregar-se inteiramente à experiência por medo de que possa irromper uma raiva destrutiva.

As mulheres reagem de formas diferentes à angústia de orgasmo. A maior parte delas conserva o corpo imóvel, sempre meio conscientes da atividade sexual. Outras movem o corpo de maneira muito exagerada, porque o movimento delicado produz uma excitação muito grande. As pernas se conservam juntas. A região pélvica é puxada para trás. Como forma de inibir a sensação orgástica, sempre prendem a respiração. Muito estranhamente, não percebi isso até 1935.

Uma paciente que tinha fantasias masoquísticas de apanhar era torturada pela fantasia inconsciente de que se sujaria de excremento durante a excitação. Aos quatro anos de idade, havia desenvolvido a fantasia masturbatória de que a sua cama estava equipada com um mecanismo que eliminava automaticamente a sujeira. Conservar-se imóvel durante o ato sexual por medo de sujar-se é um sintoma comum de inibição.

A angústia de orgasmo é frequentemente experimentada como medo da morte, ou medo de morrer. Se o paciente sofre de um medo hipocondríaco de catástrofe, então toda excitação forte é bloqueada. A perda da consciência, durante a experiência sexual, em vez de ser agradável é cheia de angústia. Assim, é necessário "não perder a cabeça": é necessário estar constantemente "em guarda". É necessário "estar alerta". Essa atitude de vigilância expressa-se na fronte e nas pálpebras.

Toda forma de neurose tem uma perturbação genital correspondente. A histeria nas mulheres caracteriza-se por uma perturbação localizada de excitação vaginal, junto com uma hipersexualidade geral. A abstinência causada pela angústia genital é uma perturbação genital típica da histeria.

Os homens histéricos ou são incapazes de experimentar uma ereção durante o ato sexual, ou sofrem de ejaculações prematuras. As neuroses compulsivas caracterizam-se por uma abstinência ascética,

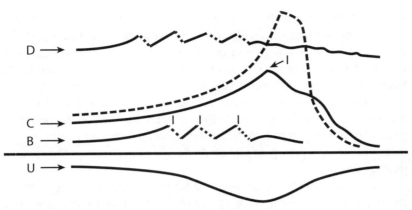

A = Desprazer e aversão marcados pela completa ausência de sensação no ato sexual
B = Hiperstesia genital, prazer pré-orgásticos secundário, inibição intermitente (I) marcada pela "morte emocional"
C = Excitação pré-orgástica normal dos genitais, diminuição da excitação sem orgasmo: impotência orgástica isolada
D = Perturbação do orgasmo na ninfomania e na satiríase: excitação pré-orgástica intensa; não diminuição da excitação no orgasmo
I = Inibição
- - - - - Curva do orgasmo normal.

Diagrama que mostra as perturbações genitais típicas em ambos os sexos.

rígida e bem racionalizada. As mulheres são frias e geralmente incapazes de excitar-se, enquanto os homens compulsivamente neuróticos são, muitas vezes, eretivamente potentes, mas nunca orgasticamente potentes. Do grupo das neurastenias, eu podia separar uma forma crônica que se caracteriza pela espermatorreia e uma estrutura pré-genital. Aqui, o pênis perde completamente a sua função como órgão penetrante, capaz de obter prazer. Representa um seio que se oferece a uma criança, ou fezes que se expelem, etc.

Um quarto grupo se compõe de homens que, por medo à mulher e para afastar fantasias homossexuais inconscientes, são eretivamente superpotentes. Precisam demonstrar constantemente a si mesmos que são potentes, usando do pênis como de um objeto penetrante, acompanhado de fantasias sádicas. São homens fálico-narcisistas, sempre presentes entre os oficiais do tipo prussiano, os conquistadores

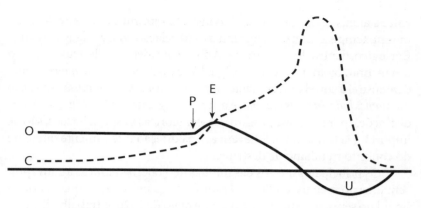

O = Superexcitação do pênis
P = Penetração do pênis
E = Ejaculação
U = Desprazer que se segue à ejaculação
C = Curva do orgasmo normal

Diagrama que mostra a curva de excitação no caso da ejaculação prematura.

baratos e os tipos compulsivamente autoconfiantes. Todos eles têm sérias perturbações orgásticas. O ato sexual é apenas uma evacuação, seguida de uma reação de desgosto. Esses homens não amam a mulher – servem-se dela. Entre as mulheres, o seu comportamento sexual cria profunda aversão ao ato sexual.

Apresentei uma parte dessas descobertas, no Congresso de Hamburgo em 1925, com o título de "Sobre a Neurastenia Hipocondríaca Crônica". Especificamente, a minha apresentação dizia respeito ao que chamei "astenia genital". Essa se desenvolve quando a excitação genital ocorre com ideias de natureza pré-genital, mas não genital. Incluí uma segunda parte do tema, sob o título "Fontes da Angústia Neurótica". Este ensaio foi publicado no volume oferecido a Freud em comemoração ao seu septuagésimo aniversário, em maio de 1926. Discuti aí as diferenças entre a angústia que se desenvolve a partir da agressão reprimida, a angústia que se desenvolve a partir da consciência, e a angústia causada pela estase sexual. O sentimento de culpa tem origem na angústia sexual, indiretamente, por meio da agressão destrutiva intensificada. Em suma, assinalei o papel desempenhado pela tendência destrutiva no desenvolvimento da angústia. Seis meses mais tarde, Freud demonstrou a relação entre a angústia de consciência e o instinto reprimido de destruição; ao mesmo tempo, entretanto, diminuía a sua relação com a angústia sexual. Era lógico, dentro do seu sistema. Afinal, considerava a destruição como um instinto biológico primário, igual à sexualidade. Nesse meio tempo, demonstrei a correlação existente entre a *intensidade do impulso destrutivo e a intensidade da estase sexual*, e distingui "agressão" e "destruição". Essas distinções, por mais que possam parecer teóricas e especializadas, são de importância fundamental. Levam a uma direção inteiramente diferente do conceito freudiano de destruição.

Os principais aspectos das minhas descobertas clínicas foram apresentados no meu livro *Die Funktion des Orgasmus*. Dei o manuscrito a Freud no seu apartamento, no dia 6 de maio de 1926; o trabalho lhe fora dedicado. Pareceu meio aborrecido ao ler o título. Olhou o manuscrito, hesitou por um momento e disse como se estivesse agitado: "– Tão grosso?" Não me senti muito à vontade. A sua reação não fora racional. Era muito polido e normalmente não teria feito uma observação tão cortante. Antes, Freud costumava ler todo manuscrito em poucos dias, fazendo então seu comentário por escrito. Agora, mais de dois meses se passaram, antes que eu recebesse a sua carta. Dizia o seguinte:

> "Caro Doutor: Levei muito tempo, mas afinal li o manuscrito que me dedicou em comemoração ao meu aniversário. Achei o trabalho valioso, rico em material clínico e em ideias. Sabe que definitivamente não me oponho à sua tentativa de uma solução que reduza a neurastenia a uma ausência de primazia genital..."

A respeito de um trabalho anterior sobre o problema da neurastenia, Freud me havia escrito:

> "Sei há bastante tempo que o meu postulado e a minha ideia sobre as neuroses atuais eram superficiais e pedem correções, pormenorizadas. Esperava-se que fossem esclarecidas por investigações posteriores inteligentes. Os seus esforços dão-me a impressão de que está entrando em um caminho novo e cheio de esperança... Não sei se a sua hipótese realmente resolve o problema. Tinha, e ainda tenho, certas dúvidas a respeito. Você mesmo não consegue explicar alguns dos sintomas mais característicos, e *toda a sua ideia do deslocamento da libido genital ainda não está muito boa para mim*. Entretanto, espero que continue a estudar o problema e chegue, finalmente, a uma solução satisfatória..."[8]

---

[8] Os Itálicos são de Reich.

O DESENVOLVIMENTO DA TÉCNICA DE ANÁLISE DO CARÁTER

Isso era o que Freud tinha a dizer sobre uma solução parcial do problema da neurastenia em 1925, e sobre uma apresentação pormenorizada do problema do orgasmo e do papel da estase sexual somática na neurose. A frieza da sua atitude é evidente. A princípio, não a entendi. Por que rejeitou Freud a solução contida na "teoria do orgasmo", que havia sido entusiasticamente acolhida pela maior parte dos analistas jovens? Não tive ideia de que ele e os outros estavam embaraçados pelas consequências que a minha teoria acarretava para toda a teoria das neuroses.

No seu septuagésimo aniversário, Freud nos disse que não devíamos confiar no mundo: aplausos não significavam nada. A psicanálise estava sendo aceita apenas para poder ser mais facilmente destruída. O que ele queria realmente dizer era "teoria da sexualidade". Mas era precisamente para a consolidação da teoria da sexualidade que eu fizera uma contribuição decisiva – e Freud a rejeitava. Por isso, decidi reter o manuscrito, o *Orgasmus*, durante alguns meses e refletir a respeito dele. Não procurei os impressores se não em janeiro de 1927.

Em dezembro de 1926 fiz, para o círculo íntimo de Freud, uma palestra sobre a técnica de análise do caráter. Concentrei a minha apresentação no seguinte problema: se, em presença de uma atitude negativa latente, o analista deveria interpretar os desejos incestuosos do paciente ou se seria melhor esperar até que a desconfiança do paciente fosse eliminada. Freud interrompeu-me: "Porque é que você não interpreta o objeto da análise na sequência em que ele surge? Claro que é necessário analisar e interpretar os sonhos de incesto logo que apareçem!" Não esperava por isso; continuei a dar uma explicação precisa e minuciosa do meu ponto de vista. O assunto todo era estranho para Freud. Não entendeu por que o analista não devia interpretar o material na sequência em que aparecia. Isso contradizia opiniões por ele expressas anteriormente, em conversas particulares sobre técnica. O ambiente da reunião não estava bom. Os meus oponentes no seminário alegravam-se, e tinham pena de mim. Não perdi a calma.

A partir de 1926, os problemas da "teoria da terapia" tiveram prioridade. O relatório oficial da clínica psicanalítica para o período de 1922-32 foi redigido da seguinte forma:

"As causas dos sucessos e fracassos psicanalíticos, os critérios de cura, a tentativa de chegar a uma tipologia de formas de enfermidade em termos das suas resistências e possibilidades de cura, os problemas da

A FUNÇÃO DO ORGASMO

análise de caráter, as resistências de caráter, as *resistências narcisistas* e os *bloqueios afetivos* foram sempre submetidos a uma investigação teórica e clínica, baseada em casos concretos. Parcialmente relacionados com essa investigação, publicamos numerosos artigos a respeito dos problemas de técnica".

A reputação do nosso seminário cresceu. O caminho que eu estava seguindo oferecia inúmeros assuntos de investigação, que apontei sem quaisquer títulos de prioridade. Levei a sério o trabalho coletivo. Bastava-me haver feito progressos em um campo central de pesquisa.

Nos anos seguintes, numerosos estudantes ambiciosos que haviam participado do seminário levantaram injustificadas pretensões de originalidade. Não havia motivo para dar qualquer atenção a essas pretensões. De maneira geral, os que trabalhavam no campo da psicanálise conheciam a origem das ideias básicas. Dos vinte estudantes, aproximadamente, que eram membros do seminário de Viena, nenhum deles continuou no caminho da análise de caráter.

Freud admitiu, por carta, a originalidade do meu trabalho, em contraste com o que era o "conhecimento comum", mas esse conhecimento comum era insuficiente para a instrução no trabalho prático. Eu afirmava estar apenas aplicando coerentemente os princípios analíticos ao caráter. Não sabia que estava interpretando a teoria de Freud de uma forma que ele logo rejeitaria. Ainda não tinha nenhum pressentimento da incompatibilidade entre a teoria do orgasmo e a posterior teoria psicanalítica das neuroses.

5 O CARÁTER GENITAL E O CARÁTER NEURÓTICO. O PRINCÍPIO DE AUTORREGULAGEM

Eu não podia, então, transformar as minhas intuições a respeito das ancoragens fisiológicas dos fenômenos psíquicos em valor prático, ou teórico. Eram apenas isso, então: intuições. Por isso trabalhei no desenvolvimento da minha técnica de análise do caráter. Clinicamente, a teoria do orgasmo foi suficientemente comprovada para poder dar um fundamento sólido a essa técnica.

O meu livro *Character Analysis* não foi publicado antes de abril de 1933. Em 1928, foi publicado no jornal psicanalítico o primeiro ensaio sobre o tema, com o título de "Técnica de Interpretação e Análise das Resistências". No fim do ano, revi o ensaio e o apresentei ao seminário de técnica. Foi o primeiro dos inúmeros artigos que nos cinco anos seguintes foram compondo o mencionado livro. Deveria ser publicado pela imprensa psicanalítica. Estava justamente lendo as segundas provas tipográficas, quando a comissão executiva da Associação Psicanalítica Internacional decidiu não permitir que o livro saísse com a sua chancela. Hitler acabava de assumir o poder.

O *princípio de coerência* desenvolveu-se com base nos erros típicos da análise convencional, chamada ortodoxa. Esta seguia a regra de interpretar o material na mesma sequência em que o paciente o oferecia, sem considerar a estratificação e a profundidade. Sugeri que as resistências fossem tratadas sistematicamente, começando-se com a que estivesse mais próxima da superfície psíquica e tivesse particular importância imediata. A neurose devia ser combatida de uma posição segura. Toda quantidade de energia psíquica liberada pela dissolução das funções de defesa deveria reforçar as exigências instintivas inconscientes e, dessa forma, torná-las mais acessíveis. Uma remoção sistemática dos estratos da couraça do caráter deveria levar em conta a estratificação dos mecanismos neuróticos. Interpretações diretas da matéria instintiva inconsciente podiam apenas romper esse trabalho, e assim deviam ser evitadas. O paciente devia primeiro entrar em contato consigo mesmo antes de poder compreender as relações dos seus diversos mecanismos neuróticos. Enquanto a couraça funcionasse, o paciente podia, no máximo, conseguir uma compreensão intelectual da sua situação. De acordo com a experiência, isso tinha um efeito terapêutico secundário.

Uma regra adicional consistia em partir sempre da repulsa dos conteúdos sexuais, e não tentar penetrar os desejos sexuais proibidos enquanto a defesa contra eles não houvesse sido quebrada. Na análise das resistências, eu recomendava a mais estrita coerência, i.e., enfrentar o elemento de defesa que se mostrasse o mais importante e o mais suscetível de ser rompido no momento. Como todo paciente tinha uma couraça de caráter que refletia a sua história individual, a técnica de destruição da couraça tinha de ser específica para cada caso, determinada e desenvolvida passo a passo. Isso impedia uma técnica esquemática. O analista suportava a principal carga de responsabilidade pelo sucesso da terapia. Como a couraça limita o paciente, é claro que a sua inabilidade para expressar-se faz parte da enfermidade.

Não é má vontade, como pensavam muitos analistas. A solução correta do encouraçamento psíquico rígido deve levar finalmente à relaxação da angústia. Liberada a angústia estásica, têm-se todas as

A FUNÇÃO DO ORGASMO

possibilidades de estabelecer uma energia que flua livremente e, em combinação com ela, a potência genital. Só não ficou claro se a compreensão da couraça do caráter incluía também a compreensão das fontes principais de energia. Eu tinha as minhas dúvidas, e elas se justificaram. Estava certo, entretanto, de que a técnica de análise do caráter era um passo considerável à frente, na direção do controle das neuroses graves antigas. A tensão não estava mais no conteúdo das fantasias neuróticas, mas na função da energia. Como a maioria dos pacientes era incapaz de seguir a chamada regra básica da psicanálise, i.e., "dizer tudo quanto vinha à mente", deixei de insistir nisso. No seu lugar, usei como meus pontos de ataque não só o que o paciente comunicava mas tudo quanto oferecia, particularmente a maneira como fazia as suas comunicações, ou permanecia em silêncio. Mesmo em silêncio, os pacientes se revelavam, expressando algo que podia ser gradualmente esclarecido e dominado. Lado a lado com o "que" da velha teoria freudiana, coloquei o "como". Já sabia que o "como", i.e., a forma do comportamento e das comunicações, era muito mais importante do que o *que* o paciente dizia ao analista. As palavras podem mentir. A expressão nunca mente. Embora as pessoas não tenham consciência disso, a expressão é a manifestação imediata do caráter. Aprendi, com o tempo, a compreender a forma das próprias comunicações como expressões diretas do inconsciente. A necessidade de convencer e de persuadir o paciente diminuiu em importância e logo se tornou supérflua. O que quer que o paciente não entendesse espontânea e automaticamente não tinha nenhum valor terapêutico. Atitudes de caráter tinham de ser entendidas espontaneamente. A compreensão intelectual do inconsciente era substituída pela percepção imediata do paciente da sua própria expressão. Deixei de empregar a terminologia psicanalítica com os meus pacientes. Isso, por si mesmo, afastava a possibilidade de esconderem um sentimento atrás de uma palavra. O paciente não falava mais do seu ódio: sentia-o. Não podia fugir a isso, na medida em que eu removesse corretamente a couraça.

Os sujeitos narcisistas eram considerados como não indicados para o tratamento analítico, mas com a ruptura da couraça tornavam-se também acessíveis. Eu podia conseguir curar pacientes que sofriam de graves perturbações do caráter, embora fossem olhados como inacessíveis por analistas que empregavam os métodos convencionais.[9]

---

[9]   Carl M. Herold subestimou a diferença entre a análise de caráter e a técnica psicanalítica quando as descreveu como simples sutilezas técnicas, ignorando-lhes

O DESENVOLVIMENTO DA TÉCNICA DE ANÁLISE DO CARÁTER

As transferências de amor e de ódio para o analista perderam o seu caráter mais ou menos acadêmico. Uma coisa é falar sobre o erotismo anal da própria infância, ou lembrar-se de que um dia foi sentido; muito diferente é experimentá-lo durante a sessão como uma necessidade real de expelir um flato e ter, até, que ceder à necessidade. No último exemplo, não é necessário convencer, nem persuadir. Eu tinha de libertar-me afinal da atitude acadêmica diante do paciente e de dizer a mim mesmo que, como um sexólogo, havia de lidar com a sexualidade da mesma forma que um médico lida com os órgãos do corpo. O método levou-me a descobrir o sério obstáculo acarretado ao trabalho analítico pela regra, sustentada pela maior parte dos analistas, de que o paciente deve viver em abstinência durante o tratamento. Se assim fosse, como poderiam as perturbações genitais ser entendidas e eliminadas?

Não menciono aqui esses pormenores técnicos, amplamente discutidos no meu livro *Character Analysis*, por razões concernentes à técnica. Desejo apenas descrever a reavaliação da minha atitude básica, que me permitiu descobrir, formular e tornar aplicável ao meu trabalho posterior o *princípio da autorregulagem sexual*.

Muitas regras psicanalíticas tinham um caráter inerente e forte de tabu, que apenas reforçava os tabus neuróticos do paciente no campo sexual. Assim, por exemplo, a regra era que o analista não devia ser visto – mas deveria permanecer, por assim dizer, como uma folha branca de papel, na qual o paciente inscreveria as suas transferências. Esse procedimento não eliminava, antes reforçava, o sentimento do paciente,

---

a natureza teórica fundamental ("A Controversy about Technique", in *The Psychoanalytic Quarterly*, vol. VIII, 1939, n. 2). Entretanto, o seguinte argumento está certo. "Frequentemente, ouvimos neste ponto da controvérsia a objeção de que tudo isto, não é novo e é praticado por todo bom analista. Isso é um modo muito elegante de sugerir com modéstia que se é um analista bom; não explica, porém, a razão pela qual esses analistas realmente bons não se preocupam em explicar os fatos com clareza, especialmente porque deviam saber que, entre os analistas jovens, há um desejo vivo de conhecer essas informações técnicas. Desejo que deve ter sido realmente muito forte, a julgar pela avidez com que o livro e as ideias de Reich foram absorvidos pelos jovens analistas alemães. Eles haviam sido abarrotados com teorias complicadas, mas receberam muito poucas sugestões sobre como deveriam empregá-las na prática. Reich ofereceu um resumo dos aspectos teóricos da situação prática na qual um analista jovem se encontra, não suficientemente elaborada, talvez, para incluir todos os intrincados pormenores, mas bastante simples para ser imediatamente empregada no trabalho prático."

A FUNÇÃO DO ORGASMO

de estar lidando com um ser "invisível", inatingível e sobre-humano, i.e., em termos de um modo de pensar infantil, com um ser assexuado. Assim, como podia o paciente superar a timidez que se encontrava na raiz da sua enfermidade? Tratado dessa forma, tudo o que pertencia à sexualidade permanecia como diabólico e proibido, como algo que devia ser "condenado" ou "sublimado", a qualquer preço. Era proibido ver o analista como um ser sexuado. Assim, como podia o paciente ousar expressar a sua crítica humana? Apesar de tudo, os pacientes tinham meios de conhecer bem os analistas. Mas com essa espécie de técnica, raramente diziam o que sabiam. Comigo, entretanto, aprendiam depressa a superar qualquer reserva quanto a criticar-me. Outra regra era que o paciente só devia "lembrar", mas nunca "fazer" algo. Concordei com Ferenczi em rejeitar esse método. Não havia dúvidas de que se devia "permitir" ao paciente "fazer" também. Ferenczi teve dificuldades com a Associação porque, com grande intuição, permitia que os pacientes brincassem como crianças. Tentei todos os meios concebíveis para libertar os meus pacientes da sua obstinação de caráter. A minha intenção era conseguir que me considerassem como um ser humano, e não que me temessem como a uma autoridade. Isso fazia parte do segredo dos meus sucessos, que eram geralmente reconhecidos. Outro aspecto do segredo era que eu empregava todos os meios disponíveis, apropriados ao trabalho médico, para libertar os meus pacientes das inibições genitais. Não considerava curado nenhum paciente que não pudesse, pelo menos, masturbar-se livre de sentimentos de culpa. Atribuía a maior importância à supervisão da vida sexual genital do paciente, durante o tratamento. (Espero que se entenda que isso não tem nada que ver com a teoria de masturbação praticada por alguns analistas.) Foi precisamente seguindo esse caminho que aprendi primeiro a distinguir da atitude genital natural e genitalidade fingida. Pouco a pouco, em longos anos de trabalho, foram-se tornando claros para mim os traços do "caráter genital", que distingui mais tarde, dos traços do "caráter neurótico".

Superei a minha reserva em relação às ações do paciente e descobri um mundo inesperado. Na base do mecanismo neurótico, por trás de todas as fantasias e de todos os impulsos perigosos, ridículos e irracionais, descobri um cerne simples, decente e evidente. Encontrei-o em todos os casos, sem exceção, nos quais consegui penetrar a uma profundidade suficiente. Isso me deu coragem. Soltei cada vez mais as rédeas aos pacientes, e não me arrependi. Na verdade, houve situações perigosas, aqui e ali. O fato, entretanto, fala por si: por mais

O DESENVOLVIMENTO DA TÉCNICA DE ANÁLISE DO CARÁTER

ampla e multiforme que a minha prática tenha sido, não tive um só caso de suicídio. Foi só muito mais tarde que cheguei a entender os casos de suicídio que ocorriam durante o tratamento. Os pacientes cometiam suicídio quando a sua energia sexual fora excitada mas era impedida de conseguir uma descarga adequada. O medo universal aos "maus" instintos tem exercido um efeito seriamente prejudicial no trabalho da terapia psicanalítica. *Os psicanalistas aceitavam, sem questioná-la, a antítese absoluta entre natureza (instinto, sexualidade) e cultura (moralidade, trabalho e dever) e chegaram à conclusão de que "a sobrevivência dos impulsos" está em desacordo com a cura. Levei muito tempo para superar o meu medo a esses impulsos. Era claro que os impulsos antissociais que enchem o inconsciente são viciosos e perigosos apenas enquanto está bloqueada a descarga de energia biológica por meio da sexualidade.* Se este é o caso, há apenas, basicamente, três saídas patológicas: impulsividade autodestrutiva desenfreada (vício, alcoolismo, crime causado por sentimentos de culpa, impulsividade psicopática, assassínio sexual, violação de crianças, etc.); neuroses de caráter por inibição dos instintos (neurose compulsiva, histeria de angústia, histeria de conversão); e psicoses funcionais (esquizofrenia, paranoia, melancolia ou insanidade maníaco-depressiva). Estou omitindo os mecanismos neuróticos operantes na política, na guerra, no casamento, na educação das crianças, etc., todos eles consequências da falta de satisfação genital de milhões de pessoas.

Com a capacidade de experimentar completa entrega genital, a personalidade do paciente passava por uma mudança tão completa e rápida que, inicialmente, fiquei confuso. Não entendia como é que o tenaz processo neurótico podia ceder tão rapidamente. Não desapareciam apenas os sintomas de angústia neurótica: mudava toda a personalidade do paciente. Eu não conseguia explicá-lo teoricamente. Interpretei o desaparecimento dos sintomas como o retraimento da energia sexual que os havia alimentado antes. Mas a própria mudança do caráter frustrava o entendimento clínico. O caráter genital parecia funcionar segundo leis diferentes, até então desconhecidas. Quero citar alguns exemplos, a título de ilustração.

Com muita espontaneidade, os pacientes começaram a experimentar as atitudes moralistas do mundo ao seu redor como algo estranho e esquisito. Por mais tenazmente que houvessem defendido antes a castidade pré-matrimonial, agora sentiam a exigência como grotesca. Semelhantes exigências não tinham mais nenhuma relevância para eles;

149

passavam a ser indiferentes. A atitude em relação ao trabalho mudou. Se, até então, haviam trabalhado mecanicamente, sem demonstrar nenhum interesse real, considerando trabalho como um mal necessário que uma pessoa assume sem pensar muito, agora se tornavam judiciosos. Se as perturbações neuróticas os haviam impedido antes de trabalhar, agora eram impelidos por uma necessidade de entregar-se a algum trabalho prático, pelo qual pudessem ter um interesse pessoal. Se o trabalho realizado era capaz de absorver os seus interesses, floresciam. Se, porém, era de natureza mecânica, como o do empregado de escritório, o do homem de negócios ou o do funcionário medíocre, então se tornava um peso quase intolerável. Nesses casos, sofri para vencer as dificuldades que surgiram. O mundo não estava sintonizado com o aspecto humano do trabalho. Professores, que haviam sido liberais embora não analisassem na essência os métodos educacionais, começaram a sentir crescente má vontade e intolerância para com a maneira habitual de lidar com as crianças. Em suma, a sublimação das forças instintivas no trabalho de cada um assumiu formas diferentes de acordo com a natureza do trabalho e as condições sociais. Pouco a pouco, fui-me tornando capaz de distinguir duas tendências: (1) crescente concentração em uma atividade social à qual o sujeito se entregava inteiramente; (2) veemente protesto do organismo psíquico contra o trabalho mecânico, estultificante.

Em outros casos, houve completo abandono do trabalho quando o paciente se tornou capaz de obter a satisfação genital. Isso parecia confirmar as advertências mal-intencionadas do mundo, de que sexualidade deixou de ser alarmante. Ficou claro que os últimos eram pacientes que, até então, haviam realizado o seu trabalho com base em um senso compulsivo do dever, à custa dos desejos íntimos a que haviam renunciado; desejos que não eram absolutamente antissociais, muito pelo contrário. Uma pessoa que se sentisse mais capacitada para ser um escritor e se empregasse em um escritório de advogado, precisaria reunir toda a sua energia para dominar a sua revolta e suprimir os seus impulsos sãos. Assim, aprendi o importante princípio de que nem tudo o que é inconsciente é antissocial, e de que nem tudo o que é consciente é social. Pelo contrário, há atributos e impulsos altamente louváveis, e mesmo culturalmente valiosos, que precisam ser reprimidos em função de considerações materiais; assim também, há atividades flagrantemente antissociais que são recompensadas socialmente com fama e honra. Os pacientes mais difíceis eram os que estavam estudando para o sacerdócio.

O DESENVOLVIMENTO DA TÉCNICA DE ANÁLISE DO CARÁTER

Inevitavelmente, havia profundo conflito entre a sexualidade e a prática da sua profissão. Resolvi não aceitar mais sacerdotes como pacientes.

A mudança na esfera sexual era igualmente manifesta. Pacientes que não tinham escrúpulos em procurar prostitutas se tornaram incapazes de procurá-las depois de se sentirem orgasticamente potentes. Esposas que haviam enfrentado pacientemente a vida com maridos que não amavam, e que se haviam submetido ao ato sexual por "obrigação conjugal", não puderam continuar a fazê-lo. Simplesmente se recusaram; estavam fartas. O que podia eu dizer contra semelhante comportamento? Estava em desacordo com todas as opiniões socialmente prescritas; por exemplo, com o sistema convencional pelo qual a mulher deve incondicionalmente satisfazer às exigências sexuais do marido enquanto durar o casamento, quer queira, quer não; quer o ame, quer não; quer esteja sexualmente excitada, quer não. O oceano de mentiras é abismal, neste mundo! Do ângulo da minha posição oficial a situação era embaraçosa quando uma mulher corretamente libertada dos seus mecanismos neuróticos, começava a fazer as suas reivindicações à vida para a satisfação das suas necessidades sexuais, sem se preocupar com a moralidade.

Depois de algumas tentativas tímidas, não me aventurei mais a levar esses fatos ao seminário ou à Associação Psicanalítica. Temia a objeção estúpida de que eu estava impondo as minhas próprias opiniões aos meus pacientes; nesse caso, teria de responder que a persuasão moralista e autoritária por meio de ideologias não estava do meu lado, mas do lado dos meus oponentes. Também não adiantaria nada querer diminuir o impacto causado por esses fatos, pelo confronto da moralidade oficial com exemplos mais aceitáveis. Podia, por exemplo, assinalar que a orgasmoterapia infundia seriedade nas mulheres, quanto ao sexo, o que lhes tornava impossível entregar-se a qualquer um. Falo de mulheres que, casadas ou não, haviam sido capazes de ceder, anteriormente, ao mais leve convite, apenas por não haverem jamais experimentado qualquer satisfação. O que quer dizer que se tornaram "morais" e desejaram um só companheiro, que as amasse e satisfizesse. Como eu disse, semelhantes exemplos não adiantariam nada. Onde o trabalho científico é mantido sob a jurisdição da moralidade, não é guiado pelos fatos – mas pelos códigos morais. O que mais irrita em tudo isso é a ostentação de "objetividade científica". Quanto mais o sujeito se encontra preso na rede das conveniências, mais afirma que é um "cientista objetivo". Uma vez, um psicanalista enviou-me para

A FUNÇÃO DO ORGASMO

tratamento uma mulher que sofria de melancolia profunda, impulsos de suicídio e angústia aguda; estipulava explicitamente, porém, que eu "não devia destruir o casamento". A paciente, como eu soube na primeira sessão, era casada havia quatro anos e o marido não a havia deflorado. Em vez disso, entregava-se a atividades corrutas, que a mulher, com a sua ingenuidade de classe média, aceitava como obrigação conjugal incondicional. E o analista havia determinado que esse casamento não devia ser destruído, em hipótese nenhuma! A paciente interrompeu o tratamento após três sessões porque sofria de angústia extremamente aguda e sentira a análise como uma situação sedutora. Eu o sabia, mas não havia nada que pudesse fazer a respeito. Poucos meses mais tarde soube que se matara. Esse tipo de "ciência objetiva" é uma das mós presas ao pescoço de uma humanidade que se está afogando.

Eu não tinha mais uma ideia clara da relação entre a estruturação psíquica e o sistema social existente. A mudança na atitude dos pacientes a respeito desse código moralista não era nem claramente negativa, nem claramente positiva. A nova estrutura psíquica parecia seguir leis que nada tinham em comum com as exigências convencionais e as opiniões da moralidade: leis que eram novas para mim, e das quais eu não suspeitara anteriormente. A imagem que essas leis ofereciam, quando tomadas em conjunto, correspondia a uma forma diferente de sociabilidade. Abarcavam os melhores princípios da moralidade oficial; por exemplo, o de que as mulheres não devem ser violadas e as crianças não devem ser seduzidas. Ao mesmo tempo, continham normas morais de comportamento que, embora estivessem claramente em desacordo com as ideias convencionais, eram socialmente impecáveis. Uma dessas atitudes, por exemplo, consistia em considerar degradante viver uma vida casta apenas por causa de pressões exteriores, ou ser fiel apenas por razões de obrigação conjugal. A atitude de achar insatisfatório e repulsivo amar um companheiro contra a sua vontade parecia inatacável, mesmo do ângulo mais estritamente moral. No entanto, era incompatível com a exigência legalmente protegida do "dever conjugal".

Contentemo-nos com esses exemplos. Esta outra forma de moralidade não era governada por um "Você deve" ou "Você não deve"; desenvolvia-se espontaneamente com base nas exigências da satisfação sexual. O sujeito se abstinha de uma ação insatisfatória não por medo, mas por que valorizava a felicidade sexual. Essas pessoas se abstinham do ato sexual, mesmo quando o desejavam, se as circunstâncias externas e internas não garantissem plena satisfação. Era como se as injunções

O DESENVOLVIMENTO DA TÉCNICA DE ANÁLISE DO CARÁTER

moralistas fossem totalmente dispensadas e substituídas por melhores e mais convincentes garantias contra o comportamento antissocial. Garantias que não eram incompatíveis com as necessidades naturais; que, de fato, se baseavam precisamente em princípios que estimulavam a alegria da vida. A contradição aguda entre "Eu quero" e "Não devo" eliminou-se e foi substituída por algo que quase de deveria chamar de *consideração vegetativa* "eu gostaria muito, realmente, mas isso teria pequena significação para mim: não me faria feliz". Era inteiramente diferente. As ações eram praticadas de acordo com um princípio de autorregulagem. Essa autorregulagem, por sua vez, trouxe consigo a luta contra um instinto que, embora inibido, se impunha constantemente. O interesse era apenas deslocado para um objetivo diferente, ou para outro objeto de amor que oferecesse menos dificuldades à satisfação. A pré-condição para esse deslocamento era que o interesse, em si mesmo natural e de natureza inerentemente social, não era nem reprimido (i.e., removido da consciência) nem moralmente condenado. Apenas se satisfazia em outro lugar e em condições diferentes.

Se um jovem se apaixonava por uma garota "intacta" de uma chamada "boa família", isso era certamente algo de natural. Se desejava possuí-la, esse impulso não era, claro, "socialmente aceitável" – mas era são. Se a garota fosse suficientemente forte e suficientemente sã para enfrentar as dificuldades internas e externas decorrentes da sua aceitação dele como amigo íntimo, tudo estaria muito bem. É verdade que o seu comportamento seria incompatível com a moralidade oficial, mas estaria inteiramente de acordo com uma conduta racional e sã. Se, porém, a garota se mostrasse fraca, apreensiva, intimamente dependente da opinião dos pais – em suma, neurótica – então a posse poderia acarretar apenas dificuldades. Se o jovem não é escravizado pela moralidade e não entende a posse como uma "violação", pode assumir uma das duas atitudes: (1) ajudar a garota a alcançar a lucidez que ele alcançou; (2) ou simplesmente se antepor ao prazer. No segundo caso, que é tão racional quanto o primeiro, ele acabaria dirigindo a sua atenção para outra garota, que não tivesse os problemas da primeira. O jovem neurótico – moralista, no antigo sentido da palavra – teria um comportamento fundamentalmente diferente, na mesma situação. Desejaria a garota e, ao mesmo tempo, se absteria da satisfação do seu desejo, criando assim uma contradição permanente. A renúncia moral dominaria o impulso até que a repressão deste último poria um fim ao conflito *consciente*, substituindo-o por um conflito inconsciente. O jovem ficaria cada vez mais emaranhado em uma situação difícil. Não apenas se absteria da possibilidade da satisfação instintiva, mas se negaria também a possibilidade de procurar outro objeto. Uma neurose para ambos resultaria necessariamente. *Permaneceria a lacuna entre a moralidade e o instinto.* Ou o instinto se expressaria de uma forma disfarçada ou corrompida. O jovem poderia, facilmente, desenvolver fantasias compulsivas de violação, impulsos de violação real, ou as características de uma dupla moralidade. Frequentaria prostitutas e correria o risco de adquirir uma doença venérea. Não haveria nenhuma possibilidade de harmonia interior. De um ângulo puramente social, o resultado não poderia ser mais desastroso, nem a "moralidade", como quer que seja, teria sido satisfeita. Há inúmeras variações deste exemplo, que se aplica tanto ao casamento como a todas as outras formas de relação sexual.

Comparemos agora *a regulagem moralista e a autorregulagem econômico-sexual.*

A moralidade funciona como obrigação. É incompatível com a satisfação natural dos instintos. A autorregulagem segue as leis naturais do prazer; não apenas é compatível com os instintos naturais: é, funcionalmente idêntica a eles. A regulagem moralista cria uma aguda e irreconciliável contradição psíquica, i.e., a moralidade contra a natureza. Intensifica assim o instinto e este, por sua vez, necessita de uma defesa moral aumentada. Impede uma circulação eficiente da energia no organismo humano. A autorregulagem elimina a energia de um desejo irrealizável, transferindo-o para um objetivo diferente, ou para outro companheiro. Alternando constantemente entre tensão e relaxação, é coerente com todas as funções naturais. A estrutura psíquica moldada pela moralidade compulsiva realiza perfunctoriamente o seu trabalho, governada por um "dever" estranho ao ego. A estrutura econômico-sexualmente regulada realiza o seu trabalho em harmonia com os interesses sexuais, alimentada por grande reserva de energia de vida. A estrutura psíquica moralista abertamente adere às rígidas leis do mundo moralista; exteriormente adapta-se a elas; e interiormente revolta-se. Uma pessoa com semelhante estrutura está constantemente à mercê de inclinações antissociais – de natureza tanto compulsiva como impulsiva. A pessoa com uma estrutura autorregulada e sã não se adapta à parte irracional do mundo; insiste na satisfação dos seus direitos naturais. Parece doente e antissocial aos moralistas neuróticos. Na realidade, é incapaz de praticar ações antissociais. Desenvolve uma autoconfiança natural, baseada na sua potência sexual. Uma estrutura

O DESENVOLVIMENTO DA TÉCNICA DE ANÁLISE DO CARÁTER

moralista caminha sempre de mãos dadas com uma potência fraca, e a pessoa é constantemente forçada a procurar compensações, i.e., a desenvolver uma autoconfiança artificial e afetada. A felicidade sexual dos outros lhes desperta o mau humor, porque se sente excitado por ela mas é incapaz de gozá-la. Essencialmente, empenha-se na relação sexual apenas para provar a sua potência. Para a pessoa que tem uma estrutura genital, a sexualidade é uma experiência de prazer, e nada mais. O trabalho é uma atividade agradável e uma realização. Para o indivíduo moralisticamente estruturado, o trabalho é um dever cansativo, ou apenas uma necessidade material.

A natureza de couraça do caráter é também diferente. A pessoa que tem uma estrutura moralista tem de desenvolver uma couraça que restringe e controla automaticamente todas as ações e funções, e independe de situações exteriores. Não pode variar as suas atitudes, mesmo que queira fazê-lo. O oficial compulsivamente moralista continua a ser o mesmo também no leito conjugal. A pessoa econômico-sexualmente regulada é capaz de fechar-se em uma situação e abrir-se em outra. Tem o controle da sua couraça, porque não precisa coibir impulsos proibidos.

Chamei "caráter neurótico" a um desses tipos, e ao outro, "caráter genital".[10] Desse ponto em diante, a tarefa terapêutica consistia na transformação do caráter neurótico em caráter genital e na substituição da regulagem moralista pela autorregulagem econômico-sexual.

Já se sabia muito bem nesse tempo que as inibições moralistas produzem neuroses. Os analistas falavam da necessidade de "quebrar o superego". Eu não conseguia convencê-los de que isso não era suficiente, e de que o problema era mais extenso e mais profundo. A regulagem moralista não pode ser destruída a menos que seja substituída por algo diferente, e melhor. Ainda mais, era precisamente esse algo diferente que os meus colegas encaravam como perigoso, errado, e "nada novo". Na realidade, temiam o "rolo compressor"; temiam uma comparação séria com o mundo atual, que classifica e avalia tudo segundo princípios moralísticos compulsivos. Eu mesmo não estava, então, muito certo a respeito das consequências sociais de longo alcance. Seguia, simplesmente, com grande determinação as pistas do meu trabalho clínico. Não se pode fugir a certo tipo de lógica, mesmo que se queira.

---

[10]   O artigo especial que escrevi sobre esses dois tipos foi publicado no jornal psicanalítico e foi bem recebido pelos psicanalistas. Em 1933, foi incorporado ao meu livro *Character Analysis*.

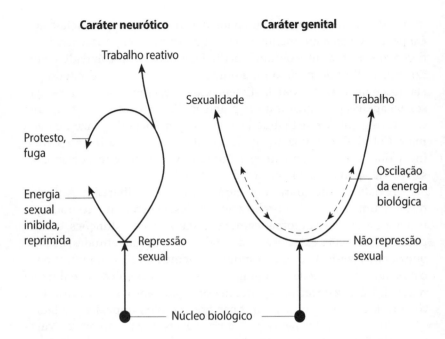

Desempenho reativo do trabalho: o trabalho é executado de modo mecânico, forçado e maçante; enfraquece os desejos sexuais e é diametralmente oposto a eles. Só pequenas quantidades de energia biológica podem ser descarregadas na sua execução. O trabalho é essencialmente desagradável. As fantasias sexuais são fortes e interrompem o trabalho. Por isso, têm de ser reprimidas, criando mecanismos neuróticos, que reduzem ainda mais a capacidade para o trabalho. A redução do rendimento de trabalho sobrecarrega todo impulso amoroso com sentimentos de culpa. A autoconfiança é enfraquecida. Isso acarreta fantasias neuróticas compensatórias de grandeza.

Desempenho econômico-sexual do trabalho: Neste caso, a energia biológica oscila entre o trabalho e a atividade sexual. Trabalho e sexualidade não são antitéticos; auxiliam-se mutuamente erigindo a autoconfiança. Os seus interesses respectivos são claros e concentrados nos seus objetos, e alimentados por um sentimento de potência e por uma capacidade de entregar-se.

Diagrama que mostra os desempenhos reativo e econômico-sexual do trabalho.

Foi somente há alguns anos que comecei a entender por que o comportamento livre e autorregulado enche as pessoas de entusiasmo e, ao mesmo tempo, as assusta. A atitude fundamentalmente modificada em relação ao mundo, em relação à própria experiência, em relação

O DESENVOLVIMENTO DA TÉCNICA DE ANÁLISE DO CARÁTER

às outras pessoas, etc., que caracteriza o caráter genital, é simples e natural. Essa atitude é evidente, mesmo para as pessoas cuja estrutura é totalmente outra. É um ideal secreto em todas as pessoas, e sempre significa a mesma coisa, ainda que se designe por um nome diferente. Ninguém negaria o valor da capacidade de amar, nem o valor da potência sexual. Ninguém ousaria postular a incapacidade para o amor, ou a impotência – que são os resultados da educação autoritária – como objetivos do empenho humano. Faz parte das atitudes naturais o ser espontaneamente social; e o ideal não é exatamente obrigar o sujeito a ser social pela supressão de impulsos criminosos. É obvio para todos que é melhor e mais são não ter um impulso de violação, logo de início, do que ter de inibi-lo moralmente. Por isso tudo, nenhum outro ponto da minha teoria pôs em perigo o meu trabalho e a minha existência tanto quanto a minha afirmação de que a autorregulagem é possível, está ao alcance da mão, e é universalmente exequível. Se, é claro, eu apenas tivesse postulado uma hipótese a respeito disso, empregando palavras doces e elegantes e frases pseudocientíficas, teria sido universalmente aplaudido. O meu trabalho médico exigia constantes aperfeiçoamentos na técnica de influenciar pessoas, e isso me impelia a levantar questões cada vez mais profundamente penetrantes: *se os atributos do caráter genital são tão autoevidentes e desejáveis, por que é que a relação entre a socialidade e a potência orgástica é negligenciada?* Por que é que a opinião exatamente oposta domina tudo o que regula a vida, hoje? *Por que a ideia de uma antítese aguda entre natureza e cultura, instinto e moralidade, corpo e espírito, diabo e Deus, amor e trabalho se tornou uma das características mais notáveis da nossa cultura e da nossa filosofia de vida?* Por que se tornou incontestável, e goza da proteção legal? Por que o desenvolvimento do meu trabalho científico foi seguido de um interesse tão grande apenas para ser rejeitado por medo, e caluniado e denegrido quando começava a fazer um progresso sério? Inicialmente pensei que a razão fosse a má vontade ou a traição ou a covardia científica. Só muitos anos mais tarde, anos cheios de terríveis desapontamentos, foi que entendi o enigma.

A maior parte das minhas reações preocupadas e desorientadas frente aos meus oponentes, cujo número aumentava cada dia, decorreu então da suposição errônea de que o que é correto em princípio pode ser simples também, e naturalmente aceito e posto em prática. Se eu tinha sido capaz de compreender e formular esses fatos óbvios, se eles se encaixavam tão bem com os objetivos do trabalho terapêutico,

A FUNÇÃO DO ORGASMO

por que não podiam os meus colegas compreendê-los também? A minha ingenuidade era alimentada pelo entusiasmo que os meus colegas tinham pelas minhas opiniões, pelo seu vivo interesse e pela sua ratificação. Eu havia tocado os seus ideais humanos simples e as suas ideias. Ia descobrir logo que os ideais eram fumaça e que as ideias mudam rapidamente. Muito mais persuasivos eram os interesses ligados à sobrevivência de cada um, os acordos, as atitudes autoritárias, e...? Algo estava faltando.

Aquilo que se afirmava e se desejava no plano do ideal despertava angústia e o terror na realidade, pois era estranho à estrutura vigente. Todo o mundo oficial lutou contra. Os mecanismos de autorregulagem natural permaneciam profundamente enterrados no organismo, cobertos, e impregnados de mecanismos compulsivos. A caça ao dinheiro, como conteúdo e como objetivo da vida estava em desacordo com todos os sentimentos naturais. O mundo impunha isso às pessoas, educando-as de maneira específica e pondo-as em condições de vida que o favorecia. Assim, a lacuna que se formava na ideologia social entre a moralidade e a realidade, entre as exigências da natureza e a ideia de cultura existia no próprio homem, apenas de forma diferente. Para poder competir com esse mundo, as pessoas tinham de suprimir aquilo que era mais belo e mais verdadeiro, aquilo que era realmente básico nelas mesmas; tinham de desejar aniquilá-lo e vencê-lo com a parede grossa da couraça do caráter. Fazendo-o afligiam-se por dentro e habitualmente por fora também; mas também se eximiam da luta contra esse caos. Havia um reflexo embaçado dos sentimentos mais profundos e mais naturais e plenos sentimentos de amor. Esse reflexo, entretanto, estava personificado em um "sentimento", tanto contra a própria naturalidade daqueles sentimentos. Assim, mesmo no mais exagerado *pathos*, encontramos um traço leve daquilo que realmente vive. E é desta última centelha embaçada de vida que a mentira e a mesquinhez humanas tiram a força que alimenta a hipocrisia. Isso se tornou para mim uma convicção firme; pois, de que outra maneira se poderia explicar que a ideologia da moralidade e da dignidade humanas houvesse sobrevivido por tanto tempo, e houvesse sido defendida por milhões de pessoas, a despeito da verdadeira sordidez da sua vida? Como as pessoas não podem, nem se lhes permite, viver a sua verdadeira vida, agarram-se ao último vislumbre, que se revela na sua hipocrisia.

Com base em tais considerações, desenvolveu-se a ideia da relação direta entre a estrutura social e a estrutura do caráter. A sociedade molda

O DESENVOLVIMENTO DA TÉCNICA DE ANÁLISE DO CARÁTER

o caráter humano. Por sua vez, o caráter humano reproduz, em massa, a ideologia social. Assim, reproduzindo a negação da vida inerente à ideologia social, as pessoas causam a sua própria supressão. Esse é o mecanismo básico da chamada tradição. Eu não suspeitava da importância dessa afirmação para a compreensão da ideologia fascista, uns cinco anos mais tarde. Não entrei em especulações visando ao interesse de opiniões políticas, nem construí uma filosofia da vida. Foi a solução de todos os problemas que apareceram no meu trabalho clínico que me levou a essa formulação. Assim não me surpreendia de que as berrantes incoerências da ideologia moralista da sociedade coincidissem em todos os pormenores com as contradições da estrutura humana.

Freud afirmava que a existência da cultura como tal depende da repressão "cultural" dos instintos. Eu tinha de concordar com ele, mas com reservas muito definidas: a cultura dos nossos dias baseia-se, de fato, na repressão sexual. Mas a pergunta seguinte era: "É verdade que o desenvolvimento da cultura como tal depende da repressão sexual? Não repousa a nossa cultura na supressão de impulsos inaturais, desenvolvidos secundariamente?" Ninguém, ainda, havia falado sobre o que eu descobrira nas profundezas do homem, e que estava agora em posição de desenvolver. Ainda não havia nenhuma opinião a respeito. Logo descobri que, nas discussões sobre a "sexualidade", as pessoas pensavam em algo diferente daquilo que eu tinha na cabeça. De maneira geral, a sexualidade pré-genital é antissocial e está em desacordo com os sentimentos naturais. Mas a condenação se estende igualmente à posse genital. Por que, por exemplo, deve um pai encarar a atividade sexual da filha como um aviltamento? Não é apenas porque, inconscientemente, tem ciúmes. Isso não explicaria a severidade da reação, que inclui, às vezes, o assassínio. A sexualidade genital é de fato considerada como algo baixo e sujo. Para o homem médio, o ato sexual é meramente uma evacuação, ou uma prova de domínio. A mulher, instintivamente e com justiça, revolta-se. E é precisamente por essa razão que o pai considera a atividade sexual da filha como um aviltamento. Nessas condições, não pode haver correspondência entre sexualidade e felicidade. A partir daí é que se explica tudo quanto se tem escrito a respeito da vileza da sexualidade e dos seus perigos. Mas esta "sexualidade" é uma distorção doentia do amor natural; encobriu por completo a totalidade daquilo que é profundamente desejado como felicidade genuína no amor. As pessoas perderam o seu sentimento da vida sexual natural. A sua avaliação dessa vida está baseada em uma distorção, que elas com razão condenam.

A FUNÇÃO DO ORGASMO

Por isso, lutar pela – ou lutar contra a – sexualidade é fútil e inútil. Por causa dessas distorções o moralista pode sair, deve sair, e sairá vencedor. A distorção não pode ser tolerada. A mulher moderna tem aversão à sexualidade de homens que obtêm a sua experiência em bordéis, e adquirem das prostitutas a sua irritação contra o sexo. O ato sexual animal puro e simples é um aviltamento. Nenhuma mulher sensível quer "deixar-se usar".

Isso é o que causa um impasse nas discussões, e torna tão difícil a luta por uma vida sã. É onde os meus oponentes e eu falávamos línguas diferentes. Quando falo de sexo, não me refiro ao ato sexual animal, mas à posse inspirada pelo amor genuíno: não – urinar na mulher – mas "fazê-la feliz". Nenhum progresso pode ser feito a menos que se estabeleça a distinção entre as práticas inaturais da vida sexual, práticas que se desenvolveram em um nível secundário, e as necessidades profundamente arraigadas de amor, que se encontram em todo mundo.

E surge assim a questão: como transformar o princípio em realidade, e como transformar leis naturais de alguns em leis naturais para todos? Claro que uma solução individual do problema era insatisfatória e não atingia o ponto essencial.

Uma pesquisa dos aspectos sociais da psicoterapia era coisa nova nessa época. A abordagem do problema social podia fazer-se por três caminhos: a profilaxia das neuroses, a questão intimamente relacionada da reforma sexual,[11] e finalmente o problema geral da cultura.

---

[11] Fiz uma apresentação completa do problema da reforma sexual no meu livro *The Sexual Revolution*. É por essa razão que não discuto o problema no presente volume.

Capítulo VI

UMA REVOLUÇÃO BIOLÓGICA ABORTADA

1 A HIGIENE MENTAL E O PROBLEMA DA CULTURA

As inúmeras e candentes questões que surgiram no meu trabalho social me levaram a desejar ouvir a opinião de Freud. Apesar do apoio anterior que me havia dado em conversa a respeito do meu plano de criar um centro de orientação sexual para os pobres, não estava certo da sua cooperação. Por trás dos bastidores, era tensa a situação na organização psicanalítica. Esforçava-me por levar os meus colegas a assumir uma posição clara, pois não duvidava da natureza social do meu trabalho, e não queria escondê-lo. Já tinha ouvido as primeiras calúnias e a minha difamação sexual. Essa era uma reação típica de pessoas sexualmente frustradas à luta de pessoas sãs por uma felicidade sexual. Eu sabia que essa reação era incomparável tanto no ódio, tanto na amargura. Não há nada no mundo que seja capaz de causar, de maneira assim silenciosa e cheia de ódio, tanto sofrimento humano. O assassínio na guerra dá à vítima a sensação do sacrifício heroico. Homens e mulheres com sentimentos sãos a respeito da vida têm de suportar calados o sinal de depravação com que são estigmatizados por outros, que se deixam dominar não só pelo medo e pela culpa mas também por fantasias perversas. Não havia uma única organização na nossa sociedade que defendesse os sentimentos naturais da vida. Fiz tudo o que foi possível para levar a discussão do nível pessoal para um nível objetivo. A intenção desses rumores caluniosos era bastante clara.

Fiz a minha palestra sobre a profilaxia das neuroses para o círculo íntimo de Freud, no dia 12 de dezembro de 1929. Essas reuniões mensais na casa de Freud eram abertas apenas aos titulares da Sociedade Psicanalítica. Todos sabiam que se diziam palavras da maior importância e que se tomavam importantes decisões. Era preciso considerar cuidadosamente o que se dizia. A psicanálise tornara-se um movimento muito controvertido, de âmbito mundial. A responsabilidade era enorme, mas não era do meu feitio fugir parodiando a verdade: devia apresentar o problema exatamente como era, ou calar-me. A última hipótese já não era possível. O meu trabalho político-sexual adquirira autonomia – e milhares de pessoas afluíam às minhas reuniões, para ouvir o que a psicanálise tinha a dizer sobre a miséria social e sexual.

As seguintes perguntas eram típicas; feitas por pessoas de todos os círculos e profissões, em reuniões abertas, tinham resposta.

O que é que se deve fazer quando a mulher, apesar de um desejo consciente, tem a vagina seca?

Com que frequência se deve praticar o ato sexual?

Pode-se praticar o ato sexual durante a menstruação?

O que é que um homem deve fazer quando a mulher é infiel?

O que deve fazer uma mulher quando o homem não a satisfaz? Quando é demasiado rápido?

É certo praticar o ato sexual por trás?

Por que é punida a homossexualidade?

O que deve fazer uma mulher quando o homem quer, e ela não?

Há algum remédio para a insônia?

Por que é que os homens gostam tanto de conversar entre eles sobre as suas relações com as mulheres?

O ato sexual entre irmão e irmã é punido na União Soviética?

Um operário estava casado com uma mulher gravemente doente que, havia anos, não podia deixar o leito. Tinham três crianças pequenas e uma filha de dezoito anos. A moça tomou o lugar da mãe, cuidava das crianças e do pai. Não havia problemas. Dormia com o pai. Tudo ia muito bem. Ela continuava a tomar conta da família, a cozinhar, a cuidar da casa. O pai trabalhava e cuidava da mulher doente. A filha era boa para os irmãos menores. O povo começou a murmurar. A polícia de costumes foi chamada. O pai foi detido, acusado de incesto e jogado à prisão. As crianças foram postas no asilo. A família desabou. A filha teve de empregar-se como criada em uma casa estranha. Por quê?

O que é que se deve fazer quando se quer ter uma relação sexual e há outras pessoas dormindo no mesmo quarto?

Por que recusam os médicos a ajudar quando uma mulher está grávida e não quer, ou não pode, ter a criança?

A minha filha tem apenas dezessete anos e já tem um namorado. Há algo de errado nisso? Ele não se casará com ela – isto é certo.

É muito prejudicial ter relações sexuais com diversas pessoas?

As meninas fazem tanto alvoroço. O que é que devo fazer?

UMA REVOLUÇÃO BIOLÓGICA ABORTADA

Sou muito só: quero ter um amigo. Mas quando aparece algum, tenho medo.

O meu marido tem outra mulher. O que devo fazer?

Gostaria de ter outro homem. Há algo de errado nisso?

Vivo com vinte *schillings* por semana. A minha garota quer ir ao cinema. Não tenho dinheiro para isso. Amo a minha garota. O que é que eu devo fazer para impedi-la de arranjar outro?

Estou vivendo com a minha mulher há oito anos. Nós nos amamos, mas não nos entendemos sexualmente. Tenho um forte desejo de dormir com outra mulher. O que é que eu devo fazer?

O meu filho tem três anos e vive brincando com o pênis. Tento puni-lo, mas não adianta. Faz mal?

Eu me masturbo todos os dias – casualmente três vezes no mesmo dia. É prejudicial à minha saúde?

Zimmermann [um inovador suíço] diz que, para evitar a gravidez, o homem deve impedir a ejaculação não se movendo dentro da mulher. É verdade? Dói!

Li num livro para mães que só se deve praticar o ato sexual quando se quer ter um filho. É ridículo, não é?

Por que é que tudo o que diz respeito ao sexo é proibido?

Se a liberdade sexual fosse introduzida, isso não provocaria o caos? Eu teria medo de perder o meu marido!

A mulher é por natureza diferente do homem. O homem tem uma predisposição para a poligamia – a mulher uma predisposição para a monandria. Ter filhos é um dever. Você permitiria que a sua mulher dormisse com outro homem?

Você fala de saúde sexual. Você permite que os seus filhos se masturbem quando bem entendem? Aposto que não!

Na companhia das outras pessoas os maridos têm um comportamento diferente do que têm em casa. Em casa, são tiranos brutais. O que é que se pode fazer a respeito?

Você é casado? Tem filhos?

A liberdade sexual não levaria à completa destruição da família?

Sofro de hemorragias uterinas. Na clínica, o médico é muito rude, e não tenho dinheiro para consultar um médico particular. O que é que eu faço?

Com que idade se pode começar a ter relações sexuais?

A minha menstruação sempre dura dez dias, e é muito dolorosa. O que devo fazer?

A masturbação é nociva? Dizem que provoca vertigens.

Por que os pais são tão severos conosco? Sempre tenho de estar em casa às oito horas. E já tenho dezesseis anos.

Quando vou a reuniões (sou funcionário e me interesso muito por política) a minha mulher fica com ciúmes. O que é que devo fazer com ela?

O meu marido sempre insiste em ter relações comigo, mas nem sempre estou disposta. Que fazer?

Estou noiva, e acontece que o meu noivo não encontra a posição certa no ato sexual, de maneira que nos sentimos cansados antes da satisfação e paramos logo. Quero assinalar que o meu noivo tem vinte e nove anos, mas nunca teve relações sexuais antes.

As pessoas cuja potência é reduzida podem casar-se?

Que devem fazer as pessoas feias que não conseguem um namorado, ou uma namorada?

O que deve fazer uma moça mais velha, quando ainda é virgem? É claro que não pode oferecer-se a um homem.

É verdade que um homem que viva como um asceta pode dispensar o ato sexual tomando banhos frios diários, fazendo ginástica, praticando esportes, etc.?

O *coitus interruptus* é nocivo?

Se o *coitus interruptus* é praticado durante muito tempo, leva à impotência?

Qual deve ser o relacionamento entre meninos e meninas em um acampamento de férias?

O ato sexual dos adolescentes acarreta consequências mentais?

É nocivo interromper a masturbação logo antes da ejaculação?

A leucorreia é causada pela masturbação?

Nesses serões, dedicados à discussão da profilaxia das neuroses e à questão da cultura, Freud a princípio exprimia claramente as opiniões que haviam sido publicadas em *Civilization sand its Discontents*, em 1931 e que muitas vezes estavam em evidente desacordo com a posição assumida por ele em *The Future of an Illusion*. Não "provoquei" Freud, como disseram alguns analistas. Nem os meus argumentos eram "ditados por Moscou", segundo afirmaram outros. Exatamente nesse tempo, eu estava usando estes mesmos argumentos para lutar contra os economistas do movimento socialista que, com os seus chavões sobre o "curso firme da história" e os "fatores econômicos", estavam alienando exatamente o povo que afirmavam estar libertando. Eu estava apenas fazendo um esforço para elucidar os problemas, e não tenho remorsos disso. Estava resistindo à tendência crescente de evitar a teoria psicanalítica do sexo e de fugir às suas consequências sociais.

A título de introdução, entretanto, pedia que a minha comunicação fosse considerada como particular e pessoal, uma vez que ainda não havia publicado nada sobre o assunto. Quatro questões pediam resposta:

1. *Quais são as consequências finais da teoria e da terapia psicanalíticas?* Isto é, quais serão, se a psicanálise sustentar a importância central da etiologia sexual das neuroses?
2. *É possível continuarmos a nos limitar apenas à análise das neuroses dos homens e das mulheres, individualmente, em uma prática particular?* A neurose é uma epidemia que age debaixo da superfície. A humanidade, como um todo, está psiquicamente enferma.
3. *Qual a natureza do papel que o movimento psicanalítico deve assumir na estrutura social?* Não pode haver dúvidas de que deve assumir um papel. Estamos falando da importante questão social da economia psíquica – idêntica à economia sexual se a teoria da sexualidade é levada até as suas últimas consequências.
4. *Por que é que a sociedade produz neurose em massa?*

Respondi a essas perguntas com base em experiências que havia descrito, frequentemente, em outras ocasiões. Segundo os dados estatísticos que eu havia compilado em diversas organizações e grupos de jovens, podia demonstrar-se que não menos de *sessenta e até oitenta por cento dessas pessoas eram afligidas por graves moléstias neuróticas.* E é preciso ter em mente que essas cifras representam apenas os sintomas neuróticos conscientes; não incluem as neuroses de caráter, das quais os membros dessas organizações não suspeitam. Em reuniões de caráter especificamente político-sexual, a percentagem era mais alta: perto de oitenta por cento. A razão disso, como se podia presumir, estava no fato de que grande número de pessoas neuroticamente enfermas ia a tais reuniões. O argumento de que só neuróticos assistiam a essas reuniões, entretanto, era desmentido pelo seguinte fato: em reuniões de sociedades fechadas (por exemplo organizações de livres pensadores, grupos de

A FUNÇÃO DO ORGASMO

estudantes e de operários, todos os tipos de grupos jovens politicamente orientados, etc.), que não tinham nenhuma atração para os neuróticos, a percentagem de neuroses sintomáticas era apenas, em média, dez por cento mais baixa que a das reuniões abertas. Nos seis centros de orientação que estavam sob a minha supervisão, em Viena, uns setenta por cento dos que vinham em busca de ajuda e de conselho precisavam de tratamento psicanalítico. Apenas uns trinta por cento, homens e mulheres que sofriam de neuroses estásicas de tipo médio, podiam ser ajudados por meio de orientação e ajuda social. Isso significava que, mesmo se a assistência higiênico-sexual fosse proporcionada a toda a população, na melhor hipótese apenas umas trinta por cento das pessoas poderiam ser socorridas por uma intervenção médica imediata. Os outros setenta por cento de toda a população (mais no caso das mulheres e menos no caso dos homens) precisariam de um tratamento psicanalítico que, em todos os casos e com resultados discutíveis, necessitava de uma média de dois ou três anos. Era absurdo estabelecer isso como objetivo de um trabalho político-social. A higiene mental nessas bases individuais era apenas uma utopia perigosa.

A situação exigia medidas sociais lúcidas e amplas, visando à prevenção das neuroses. Os princípios e os meios pelos quais essas medidas seriam aplicadas podiam, é claro, decorrer da experiência adquirida com os pacientes individuais, da mesma forma que se fazem esforços para combater os flagelos com base nas experiências adquiridas com os indivíduos contaminados. A varíola é evitada pela vacinação imediata. As medidas necessárias para prevenir as neuroses apresentam uma imagem obscura e assustadora. Mesmo assim, não podem ser contornadas. A única probabilidade de êxito está em destruir a fonte da qual brota a miséria neurótica.

Quais são as fontes do flagelo neurótico?

A fonte mais importante é a educação familial sexualmente repressiva e autoritária, com o seu conflito inevitável entre filhos e pais, e com a sua angústia genital. Precisamente porque não podia haver dúvidas quanto à exatidão das conclusões a que cheguei. Eu tinha, além do mais, resolvido um problema que permanecera obscuro até então: a relação entre a fixação sexual da criança pelos pais e a geral supressão social da sexualidade. Estávamos lidando aqui com um fato característico da educação, em geral, e por isso o problema assumia nova perspectiva.

UMA REVOLUÇÃO BIOLÓGICA ABORTADA

Não podia haver mais nenhuma dúvida de que o povo se tornava neurótico em larga escala. O que não estava claro, e precisava de uma explicação, era o modo como as pessoas podiam permanecer sãs nas condições vigentes da educação! Para resolver esse enigma bem mais interessante, era preciso descobrir a relação entre a educação familial autoritária e a repressão sexual.

Os pais reprimem a sexualidade das crianças pequenas e dos adolescentes, sem saber que o fazem obedecendo às injunções de uma sociedade mecanizada e autoritária. Com a sua expressão natural bloqueada pelo ascetismo forçado, e em parte pela falta de uma atividade fecunda, as crianças desenvolvem pelos pais uma fixação pegajosa, marcada pelo desamparo e por sentimentos de culpa. Isso, por sua vez, impede que se libertem da situação de infância, com todas as suas inibições e angústias sexuais concomitantes. As crianças educadas assim tornam-se adultos com neuroses de caráter, e depois transmitem as suas neuroses aos seus próprios filhos. Assim de geração em geração. Dessa forma é que se perpetua a tradição conservadora, que teme a vida. Como, apesar disso, podem as pessoas tornar-se – e permanecerem – sãs?

A teoria do orgasmo dá a resposta: condições acidentais ou socialmente determinadas permitem ocasionalmente a obtenção de uma satisfação genital; essa, por sua vez, elimina a fonte de energia da neurose e enfraquece o laço da situação de infância. Assim, apesar da situação neurótica da família, é possível a algumas pessoas que se tornem – e permaneçam – sãs. A vida sexual da juventude de 1940 é fundamentalmente mais livre, mas também mais cheia de conflitos, que a da juventude de 1900. A pessoa sã, da mesma forma que a pessoa doente, sofre com o conflito familiar e com repressão sexual. É uma coincidência de circunstâncias, especial e absolutamente acidental nesta sociedade, o que torna possível a um organismo que, com a ajuda de uma forma econômico-sexual de vida, se liberte de ambos os laços. A coletivização industrial do trabalho tem sido um importante fator dessa conexão. Mas qual é, na vida, o destino posterior dessas pessoas sãs? Não terão uma vida fácil: isso é certo. Entretanto, com a ajuda da "organoterapia espontânea da neurose" (emprego a expressão para designar a solução orgástica das tensões), superam o laço patológico que as liga à família, e também os efeitos da miséria sexual da sociedade. Há uma espécie de pessoas na sociedade que, vivendo e trabalhando em diferentes setores do mundo que não têm qualquer conexão um com o outro, são dotadas de sexualidade natural. Representam o que chamei *caráter genital*. Encontram-se muito frequentemente entre os trabalhadores industriários.

A FUNÇÃO DO ORGASMO

O flagelo maciço das neuroses é produzido em três estágios principais da vida humana: na *primeira infância*, através da atmosfera de um lar neurótico; na *puberdade*, e finalmente no *casamento compulsivo*, na sua concepção estritamente moralística.

O treinamento estrito e prematuro quanto à limpeza, a insistência no "bom comportamento", o autocontrole absoluto e as boas maneiras têm um efeito prejudicial no primeiro estágio. Tornam a criança dócil para a proibição mais importante do período seguinte, a proibição da masturbação. Outras obstruções ao desenvolvimento da criança podem variar, mas essas são típicas. A inibição da sexualidade natural na infância em todas as camadas da população propicia um solo mais fértil para a fixação ao lar neurótico e à sua atmosfera. Essa é a origem da falta de independência do homem, em pensamento e em ação. A mobilidade psíquica e a energia caminham de mãos dadas com a vitalidade sexual, da qual são pré-condições. Por outro lado, a inibição sexual é a pré--condição da inibição psíquica e da inadaptabilidade.

Na puberdade, repete-se o princípio prejudicial da educação, que leva à estagnação psíquica e ao encouraçamento do caráter. Repete-se sobre a sólida base da inibição anterior dos impulsos da infância. Contrariamente à crença psicanalítica, *o problema da puberdade é socialmente e não biologicamente determinado*. E também não é determinado pelo conflito entre os filhos e os pais. Adolescentes que encontram o seu caminho dentro da verdadeira vida da sexualidade e do trabalho rompem o laço que os ligava aos pais, e que fora adquirido na infância. Os outros, seriamente afetados pela frustração específica determinada pela inibição sexual, regridem mais que nunca para a situação de infância. É por essa razão que a maior parte das neuroses e psicoses se desenvolve na puberdade. Investigações estatísticas realizadas por Barasch sobre a duração dos casamentos em relação ao período no qual se inicia a vida sexual genital confirmam a estreita correlação entre o casamento e o ascetismo do adolescente. Quanto mais cedo um adolescente chega a um ato sexual satisfatório, mais é incapaz de adaptar-se à estrita exigência de "um companheiro só, e para a vida inteira". De qualquer modo que se encare, esse fato não pode mais ser negado. Significa que *a exigência de ascetismo dos adolescentes tem a intenção de tornar os adolescentes dóceis e casáveis*. E é precisamente isso o que ela faz. No processo, porém, produz a verdadeira impotência sexual que, por seu lado, destrói os casamentos e intensifica as crises do casamento.

UMA REVOLUÇÃO BIOLÓGICA ABORTADA

Age-se com hipocrisia quando se permite legalmente a um, ou uma, adolescente que se case na véspera do seu décimo sexto aniversário – proclamando assim que as relações sexuais não são nocivas nesse caso – ao passo que, ao mesmo tempo, se exige o "ascetismo até o dia do casamento", mesmo que este não se possa realizar antes que o homem, ou a mulher, tenha os seus trinta anos. Então, de repente, "o ato sexual numa idade precoce é nocivo e imoral". Ninguém, que tenha capacidade de raciocinar por si mesmo, pode aceitar as neuroses e perversões produzidas dessa forma. Tornar menos severa a punição pela masturbação significa apenas fugir ao problema, que é a satisfação das exigências físicas da juventude no seu desenvolvimento. A puberdade cultural dos psicólogos estéticos é, para falar delicadamente, um absoluto contrassenso. *Salvaguardar a felicidade sexual dos adolescentes em amadurecimento é um ponto central da profilaxia das neuroses.*

A juventude de todas as gerações representa o passo seguinte da civilização. A geração mais velha tenta conservar a juventude no seu próprio nível cultural. Os motivos disto são de natureza predominantemente irracional: a geração mais velha teve de resignar-se – e por isso se sente ameaçada quando a juventude ultrapassa o que ela própria não pôde realizar. A rebelião típica dos adolescentes contra o lar paterno não é uma manifestação neurótica da puberdade, mas uma preparação para a função social que esses jovens terão de desempenhar mais tarde, como adultos. Eles têm de lutar pela sua própria capacidade e pelo seu progresso. Sejam quais forem as tarefas de civilização e cultura que a geração nova tem de enfrentar, é sempre o medo da geração mais velha quanto à sexualidade e ao espírito de luta do jovem o que o inibe.

Fui acusado de ser um utopista, de querer eliminar do mundo a insatisfação e salvaguardar apenas o prazer. Entretanto pus o preto no branco ao afirmar que a educação convencional torna as pessoas incapazes para o prazer – encouraçando-as contra o desprazer. *O prazer e a alegria da vida são inconcebíveis sem luta, sem experiências dolorosas e desagradáveis autoavaliações.* A saúde psíquica se caracteriza não pela teoria do Nirvana dos iogues e budistas, nem pelo hedonismo dos epicuristas,[12] ou pela renúncia do monasticismo; caracteriza-se

---

[12] A expressão emprega-se aqui no seu sentido vernacular. Na verdade, Epicuro e a sua escola não têm, além do nome, nada em comum com a chamada filosofia epicurista da vida. A filosofia natural séria de Epicuro foi mal-entendida pelas massas semieducadas e não educadas, como defensora da satisfação dos impulsos secundários. Não há como

A FUNÇÃO DO ORGASMO

pela alternância entre a luta desagradável e a felicidade, entre o erro e a verdade, entre a derivação e a volta ao rumo, entre o ódio racional e o amor racional; em suma pelo fato de se estar plenamente vivo em todas as situações da vida.

A capacidade de suportar o desprazer e a dor sem se tornar amargurado e sem procurar o refúgio no encouraçamento, caminha lado a lado com a capacidade de receber a felicidade e de dar o amor. Como salientou Nietzsche, aquele que poderia "exaltar-se até atingir as culminâncias do céu" deve estar preparado para "ser mergulhado na morte". Entretanto, a nossa educação e filosofia social europeias tornaram os adolescentes, conforme a sua situação social, ou em frágeis bonecos, ou em máquinas de indústria ou de "negócios" – secas, insensíveis, portadoras de melancolia crônica e incapazes para o prazer.

É preciso aprender a ver claramente o problema do casamento. O casamento não é nem uma questão de amor, puro e simples, como afirmam uns, nem uma instituição puramente econômica, segundo sustentam outros. É uma forma imposta às necessidades sexuais por meio de processos socioeconômicos.[13] Além da ideologia assimilada na primeira infância e da pressão moral exercida pela sociedade, as necessidades sexuais e econômicas, principalmente na mulher, também despertam o desejo do casamento. Os casamentos desmoronam em consequência das discrepâncias sempre intensificadas entre as necessidades sexuais e as condições econômicas. As necessidades sexuais podem ser satisfeitas com um, e mesmo, companheiro durante algum tempo apenas. Por outro lado, o vínculo econômico, a exigência moralística e o hábito humano favorecem a permanência da relação matrimonial. Isso resulta na infelicidade do casamento. A abstinência pré-marital deveria, em tese, preparar uma pessoa para o casamento. Mas é justamente essa abstinência que cria as perturbações sexuais e dessa forma vai minando o casamento. A satisfação sexual pode prover à base de um casamento feliz. Mas essa mesma satisfação está em desacordo com todos os aspectos da exigência moralística da monogamia vitalícia. Isso é um fato, independente do que se sinta a respeito. Mas não deveria haver hipocrisia a respeito dele. Em condições desfavoráveis, internas e externas, as contradições que focalizamos levam à resignação. Isso

---

evitar essas falsificações de ideias verdadeiras. A economia sexual é traída pelo mesmo fato – pelos que sofrem da angústia de prazer, por uma ciência que teme a sexualidade.
[13]   Cf. Lewis Morgan, *Ancient Society*.

UMA REVOLUÇÃO BIOLÓGICA ABORTADA

precisa de uma severa inibição dos impulsos vegetativos. Essa, por sua vez, arranca das profundezas todos os mecanismos neuróticos disponíveis. A intimidade sexual e a amizade humana são substituídas, nas relações conjugais, por uma fixação paterna ou materna e por mútua dependência escravizante; em suma, por um incesto disfarçado. Hoje esses temas são lugares-comuns, há muito tempo descritos pormenorizadamente, que só padres, psiquiatras, reformistas sociais e políticos continuam, em grande número, a ignorar.

Essas lesões causadas à estrutura psíquica, já extremamente sérias em si mesmas, são fortemente acentuadas, em primeiro lugar, pelas condições sociais externas que as provocam. A miséria psíquica não é a finalidade do caos sexual, mas faz parte integrante dele. *O casamento compulsivo e a família compulsiva reproduzem a estrutura humana de uma era econômica e psiquicamente mecanizada.* Em termos de higiene sexual tudo, nesse sistema, está de cabeça para baixo. Biologicamente o organismo humano são necessita de três ou quatro mil atos sexuais ao longo dos trinta ou quarenta anos em que é genitalmente ativo. De maneira geral, os pais não querem mais do que dois a quatro filhos. A moralidade e o ascetismo postulam que, mesmo no casamento, o prazer sexual deve servir apenas aos propósitos da procriação. Levado às últimas consequências, isto significa no máximo quatro atos sexuais durante uma vida. As autoridades dizem "sim" a isto, e as pessoas sofrem caladas; tapeiam e se tornam hipócritas. Mas mesmo assim, ninguém se ergue em luta enérgica e violenta contra esse absurdo, que assume proporções de assassínio em massa. O absurdo manifesta-se na proibição legal ou moralística do uso de meios anticoncepcionais. Isso causa, nas mulheres, perturbações sexuais e medo da gravidez que, por sua vez, ressuscitam as angústias sexuais da infância e destroem os casamentos. Os elementos do caos sexual são inter-relacionados. A proibição da masturbação na infância reforça na mulher a angústia de sentir a vagina penetrada ou tocada, levando-a a temer o uso de meios anticoncepcionais. Por isso temos a prática florescente do "aborto criminoso", que por seu lado produz inúmeras bases para as neuroses. Havendo medo da gravidez, nem a mulher nem o homem podem experimentar satisfação. Aproximadamente sessenta por cento da população masculina adulta pratica o *coitus interruptus.* Isso causa a estase sexual e o nervosismo em massa.

E a tudo isso, a ciência e a medicina não dizem nada. Mas ainda: iludindo a questão pela erudição, pelas teorias falsas e com o

A FUNÇÃO DO ORGASMO

comprometimento direto da própria vida, impedem toda tentativa médica, social ou científica séria de corrigir a situação. Há mil razões para indignar-se ao ouvir toda essa conversa a respeito das "prescrições morais", da inocuidade da abstinência e do *coitus interruptus*, etc., expostas de forma altamente autoritária e dignificante. Eu não disse isso no apartamento de Freud, mas a minha descrição objetiva dos fatos deve ter desencadeado um sentimento de indignação.

A tudo isso se somava o problema da habitação. De acordo com as estatísticas de 1927, mais de oitenta por cento da população de Viena vivia amontoada, à razão de quatro ou mais pessoas em cada quarto. Assim, para oitenta por cento da população, isso significava uma perturbação; significava, de fato, a impossibilidade de uma satisfação sexual regulada, psicologicamente adequada, mesmo nas melhores condições internas. Havia no entanto completo silêncio a esse respeito, nos campos da medicina e da sociologia.

A higiene mental pressupõe uma vida ordenada, materialmente garantida. Uma pessoa atormentada pelas necessidades materiais básicas não pode gozar nenhum prazer, e facilmente se transforma em um psicopata sexual. Assim, aqueles que estão a favor da profilaxia das neuroses devem preparar-se para uma transformação radical de tudo o que produz a neuroses. Isso explica por que a profilaxia das neuroses nunca se constituiu em um tópico de discussão séria, e por que esteve sempre distante do pensamento humano. Os meus argumentos tinham de ter um efeito provocador, quer eu o quisesse, quer não. Os próprios fatos continham todo tipo de provocação. Eu nem mesmo mencionei a "obrigação conjugal" impingida legalmente, e a "obediência aos pais – até o ponto de suportar a punição física". Semelhantes assuntos não eram ventilados nos círculos acadêmicos; eram encarados como "não científicos, e políticos".

O mais complicado a respeito da minha posição objetivamente inexpugnável era que, enquanto ninguém quisesse ouvir os fatos que eu apresentava, ninguém poderia negá-los. Todos sabiam, naturalmente, que a terapia individual, no plano social, não tinha consequências; que a educação era desesperadora e que as ideias e as conferências sobre educação sexual não eram suficientes. Com lógica inevitável, isso levava ao *problema da cultura*.

Até 1929, a relação da psicanálise com a "cultura" não foi discutida. Não só os psicanalistas não haviam visto nenhuma contradição entre as duas, mas haviam asseverado que a teoria freudiana "propiciava a

UMA REVOLUÇÃO BIOLÓGICA ABORTADA

cultura", negando completamente a sua *crítica à cultura*. Entre 1905 e mais ou menos 1925, os inimigos da psicanálise assinalaram continuamente o "perigo para a cultura" que a psicanálise logo acarretaria. Os oponentes da psicanálise e o mundo atento atribuíram à teoria psicanalítica mais do que ela pretendia. Isso se devia, por um lado, à profunda necessidade do povo de ser esclarecido a respeito da sexualidade, e, por outro lado, ao "caos sexual" que os "campeões da cultura" temiam. Freud pensava poder dominar o perigo por meio das teorias da sublimação e da renúncia dos instintos. O tumulto foi diminuindo aos poucos, principalmente porque a teoria do instinto de morte adquiriu uma fama cada vez maior, ao passo que a teoria da angústia estásica foi caindo cada vez mais no esquecimento. A teoria do desejo biológico de sofrer resolveu o impasse. A sua postulação e aceitação provaram que a psicanálise poderia "adaptar-se à cultura". E agora essa harmonia era posta em perigo pelo meu trabalho. Para não se comprometerem, os psicanalistas explicavam que as minhas opiniões eram realmente muito "banais" ou eram incorretas. Eu não facilitei, absolutamente, as coisas para mim mesmo. Não afirmei apenas que a psicanálise estava em desacordo com a cultura vigente e que era "revolucionária". O caso era muito mais complicado do que a maioria das pessoas imagina hoje.

As minhas opiniões não podiam ser rejeitadas; os clínicos trabalhavam cada vez mais com a teoria terapêutica genital. E também não podiam ser desmentidas. No máximo, a sua importância podia ser minimizada. O meu trabalho confirmou o caráter revolucionário da teoria científico-natural do sexo. Por outro lado, afirmou-se que Freud havia introduzido nada menos que uma nova época cultural. Como, em vista disso, admitir a exatidão e o caráter prático das minhas opiniões? Isso estaria em desacordo com a segurança material dos psicanalistas, e também com a afirmação de que a psicanálise apenas propiciava a "cultura". Ninguém perguntava o que é que se punha em perigo nessa "cultura" e o que é que se propiciava. Todos ignoravam o fato de que, em razão do seu próprio desenvolvimento, o "novo" criticava e negava o antigo.

Os principais cientistas sociais da Áustria e da Alemanha rejeitaram a psicanálise e competiram com ela na tentativa de elucidar os problemas da existência humana. A situação não era nada simples. É surpreendente que eu não tenha, então, cometido asneiras graves. Podia ter sido tentado a fazer um julgamento superficial e aparecer com uma afirmação que fosse mais amplamente aceita, por exemplo a de que a sociologia e a psicanálise podiam reconciliar-se sem dificuldade, ou a de que a psicanálise, embora

A FUNÇÃO DO ORGASMO

correta como psicologia individual, não tinha importância social. Era assim que falavam os marxistas que simpatizavam com a psicanálise. Mas essa não era a maneira certa de encarar o problema. Eu era psicanalista demais para aceitar uma solução superficial e estava muito interessado no desenvolvimento da liberdade no mundo para contentar-me com meias medidas. No momento, estava satisfeito por ter conseguido incorporar a psicanálise como tal ao campo da sociologia, embora fosse, então, apenas como um método.[14] Tanto os amigos como os inimigos me acusavam constantemente de precipitação. Entretanto, ainda que as suas acusações levianas me aborrecessem frequentemente, não via razão para me deixar perturbar por elas. Sabia que ninguém procurava resultados teóricos e práticos da forma como eu os procurava. Deixava os meus manuscritos permanecerem na gaveta do meu escritório durante anos, antes de me sentir suficientemente seguro para publicá-los. Ser esperto era algo que eu podia deixar para os outros.

A relação entre a psicanálise e a cultura começou a tornar-se mais clara quando um jovem psiquiatra pronunciou uma palestra sobre *Psychoanalyse und Weltanschauung* no apartamento de Freud. Poucas pessoas sabem que a *Civilization and Its Discontents*, de Freud, resultou dessas discussões sobre cultura, como uma defesa contra o meu trabalho em desenvolvimento e o "perigo" que ele acarretava. As afirmações com que Freud se opunha às minhas opiniões apareceram no livro.

Embora seja verdade que Freud reafirmava nesse livro que o prazer sexual natural é o alvo do desejo humano de felicidade, também é verdade que tentava demonstrar a insustentabilidade desse princípio. A sua fórmula básica, teórica e prática, continuava a ser: o homem normalmente, e necessariamente, progride do "princípio do prazer" para o "princípio da realidade": tem de renunciar ao prazer e de ajustar-se à realidade. Os componentes irracionais dessa "realidade", que hoje realizam bacanais de destruição, não eram discutidos; nem se procurava estabelecer a distinção entre os prazeres que eram compatíveis com a socialidade e os que não eram. Em *Civilization and Its Discontents*, Freud expôs os mesmos argumentos que empregara para rejeitar o ângulo defendido por mim nas nossas discussões. Reconsiderando, vejo que esse confronto tinha um valor positivo para o movimento político-cultural. Esclarecia muita coisa, sobretudo o fato de que a psicanálise não continuaria a ser

---

[14] Cf. Reich, *Dialektischer Materialismus und Psychoanalyse*, "Unter dem Banner des Marxismus". 1929.

UMA REVOLUÇÃO BIOLÓGICA ABORTADA

eficaz como teoria "cultural revolucionária" sem criticar objetivamente, e sem mudar, as condições da educação. De que outra maneira se podia interpretar a palavra *progresso*, tão mal empregada?

A opinião defendida pelos intelectuais desse tempo era a de que a ciência diz respeito aos problemas da *essência*; já a ideologia lida com os problemas da *possibilidade*. Essência (ciência) e possibilidade (política) eram, dizia-se, dois campos totalmente separados. O estabelecimento de um fato não implicava em uma possibilidade, i.e., não indicava um objetivo que devesse ser perseguido. Toda orientação política era livre de fazer o que bem entendesse com os fatos estabelecidos pela ciência. Manifestei-me contra esses lógicos éticos que fugiam da realidade por meio de fórmulas abstratas. Quando verifico que um adolescente se torna neurótico e perturbado no seu trabalho por causa da abstinência que se exige dele – isso é "ciência". Dentro de um sentido "lógico abstrato" pode inferir-se, igualmente, que o adolescente deve continuar a viver em abstinência, ou se deve desistir da abstinência. A conclusão pertence à "ideologia política" e a sua execução pertence à prática política. Objetei, no entanto, que há descobertas científicas que permitem apenas *uma* conclusão prática. O que parece logicamente correto pode estar errado, se encarado de um ângulo prático e objetivo. Se, hoje, alguém se apresentasse e estabelecesse como verdade que a abstinência é nociva aos adolescentes, sem estabelecer a conclusão de que os adolescentes devem deixar de viver em abstinência, evidentemente despertaria o riso. Por isso é que é tão importante conhecer as implicações práticas de uma questão. Um médico nunca deve assumir uma posição abstrata. Aquele que se recusa a aceitar o "devem" que se segue à descoberta anterior a respeito da abstinência dos adolescentes fará, quer queira quer não, afirmações falsas, de "natureza puramente científica". Com a força plena da sua "autoridade científica" terá de afirmar que a abstinência não é nociva ao adolescente; em suma, terá de esconder a verdade e proceder com hipocrisia. *Toda descoberta científica inclui uma pressuposição ideológica e uma consequência social prática.* Tornou-se claro, então, pela primeira vez, quão profundo é o abismo que separa o pensamento científico-natural funcional. A lógica abstrata tem frequentemente a função de admitir fatos científicos sem permitir que uma só conclusão prática seja tirada deles. Por essa razão, preferi a utilidade prática.

Freud assumiu a seguinte posição: a atitude do "homem médio" em relação à religião era compreensível. Como disse o famoso poeta,

"Wer Wissenschaft und Kunst besitzt,
hat auch Religion,
Wer jene beiden nich besitzt,
Der habe Religion."[15]

A afirmação encerra a verdade do momento em que vivemos, como tudo o mais que a ideologia conservadora pretende defender. O direito dos conservadores é idêntico ao direito da ciência e da medicina de atacar o conservantismo; e de atacá-lo em um nível tão profundo que a fonte da sua arrogância – a ignorância – seja destruída. Porque nos recusamos a questionar a atitude de tolerância do trabalhador, a sua renúncia patológica ao conhecimento e aos frutos culturais deste mundo de "ciência", e a sua ânsia de autoridade, devemos contemplar, como simples espectadores, o mundo que se precipita no abismo, hoje sob a forma da chaga fascista. Que sentido pode ter a ciência, se despreza essas questões? É uma consciência lúcida a desses cientistas que poderiam ter encontrado uma resposta, mas que deliberadamente se recusaram a lutar contra a chaga psíquica? Hoje, encarando o perigo universal, o mundo inteiro percebe aquilo que há doze anos apenas se mencionava. A vida social focalizou nitidamente os problemas que, então, diziam respeito apenas aos médicos, individualmente.

Freud justificou a renúncia de milhões de pessoas à felicidade tão habilmente como defendera a existência da sexualidade infantil. Alguns anos mais tarde, explorando a ignorância humana e o medo à felicidade, um gênio patológico mergulhou a Europa no abismo com o chavão da "renúncia heroica à felicidade".

A vida como a encontramos, é dura demais para nós [escreveu Freud]; traz-nos dores demais, desapontamentos e tarefas impossíveis. A fim de suportá-la, não podemos dispensar medidas paliativas (...) Há, talvez, três dessas medidas: deflexões poderosas, que nos levam a dar menos importância à nossa própria miséria; satisfações substitutas, que a diminuem; e substâncias intoxicantes que nos tornam insensíveis a ela. Algo desse tipo é indispensável.[16]

---

[15] "Aquele que tem Ciência e Arte também tem Religião; aquele que não tem nenhuma das duas, que tenha Religião" (Goethe).
[16] Sigmund Freud, *Civilization and Its Discontents*, traduzido do alemão por James Strachey. New York. Norton & Company, 1962.

UMA REVOLUÇÃO BIOLÓGICA ABORTADA

Ao mesmo tempo, em *The Future of an Illusion*, Freud rejeitou a mais perigosa das ilusões, i.e., a religião.

O homem comum não pode imaginar essa providência de outra maneira que não seja na figura de um pai imenso e excelso. Somente um ser semelhante pode entender as necessidades das crianças e dos homens, e comover-se com as orações, e aplacar-se com as demonstrações do seu remorso. A coisa toda é tão evidentemente infantil, tão estranha à realidade que, para qualquer um que tenha uma atitude de amor à humanidade, é doloroso pensar que a grande maioria dos mortais nunca será capaz de elevar-se acima dessa visão da vida.

Assim, as descobertas exatas de Freud a respeito do misticismo religioso acabaram em resignação. E a vida lá fora estava fervendo com lutas por uma filosofia racional e uma regulagem social cientificamente fundamentada. Em princípio, não havia diferença entre as duas. Freud, entretanto, não apenas se recusava a tomar partido, mas também rejeitava a ideologia "política" e defendia a visão "científica" da vida. Sentia que não tinha nada que ver com a política. Eu visava a demonstrar que o desejo de uma democratização do processo do trabalho é, e precisa ser, cientificamente racional. Nesse tempo, a queda da democracia social de Lenin, o desenvolvimento da ditadura na União Soviética e o abandono de todos os princípios de verdade no pensamento sociológico já tinham começado. Tudo isso não podia ser negado. Rejeitei a indiferença de Freud. Adivinhava-se apenas vagamente que a atitude de Freud, assim como a atitude dogmática do governo soviético, cada uma à sua maneira, podiam justificar-se. *A regulagem científica e racional da existência humana é o objetivo mais alto. Entretanto, a estrutura irracional, adquirida, das massas, i.e., dos que personificam o processo histórico, torna possível a ditadura, justamente através da exploração dessa irracionalidade.* Depende de quem controla o poder, do objetivo com que o exerce e das forças contra as quais o exerce. De qualquer maneira, a democracia social inicial russa era a tentativa mais humana possível dentro das condições históricas existentes e dada a estrutura do homem. Freud o havia explicitamente admitido. A degeneração dessa democracia social no estalinismo ditatorial de hoje não pode ser negada e é sopa no mel para os oponentes da democracia. Nos anos seguintes, o pessimismo de Freud mostrou-se também horrivelmente justificado: "– Nada se pode fazer". Após a experiência russa, o desenvolvimento da verdadeira democracia parecia utópico. Aqueles que não tinham arte nem ciência tinham a "mística socialista", na qual havia degenerado todo um mundo extraordinário de pensamento científico. Deve salientar-se que a atitude de Freud apenas refletia a atitude geral básica dos cientistas acadêmicos: não tinham confiança na possibilidade de uma autoeducação democrática, nem na capacidade mental das massas. Por isso, não fizeram nada para minar as fontes da ditadura.

Desde o início da minha atividade no campo da higiene mental, tornou-se cada vez mais arraigada na minha mente a ideia de que a felicidade cultural em geral e a felicidade sexual em particular são os conteúdos reais da vida, e deveriam ser o objetivo de uma política efetiva do povo. Todos, inclusive os marxistas, se opunham a essa ideia. Mas a descoberta que eu fizera na profundidade do organismo humano valia mais que todas as objeções, dificuldades e reservas. Toda a produção da cultura, da estória de amor às mais altas realizações da poesia, confirmavam a minha opinião. Toda a política da cultura (filmes, romances, poesia, etc.) gira em torno do elemento sexual e medra sobre a sua renúncia na realidade e a sua afirmação no ideal. As indústrias e a propaganda capitalizam-no. Se toda a humanidade sonha com a felicidade sexual e poetiza o tema, não deveria também ser possível transformar o sonho em realidade? O objetivo era claro. Os fatos descobertos na profundidade biológica exigiam atenção médica. Por que, apesar disso, o anseio de felicidade sempre aparece apenas como uma visão fantástica, em luta com a dura realidade? Freud resignou-se da seguinte forma:

Em termos do próprio comportamento humano, qual é o objetivo da vida humana? O que o homem quer da vida? O que espera realizar na vida? Em 1930, eram essas as perguntas que Freud fazia após aquelas discussões que levavam os efeitos do desejo sexual da vida das massas até os escritórios silenciosos do sábio, e precipitavam o desencadeamento de opiniões antitéticas.

Freud era obrigado a admitir: "*A resposta a isso dificilmente pode ficar em dúvida. Eles anseiam pela liberdade; querem tornar-se felizes, e permanecer felizes.*"[17] O homem quer experimentar sentimentos fortes de prazer. É apenas o princípio de prazer que determina o sentido da vida. Esse princípio governa o desempenho do mecanismo psíquico desde o seu próprio início.

> Não pode haver dúvidas sobre a sua eficácia, e mesmo assim o seu programa está em desacordo com o mundo inteiro, tanto com o macrocosmo

---

[17] Os itálicos são de Reich.

UMA REVOLUÇÃO BIOLÓGICA ABORTADA

como com o microcosmo. Não há nenhuma possibilidade de que seja posto em prática; todas as regras do universo são contrárias a ele. Dá vontade de dizer que a intenção de que o homem fosse *feliz* não fazia parte dos planos da *Criação*. O que chamamos de felicidade no sentido estrito da palavra vem da satisfação (de preferência inesperada) de necessidades que foram reprimidas em alto grau; pela sua própria natureza só é possível como um fenômeno espisódico.

Nesse passo, Freud analisou uma disposição que constituiu um dos aspectos da incapacidade do homem para ser feliz. O argumento parece verdadeiro, mas é incorreto. Parece dizer que a abstinência é uma pré-condição da experiência da felicidade. Ignora o fato de que a própria repressão é experimentada como um prazer *quando é expectativa de uma satisfação, e essa satisfação não é excessivamente adiada*. Por outro lado, a repressão torna o organismo rígido e incapaz para o prazer quando não há perspectiva de satisfação, e quando a experiência de felicidade é ameaçada com punição. A maior experiência de prazer, o orgasmo sexual, tem a particularidade de pressupor uma repressão de energia biológica. Entretanto, esta particularidade não leva absolutamente à conclusão de Freud – de que a felicidade está em desacordo com todas as instituições do mundo. Posso hoje provar experimentalmente que essa afirmação é incorreta. Naquele tempo, senti apenas que Freud estava escondendo uma realidade atrás de uma figura de linguagem. *Admitir a possibilidade da felicidade humana teria sido a mesma coisa que admitir a incorreção da teoria do instinto de morte*. Teria significado uma crítica às instituições sociais que destroem a felicidade da vida. Para manter essa posição resignada, Freud desenvolveu argumentos que deduziu da situação existente, sem perguntar se essa situação é inerentemente necessária e imutável. Eu não entendia como era ele capaz de acreditar que a descoberta da sexualidade infantil pudesse não ter um efeito, fosse qual fosse, de mudança no mundo. Ele me parecia cometer uma terrível injustiça contra o seu próprio trabalho, e sentir a tragédia dessa contradição. Quando eu discordava dele e apresentava os meus argumentos, dizia-me que ou estava redondamente enganado ou um dia "teria de suportar sozinho a pesada carga da psicanálise". Como eu não estava enganado, a sua profecia cumpriu-se.

Nas suas discussões assim como nas suas publicações, Freud refugiava-se na teoria do sofrimento biológico. Visava a uma saída para a catástrofe da civilização em um "esforço por parte de Eros".

A FUNÇÃO DO ORGASMO

Em conversa particular em 1926, exprimiu a esperança de que a "experiência" da revolução russa soviética fosse bem-sucedida. Ninguém tinha, então, qualquer suspeita de que a tentativa de Lenin de estabelecer a democracia social terminaria tão desastrosamente. Freud sabia, e o afirmara por escrito, que a humanidade está doente. Nem o psiquiatra nem o político tinha a mais leve noção de como essa doença se relacionava com a catástrofe russa e, mais tarde, com a germânica. Três anos depois, as condições na Alemanha e na Áustria já se encontravam em tal estado de tumulto que desfiguravam toda a atividade profissional. A irracionalidade na vida política tornava-se cada vez mais visível. A psicologia analítica penetrava cada vez mais nos problemas sociais. No meu trabalho em geral, comecei a considerar o "homem" não apenas como um tipo, mas como um ser atuante dentro de um contexto social específico. Via que a maior parte das pessoas estava caindo nas mãos de políticos exploradores. Apesar do seu conhecimento da chaga psíquica, Freud temia a inclusão dos psicanalistas na arena política. O seu conflito, que era muito profundo, fez com que eu me sentisse muito próximo dele. Hoje entendo também a necessidade da sua resignação. Durante uma década e meia, ele havia lutado pelo reconhecimento de fatos simples. Os seus colegas de profissão o tinham caluniado, o haviam chamado de charlatão, e posto em dúvida a sinceridade das suas intenções. Freud não era um pragmatista social, "apenas" um cientista; mas era um cientista cuidadoso e honesto. O mundo não podia mais continuar a negar a existência da vida psíquica inconsciente e assim se valeu da sua antiga manobra de corrupção: enviou-lhe muitos estudantes, que chegaram a uma mesa servida e não tiveram de preocupar-se com a cozinha. Tinham apenas um interesse: popularizar a psicanálise o mais depressa possível. Levaram para dentro da organização de Freud os laços conservadores que os prendiam a esse mundo – e o trabalho de Freud não podia subsistir sem uma organização. Um após outro, descartaram ou diluíram a teoria da libido. Freud tinha perfeita consciência das dificuldades que enviolviam a defesa da teoria da libido. Mas no interesse da autopreservação e da consolidação do movimento, não podia permitir-se dizer aquilo que, num mundo mais honesto, certamente sustentaria sozinho. No seu trabalho científico, fora muito além da estreita estrutura intelectual dos hábitos tradicionais e modos de pensar da classe média. A sua escola puxou-o novamente para trás. Freud sabia em 1929 que, apesar de todo o meu entusiasmo juvenil, eu estava certo. Admiti-lo, porém, significaria sacrificar a metade da organização psicanalítica.

UMA REVOLUÇÃO BIOLÓGICA ABORTADA

Essencialmente, uma questão estava em pauta; a educação das crianças e a psicoterapia. A enfermidade psíquica – isso estava fora de dúvida – é um produto da repressão dos instintos sexuais. A pergunta seguinte era: que acontece aos instintos que são libertados da repressão? Segundo a psicanálise, são censurados e sublimados. Não havia qualquer menção – e nem podia haver – da satisfação real, porque o inconsciente era concebido apenas como um inferno, ou como um feixe de impulsos antissociais e perversos.

Concentrei-me cada vez mais na procura de uma resposta para esta pergunta: *o que acontece à genitalidade das crianças e dos adolescentes depois que é liberada da repressão?* Deverá também ser "sublimada e censurada"? Os psicanalistas jamais conseguiriam responder-me a essa pergunta. Mesmo assim, constitui o problema central da formação do caráter.

Toda educação sofre com o fato de que a adaptação social requer a repressão da sexualidade natural, e de que essa repressão torna as pessoas doentes e antissociais. Assim, era necessário perguntar por que a adaptação social exige repressão. Essa exigência se baseia em um erro fundamental na avaliação da sexualidade.

A maior tragédia de Freud é que ele procurava refúgio em teorias biológicas, em vez de calar-se ou de deixar que cada um fizesse o que bem entendesse. Foi isso o que o levou a contradizer-se.

A felicidade, disse, é uma ilusão, porque o sofrimento ameaça inevitavelmente, de três lados. Primeiro, "do próprio corpo do sujeito, que está destinado à decadência e à desintegração..." Por que é, então, que a ciência está sempre sonhando com o prolongamento da vida?

Segundo, "do mundo exterior, que pode enfurecer-se contra nós com força esmagadora, inexorável e destruidora..." Por que, então, grandes humanistas passaram a metade da vida pensando nas maneiras de melhorar este mundo? Por que milhões de heróis da liberdade deram a vida na luta contra esse mundo exterior ameaçador, tanto no contexto social como no tecnológico? A peste não havia sido vencida, afinal? A escravidão física e social não havia sido reduzida? Não seria possível, jamais, dominar o câncer e a guerra, como a peste havia sido dominada? Nunca seria possível vencer a hipocrisia moralística, que mutila as nossas crianças e os nossos adolescentes?

O terceiro argumento contra o anseio humano de felicidade era sério, e permaneceu inexplicado. O sofrimento causado pelas relações do sujeito com outras pessoas, disse Freud, é mais doloroso que qualquer outro. As pessoas têm a tendência de encará-lo como um aborrecimento

A FUNÇÃO DO ORGASMO

superficial, mas não é menos fatal ou mais evitável do que o sofrimento que tem outras origens. Aqui, Freud dá voz às suas próprias experiências amargas com a espécie humana. Aqui, atinge o problema econômico-sexual de estrutura, i.e., a irracionalidade que determina o comportamento de um homem. Eu mesmo tive dolorosa amostra disso na organização psicanalítica, organização cuja tarefa profissional deveria consistir no controle médico do comportamento irracional. Agora Freud estava dizendo que esse sofrimento era fatal e inevitável.

Mas por quê? Que sentido havia, então, em focalizar o comportamento através da perspectiva de métodos científicos e racionais? Que sentido havia em defender a educação do homem para um comportamento racional e orientado para a realidade? Por alguma razão inexplicável, Freud não conseguia ver a crescente contradição da sua atitude. Por um lado, estava certo ao reduzir a conduta e o pensamento humanos aos motivos irracionais inconscientes. Entretanto levara isso longe demais: o impulso de derrubar uma árvore para construir uma cabana não é de origem irracional. Por outro lado, havia uma visão científica do mundo, na qual a lei por ele descoberta não era válida. Era uma ciência que transcendia os seus próprios princípios! A resignação de Freud era apenas uma fuga à enorme dificuldade apresentada pela patologia que se contém no comportamento humano – a malícia do homem. Freud estava desiludido. A princípio, pensava haver descoberto a terapia radical das neuroses. Na realidade, isso fora apenas um começo. Era muito mais complicado do que sugeria a fórmula de tornar o inconsciente consciente. Sustentava que a psicanálise podia abraçar não apenas problemas médicos, mas problemas universais da existência humana. Mas não encontrou o seu caminho na sociologia. Em *Beyond the Plesure Principle*, penetrara, por meio de hipóteses, em importantes questões biológicas e deduzira daí a teoria do instinto de morte, que acabou sendo uma teoria errônea. A princípio, o próprio Freud assumira uma posição muito cética a respeito. A psicologização da sociologia e também da biologia impedia qualquer perspectiva de conseguir um domínio prático desses enormes problemas.

Além disso, tanto pela sua prática médica como pela atitude das pessoas a respeito da sua teoria, Freud chegou a ter a certeza de que os seres humanos são criaturas altamente inseguras e maliciosas. Durante décadas, viveu isolado do mundo a fim de proteger a sua orientação psíquica. Se tomasse conhecimento de todas as objeções irracionais que se erguiam contra ele, se perderia em destruidoras batalhas diárias. Para

UMA REVOLUÇÃO BIOLÓGICA ABORTADA

imolar-se precisava de uma atitude cética diante dos "valores" humanos; precisava, na verdade, de um certo desprezo pelo homem moderno. O estudo e o conhecimento se tornaram mais significativos para ele que a felicidade humana, especialmente tendo em vista que as próprias pessoas pareciam não fazer o melhor uso da felicidade, quando esta lhes vinha ao encontro. Essa atitude estava bem de acordo com a atitude habitual da superioridade acadêmica; havia também testemunhos concretos que a justificavam. Mas os problemas universais da existência humana não podiam ser avaliados pelo prisma de um cientista pioneiro.

Dois fatos cruciais impediram-me de seguir Freud, embora lhe entendesse os motivos. Um era a exigência continuamente crescente por parte de milhões de pessoas culturalmente negligenciadas, materialmente exploradas e psiquicamente arruinadas de determinar a sua própria existência social. O seu alvo era o da felicidade terrena. Não ver, ou não levar em conta, essa exigência seria fechar os olhos à situação política vigente. Eu conhecia demais esse despertar da massa para poder depreciar ou desprezar o seu potencial social. Os motivos de Freud eram inatacáveis. Repudiá-los simplesmente significaria, em última análise, aderir às fileiras dos parasitas inúteis da sociedade.

O segundo fato era que eu havia aprendido a ver as pessoas a partir de duas perspectivas: eram frequentemente corruptas, servis, desleais, cheias de vazios chavões, ou simplesmente secas. Mas não eram assim por natureza. Haviam-se tornado assim por causa das condições da vida. No início, porém, poderiam ter-se tornado um tanto diferentes; decentes, honestas, capazes de amar, sociáveis, mutuamente responsáveis, sociais sem compulsão. Estávamos lidando com contradições do caráter que refletiam contradições da sociedade. Cada vez mais, eu entendia que aquilo que se chama de "mau" e de "antissocial" é um mecanismo neurótico. Uma criança brinca de maneira natural. É coibida pelo seu ambiente. A princípio, defende-se contra a coibição. Vencida, preserva apenas a defesa contra a limitação do prazer, sob a forma de reações irracionais de despeito, destituídas de objetivo, e patológicas. Da mesma forma, o comportamento humano reflete apenas as contradições entre a afirmação de vida e a negação de vida no próprio processo social. A questão seguinte era: poderia algum dia solucionar-se a contradição entre o anseio de prazer e a frustração social do prazer? A pesquisa psicanalítica no campo da sexualidade parecia-me o primeiro passo na direção de uma alteração dessa ordem. Mas essa abordagem do problema fora totalmente excluída do quadro. A psicanálise tornou-se

A FUNÇÃO DO ORGASMO

uma "teoria de adaptação cultural" abstrata e, portanto, conservadora, cheia de contradições insolúveis.

A conclusão era irrefutável: *o anseio do homem pela vida e pelo prazer não pode ser aniquilado, enquanto o caos social da sexualidade pode ser eliminado.*

Foi então que Freud começou a emitir julgamentos absolutos, a procurar justificações para ideologias de ascetismo. A "irrestrita satisfação" de todos os impulsos, afirmava, impunha-se como o mais sedutor modo de vida, mas significava antepor o prazer à prudência e teria repercussões depois de pouco tempo. A isso eu podia responder, mesmo então, que é necessário distinguir as necessidades *naturais* da felicidade e os impulsos secundários *antissociais*, produzidos por uma educação compulsiva. Os impulsos secundários inaturais e antissociais requeriam, e continuam a requerer, a coibição moral. Entretanto, a satisfação de necessidades naturais pode ser governada pelo princípio da liberdade, pelo princípio da "vida sem tabus", se preferem. É preciso apenas saber o que significa a palavra *impulso* em cada caso.

Segundo Freud, "o uso de narcóticos como um esforço para conseguir a felicidade e dominar a miséria é encarado como uma bênção, a tal ponto que tanto os indivíduos como os povos lhe reservam um lugar determinado na economia da sua libido". Ele não diz nada sobre a condenação pela medicina desse prazer substituto, que destrói o organismo! Nem uma só palavra sobre as pré-condições que causam a necessidade dos narcóticos; por exemplo, a frustração da felicidade sexual. Nem uma só palavra em toda a literatura psicanalítica sobre a correlação entre o vício e a falta de satisfação genital!

As conclusões de Freud eram desesperadoras. Embora admitisse que o anseio de prazer é inextirpável, afirmava que não é o caos social mas o impulso de prazer que deveria ser modificado.

A complicada estrutura do mecanismo psíquico, argumentou Freud mais tarde, tornava possível influenciá-lo de inúmeras formas. Enquanto a satisfação instintiva é felicidade, a necessidade dessa satisfação se torna a causa de graves sofrimentos, quando o mundo exterior nos obriga a viver desejando e frustra a satisfação das nossas necessidades. Assim, influenciando os impulsos instintivos, e não o mundo que obriga as pessoas a viverem com o desejo, é que o homem poderia esperar libertar-se de uma certa dose de sofrimento. A finalidade dessa influência estaria em dominar as pontes interiores das necessidades. De um modo radical, isso poderia conseguir-se matando os instintos, como foi ensinado pela

UMA REVOLUÇÃO BIOLÓGICA ABORTADA

filosofia oriental e posto em prática pela ioga. Esses são os argumentos de Freud, o homem que, incontestavelmente, pôs diante do mundo a verdade da sexualidade infantil e da repressão sexual!

Nesse ponto ninguém poderia mais, ou deveria, seguir Freud. Pelo contrário, era necessário reunir todos os recursos para lutar contra as consequências de semelhante opinião, expressa por uma autoridade. Eu sabia que um dia todos os espíritos da escuridão e do medo à vida apontariam Freud como o seu chefe. Essa não era a maneira de tratar um problema humano de primeira grandeza, nem a maneira de defender a renúncia imposta ao *coolie* chinês, nem a maneira de desculpar a mortalidade infantil no desumano patriarcado da Índia, patriarcado que acaba justamente de sofrer as suas primeiras derrotas. O mais crucial problema da adolescência e do absurdo da infância era a destruição dos impulsos espontâneos da vida no interesse de um refinamento discutível. Isso era algo que a ciência jamais deveria permitir: não deveria conformar-se, especialmente considerando o fato de que o próprio Freud não duvidou do papel dominante, e fundamentalmente correto, do anseio humano de felicidade.

É verdade, escreveu ele, que o anseio de uma realização positiva de felicidade, a orientação que toma o amor como o seu centro de gravidade e espera toda a satisfação do amar e ser amado parece muito suficiente para todos. O amor sexual, disse, proporciona as mais fortes sensações de prazer e é o protótipo do anseio de felicidade em geral. Mas havia um ponto fraco nessa visão, ou jamais ocorreria a quem quer que fosse abandonar esse caminho em favor de outro. Uma pessoa nunca está menos protegida contra o sofrimento do que quando ama, e nunca está mais desamparadamente infeliz do que quando perde o objeto amado, ou o amor. Tornar-se feliz de acordo com o princípio do prazer, concluiu Freud, não era possível. Sustentou frequentemente que a estrutura humana e as condições da existência humana eram imutáveis. Falava das atitudes que observara nas reações neuróticas de desapontamento em mulheres emocional e materialmente dependentes do marido.

O meu afastamento da posição de Freud e a procura de uma solução econômico-sexual desses problemas compreendeu duas partes: primeiro, era necessário entender biologicamente o anseio de felicidade. Dessa forma, ele poderia ser isolado das distorções secundárias da natureza humana. Segundo, havia a importante questão da exequibilidade social daquilo que as pessoas desejavam profundamente e que, ao mesmo tempo, temiam tanto.

A FUNÇÃO DO ORGASMO

A vida, e com ela o impulso em direção ao prazer, não se desenrola em um ambiente vazio, incondicional, porém sob determinantes naturais e sociais.

A primeira parte era chão novo no campo da biologia. Ninguém havia investigado ainda o mecanismo do prazer a partir de um ângulo biológico. A segunda parte era chão novo no campo da sociologia, mais especificamente no campo da política sexual. Quando as pessoas anseiam naturalmente por algo que lhes pertence por direito e que não podem conseguir porque o impedem os costumes da vida social, surge inevitavelmente uma pergunta: que medidas tomar e que caminhos seguir para obter afinal aquilo que naturalmente se deseja? Essa é sempre a questão, quer se trate da obtenção da felicidade sexual ou da realização de planos econômicos. Precisaríamos apenas daquela mentalidade peculiar, saturada de chavões, para poder negar aqui o que já afirmamos, por exemplo a respeito do fazer dinheiro ou do preparar a guerra. Uma política econômica racional é necessária para garantir a distribuição dos gêneros. A política sexual não é nada mais que isso, quando os princípios óbvios que pertencem à satisfação das necessidades econômicas se aplicam à satisfação das necessidades sexuais. Não foi difícil reconhecer a política sexual como o centro da política cultural para separá-la dos esforços superficiais da reforma sexual e da mentalidade pornográfica, e para revelar o seu fundamento científico elementar.

Todas as conquistas culturais, como se expressam na literatura, na poesia, na arte, na dança, nos hábitos folclóricos, se caracterizam pela sua preocupação com a sexualidade.

Nenhum interesse influencia mais fortemente o homem que o interesse sexual.

As leis patriarcais pertencentes à religião, à cultura e ao casamento são predominantemente leis contra a sexualidade.

Na libido, energia do instinto sexual, a psicologia freudiana reconhecia o motor central dos fenômenos psíquicos.

No sentido estrito da palavra, a história e a mitologia primitivas são reproduções da economia sexual da espécie humana.

A pergunta crucial não podia mais ser evitada: *é a repressão sexual um componente indispensável do desenvolvimento cultural?* Se a pesquisa científica respondesse claramente a essa questão de maneira afirmativa, então não haveria esperança em qualquer tentativa de uma política cultural positiva. Entretanto, isso teria de aplicar-se também a todas as conquistas psicoterapêuticas.

UMA REVOLUÇÃO BIOLÓGICA ABORTADA

Semelhante visão não podia ser correta. Estava em desacordo com todos os anseios humanos, descobrimentos científicos e realizações intelectuais. Como o meu trabalho clínico me havia convencido firmemente de que o homem sexualmente satisfeito é também o homem mais produtivo no sentido cultural, eu não podia logicamente responder a essa pergunta de acordo com a linha de raciocínio de Freud. A questão de necessidade, ou não, da supressão da sexualidade da criança e do adolescente dava lugar a outra muito mais importante: quais eram os motivos humanos para fugir com tanta firmeza, e até agora com tanto sucesso, a uma resposta clara? Eu visava a descobrir os motivos inconscientes de um homem como Freud, que se pôs, e à sua autoridade, no ápice de uma ideologia conservadora e, com a sua teoria da civilização, destruiu aquilo que havia realizado por meio de um trabalho contínuo como cientista natural e como médico. Não podia haver dúvidas de que não agira assim por covardia intelectual ou por conservadoras razões políticas. Havia atuado dentro da estrutura de uma ciência que, como as outras, dependia da sociedade. A barreira social se fazia sentir não só na terapia das neuroses mas também na investigação da origem da repressão sexual.

Nos meus centros de orientação sexual, tornava-se claro para mim que a *supressão da sexualidade das crianças e dos adolescentes tinha função de tornar mais fácil para os pais insistir na obediência cega dos filhos*.

Nos primórdios do patriarcado econômico, a sexualidade das crianças e dos adolescentes era combatida por meio da castração direta ou da mutilação genital, de um modo ou de outro. Mais tarde, a castração psíquica através da inculcada angústia sexual e do sentimento de culpa tornou-se o meio habitual. A supressão sexual tem a função de tornar o homem dócil à autoridade exatamente como a castração dos garanhões e dos touros tem a função de produzir satisfeitos animais de carga. Ninguém pensou nas consequências devastadoras da *castração psíquica* e ninguém pode predizer como é que a sociedade humana vai enfrentá-las. Freud confirmou mais tarde a relação entre a repressão sexual e a atitude de submissão, depois que pus o problema em evidência nas minhas publicações.[18]

O medo de uma revolta por parte dos elementos oprimidos leva o patriarcado a tomar medidas de precaução mais rigorosas. A civilização da Europa Ocidental atingiu altos níveis quanto a esse tipo de

---

[18] Cf. Reich, Geschlechtsreife, Enthaltsamkeft, Ehemoral, Münstervelag, 1930. *Die Secualistat im Kulturkampf*, Sexpol Verlag, 1936. Parte I.

A FUNÇÃO DO ORGASMO

desenvolvimento. Psicologicamente, uma comunidade cultural justifica-se, com perfeição, ao começar proscrevendo as manifestações da vida sexual das crianças, pois não conseguiria refrear os desejos sexuais dos adultos, se o terreno não houvesse sido preparado na infância. Mas semelhante comunidade não pode justificar-se de maneira nenhuma por concordar com a verdadeira *negação* de fenômenos facilmente demonstráveis e, na verdade, impressionantes.[19]

Assim, a formação de uma estrutura de caráter sexual negativa era o objetivo real e inconsciente da educação. A pedagogia psicanalítica não podia, por isso, continuar a ser discutida sem que se levasse em conta o problema da estrutura do caráter; nem se podia discutir este último sem determinar o objetivo social da educação. A educação sempre serve aos objetivos do sistema social existente. Se esse sistema social está em desacordo com os interesses da criança, então a educação deve ignorar os interesses da criança. Deve, em suma, virar-se contra o seu próprio interesse, i.e., tornar-se infiel a si mesma e render-se abertamente; ou, hipocritamente, estabelecer o seu objetivo como sendo "o bem-estar da criança". Essa educação não distingue a "família compulsiva" que oprime a criança, da "família" que se baseia em profundas relações de amor entre pais e filhos, relações sempre destruídas pelo relacionamento familial compulsivo. Essa educação menosprezou as grandes revoluções sociais que tiveram lugar na vida sexual do homem e na vida da família, desde o início do século. Com as suas "ideias" e "reformas" claudicava, e ainda claudica, atrás das mudanças concretas que ocorreram. Em suma, embaraçou-se nos seus próprios motivos irracionais, dos quais não tinha, e não tem, consciência.

Por tudo isso, a propagação das neuroses é comparável à propagação de um flagelo. Envenena tudo o que foi criado pelo desejo, pelo esforço, pelo pensamento e pelo trabalho. Podia-se combater o flagelo sem obstrução externa porque nem interesses pecuniários nem sentimentos místicos eram violados. É muito mais difícil combater a propagação das neuroses. Tudo o que floresce sobre o misticismo do homem a ele se agarra e tem poder. Quem poderia aceitar o argumento de que a chaga psíquica não devia ser combatida porque as medidas de higiene mental oneram demais as massas? É uma desculpa dizer que não há fundos suficientes para levar adiante tais medidas. As somas em dinheiro esbanjadas na guerra, em uma semana, seriam suficientes

---

[19] *Freud, Civilization and Its Discontents.*

UMA REVOLUÇÃO BIOLÓGICA ABORTADA

para satisfazer às necessidades higiênicas de milhões de pessoas. Subestimamos as imensas forças que se encontram inaproveitadas no próprio homem, exigindo expressão e confirmação.

A economia sexual compreendia o objetivo biológico do anseio humano, cuja realização era impedida pela própria estrutura humana e também por algumas instituições do sistema social. Freud rejeitava o alvo da felicidade em favor da estrutura humana e do caos social existente. Por isso, nada me restava senão apegar-me ao alvo e aprender a conhecer as leis segundo as quais a estrutura humana é moldada e pode ser alterada. Levei muito tempo para compreender a magnitude desse problema, e para compreender acima de tudo que a *estrutura psíquica neurótica se tornava uma inervação somática*, uma "segunda natureza", por assim dizer. Apesar de todo o seu pessimismo, Freud não podia fundar a sua posição em uma nota de desespero. A sua afirmação final foi:

> A questão decisiva para a espécie humana parece-me estar em saber se, e em que medida, o seu desenvolvimento cultural conseguirá dominar a perturbação de sua vida em comum pelos instintos humanos de agressão e autodestruição (...) E agora deve esperar-se que o outro dos dois "poderes celestiais", o Eros eterno, faça um esforço para se afirmar na luta contra o seu adversário igualmente imortal.[20]

Isso era muito mais que uma figura de linguagem, como pensavam os psicanalistas. Era muito mais que uma observação apenas inteligente. *"Eros" pressupõe inteira capacidade sexual.* E a capacidade sexual pressupõe interesse social e afirmação geral da vida. Em 1930, após os debates e choques radicais de opiniões, pareceu-me que Freud secretamente me desejava sucesso no meu empreendimento. Expressou-se de maneira vaga, mas estavam descobertas as armas que um dia ajudariam a realizar essa esperança. *Apenas a liberação da capacidade natural do homem para o amor é que pode vencer a tendência destrutiva sadística.*

2   A ORIGEM SOCIAL DA REPRESSÃO SEXUAL

A esse tempo, naturalmente, a questão da exequibilidade da felicidade geral humana aqui na terra não podia ser respondida de maneira prática. Uma pessoa ingênua poderá perguntar agora se a ciência não

---

[20]   Idem.

A FUNÇÃO DO ORGASMO

tinha outra preocupação a não ser uma questão tola como o "desejo" ou a "exequibilidade" da felicidade terrena de milhões de pessoas. Pensara que a questão é evidente por si mesma. Não obstante, não é tão simples como imaginam o adolescente sadio e entusiástico e a pessoa despreocupada e desatenta. Nos importantes centros que formaram a opinião pública da Europa em 1930, o direito de milhões de pessoas à felicidade terrena não foi encarado como evidente por si mesmo; nem a sua falta foi encarada como digna de discussão. Não havia então uma só organização política que encarasse semelhantes questões de outra forma que não como "lugares-comuns", como "pessoais", "não científicas" e "não políticas".

Seja como for, era precisamente essa a questão que os acontecimentos sociais, por volta de 1930, tornavam imperativa. Foi o dilúvio fascista que varreu a Alemanha como um macaréu, surpreendendo a todos e fazendo com que muitos se perguntassem como podia acontecer semelhante coisa. Economistas, sociólogos, reformistas culturais, diplomatas e homens de estado procuravam por uma resposta nos livros antigos. Mas os livros antigos não continham nenhuma explicação desses fenômenos. Não havia um só modelo político que facilitasse uma compreensão das emoções humanas irracionais que o fascismo representava. Nunca, antes, a própria alta política havia sido posta em cheque como estrutura irracional.

Neste volume, quero apenas analisar os acontecimentos sociais que se encontravam substancialmente na base da controvérsia estabelecida a respeito do trabalho de Freud. Tenho de omitir o vasto segundo plano socioeconômico.

Vista socialmente, a descoberta de Freud, da sexualidade infantil e da repressão sexual, era a primeira conscientização vaga da renúncia sexual que se vinha praticando por milhares de anos. Esse despertar da consciência aparecia ainda com roupagens altamente acadêmicas e tinha pouca fé nos seus próprios movimentos. A questão da sexualidade humana tinha de ser deslocada dos cantos escuros da estrutura social – onde, por milhares de anos tinha vivido uma vida falsa, ulcerosa e suja – bem para a frente do brilhante edifício pomposamente chamado "cultura e civilização". O assassínio de origem sexual, os abortos criminosos, a agonia sexual dos adolescentes, a destruição de todos os impulsos vitais nas crianças, as perversões em massa, a pornografia e a polícia de costumes que acompanha tudo isso, a exploração do profundo anseio humano de amor por uma vulgar e pruriente "indústria

UMA REVOLUÇÃO BIOLÓGICA ABORTADA

de consumidores" por meio da propaganda comercial, milhões de enfermidades de natureza psicossomática, a solidão e a deformidade psíquica em toda parte, e – por cima de tudo isso – a politicagem neurótica dos pretensos salvadores da humanidade, dificilmente poderiam encarar-se como modelos de uma civilização. A avaliação social e moral da mais importante das funções biológicas do homem estava nas mãos de mulheres sexualmente frustradas e de dignos conselheiros privados, vegetativamente inertes.

Não havia nada contra as sociedades de velhas damas sexualmente frustradas e contra outras criaturas mumificadas. Protestava-se, porém, contra o fato de que eram precisamente esses espécimens atrofiados da vida que não só podiam ditar o comportamento de indivíduos fortes e sãos mas estavam em posição de fazê-lo. Moribundos e homens e mulheres frustrados apelavam para o sentimento geral de culpa sexual e apontavam o caos sexual e a "queda da civilização e da cultura". É verdade que milhões de pessoas não eram tapeadas por essa estória toda, mas casavam porque não estavam realmente certas de que os seus sentimentos naturais não pudessem ser criminosos, afinal. Era isso o que lhes haviam dito sempre. Portanto, as investigações de Malinowski nas ilhas dos Mares do Sul tiveram um efeito singularmente benéfico. O impacto causado foi de caráter sério. Nada havia da lascívia sensacional experimentada pelos mercadores sexualmente falidos com relação às jovens do Mares do Sul e às dançarinas havaianas.

Já em 1926, Malinowski contestava, em uma das suas publicações, a natureza biológica do conflito sexual entre a criança e os pais (conflito de Édipo) descoberto por Freud. Estava certo ao argumentar que a vinculação entre as crianças e os pais muda com os processos sociais; que era, portanto, de natureza sociológica e não biológica. Em suma, a própria família na qual a criança cresce é o resultado de um desenvolvimento social. Entre os trobriandeses, por exemplo, não é o pai mas o irmão da mãe da criança quem determina a maneira como a criança deve ser educada. Isso é uma característica importante do matriarcado. O pai desempenha somente a função de amigo dos filhos. O complexo de Édipo dos europeus não existe entre os trobriandeses. Naturalmente a criança trobriandesa também entra em conflito com os tabus e preceitos da família, mas essas leis de conduta são fundamentalmente diferentes das dos europeus. Fora o tabu do incesto entre o irmão e irmã, não contêm proibições sexuais. O psicanalista inglês Ernest Jones protestou categoricamente contra esse argumento funcional e sociológico

A FUNÇÃO DO ORGASMO

afirmando que o complexo de Édipo descoberto no homem europeu era a *fons et origo* de toda a cultura. Por isso, a família dos dias de hoje era uma instituição biológica imutável. Em debate nessa controvérsia estava a questão decisiva: *a repressão sexual tem origem biológica, ou é sociologicamente determinada e, portanto, mutável?*

O principal trabalho de Malinowski, *The Sexual Life of Savages*, apareceu em 1929. Continha uma profusão de documentos que tornavam absolutamente claro que a repressão sexual era de origem sociológica e não biológica. O próprio Malinowski não discutiu a questão no seu livro, mas a documentação falava por si. No meu ensaio "Der Einbruch der Sexual-moral" (segunda edição, 1934),[21] tentei demonstrar a *origem sociológica da negação sexual* com base nos documentos etnológicos disponíveis. Resumirei o que é importante para a presente discussão.

As crianças trobriandesas não conhecem a repressão sexual, nem há para elas segredo sexual. A vida sexual das crianças trobriandesas desenvolve-se naturalmente, livremente e sem interferências *através de todos os estágios da vida com satisfação sexual plena.* As crianças entregam-se à atividade sexual de acordo com a idade. Apesar disso, ou melhor, precisamente por essa razão, a sociedade trobriandesa, na terceira década deste século, ignorava quaisquer perversões sexuais, enfermidades mentais funcionais, psiconeuroses e o assassínio de origem sexual; não havia uma palavra para "roubo". Na sua sociedade, a homossexualidade e a masturbação eram encaradas como um meio incompleto e inatural de satisfação sexual e como uma prova de perturbação da capacidade de experimentar a satisfação normal. O estrito e neurótico-obsessivo treinamento de asseio, que solapa a civilização das raças brancas, é desconhecido das crianças trobriandesas. Por isso, o trobriandês é espontaneamente limpo, ordeiro, naturalmente sociável, inteligente e trabalhador. O casamento monogâmico voluntário não compulsivo, que pode, sem dificuldades, ser dissolvido a qualquer hora, prevalece como forma social de vida sexual. Não há promiscuidade.

A poucas milhas das *ilhas de Trobriand*, nas ilhas de Amphlett, vivia uma tribo com um sistema patriarcal baseado na autoridade da família. Todas as características dos neuróticos europeus (desconfiança, angústia, neuroses, suicídios, perversões, etc.), já eram evidentes nos nativos dessas ilhas.

---

[21] *The Invasion of Compulsory Sex-Morality*, New York, Farrar, Straus and Giroux, 1971.

UMA REVOLUÇÃO BIOLÓGICA ABORTADA

A nossa ciência, que é tão exagerada na negação sexual, conseguiu até anular a importância de fatos decisivos colocando-os lado a lado, e igualando-os, o importante e o não importante, o lugar-comum e o extraordinário. A diferença que acabo de descrever entre a organização matriarcal e livre dos trobriandeses e a organização patriarcal e autoritária da tribo que vive nas ilhas de Amphlett tem mais peso para a avaliação da higiene mental que as curvas e gráficos mais complicados e aparentemente mais exatos do nosso mundo acadêmico. *Até que ponto uma população desfruta da sexualidade natural? – Essa é a questão fundamental básica da higiene mental.*

Freud afirmara que o período de latência sexual das nossas crianças, entre as idades de seis e doze anos aproximadamente, era de natureza biológica. Fui atacado pelos psicanalistas porque verifiquei, em adolescentes oriundos de vários estratos da população, que não há período de latência quando a sexualidade se desenvolve de maneira natural. O período de latência é um produto inatural da civilização. Agora Malinowski o confirmava. A atividade sexual das crianças trobriandesas é contínua; varia, apenas, com a idade. Não há período de latência. As relações sexuais começam quando a puberdade o exige. A vida sexual dos adolescentes é monogâmica; a mudança de companheiro se dá calmamente e de maneira pacífica, sem violência ou ciúme. E, contrariando completamente a nossa civilização, a sociedade trobriandesa proporciona os meios de isolamento e higiene à sexualidade do adolescente, particularmente no que diz respeito à habitação e a outros aspectos, até onde lhes permite o seu conhecimento dos processos naturais.

Há apenas um grupo e crianças excluídas desse processo: são as crianças reservadas para um casamento pré-arranjado, economicamente vantajoso, com um primo cruzado. Esse casamento traz vantagens para o chefe e constitui o núcleo em torno do qual se desenvolve uma ordem patriarcal. O casamento de primos cruzados encontrou-se em toda parte onde a pesquisa etnológica pôde provar a existência atual ou histórica do matriarcado (cf. Morgan, Bachofen, Engels e outros). Exatamente como as nossas, essas crianças são obrigadas a viver vida ascética; demonstram as mesmas neuroses e traços de caráter que conhecemos nos neuróticos de caráter. O seu ascetismo tem a função de torná-los subservientes. *A supressão sexual torna-se um instrumento essencial de escravização econômica.*

Assim, a supressão sexual na criança pequena e no adolescente não é uma pré-condição para o ajustamento cultural, a socialidade,

A FUNÇÃO DO ORGASMO

a atividade, e a limpeza, como afirma a psicanálise, de acordo com a noção errônea tradicional de educação. É exatamente o contrário. Com a sua completa liberdade quanto à sexualidade natural, os trobriandeses atingiram um alto estágio na agricultura. Mais significativamente, por causa da ausência de impulsos secundários, preservaram uma condição social que pode parecer um sonho para todo estado europeu de 1930 ou 1940. Crianças saudáveis são sexualmente ativas de maneira natural e espontânea. Crianças doentes são sexualmente ativas de maneira inatural, i.e., perversa. Por isso, na nossa educação sexual, enfrentamos não a alternativa de atividade sexual ou ascetismo mas a alternativa de sexualidade natural e sã ou sexualidade perversa e neurótica.

A repressão sexual é de origem econômico-social e não biológica. A sua função é assentar o fundamento para uma cultura patriarcal e autoritária e para a escravidão econômica, que encontramos especialmente pronunciada no Japão, na China, na índia e em outros países. Na sua vida sexual, o período primitivo da humanidade foi fiel às leis naturais, que estabeleceram o fundamento de uma sociedade natural. Empregando a energia da sexualidade suprimida, o período intermediário da sociedade patriarcal autoritária dos últimos quatro ou seis mil anos produziu a sexualidade secundária, perversa e distorcida do homem moderno.

3   O IRRACIONALISMO FASCISTA

Há amplas evidências para a afirmação de que as revoluções culturais do século vinte são determinadas pela luta da humanidade ao reclamar as leis naturais da sexualidade. Essa luta pela naturalidade e pela harmonia entre a natureza e a cultura reflete-se nas várias formas de anseio místico, de fantasias cósmicas, de sensações "oceânicas" e êxtases religiosos e, sobretudo, no progresso em direção à liberdade sexual. Esse progresso é inconsciente, impregnado de contradições neuróticas e de angústia e se manifesta frequentemente sob as formas que caracterizam os impulsos perversos secundários. Uma humanidade que tem sido forçada, por milhares de anos, a negar a sua lei biológica e que, em consequência dessa negação, adquiriu uma segunda natureza – que é uma antinatureza – pode apenas debater-se em exaltação irracional quando quer restaurar a sua função biológica básica e, ao mesmo tempo, teme fazê-lo.

A era autoritária e patriarcal da história humana tentou manter sob controle os impulsos antissociais por meio de proibições morais

UMA REVOLUÇÃO BIOLÓGICA ABORTADA

compulsivas. É dessa maneira que o homem civilizado, se na verdade pode ser chamado civilizado, desenvolveu uma estrutura psíquica que consiste em três estratos. Na superfície, usa a máscara artificial do autocontrole, da insincera polidez compulsiva e da pseudo-socialidade. Essa máscara esconde o segundo estrato, o "inconsciente" freudiano, no qual sadismo, avareza, sensualidade, inveja, perversões de toda sorte, etc. são mantidos sob controle, não sendo, entretanto, privados da mais leve quantidade de energia. Esse segundo estrato é o produto artificial de uma cultura negadora do sexo e, em geral, é sentido conscientemente como um enorme vazio interior e como desolação. Por baixo disso, na profundidade, existem e agem socialidade e a sexualidade naturais, a alegria espontânea no trabalho e a capacidade para o amor. Esse terceiro e mais profundo estrato, que representa o cerne biológico da estrutura humana, é inconsciente e temido. Está em desacordo com todos os aspectos da educação e do controle autoritários. Ao mesmo tempo, é a única esperança real que o homem tem de dominar um dia a miséria social.

Todas as discussões sobre a questão de saber se o homem é bom ou mau, se é um ser social ou antissocial, são passatempos filosóficos. Se o homem é um ser antissocial ou uma massa de protoplasma reagindo de um modo peculiar e irracional, depende de que as suas necessidades biológicas básicas estejam em harmonia ou em desacordo com as instituições que ele criou para si. Em vista disso, é impossível libertar o trabalhador da responsabilidade que carrega para a regulagem, ou falta de regulagem, da energia biológica, i.e., para a economia social e individual da sua energia biológica. Uma das suas características mais essenciais veio a ser essa de sentir-se felicíssimo em atirar a sua responsabilidade – de si mesmo para cima de algum *führer* ou político –, pois não se compreende mais e, na verdade, teme a si mesmo e às suas instituições. Está desamparado, é incapaz para a liberdade e suspira pela autoridade porque não pode reagir espontaneamente; está encouraçado e quer que se lhe diga o que deve fazer, pois é cheio de contradições e não pode confiar em si mesmo.

A culta burguesia europeia do século dezenove e do início do século vinte adotou as formas de comportamento moralísticas e compulsivas do feudalismo e transformou-as no ideal da conduta humana. Desde a aurora do Iluminismo, os homens começaram a procurar a verdade a gritar pela liberdade. Enquanto as instituições moralísticas compulsivas governaram o homem – externamente como lei coerciva e opinião pública, e internamente como ciência compulsiva –, pôde vigorar uma

A FUNÇÃO DO ORGASMO

paz enganosa com irrupções ocasionais do mundo subterrâneo dos impulsos secundários. Durante esse período, os impulsos secundários permaneceram como curiosidades, apenas de interesse psiquiátrico. Manifestavam-se como neuroses sintomáticas, como ações criminosas neuróticas ou como perversões. Quando, entretanto, as revoluções sociais começaram a despertar no povo da Europa um desejo de liberdade e de independência, de igualdade e de autodeterminação, houve também uma urgência interior de libertar o próprio organismo vivo. O iluminismo social, a legislação – trabalho pioneiro no campo da ciência social – e as organizações orientadas para a liberdade empenharam-se em pôr a "liberdade" neste mundo. Após a Primeira Guerra Mundial, que destruiu muitas instituições autoritárias compulsivas, as democracias europeias queriam "conduzir o povo à liberdade". Mas esse mundo europeu lutando pela liberdade cometeu um grandíssimo erro de cálculo. Não conseguiu ver o que milhares de anos de supressão das energias vitais no homem haviam produzido por baixo da superfície. Não conseguiu ver o defeito universal da neurose de caráter. A séria catástrofe da chaga psíquica, i.e., a catástrofe da estrutura irracional do caráter humano, varreu vastas partes do mundo sob a forma da vitória das ditaduras. O que o verniz superficial da boa educação e um autocontrole artificial haviam refreado durante tanto tempo irrompia agora em ação, completado pelas próprias multidões em luta pela liberdade: nos campos de concentração, na perseguição aos judeus, na aniquilação de toda a decência humana, na destruição sadística e divertida de cidades inteiras por aqueles que só são capazes de sentir a vida quando marcham o seu passo de ganso, como em Guernica, em 1936; na monstruosa traição às massas por governos autoritários, que alegam representar o interesse do povo; na submersão de dezenas de milhares de jovens que, ingênua e desamparadamente, acreditavam estar servindo a uma ideia; na destruição de bilhões de dólares de trabalho humano: simples fração do que seria suficiente para eliminar a pobreza do mundo inteiro. Em suma, em uma dança de São Vito que voltará sempre, enquanto aqueles que trabalham, e que têm o verdadeiro conhecimento, não conseguirem destruir, dentro de si mesmos e fora de si mesmos, a neurose de massas: a neurose que se intitula "alta política" e floresce sobre o desamparo caracterológico dos cidadãos do mundo.

Em 1928-30, ao tempo da controvérsia com Freud, eu sabia muito pouco sobre o fascismo; quase tão pouco quanto a média dos noruegueses em 1939, ou a média dos americanos em 1940. Foi só em 1930-33

UMA REVOLUÇÃO BIOLÓGICA ABORTADA

que comecei a conhecê-lo na Alemanha. Senti-me desamparadamente perplexo quando redescobri nele, aos poucos, o assunto da controvérsia com Freud. Gradualmente, compreendi que tinha de ser assim. Em debate na controvérsia estava a avaliação da estrutura humana e dos respectivos papéis desempenhados pelo anseio humano de felicidade e pelo irracionalismo na vida social. No fascismo, tornou-se patente a doença psíquica das massas.

Os oponentes do fascismo – democratas liberais, socialistas, comunistas, economistas marxistas e não marxistas, etc. – procuravam a solução do problema na personalidade de Hitler ou nos erros políticos formais dos vários partidos democráticos da Alemanha. Qualquer das soluções significava reduzir o transbordar do flagelo à miopia individual ou à brutalidade de um só homem. Na realidade, Hitler era meramente a expressão da contradição trágica entre o anseio da liberdade e o medo real à liberdade.

O fascismo alemão deixou bem claro que não operava com o pensamento e a sabedoria do povo, mas com as suas reações emocionais infantis. Nem o seu programa político nem qualquer das suas muitas e confusas promessas econômicas levou o fascismo ao poder e o garantiu aí no período seguinte: mas sim, em grande parte, foi o apelo a um sentimento místico e obscuro, a um desejo vago e nebuloso mas extraordinário e poderoso. Aqueles que não entenderam isso não entenderam o fascismo que é um fenômeno internacional.

O irracionalismo nas ações das massas do povo alemão pode ser ilustrado pelas seguintes contradições: as massas do povo alemão queriam "liberdade". Hitler prometeu-lhes autoridade, liderança estritamente ditatorial, com a exclusão explícita de qualquer liberdade de expressão. Dezessete milhões, em trinta e um milhões de eleitores, levaram exultantes Hitler ao poder em março de 1933. Aqueles que observavam os acontecimentos com os olhos abertos sabiam que as multidões se sentiam desamparadas e incapazes de assumir a responsabilidade da solução dos problemas sociais caóticos, dentro da antiga estrutura política e do antigo sistema de pensamento. O *führer* podia fazê-lo, e o faria, por elas.

Hitler prometeu eliminar a discussão democrática de opiniões. Milhões de pessoas congregaram-se em torno dele. Estavam cansadas dessas discussões porque essas discussões haviam sempre ignorado as suas necessidades pessoais diárias, isto é, aquilo que era subjetivamente importante. Não queriam discussões a respeito do "orçamento" ou dos

A FUNÇÃO DO ORGASMO

"altos interesses partidários". O que queriam era um conhecimento verdadeiro e concreto a respeito da vida. Não podendo consegui-lo atiraram-se às mãos de um guia autoritário, e à ilusória proteção que se lhes prometia.

Hitler prometeu liquidar a liberdade individual e estabelecer a "liberdade nacional". Milhões de pessoas trocaram entusiasticamente a possibilidade da liberdade individual por uma liberdade ilusória, isto é, uma liberdade através da identificação com uma ideia. Essa liberdade ilusória livrava-as de toda responsabilidade individual. Suspiravam por uma "liberdade" que o *führer* ia conquistar e garantir para elas: a liberdade de gritar; a liberdade de fugir da verdade para as mentiras de um princípio político; a liberdade de serem sádicos; a liberdade de jactar-se – a despeito da própria nulidade – de serem membros de uma raça superior; a liberdade de atrair as mulheres com os seus uniformes, em vez de fazê-lo por um sentimento forte de humanidade; a liberdade de sacrificar-se por alvos imperialistas, em vez de sacrificar-se pela luta concreta por uma vida melhor, etc.

O fato de que milhões de pessoas foram sempre ensinadas a reconhecer uma autoridade política tradicional, em vez de uma autoridade baseada no conhecimento dos fatos, constituiu a base sobre a qual a exigência fascista de obediência pôde agir. Por isso, o fascismo não era uma nova filosofia de vida, como os seus amigos e muitos dos seus inimigos queriam fazer o povo acreditar; ainda menos tinha qualquer coisa que ver com uma revolução racional contra condições sociais intoleráveis. *O fascismo é meramente a extrema consequência reacionária de todas as anteriores formas não democráticas de liderança dentro da estrutura do mecanismo social.* Mesmo a teoria racial não era nada nova; era apenas a continuação lógica e brutal das velhas teorias da hereditariedade, e da degeneração. Por isso, foram precisamente os psiquiatras orientados para a hereditariedade e os eugenicistas da velha escola que se mostraram tão acessíveis à ditadura.

O que era novo no movimento fascista das massas era o fato de que a extrema reação política conseguiu usar os profundos desejos de liberdade das multidões. *Um anseio intenso de liberdade por parte das massas mais o medo à responsabilidade que a liberdade acarreta produzem a mentalidade fascista*, quer esse desejo e esse medo se encontrem em um fascista, ou em um democrata. Novo no fascismo era que as massas populares asseguraram e completaram a sua própria submissão. A necessidade de uma autoridade provou que era mais forte que a vontade de ser livre.

198

UMA REVOLUÇÃO BIOLÓGICA ABORTADA

Hitler prometeu a supremacia do homem. As mulheres seriam relegadas para o plano da casa e da cozinha; ser-lhes-ia negada a possibilidade de independência econômica e seriam excluídas do processo de formação da vida social. As mulheres, cuja liberdade pessoal havia sido esmagada durante séculos, que haviam desenvolvido um medo especialmente forte de levar uma existência independente, foram as primeiras a aclamá-lo.

Hitler prometeu a destruição das organizações democráticas socialistas e burguesas. Milhões de pessoas, democratas, socialistas e burguesas, congregaram-se em torno dele porque, embora as suas organizações falassem muito a respeito de liberdade, nunca haviam sequer mencionado o difícil problema da ânsia humana de autoridade e do desamparo das massas na prática política. As massas populares haviam sido desapontadas pela atitude irresoluta das velhas instituições democráticas. *O desapontamento por parte de milhões de pessoas quanto às organizações liberais mais a crise econômica e mais um irresistível desejo de liberdade produzem a mentalidade fascista*, i.e., o desejo de entregar-se a uma figura autoritária de pai.

Hitler prometeu uma guerra sem quartel contra o controle de natalidade e o movimento de reforma sexual. Em 1932, a Alemanha compreendia umas quinhentas mil pessoas membros de organizações que lutavam por uma reforma sexual racional. Mas essas organizações sempre recuavam ante o elemento central do problema – o desejo de felicidade sexual. Anos de trabalho entre as massas populares ensinaram-me que é precisamente esse o problema que querem que se discuta. Desapontavam-se quando lhes faziam palestras eruditas sobre a demografia em vez de ensinar-lhes como deveriam educar os filhos para serem vitalmente ativos; como deveriam os adolescentes enfrentar as suas necessidades sexuais e econômicas; e como deveriam as pessoas casadas tratar os seus conflitos típicos. As massas populares pareciam sentir que as sugestões a respeito das "técnicas de amor" tais como as que lhes dava Van de Velde, embora fossem um bom negócio, não tinham realmente nada que ver com o que procuravam, nem eram atraentes. E aconteceu que as desapontadas massas populares congregaram-se em torno de Hitler, que – embora misticamente – recorria ás suas forças vitais. *A pregação a respeito da liberdade conduz ao fascismo a menos que se faça um esforço decidido e consistente para inculcar nas multidões uma vontade firme de assumir a responsabilidade da vida de todos os*

A FUNÇÃO DO ORGASMO

dias; e a menos que haja uma luta igualmente decidida e consistente para estabelecer as pré-condições sociais dessa responsabilidade.

Durante décadas, a ciência alemã estivera lutando pela separação do conceito de sexualidade do conceito de procriação. Essa luta não conseguira dar resultados para as massas trabalhadoras, porque era de natureza puramente acadêmica e, portanto, sem efeito social. Agora Hitler chegava e prometia tornar a ideia da procriação, e não a felicidade no amor, o princípio básico do seu programa cultural. Educados para envergonhar-se de chamar as coisas pelo nome, obrigados por todas as facetas do sistema social a dizer "procriação eugênica superior" quando queriam significar "felicidade no amor", as massas congregaram-se em torno de Hitler, pois ele juntara ao velho conceito uma emoção forte, embora irracional. Conceitos reacionários mais excitações revolucionárias produzem sentimentos fascistas.

A Igreja havia pregado "felicidade no outro mundo" e, valendo-se do conceito do pecado, implantara profundamente na estrutura humana uma desamparada dependência de uma figura sobrenatural e onipotente! Mas a crise econômica mundial entre 1929 e 1933 defrontou as massas populares com amarga pobreza mundial. Não lhes era nem social nem individualmente possível dominar essa pobreza por si mesmos. Hitler apareceu e declarou ser um *führer* mundial, onipotente e onisciente, enviado por Deus, que poderia afastar essa miséria do mundo. A cena havia sido preparada para dirigir para ele novas multidões de pessoas encerradas entre o seu próprio desamparo individual e a satisfação real mínima que lhes proporcionava a ideia de uma felicidade no outro mundo. Por isso, um deus terreno que os fazia gritar – "*Heil*" – com toda a sua força tinha maior significado emocional do que um Deus que nunca podiam ver e que não os ajudava mais, nem mesmo emocionalmente. *Brutalidade sadística mais misticismo produzem a mentalidade fascista.*

Durante anos, a Alemanha havia lutado nas suas escolas e universidades pelo princípio de um sistema escolar liberal, pela atividade espontânea e pela autodeterminação dos estudantes. Na ampla esfera da educação, as autoridades democráticas responsáveis agarraram-se ao princípio autoritário, que instilava no estudante um medo à autoridade e, ao mesmo tempo, o incitava a entregar-se a formas irracionais de rebelião. As organizações educacionais liberais não desfrutavam de nenhuma proteção social. Pelo contrário, eram totalmente dependentes do capital privado, além de estarem expostas a graves perigos. Não era de surpreender, portanto, que esses movimentos incipientes em direção

UMA REVOLUÇÃO BIOLÓGICA ABORTADA

à reestruturação não compulsiva das massas populares permanecessem reduzidos como uma gota no oceano. A juventude congregava-se em torno de Hitler, aos milhares. Ele não lhes impunha qualquer responsabilidade; apenas construiu sobre as suas estruturas, que haviam sido previamente moldadas pelas famílias autoritárias. Hitler estava vitorioso no movimento da juventude porque a sociedade democrática não havia feito tudo o que fora possível para educar o jovem no sentido de levar uma vida responsável e livre.

No lugar da atividade espontânea, Hitler prometeu o princípio da disciplina compulsiva e do trabalho obrigatório. Vários milhões de trabalhadores e empregados alemães votaram em Hitler. As instituições democráticas não apenas não haviam conseguido enfrentar o desemprego mas, quando ele sobreveio, se haviam mostrado claramente temerosas de ensinar as multidões trabalhadoras a assumir a responsabilidade pela realização do seu trabalho. Educados para não entender nada a respeito do processo do trabalho (impedidos, na verdade de entendê-lo), acostumados a ser excluídos do controle da produção, e a receber apenas, o seu salário, esses milhões de trabalhadores e empregados podiam aceitar facilmente o velho princípio, de forma intensificada. Podiam agora identificar-se com "o estado" e "a nação", que eram "grandes e fortes". Hitler declarou abertamente nos seus escritos e nos seus discursos que, porque as massas populares eram infantis e femininas, apenas repetiam o que era incutido nelas. Milhões de pessoas o aclamaram, pois aí estava um homem que queria protegê-las.

Hitler exigiu que toda a ciência fosse subordinada ao conceito de "raça". Extensos ramos da ciência alemã submeteram-se à sua exigência, pois a teoria da raça estava enraizada na teoria metafísica da hereditariedade. Essa é a teoria que, com os seus conceitos de "substâncias herdadas" e "predisposições", havia repetidamente permitido à ciência fugir à responsabilidade de entender as funções da vida no seu estado de desenvolvimento e de compreender realmente a origem social do comportamento humano. Acreditava-se que, ao considerar o câncer, a neurose ou a psicose como hereditários, se afirmava algo da maior importância. *A teoria fascista da raça é apenas uma extensão das convenientes teorias da hereditariedade.*

Dificilmente podia haver outro dogma do fascismo alemão tão capaz de inspirar milhões de pessoas quanto o do "despertar do sangue alemão" e da sua "pureza". A pureza do sangue alemão significava livrar-se da "sífilis" e da "contaminação judia". Em cada um de nós, e em

A FUNÇÃO DO ORGASMO

todos nós, há um profundo medo às doenças venéreas; é consequência da angústia genital da infância. Por isso, é compreensível que multidões de pessoas se congregassem em torno de Hitler, que lhes prometia a "pureza do sangue". Todo ser humano percebe em si mesmo aquilo que se chama de "sentimentos oceânicos ou cósmicos". A seca ciência acadêmica sentia-se orgulhosa demais para ocupar-se com semelhante misticismo. Esse anseio cósmico ou oceânico que as pessoas sentem não é senão a expressão do seu desejo orgástico pela vida. Hitler fez um apelo a esse desejo, e é por essa razão que as multidões o seguiram, e não aos secos racionalistas, que tentavam sufocar esses vagos sentimentos de vida com estatísticas econômicas.

Desde os tempos antigos, a "preservação da família" fora, na Europa, um abstrato chavão, por trás do qual se escondiam os pensamentos e ações mais reacionários. Alguém que criticasse a família autoritária compulsiva, e a distinguisse do relacionamento natural de amor entre os filhos e os pais, era um "inimigo da pátria", um "destruidor da sagrada instituição da família", um anarquista. À medida que a Alemanha foi-se tornando cada vez mais industrializada, os laços familiares entraram em agudo conflito com essa industrialização coletiva. Não havia uma só organização oficial que ousasse apontar aquilo que era doentio na família, e resolver o problema da repressão das crianças pelos pais, dos ódios familiais, etc. A família alemã autoritária típica, particularmente no campo e nas cidades pequenas, incubava a mentalidade fascista, aos milhões. Essas famílias moldavam a criança de acordo com o modelo do dever compulsivo, da renúncia, da obediência absoluta à autoridade, que Hitler sabia como explorar tão brilhantemente. Apoiando a "preservação da família" e, ao mesmo tempo, afastando o jovem – da família para os grupos da juventude –, o fascismo levava em consideração tanto os laços familiais quanto a rebelião contra família. Salientando a identidade emocional entre "família", "nação" e "estado", o fascismo tornou possível uma transição suave da estrutura da família para a estrutura do estado fascista. É verdade que nem um só problema da família, nem as necessidades reais da nação eram resolvidos por essa transição: mas esta permitia a milhões de pessoas transferirem os seus laços da família compulsiva para a "família" maior, a "nação". O fundamento estrutural dessa transferência havia sido bem preparado durante milhares de anos. A "Mãe Alemanha" e o "Deus Pai Hitler" tornaram-se os símbolos de emoções infantis profundamente arraigadas. Identificados com a "forte e única nação alemã", cada cidadão, por mais estranho ou miserável que se

UMA REVOLUÇÃO BIOLÓGICA ABORTADA

sentisse, podia significar algo, mesmo que fosse de uma forma ilusória. Finalmente, o interesse da "raça" era capaz de absorver e de dissimular as fontes soltas da sexualidade. Adolescentes podiam entregar-se agora às relações sexuais se alegassem estar propagando filhos no interesse do aperfeiçoamento racial.

Não apenas as forças vitais naturais do homem permaneciam soterradas, era agora obrigado a expressar-se de maneira muito mais disfarçada que antes. Como resultado dessa "revolução do irracional", houve na Alemanha mais suicídios e miséria higiênico-social do que nunca. A morte de dezenas de milhares de criaturas na guerra em honra da raça alemã constitui a apoteose da dança das feiticeiras.

A perseguição aos judeus fazia parte integrante dos anseios de "pureza do sangue", i.e., de purificação dos pecados. Os judeus tentaram explicar ou provar que também tinham códigos estritamente morais, que também eram nacionalistas, que também eram "alemães". Antropólogos que se opunham a Hitler invocaram as medidas cranianas numa tentativa de provar que os judeus não constituíam uma raça inferior. Cristãos e historiadores tentaram explicar que Jesus era judeu. Na perseguição aos judeus, entretanto, não havia lugar para as questões racionais, i.e., não se tratava de saber se os judeus também eram decentes, se constituíam uma raça inferior, ou se tinham índices cranianos *aceitáveis*. Esses aspectos não interessavam absolutamente. Era outra coisa; inteiramente. Foi nesse ponto preciso que a consistência e a exatidão do pensamento econômico-sexual provaram a sua validez.

Quando o fascista diz "judeu", designa uma sensação irracional definida. Irracionalmente, o "judeu" representa o "fazedor de dinheiro", o "usuário", o "capitalista". Isso foi confirmado pelo tratamento psicológico de profundidade de judeus e não judeus, igualmente. Em nível mais profundo, o conceito de *judeu* significa "sujo", "sensual", "bestialmente sexual", mas também "Shylock", "castrador", "assassino". Como o medo à sexualidade natural é tão profundamente enraizado como o horror à sexualidade perversa, é facilmente compreensível que a perseguição aos judeus, habilmente executada, excitasse os mais profundos mecanismos de defesa sexual de um povo educado de modo sexualmente aberrante. Lançando mão do conceito "judeu" era possível incorporar plenamente a atitude antissexual e anticapitalista das massas populares ao mecanismo do dilúvio fascista. *O anseio inconsciente do prazer sexual na vida e da pureza sexual, unido ao medo da sexualidade natural e ao horror da sexualidade perversa, produz o fascismo e o sadístico antissemitismo.*

A FUNÇÃO DO ORGASMO

Francês para o alemão tem o mesmo significado que *judeu* e *negro* têm para o inglês inconscientemente fascista. *Judeu, francês* e *negro* são palavras que significam "sexualmente sensual".

Esses são os fatores inconscientes que permitiram que o moderno propagandista sexual do século vinte, o psicopata sexual e pervertido criminoso Julius Streicher, pusesse o seu *Der Stürmer* nas mãos de milhões de adolescentes e adultos alemães. Nas páginas do *Der Stürmer*, mais que em qualquer outra parte, ficou claro que a higiene sexual deixara de ser um problema das sociedades médicas; tornara-se muito mais uma questão de decisiva significação social. Os seguintes exemplos da imaginação de Streicher serão suficientes para esclarecer esse ponto. Os exemplos são de edições do Stürmer publicadas em 1934:

> Helmut Daube, vinte anos, havia justamente completado o seu primeiro ano na universidade. Pelas duas da manhã voltou para casa. Às cinco da manhã, os pais o encontraram morto na rua, diante do edifício de apartamentos onde moravam. A garganta lhe fora cortada até a nuca, *e o pênis fora retirado*. Não havia sangue. As mãos do infeliz garoto haviam sido cortadas. *Fora apunhalado várias vezes no abdômen*.

> Um dia, o velho judeu lançou-se sobre a desprevenida garota não judia no sótão, violou-a e insultou-a. Depois, entrava sorrateiramente no quarto dela, cuja porta não tinha trinco.

> Um casal jovem foi dar um passeio fora de *Paderborn* e encontrou no caminho um *pedaço de carne*. Examinando-o, descobriram horrorizados que se tratava de uma *parte genital habilmente removida de um corpo feminino*.

> O judeu havia *cortado* o corpo *em pedaços de uma libra*. Junto com o pai, espalhara os pedaços por toda área, e esses pedaços foram encontrados num bosquezinho, nos campos, nos córregos, numa lagoa, num riacho, num cano de esgoto e na fossa negra. *Os seios cortados foram encontrados no palheiro*.

> Enquanto Moisés estrangulava a criança com um lenço, *Samuel lhe cortou um pedaço do rosto com uma faca*. Os outros recolhiam o sangue em uma bacia e ao mesmo tempo espetavam a vítima nua com agulhas...

> A resistência da mulher não conseguia esfriar-lhe a concupiscência. Pelo contrário. Ele tentou fechar a janela para impedir que os vizinhos olhassem para dentro. Então, tocou novamente a mulher de modo vil, de um modo tipicamente judeu... Tentava insistentemente convencer a mulher a não ser tão melindrosa. Fechou todas as portas e janelas. As suas palavras e os seus atos se tornaram cada vez mais vergonhosos. Foi

UMA REVOLUÇÃO BIOLÓGICA ABORTADA

encurralando cada vez mais a vítima, cujos protestos eram todos em vãos. Ele ria, até das suas tentativas de gritar por socorro. Empurrava-a cada vez mais para cima da cama. Verbalmente, agredia-a com as palavras mais vis e mais obscenas. E então, lançou-se como um tigre sobre o corpo da mulher e completou o seu trabalho diabólico.

Até aqui, muitos leitores desse diário acreditavam, sem dúvida, que se estava exagerando ao falar da chaga psíquica. Posso apenas garantir-lhes que não estou introduzindo com leviandade esse conceito, nem simplesmente como uma sutil figura de linguagem. Levo-o muito a sério. Durante os últimos sete anos, o *Stürmer* não apenas confirmou efetivamente um milhão de vezes a angústia de castração genital na população alemã e noutras populações que o leram. Além disso, excitou e nutriu as fantasias perversas que dormem em todos nós. Após a queda dos principais perpetuadores da chaga psíquica na Europa, restará saber como lidar com o problema. Não é um problema alemão, mas um problema internacional, pois o desejo de amor e o medo à genitalidade são fatos internacionais. Na Escandinávia fui procurado por adolescentes fascistas que haviam conseguido preservar um traço de sentimento natural pela vida; perguntaram-me que atitude deviam assumir em relação a Streicher, à teoria racial e a outras "sutilezas". Havia algo que não estava muito certo, disseram. Resumi as medidas necessárias em um sumário muito curto, que desejo inserir aqui:

O que é que deve ser feito?

Em geral: essa corrupção reacionária deve ser combatida por uma explicação bem organizada e objetivamente correta das diferenças entre sexualidade doente e sexualidade sã. Toda pessoa comum entenderá essa diferença porque a sente instintivamente. Toda pessoa comum se envergonha das suas ideias perversas e patológicas a respeito do sexo, e deseja explicação, ajuda e satisfação sexual natural.

Temos de explicar e ajudar!

1. Reunir todo o material que mostre imediatamente o caráter pornográfico do streicherismo a qualquer pessoa de bom senso. Publicar esse material em folhetos. O interesse sexual são das massas deve ser despertado, tornado consciente e defendido.

2. Reunir e publicar todo material que mostre à população que Streicher e os seus cúmplices são psicopatas e estão cometendo crimes graves contra a saúde da nação! Há Streichers por toda parte neste mundo.

A FUNÇÃO DO ORGASMO

3. Expor o segredo da influência de Streicher sobre as massas: ele provoca fantasias patológicas. O povo comprará de boa vontade, e lerá, um material educacional bom.

4. *A sexualidade patológica que constitui o campo da teoria racial de Hitler e dos crimes de Streicher pode ser combatida mais eficazmente mostrando-se ao povo os processos e os modos sãos do comportamento na vida sexual.*

O povo compreenderá imediatamente essa diferença e demonstrará um interesse ansioso por ela, uma vez que tenha entendido o que é que realmente quer e tem medo de dizer: entre outras coisas:

a. A sexualidade sã e satisfatória pressupõe incondicionalmente a possibilidade de ficar sozinho e tranquilo com o companheiro amado. Assim, é necessário proporcionar aposentos isolados a todos os que estejam precisando deles, inclusive aos jovens.

b. A satisfação sexual não é idêntica à procriação. A pessoa sã tem relações sexuais mais ou menos umas três a quatro mil vezes durante a sua vida, mas em média apenas dois ou três filhos. Anticoncepcionais são absolutamente necessários para a saúde sexual.

c. Por causa da sua educação sexualmente defeituosa, a grande maioria dos homens e mulheres é sexualmente perturbada, i.e., permanece insatisfeita durante as relações sexuais. Assim, é necessário instalar um número suficiente de clínicas para tratar as perturbações sexuais. *Uma educação sexual que seja sexualmente afirmativa e racional é imprescindível.*

d. O jovem se torna doente pelos seus conflitos decorrentes da masturbação. Só a satisfação que é livre de sentimentos de culpa não é prejudicial à saúde do indivíduo. A abstinência sexual prolongada é definitivamente nociva. As fantasias patológicas desaparecem apenas com a sexualidade satisfatória.

Lute por esse direito!

Sei que os folhetos e os esclarecimentos sozinhos não são o bastante. O que é necessário é um trabalho geral, socialmente protegido, sobre a estrutura humana que produz a chaga psíquica e torna possível aos psicopatas agirem como ditadores e modernos propagandistas sexuais, que envenenam a vida de todos nós. Em suma, o que é necessário é efetivar a liberação e a proteção social da sexualidade natural das massas populares.

Em 1930, a sexualidade humana era uma Cinderela social, um assunto discutido por discutíveis grupos de reforma. Agora, em 1940, tornou-se um problema social fundamental. É certo que o fascismo

UMA REVOLUÇÃO BIOLÓGICA ABORTADA

obteve sucesso na exploração irracional dos desejos sexuais de vida de milhões de pessoas e que, tendo-o feito, criou o caos; então também deve ser certo que as perversões que permitiu que se soltassem podem ser dominadas através da solução universal racional do problema sexual.

Na sua profusão de problemas de higiene mental, os acontecimentos na Europa, entre 1930 e 1940, confirmaram a posição que eu tomara nas minhas discussões com Freud. O que havia de mais doloroso nessa confirmação era a impotência que eu sentia e a convicção que tinha de que a ciência natural estava muito longe de compreender o que, neste livro, chamo "cerne biológico" da estrutura do caráter.

De modo geral, como indivíduos, como médicos e também como professores, a nossa posição no que diz respeito aos desvios biológicos da vida é tão desvalida quanto era a posição dos homens da Idade Média em relação às doenças infecciosas. Ao mesmo tempo, temos a certeza de que a experiência da chaga fascista mobilizará as forças mundiais necessárias para a solução desse problema da civilização.

Os fascistas afirmam estar efetuando a "revolução biológica". A verdade é que o fascismo evidencia totalmente o fato de que a função vital no homem se tornou neurótica. Do ângulo das populações que o seguem, um desejo inflexível de vida está, sem dúvida, em jogo no fascismo. Mas as formas pelas quais esse desejo de vida se tem manifestado revelam claramente demais as consequências de uma antiga escravidão psíquica. *No fascismo, apenas os impulsos perversos vieram à tona. O mundo pós-fascista efetuará a revolução biológica que o fascismo não realizou, mas tornou necessária.*

Os capítulos seguintes deste livro tratam das funções do "cerne biológico". A sua compreensão científica e o seu domínio social serão o resultado de um trabalho racional, de uma ciência atuante e da função natural do amor; o resultado de esforços coletivos e genuinamente democráticos. O objetivo desses esforços coletivos é a felicidade terrena, material e sexual de milhões de pessoas.

Capítulo VII

A IRRUPÇÃO NO CAMPO BIOLÓGICO

A teoria do orgasmo pôs-me frente a frente com a seguinte pergunta: o que se deveria fazer com a energia sexual liberada da repressão no processo de cura? O mundo dizia *não* a tudo o que a higiene sexual exigia. Os instintos naturais são fatos biológicos. Não podem ser abolidos e não podem ser fundamentalmente modificados. Como todos os seres vivos, o homem precisa, primeiro e acima de tudo, matar a fome e satisfazer os seus desejos sexuais. A sociedade moderna torna difícil a primeira satisfação e frustra a última. Há uma contradição berrante entre as exigências naturais e certas instituições sociais. O homem vive imerso nessa contradição, inclina-se mais para um lado ou para outro, faz acordos que sempre acabam mal, refugia-se na doença e na morte, ou revolta-se insensata e inutilmente contra o sistema em vigor. A estrutura humana se forma nessas lutas.

Exigências biológicas e também sociológicas agem na estrutura humana. Tudo o que representa posição social, título ou prestígio defende as exigências sociológicas em detrimento das exigências naturais. Eu me surpreendia de que a função irresistível das exigências naturais pudesse ter sido tão completamente ignorada. Mesmo Freud, que naturalmente havia descoberto partes muito essenciais dessas exigências, se tornou inconsequente. Depois de 1930, os instintos foram apenas "qualidades místicas" para ele. Eram "indetermináveis", embora "enraizados em processos químicos". As contradições eram enormes. No trabalho clínico terapêutico, as exigências instintivas determinavam tudo, e a sociedade quase nada. Por outro lado, não havia como fugir ao fato de que a "sociedade e a cultura", representando o chamado princípio da realidade, também faziam exigências. É verdade que os instintos determinavam a existência incondicional e dominadoramente; ao mesmo tempo, entretanto, precisavam adaptar-se à realidade negadora do sexo. É verdade que os instintos derivavam de fontes psicológicas. Ao mesmo

A FUNÇÃO DO ORGASMO

tempo, entretanto, o id tinha um Eros e um instinto de morte que se empenhavam em eterna luta. A dualidade no conceito do instinto de Freud era absoluta. Não havia conexão funcional entre sexualidade e o seu oposto biológico, o instinto de morte. Os dois eram meramente antitéticos. Freud psicologizou a biologia. Disse que há no campo da vida "tendências" que "pretendem" umas coisas e outras. Isso era um ponto de vista metafísico. A sua crítica foi justificada pelas posteriores provas experimentais da natureza funcional simples dos processos instintivos. A tentativa de explicar a angústia neurótica pelos conceitos de Eros e do instinto de morte não obteve sucesso. Freud finalmente descartou a teoria da angústia da libido.

Os "impulsos parciais" criaram também dificuldades para a teoria dos instintos de Freud. Cada um deles, mesmo os que levavam às perversões, era considerado como biologicamente determinado. Assim, quer pretendesse quer não, Freud afinal deu crédito a muitas opiniões da ciência da hereditariedade. E no próprio Freud, a teoria da constituição começou a substituir aos poucos o conceito dinâmico da enfermidade psíquica. Se uma criança quebrava uma vidraça, esse ato se encarava como a expressão do instinto destrutivo. Se caía frequentemente, isso se encarava como o efeito do instinto mudo de morte. Se a mãe a deixava sozinha e a criança brincava indo e voltando, isso se encarava como o efeito de uma "compulsão de repetição além do princípio de prazer".

A "compulsão biológica de repetição" além do princípio de prazer parecia explicar ações masoquísticas. Pensava-se que havia uma vontade de sofrer. Isso combinava com a teoria do instinto de morte. Em suma, Freud transportava as leis que havia descoberto no mecanismo psíquico para o seu fundamento biológico. De acordo com essa ideia, a sociedade está estruturada como um indivíduo, e assim a psicologia foi sobrecarregada com uma metodologia que não podia resistir a nenhuma crítica e que, além do mais, deu livre curso a especulação sobre "sociedade e Thánatos". Nesse processo, a psicanálise foi-se tornando cada vez mais assertiva na sua pretensão de que poderia explicar toda a existência. Demonstrou simultaneamente uma aversão sempre crescente pela correta compreensão sociológica e fisiológica, e também psicológica, de um objeto: o homem. Todavia, não podia haver dúvidas de que o homem se distingue dos outros animais por um entrelaçamento específico dos processos sociológico e biofisiológico também com os processos psicológicos. A exatidão desse princípio estrutural da minha teoria decorreu da solução do problema do masoquismo. A

A IRRUPÇÃO NO CAMPO BIOLÓGICO

partir daí, a estrutura psíquica foi explicada pedaço por pedaço como uma unificação dinâmica de fatores biofisiológicos e sociológicos.

1 A SOLUÇÃO DO PROBLEMA DO MASOQUISMO

Para a psicanálise, o prazer de sofrer a dor era o resultado de uma necessidade biológica. Considerava-se o "masoquismo" como um instinto semelhante a qualquer outro instinto, apenas dirigido para um objetivo particular. Nada se podia fazer com isso na terapia. De fato, se o analista dissesse ao paciente que ele queria sofrer "por razões biológicas", nada mais tinha a fazer. O trabalho orgasmoterapêutico pôs-me frente a frente com a questão de saber por que o masoquismo transformava o desejo claramente compreensível de prazer em um desejo de desprazer. Um incidente violento livrou-me da falsa linha de interrogatório que havia desencaminhado a psicologia e a sexologia até então. Em 1928, tratei um indivíduo completamente esmagado, que tinha uma perversão masoquística. Os seus lamentos incessantes e os seus pedidos para ser surrado bloqueavam toda tentativa de estabelecer uma comunicação com ele. Após meses dedicados ao trabalho psicanalítico habitual, a minha paciência esgotou-se. Quando me pediu uma vez mais que lhe batesse, perguntei-lhe o que diria se eu satisfizesse ao seu desejo. Sorriu com alegria. Peguei uma régua e dei-lhe duas pancadas nas nádegas. Deixou escapar um grito horrível. Não houve nenhum sinal de prazer, e foi a última vez que ouvi um desses pedidos. Mas continuou a lamentar-se e a queixar-se. Os meus colegas escandalizar-se-iam se soubessem desse incidente. Não o lamentei. Imediatamente entendi que a dor e o desprazer não são absolutamente, como se afirma, o objetivo instintivo do masoquista. Quando apanha, o masoquista como qualquer pessoa normal sente dor. Há indústrias inteiras que florescem à custa da falsa ideia de masoquismo que ajudaram a criar. Permaneceu a pergunta: *se o masoquista não procura o desprazer, nem o sente como um prazer, por que se sente compelido a ser atormentado?* Depois de muito trabalho, descobri a fantasia que se encontra na base dessa conduta perversa. *O masoquista imagina estar sendo atormentado porque deseja "romper-se". Só dessa maneira é que espera conseguir a relaxação.*

Os lamentos masoquistas mostraram ser a expressão de uma tensão interior torturante e insolúvel. São francos ou disfarçados gritos de desespero e pedidos de liberação dessa tensão instintiva. Como, por causa

211

A FUNÇÃO DO ORGASMO

dessa angústia de prazer, fica bloqueada a capacidade do masoquista de experimentar satisfação através da sua própria iniciativa e atividade, ele espera a solução orgástica, que teme profundamente, como uma liberação vinda do exterior e proporcionada por outra pessoa. O desejo de romper-se é contrabalançado por um medo profundo de romper-se. A autodepreciação do caráter masoquista aparecia agora sob uma luz até então desconhecida. O auto-engrandecimento é, por assim dizer, uma construção biopsíquica, uma expansão fantástica do mecanismo psíquico. Descobri, poucos anos mais tarde, que subjacente a ele está a percepção de cargas bioelétricas. O oposto disso é a autodepreciação, causada pelo medo de expandir-se até o ponto de romper-se. A ambição vã e uma inibida procura de grandeza enraizadas na angústia são as forças propulsoras da autodepreciação masoquista. A provocação masoquista, que visa à punição mostrou ser a expressão de um profundo desejo de conseguir a satisfação contra a própria vontade. Mulheres de caráter masoquista só se podiam entregar às relações sexuais com a fantasia de estarem sendo seduzidas ou violadas. Como se o homem as obrigasse a fazerem aquilo que simultaneamente desejam e temem. O entregar-se ao ato sexual pela sua própria vontade é proibido e vem carregado de graves sentimentos de culpa. A conhecida índole vingativa do masoquista, cuja autoconfiança está gravemente abalada, se realiza quando leva o outro a passar mal, ou quando provoca nele um comportamento cruel.

A ideia de que a pele, especialmente a pele das nádegas, se torna "quente" ou "está queimando" é frequentemente encontrada entre os masoquistas. O desejo de ser esfregado com uma escova dura, ou de apanhar até que a pele "se rompa" não é senão o desejo de conseguir a liberação de uma tensão por meio de uma explosão. Assim, a dor não é de maneira nenhuma o objetivo do impulso; é simplesmente uma experiência desagradável durante a liberação de uma tensão sem dúvida real. O masoquismo é o protótipo de um impulso secundário, e demonstra por força o resultado da repressão da função de prazer natural.

Os masoquistas apresentam uma forma especial de angústia de orgasmo. Outros tipos de pacientes ou não permitem que ocorra uma excitação sexual no genital, como os neuróticos compulsivos, ou procuram refúgio na angústia, como os pacientes histéricos. O masoquista permanece na estimulação pré-genital. Não a desenvolve em sintomas neuróticos. Isso aumenta a tensão; como diminui a capacidade de experimentar a relaxação há um aumento correspondente da angústia

A IRRUPÇÃO NO CAMPO BIOLÓGICO

e orgasmo. Assim o masoquista fica preso em um círculo vicioso da pior espécie. Quanto mais deseja livrar-se da tensão, mais profundamente afunda nela. No momento em que deveria ocorrer o orgasmo, as fantasias masoquísticas se tornam muito mais intensas. Frequentemente, é só nesse ponto que se tornam conscientes. Por exemplo, o homem pode fantasiar que está sendo arrastado violentamente através do fogo; a mulher, que o seu abdômen está sendo cortado e aberto, e que a vagina se está rompendo. Muitos são capazes de sentir alguma satisfação apenas com a ajuda de tais fantasias. Ser obrigado a romper-se significa usar da ajuda externa para obter alívio da tensão. Como o medo da excitação orgástica se encontra em toda neurose, as fantasias e atitudes masoquísticas fazem parte de toda enfermidade emocional.

Estava em absoluto desacordo com a experiência clínica a explicação do masoquismo como a percepção do instinto de morte interior ou como o resultado do "medo da morte". Os masoquistas desenvolvem muito pequena angústia enquanto podem fantasiar masoquisticamente. Atemorizam-se imediatamente quando uma histeria ou neurose compulsiva começa a destruir as fantasias masoquísticas. O masoquismo pronunciado, por outro lado, é um excelente meio de evitar a angústia instintiva, uma vez que é sempre a outra pessoa quem causa o dano. Além do mais, a dupla natureza da ideia de *rompimento* (desejo e medo de alívio orgástico) explica satisfatoriamente todos os aspectos da atitude masoquística.

O desejo de explodir ou romper-se (ou o medo de que aconteça), que descobri depois em todos os pacientes, embaraçou-me. Segundo os conceitos psicológicos em vigor, uma ideia psíquica tem de ter uma função e tem de ter uma origem. Temos o costume de deduzir ideias a partir de impressões da experiência. A ideia se origina no mundo exterior e se transmite ao organismo como uma percepção através dos órgãos dos sentidos. Recebe de fontes instintivas interiores a sua energia. Nenhuma origem externa desse tipo se encontrava para a ideia de rompimento. Isso tornava difícil incorporá-la clinicamente.

Eu poderia, contudo, registrar várias observações importantes: o masoquismo não corresponde a um instinto biológico. É o resultado de uma perturbação na capacidade de satisfação de uma pessoa, e uma tentativa continuamente frustrada de corrigir essa perturbação. É um resultado e não uma causa da neurose. O masoquismo é a expressão de uma tensão sexual que não pode ser aliviada. A sua fonte imediata é a angústia de prazer ou o medo da descarga orgástica. O que caracteriza

A FUNÇÃO DO ORGASMO

é que procura conseguir precisamente aquilo que mais profundamente teme: a liberação agradável da tensão, experimentada e temida como um rompimento ou uma explosão.

A compreensão do mecanismo masoquístico abriu-me caminho no campo da biologia. A angústia humana de prazer tornou-se compreensível como uma mudança fundamental na função fisiológica do prazer. *Sofrer e suportar o sofrimento são resultados da perda da capacidade orgástica para o prazer.*

Assim, sem que o pretendesse, eu havia descoberto a natureza dinâmica de todas as religiões e filosofias do sofrimento. Quando, na minha qualidade de conselheiro sexual, entrei em contato com muitos cristãos, compreendi a conexão entre o mecanismo biológico e a religião. O êxtase religioso configura-se precisamente segundo o mecanismo masoquístico. A libertação do pecado interior, i.e., da tensão sexual interior – libertação que o indivíduo não é capaz de alcançar por si mesmo – é esperada de Deus, figura todo-poderosa. Semelhante libertação é desejada com energia biológica. Ao mesmo tempo, é experimentada como um "pecado". Assim, não pode efetuar-se por meio da própria vontade do sujeito. Outra pessoa tem de realizá-la, seja em forma de punição, perdão, redenção, etc. Teremos mais a dizer sobre isso mais tarde. As orgias masoquísticas da Idade Média, a Inquisição, os castigos e torturas, as penitências, etc. do religioso traem a sua verdadeira função: eram tentativas masoquísticas frustradas de conseguir a satisfação sexual!

A perturbação do orgasmo do masoquista difere da perturbação de outros neuróticos pelo fato de que, no momento da mais alta excitação, o masoquista é possuído pelo espasmo e o conserva. Dessa forma, cria uma contradição entre a expansão acentuada que está a ponto de ocorrer e a contração súbita. Todas as outras formas de impotência orgástica inibem *antes* de ser atingido o ápice da excitação. Essa diferença sutil, que pareceria ter apenas um interesse acadêmico, decidiu o destino do meu trabalho científico. Está claro pelas minhas notas, entre 1928 e mais ou menos 1934, que o fundamento do meu trabalho experimental no campo da biologia, até o momento das experiências com o *bion*, foi preparado nesse período. É impossível descrever o processo todo. Preciso simplificar ou, melhor, preciso descrever as minhas primeiras fantasias, que eu não teria jamais ousado publicar se não houvessem sido confirmadas pelo trabalho clínico e experimental ao longo dos dez anos seguintes.

A IRRUPÇÃO NO CAMPO BIOLÓGICO

2   O FUNCIONAMENTO DE UMA BEXIGA VIVA

Descobri o medo de romper-se e o desejo de alcançar o ponto de explodir em um caso de masoquismo, depois em todos os masoquistas, e finalmente descobri traços desse medo e desse desejo em todos os pacientes, sem exceção, na medida em que demonstravam tendências para o sofrimento masoquístico. A refutação da ideia de que o masoquismo é um instinto biológico como outros instintos sexuais estendeu-se muito além da crítica à teoria do instinto de morte de Freud. Como assinalei antes, estava continuamente em luta com a pergunta a respeito da origem da ideia de "rompimento" que aparecia regularmente em todos os pacientes pouco antes de conseguirem o estabelecimento da potência orgástica. Na maior parte dos pacientes, essa ideia se torna consciente como uma percepção cinestésica da condição do próprio corpo. Uma vez que se delineou com clareza, é sempre acompanhada pela ideia de uma *bexiga esticada*. Os pacientes queixam-se de "estarem tensos até o ponto de se romperem", "cheios até o ponto de explodirem". Sentem-se "inchados". Temem qualquer ataque ao seu encouraçamento porque isso os faz sentirem-se como se estivessem sendo "abertos por furos". Alguns pacientes diziam temer "dissolver-se", "derreter", perder o "controle sobre si mesmos" ou perder o seu "contorno". Agarravam-se às rígidas couraças dos seus movimentos e atitudes como um náufrago se agarra à tábua de salvação. O desejo mais caro a outros era "romper-se". Isso esclarece muitos suicídios. Quanto mais aguda se torna a tensão sexual, mais acentuadamente são experimentadas essas sensações. Desaparecem prontamente logo que a angústia de orgasmo tenha sido eliminada e a relaxação sexual possa ocorrer. Quando isso acontece, os traços duros do caráter diminuem, a pessoa se torna "afável" e "produtiva" e, simultaneamente, desenvolve uma força elástica. A crise de toda análise de caráter bem sucedida situa-se sempre precisamente nesse ponto, quando as sensações pré-orgásticas poderosas são impedidas de seguir um curso normal pelos espasmos da musculatura causado pela angústia. Se a excitação atingiu o ápice e exige uma descarga completa, o espasmo da musculatura pélvica tem o mesmo efeito que o puxar o freio de mão de um carro a setenta e cinco milhas por hora; tudo é lançado em confusão. O mesmo acontece ao paciente em um genuíno processo de cura. É posto frente a frente com a decisão de rejeitar completamente o mecanismo somático inibidor ou de abandonar-se à sua neurose. *A neurose não é mais que a soma*

A FUNÇÃO DO ORGASMO

total de todas as inibições cronicamente automáticas de excitação sexual natural. Tudo o mais é o resultado dessa perturbação original. Em 1929, comecei a compreender que o conflito original na enfermidade mental (a contradição insolúvel entre o impulso para o prazer e a frustração moralística de prazer) está fisiológica e estruturalmente ancorado em uma perturbação muscular. *A contradição psíquica entre a sexualidade e a moralidade opera na profundidade biológica do organismo como a contradição entre a excitação agradável e o espasmo muscular.* As atitudes masoquísticas têm grande importância para a teoria econômico-sexual das neuroses: não podia haver melhor exemplo dessa contradição. Os neuróticos compulsivos e os histéricos, que evitam a sensação orgástica desenvolvendo sintomas neuróticos ou de angústia, atravessam geralmente uma fase de sofrimento masoquístico durante o processo de cura. Atravessam-na quando o medo da excitação sexual foi eliminado até um ponto em que consentem a excitação pré-orgástica nos genitais sem, contudo, permitir que o clímax da excitação ocorra livre de inibição, i.e., livre de angústia.

Além disso, o masoquismo tornou-se o problema central da psicologia das massas. A maneira como seria tratado praticamente parecia ter importância decisiva. As massas trabalhadoras sofrem graves privações de toda espécie. São dominadas e exploradas por uns poucos, que empunham o poder. Em forma de ideologia e prática de várias religiões patriarcais, o masoquismo prolifera como erva má e sufoca todos os direitos naturais à vida. Mantém as pessoas no estado abissal de submissão. Impede as suas tentativas de chegar a uma ação racional comum e os satura do medo de assumir a responsabilidade de sua existência. É causa do fracasso dos melhores impulsos de democratização da sociedade. Freud explicava a natureza catastrófica e caótica das condições sociais apoiando-se no instinto de morte, que espalhava a destruição na sociedade. Os psicanalistas sustentavam estarem as massas *biologicamente* masoquistas. Uma força policial punitiva, disseram alguns, era uma expressão natural de um masoquismo biológico das massas. As pessoas são, de fato, submissas à liderança autoritária do Estado da mesma forma que o indivíduo é obediente ao pai todo-poderoso. Como, entretanto, a revolta contra a autoridade ditatorial e contra o pai era encarada como neurótica enquanto a resignação às suas instituições e exigências era considerada normal, precisava-se de provas contra ambas essas afirmações: primeiro, não há masoquismo biológico; segundo, essa resignação ante a realidade

216

A IRRUPÇÃO NO CAMPO BIOLÓGICO

hodierna, por exemplo a educação irracional ou a política irracional, é em si mesma neurótica. Não empreendi o trabalho com essa intenção. Na interação de múltiplas observações, longe do choque furioso das ideologias, encontraram-se essas duas provas. Foram descobertas na simples resposta a uma pergunta quase estúpida: *como se comportaria uma bexiga orgânica se fosse inflada com ar que viesse do interior* e não pudesse romper-se? Em outras palavras, se o seu invólucro capaz de ser esticado mas não de ser rasgado?

A imagem do caráter humano como uma couraça em volta do cerne do organismo vivo era extremamente significativa. Se uma bexiga dessa fosse colocada em uma situação insolúvel de tensão e pudesse exprimir-se, lamentar-se-ia. Desamparadamente vencida, procuraria fora de si mesma as causas do seu sofrimento e se queixaria. Pediria para ser aberta com furos. Provocaria os que a cercam até pensar que havia atingido o seu objetivo. *O que ela não conseguia realizar espontaneamente, de dentro para fora, esperaria passiva e desamparadamente do mundo exterior.*

Com esta imagem da bexiga *encouraçada* no espírito, tentemos imaginar um organismo biopsíquico, cuja descarga de energia seja danificada. A membrana da superfície seria a couraça do caráter. A extensão é causada pela produção de energia interna (energia sexual ou excitação biológica). A energia biológica faz pressão para fora: ou para procurar uma descarga agradável ou para procurar contato com as pessoas e as coisas. Assim, esse impulso para expandir-se corresponde à *direção de dentro para fora*. A parede externa da couraça frustra esse impulso. A couraça não só impede o rompimento, mas exerce uma pressão de fora para dentro. A rigidificação do organismo é o resultado final.

Essa imagem coincide com os processos físicos da pressão interna e da tensão de superfície. Entrei em contato com esse fenômeno em 1926, quando revi o livro altamente significativo de Fr. Kraus,[22] famoso patologista berlinense, para o jornal psicanalítico.

---

[22] Fr. Kraus. *Allgemeine und sperzielle Pathologie der Person...* I. Teil, *Tiefenperson*, Leipzig: Thieme, 1926.

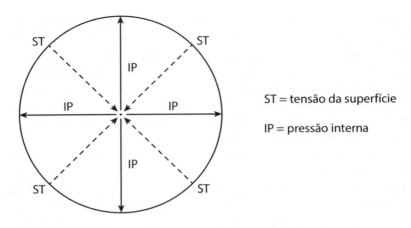

ST = tensão da superfície

IP = pressão interna

O organismo neurótico poderia comparar-se facilmente a um sistema bem simples, como o de uma bexiga tensa e ao mesmo tempo perifericamente *encouraçada*. Essa analogia curiosa entre um fenômeno físico e a bem conhecida situação do caráter foi aprovada no exame clínico. O paciente neurótico desenvolve uma "rigidez" na periferia do corpo, conservando embora um cerne interior vivo. Sente-se "constrangido dentro da sua própria pele", "inibido", incapaz de "compreender-se a sim mesmo", como se "estivesse emparedado", sem contato" e "tenso a ponto de romper-se". Esforça-se, por todos os meios disponíveis, "em direção ao mundo" mas é como se "estivesse amarrado". Mais que isso, os seus esforços para entrar em contato com a vida são frequentemente dolorosos; está tão mal preparado para suportar as dificuldades e desapontamentos da vida, que prefere "arrastar-se dentro de si mesmo". *Assim, a direção da função biológica "em direção ao mundo", "do interior para o exterior" é contrariada por um "movimento para fora do mundo", por um "retraimento para dentro do eu".*

Essa equação entre o altamente complicado e o simples era fascinante. O organismo neuroticamente encouraçado não pode romper-se como uma bexiga comum para livrar-se da sua tensão interior. Pode tornar-se "masoquista" ou pode "recobrar-se", i.e., permitir a descarga orgástica da energia represada. Essa descarga orgástica consiste em uma redução da tensão interior por meio de uma "descarga em direção ao exterior", em forma de convulsões do corpo inteiro. Ainda não se sabia muito bem o que é que se descarregava para o exterior. Eu ainda estava muito longe da minha compreensão atual do funcionamento da energia biológica.

A IRRUPÇÃO NO CAMPO BIOLÓGICO

Eu também imaginava o orgasmo com a sua descarga de substâncias do corpo, como imaginaria as proliferações de uma bexiga altamente tensa. Após a sua separação, tanto a tensão de superfície quanto a pressão interna são reduzidas. Estava claro que a ejaculação do sêmen sozinha não podia ser responsável por isso, pois a ejaculação sem prazer não reduz a tensão. Nunca lamentei essa especulação: conduziu-me a fatos muito concretos.

Lembro-me, a respeito, de um incidente insignificante mas comovente que ocorreu em 1922. Foi antes do Congresso de Psicanalistas em Berlim. Eu havia construído, ainda inteiramente sob a influência de Semon e Bergson, uma fantasia científico-natural. É preciso, disse aos amigos, tomar literal e seriamente a ideia de Freud sobre o "livrar-se da libido". Freud comparava o avanço e o retrocesso dos interesses psíquicos ao avanço e retrocesso dos pseudópodes da ameba. O avanço da energia sexual torna-se visível na ereção do pênis. Por isso, a ereção deve ser funcionalmente idêntica ao avanço dos pseudópodes da ameba. Por outro lado, a impotência eretiva, na qual o pênis se encolhe, como resultado da angústia, seria idêntica ao retrocesso dos pseudópodes. Os meus amigos ficaram meio assustados com o que consideram um pensamento confuso. Riram de mim, e fiquei ferido. Mas treze anos mais tarde, consegui confirmar experimentalmente a minha suposição. Quero agora narrar como as minhas descobertas me levaram a essa confirmação.

3   A ANTÍTESE FUNCIONAL DE SEXUALIDADE E ANGÚSTIA

A comparação da ereção com a expansão dos pseudópodes e do encolhimento do pênis com a sua retração levou-me a presumir uma *antítese funcional entre sexualidade e angústia*. A antítese expressava-se na direção da atividade biológica. Não pude mais livrar-me dessa ideia. Como tudo o que aprendera com Freud sobre a psicologia dos instintos estava em contínua alteração, essa imagem entrelaçava-se com a questão profundamente séria da base biológica dos processos psíquicos. Freud havia postulado um fundamento fisiológico para a psicologia profunda. O seu "inconsciente" estava profundamente imerso em fenômenos biofísicos. Na profundidade psíquica, as tendências psíquicas claras davam lugar a um mecanismo psicanalítico sozinho. Freud tentara aplicar os conceitos psíquicos às fontes da vida. Isso tinha de levar a uma personificação dos processos biológicos e trouxe de volta as suposições metafísicas, que haviam sido anteriormente afastadas do pensamento psicanalítico. Descobri ao estudar a função do orgasmo que, no campo fisiológico, é inadmissível usar a mesma abordagem e os mesmos conceitos que se usam no campo psíquico. Além da sua legitimidade causal, todo fenômeno psíquico tem um significado em termos do seu relacionamento com o meio ambiente. A interpretação psicanalítica revelou esse significado. Mas, no campo fisiológico, não se encontra esse significado, nem pode encontrar-se, sem reintroduzir um poder sobrenatural. *A vida funciona, apenas. Não tem nenhum "significado".*

A ciência natural tenta excluir hipóteses metafísicas. Ainda assim, quando não se consegue explicar o *porquê* e o *como* das funções do organismo vivo, procura-se uma "finalidade" ou um "significado", que e introduz então no funcionamento. Encontrei-me novamente às voltas com os problemas de mecanismo e de vitalismo. Evitei dar uma resposta especulativa. Ainda não tinha um método com o qual pudesse chegar a uma solução correta do problema. Conhecia o materialismo dialético, mas não sabia como podia aplicá-lo à pesquisa científico-natural. É verdade que eu dera uma interpretação funcional às descobertas de Freud. Mas para tornar aplicável na prática a ideia do fundamento fisiológico dos fenômenos psíquicos, ainda tinha que descobrir o método correto. Que o *soma* influencia a *psique* é correto; é uma afirmação correta, mas unilateral. O reverso, i.e., que a *psique* condiciona o *soma* é coisa que pode ser vista frequentemente. Não se pode alargar o campo psíquico a ponto de tornar válidas as suas leis para o *soma*. O conceito de que o psíquico e o somático são dois processos independentes, que apenas interagem um com o outro, estava em desacordo com a experiência diária. Eu não tinha uma solução. Entretanto, isto estava bem claro: *a experiência de prazer, de expansão, está inseparavelmente ligada ao funcionamento vivo.*

A essa altura, ajudou-me o meu novo conceito da função masoquística. O pensamento desenvolveu-se da seguinte maneira: a *psique* é determinada pela qualidade e o *soma* pela quantidade. Na primeira é a qualidade da ideia ou desejo que é importante; no segundo, é apenas a quantidade de energia em ação que é importante. Mesmo assim, os processos verificados no organismo demonstraram que *a qualidade de uma atitude psíquica depende da quantidade de excitação somática da qual provém.* Em um estado de forte tensão somática, a ideia do prazer sexual e da ligação sexual é intensa, vivida, nítida. Após a satisfação, essa ideia pode ser reproduzida apenas com dificuldade. Criei uma imagem disso como onda marinha que, pela sua subida e descida, influencia o movimento de um pedaço de madeira na superfície. Não era senão um vago indício de que a *psique* se eleva do – ou submerge no – profundo processo biofisiológico, dependendo do estado do último. Parecia-me que o aparecimento e desaparecimento da consciência no ato de despertar ou de adormecer era uma expressão desse processo da onda. Era meio vago, difícil de compreender. Estava claro apenas que a energia biológica é que governa tanto o psíquico quanto o somático. Uma *unidade funcional* prevalece. Não há dúvidas de que, enquanto é possível para as leis biológicas serem válidas no campo psíquico, as características psíquicas não podem ser válidas no campo biológico. Isso me obrigou a reconsiderar a hipótese de Freud a respeito dos instintos.

A imaginação é sem dúvida um processo psíquico. Há ideias inconscientes que podem ser inferidas das suas manifestações visíveis. Segundo Freud, o inconsciente, em si mesmo, não pode ser alcançado. Mesmo assim, se está "imerso" no campo biofisiológico, deve ser possível alcançá-lo com um método que se aplique ao fator comum que determina o mecanismo biopsíquico como um todo. Esse fator comum não pode ser o "significado", nem pode ser a "finalidade": isso são funções secundárias. De um ângulo firmemente funcional, vê-se que não há finalidade ou objetivo no campo biológico. Há apenas *função e desenvolvimento*, que seguem um curso natural. Restavam a estrutura

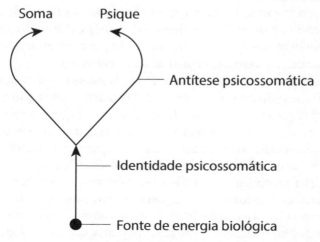

Diagrama que mostra a identidade e a antítese psicossomáticas.

A FUNÇÃO DO ORGASMO

explosiva e o jogo de forças. Isso era válido em todos os campos: algo a que era possível agarrar-se. O que a psicologia chama de "tensão" e "relaxação" é uma oposição de forças. A minha imagem da bexiga, simples como era, estava absolutamente de acordo com a ideia da unidade do *soma* e da *psique*. Mas, além da unidade, havia também uma antítese. Esse pensamento foi o germe da minha teoria da sexualidade.

Em 1924, presumi que, no orgasmo, uma excitação se concentra na periferia do organismo, particularmente nos órgãos genitais, e então recua para o centro vegetativo e aí se acalma. Inesperadamente, completou-se uma sequência de ideias. O que anteriormente parecia uma excitação psíquica surgia agora como uma corrente biofisiológica. A pressão interna e a pressão de superfície de uma bexiga não são, afinal, mais que as funções do centro e da periferia de um organismo. São funcionalmente antitéticas; opõem-se uma à outra. O "destino" da bexiga depende da relação entre a pressão interna e a pressão de superfície, assim como a sanidade psíquica depende do equilíbrio da energia na esfera sexual. A *"sexualidade" não poderia ser mais que a função biológica de expansão "para fora do eu", do centro em direção à periferia*. Por seu lado *a angústia não seria senão a direção inversa, i.e., da periferia para o centro, "de volta para o eu"*. São direções antitéticas do mesmo processo de excitação. Essa teoria foi confirmada por uma profusão de descobertas clínicas. Na excitação sexual, os vasos periféricos se dilatam. Na angústia, sente-se uma tensão interior centralizada como se fosse explodir, os vasos periféricos se contraem. O pênis sexualmente estimulado expande-se. Na angústia contrai-se. As fontes de energia ativa encontram-se no "centro de energia biológica". É na periferia que encontramos as suas áreas de funcionamento, em contato com o mundo, no ato sexual, na descarga orgástica, no trabalho, etc.

Essas descobertas já estavam além da estrutura da psicanálise. Destruíram inúmeros preconceitos. Os psicanalistas não podiam entender o que eu estava dizendo, e a minha posição era por demais controvertível. Por isso, tornava-se cada vez mais difícil permitir que as minhas ideias existissem dentro da mesma organização. Freud rejeitara a tentativa de incluir o processo da libido no sistema autônomo. Como psicanalista proeminente, eu não estava em muito bons termos com os psiquiatras ortodoxos e outros clínicos. Por causa do seu modo de pensar mecanicista e não analítico, podiam compreender pouquíssimo daquilo que eu dizia. A recém-nascida teoria da sexualidade viu-se completamente sozinha. Consolava-me com as numerosas confirmações

A IRRUPÇÃO NO CAMPO BIOLÓGICO

da minha ideia, confirmações que encontrei na fisiologia experimental. A minha teoria parecia capaz de reduzir à expressão mais simples as diversas descobertas acumuladas por gerações de fisiologistas. *No centro estava a antítese entre o simpático e o parassimpático.*

4 O QUE É A "ENERGIA BIOPSÍQUICA"?

Uns sessenta anos de sexologia, quarenta anos de psicanálise, e quase vinte anos do meu próprio trabalho sobre a teoria do orgasmo ainda não conseguiram dar ao clínico (que deveria curar as perturbações sexuais humanas, i.e., as neuroses) uma resposta a essa pergunta. Vamos retomar o ponto de partida da teoria do orgasmo. As neuroses e as psicoses funcionais são sustentadas por uma energia sexual excessiva e inadequadamente descarregada, inicialmente chamada de "energia psíquica". Ninguém sabia exatamente o que era. As enfermidades psíquicas estavam sem dúvida enraizadas "no corpo". Por isso, havia boas razões para presumir que as proliferações psíquicas eram alimentadas por uma estase de energia. Somente a eliminação dessa fonte de energia da neurose pelo estabelecimento da plena potência orgástica parecia tornar o paciente imune a uma recaída. Não se podia pensar em prevenir as enfermidades psíquicas em larga escala sem um conhecimento do fundamento biológico dessas enfermidades. Era incontestável a premissa: "com uma sexualidade satisfatória não existem perturbações neuróticas". Naturalmente essa afirmação tinha implicações tanto individuais quanto sociais. A significação da questão sexual é óbvia. Assim mesmo, apesar de Freud, a ciência oficial não queria saber da nada a respeito das implicações da sexualidade. A própria psicanálise mostrava uma tendência crescente para esquivar-se à questão. Além do mais, a questão estava impregnada com os borrifos de uma "sexualidade" patológica, distorcida, com matizes de certa forma sempre pornográficos, i.e., com a sexualidade que governa a vida humana. A distinção nítida entre a expressão sexual "natural" e patológica, expressão sexual culturalmente ancorada, entre os impulsos "primários" e os impulsos "secundários", tornou possível preservar, e tentar resolver o problema até o seu cerne. A reflexão isolada não teria levado a uma solução, nem tampouco ao confronto das numerosas e brilhantes observações da moderna literatura fisiológica que, mais ou menos a partir de 1925, apareciam em abundância crescente e eram condensadas e compiladas no *Die Lebensnerven*, de Müller.

A FUNÇÃO DO ORGASMO

Mais uma vez, a observação clínica proporcionou a linha correta de abordagem. Em Copenhague, em 1933, tratei um homem que apresentava grande resistência à revelação das suas fantasias homossexuais passivas. Essa resistência era expressa abertamente pela atitude extremamente rígida da garganta e do pescoço ("pescoço duro"). Um ataque concentrado à sua defesa obrigou-o finalmente a capitular, embora de maneira alarmante. Durante três dias, foi abalado por agudas manifestações de choque vegetativo. A palidez do rosto mudava rapidamente do branco para o amarelo ou azul. A pele ficou toda manchada, e de cores diferentes. Sentiu dores violentas no pescoço e atrás da cabeça. A pulsação cardíaca era rápida e forte. Teve diarreia, sentiu-se cansado e parecia haver perdido o controle. Preocupei-me. É verdade que já vira frequentemente sintomas semelhantes, mas nunca de forma tão violenta. Havia acontecido algo aqui, que, embora de algum modo fizesse parte do trabalho, não era imediatamente compreensível. *Os afetos haviam irrompido somaticamente depois que o paciente afrouxara a sua atitude de defesa psíquica.* Aparentemente, o pescoço rígido, que enfatizava uma austera masculinidade, contivera energias vegetativas, que se soltavam agora de forma descontrolada e caótica. Uma pessoa com uma economia sexual equilibrada não é capaz de ter semelhante reação. Somente a inibição e a repressão contínuas da energia biológica podem produzi-la. A musculatura servira à função inibidora. Quando se relaxaram os músculos do pescoço, irromperam impulsos poderosos como se se houvessem soltado de um cabo esticado. A palidez e o rubor que se alternavam na face não podiam ser senão o fluxo e refluxo dos fluidos do corpo, i.e., a contração e a dilatação dos vasos sanguíneos. Isso está absolutamente de acordo com as minhas opiniões anteriormente narradas a respeito do funcionamento da energia biológica. A direção "para fora do corpo em direção ao mundo" alternava rápida e continuamente com a direção oposta, "para fora do mundo – de volta para dentro do eu".

Por meio de tensões, a musculatura pode obstruir a corrente sanguínea; em outras palavras, pode reduzir o movimento dos fluidos do corpo. Examinei inúmeros outros pacientes para ver se essa observação era verdadeira nos seus casos também, e lembrei-me de pacientes que havia tratado anteriormente. Todas as observações confirmaram o fenômeno. Em pouco tempo, tive uma profusão de fatos à minha disposição. Reduziam-se a uma formulação concisa: *a energia da vida sexual pode ser contida por tensões musculares crônicas. A cólera e a angústia podem também ser bloqueadas por tensões musculares.* Daí em diante, descobri

A IRRUPÇÃO NO CAMPO BIOLÓGICO

que sempre que eu dissolvia uma tensão muscular, irrompia uma das três excitações básicas do corpo – angústia, ódio ou excitação sexual. Eu tinha, é claro, conseguido fazer isso antes pela liberação de inibições e atitudes puramente do caráter. Mas agora as irrupções da energia vegetativa eram mais completas, mais impetuosas, mais emocionalmente sentidas e ocorriam mais rapidamente. Durante o processo, as inibições do caráter eram espontaneamente liberadas. Essas verificações, feitas em 1933 foram publicadas de maneira incompleta em 1935. Em 1937, publiquei-as com mais pormenores.[23] Logo se esclareceram inúmeras questões decisivas, concernentes ao relacionamento entre a mente e o corpo.

As couraças de caráter eram vistas agora como funcionalmente equivalentes à hipertonia muscular. O conceito de "identidade funcional", que tive de introduzir, significa apenas que as atitudes musculares e as atitudes de caráter têm a mesma função no mecanismo psíquico: podem substituir-se e podem influenciar-se mutuamente. Basicamente, não podem separar-se. São equivalentes na sua função.

As postulações resultantes da associação de fatos levam imediatamente a outras descobertas. Se a couraça de caráter podia ser expressa pela couraça muscular, e vice-versa, então a unidade do funcionamento psíquico e somático havia sido entendida em princípio e podia ser influenciada de maneira prática. Daí em diante, eu podia fazer uso prático dessa unidade sempre que necessário. Se uma inibição de caráter não correspondia a uma influência psíquica, eu recorria à correspondente atitude somática. Inversamente, se encontrava dificuldade em alcançar uma atitude somática perturbadora, trabalhava com a sua expressão no caráter do paciente e conseguia libertá-la. Podia, agora, eliminar um sorriso amistoso atípico que dificultasse o trabalho analítico, ou descrevendo a expressão ou perturbando a atitude muscular, por exemplo levantando o queixo do paciente. Esse foi um enorme passo adiante. Levei mais seis anos para desenvolver essa técnica na vegetoterapia de hoje.

A liberação das atitudes musculares rígidas produzia sensações corporais peculiares nos pacientes: tremor involuntário e contrações dos músculos, sensações de frio e de calor, coceira, impressão de picadas de alfinetes e agulhas, sensações de espinhos, uma impressão de grande excitação nervosa, e percepções somáticas de angústia, cólera e prazer. Eu tinha de romper com as antigas ideias a respeito da

---

[23]   Cf. Reich. *Psychischer Kontakt und vegetative Strömung*, 1934. *Orgasmusreflex, Muskelhaltung und Körperausdruck*, Sexpol Verlag, 1937.

conexão corpo-mente se queria entender esses fenômenos. Não eram "resultados", "causas" ou "manifestações acompanhantes" de "processos psíquicos"; eram simplesmente os próprios fenômenos, no campo somático. Classifiquei como "correntes vegetativas" todos os fenômenos somáticos que, em contraste com as couraças musculares rígidas, se caracterizam pelo movimento. Surgiu imediatamente a questão: são as correntes vegetativas simples movimentos de fluido, ou são mais que isso? Não podia satisfazer-me com a explicação de que essas correntes eram simplesmente movimentos mecânicos de fluidos. Enquanto movimentos puramente mecânicos podiam responder pelas sensações de frio e calor, palidez e rubor, de "sangue quente", etc. não podiam explicar a impressão de alfinetes e agulhas, a sensação de estar sendo furado, os tremores, as suaves sensações pré-orgásticas de prazer, etc. O problema crucial da impotência permanecia insolvido: é possível aos órgãos genitais estarem cheios de sangue sem nenhum traço de excitação. Por isso, a excitação sexual não pode certamente ser idêntica à – nem ser a expressão da – corrente sanguínea. Há estados de angústia sem nenhuma palidez particular da face ou da pele do corpo. O sentimento de "aperto no peito" (*angustiae*, "espaço apertado"; "grande aflição") – o sentimento de "constrição" – não podia ser reduzido apenas a uma congestão sanguínea nos órgãos centrais. Se assim fosse, teríamos de sentir angústia após uma boa refeição, quando o sangue se concentra no estômago. Além da corrente sanguínea, deve haver algo mais que, dependendo da sua função biológica, provoque a angústia, a cólera ou o prazer. Nesse processo, a corrente sanguínea representa apenas um meio essencial. Talvez esse "algo" desconhecido não ocorra quando é impedido o movimento dos fluidos do corpo.

5 A FÓRMULA DO ORGASMO: TENSÃO → CARGA → DESCARGA → RELAXAÇÃO

O "algo" desconhecido que eu estava procurando podia ser apenas a *bioeletricidade*. Isso me ocorreu um dia, quando tentava entender a fisiologia do processo de fricção que ocorre entre o pênis e as paredes da membrana mucosa vaginal, no ato sexual. A fricção sexual é um processo biológico fundamental. Encontra-se em todo o reino animal, onde quer que a reprodução ocorra na união dos dois sexos. Nesse processo, ocorre a *excitação biológica*, junto com a congestão, a expansão e a "ereção". Com

A IRRUPÇÃO NO CAMPO BIOLÓGICO

base em experimentos pioneiros, o médico berlinense Kraus verificou que o corpo é governado por processos elétricos. Compõe-se de incontáveis "superfícies limítrofes" entre membranas e fluidos eletrolíticos, de várias densidades e composições. Segundo uma bem conhecida lei da física, a tensão elétrica desenvolve-se nos limites entre os fluidos condutores e as membranas. Como as concentrações e a estrutura das membranas não são homogêneas, criam-se diferenças nas tensões das superfícies limítrofes e, simultaneamente, diferenças de potencial de intensidade variável. Essas diferenças de potencial podem ser comparadas às diferenças de energia de dois corpos em alturas diferentes. O corpo que está no plano mais alto é capaz de desempenhar mais trabalho ao cair do que o corpo que está no plano mais baixo. Um peso de um quilograma fincará uma estaca mais profundamente na terra quando for jogado de uma altura de três metros, do que quando for jogado de uma altura de um metro. A "energia potencial de posição" é superior e, portanto, a "energia cinética" gerada é também maior quando essa energia potencial é liberada. O princípio da "diferença potencial" pode ser facilmente aplicado às diferenças das tensões elétricas. Se eu ligar por um fio um corpo altamente carregado a um corpo menos carregado, fluirá uma corrente do primeiro para o segundo. Nesse processo, a energia elétrica estática se converte em energia corrente. Além do mais, estabelece-se o equilíbrio entre as duas cargas, da mesma forma que o nível da água se torna o mesmo em dois vasos comunicantes, se eu ligar os dois por meio de um tubo. O equilíbrio de energia pressupõe uma diferença de energia potencial. O nosso corpo é constituído por bilhões dessas superfícies potenciais de energias potenciais diferentes. Consequentemente, a energia do corpo está em constante movimento de lugares de potencial mais alto para lugares de potencial mais baixo. As minúsculas partículas dos fluidos do corpo, *os íons*, são os transmissores das cargas elétricas nesse contínuo processo de equilíbrio. São átomos que possuem um *quantum* determinado de carga elétrica e, dependendo do seu movimento para um polo negativo ou para um polo positivo, se chamam *cátions* ou *ânions*. O que é que tudo isso tem que ver com o problema da sexualidade? Muito!

A tensão sexual é sentida por todo o corpo, mas é experimentada mais fortemente nas regiões do coração e do abdômen. A excitação se concentra gradualmente nos órgãos sexuais. Estes se tornam congestionados com sangue, e as cargas elétricas atingem a superfície dos genitais. Sabemos que a excitação sexual de uma parte do corpo por meio

A FUNÇÃO DO ORGASMO

de um toque delicado excitará outras partes do corpo. O processo de fricção aumenta a tensão ou excitação até atingir o clímax – o orgasmo – condição caracterizada por convulsões involuntárias da musculatura dos genitais e do corpo inteiro. Sabe-se que a contração muscular é acompanhada pela descarga de energia elétrica. Essa descarga pode ser medida e representada por meio de uma curva gráfica. Alguns fisiologistas pensam que os nervos armazenam excitação, enquanto a contração muscular a descarrega; pois não é o nervo, mas somente o músculo que pode contrair-se e é capaz de descarregar energia. No processo da fricção sexual, a energia é primeiro armazenada nos dois corpos e depois descarregada no orgasmo. O orgasmo é apenas uma descarga elétrica. A estrutura fisiológica dos órgãos genitais é particularmente adaptada a esse fim: grande vascularidade, densos gânglios, capacidade de ereção, e uma musculatura que é especialmente capaz de contrações espontâneas.

Se se investiga o processo mais de perto, observa-se que há quatro estágios no curso da excitação:

1. Os órgãos ficam cheios de fluido: ereção com *tensão mecânica*.
2. Isso produz forte excitação que eu presumo seja de natureza elétrica: *carga elétrica*.
3. No orgasmo, a convulsão da musculatura descarrega a excitação sexual: *descarga elétrica*.
4. Isso se transforma em uma relaxação dos genitais por meio de um refluir dos fluidos do corpo: *relaxação mecânica*.

Chamei a esse processo em quatro tempos *fórmula do orgasmo*: TENSÃO MECÂNICA → CARGA ELÉTRICA → DESCARGA ELÉTRICA → RELAXAÇÃO MECÂNICA.

O processo descrito pode ser representado com simplicidade. Isso me traz de volta à função de uma bexiga elástica cheia, que eu imaginara seis anos antes da descoberta da fórmula do orgasmo. Imaginemos duas esferas: uma é rígida, feita de metal: a outra é elástica; algo como um organismo vivo, uma ameba, uma estrela do mar ou um coração.

A esfera de metal seria oca, enquanto a esfera orgânica envolveria um complicado sistema de fluidos e de membranas de densidades várias e com a capacidade de conduzir a eletricidade. A esfera de metal receberia do exterior a sua carga elétrica; por exemplo, de uma máquina eletrostática. Mas a esfera orgânica, por exemplo uma bexiga elástica,

228

A IRRUPÇÃO NO CAMPO BIOLÓGICO

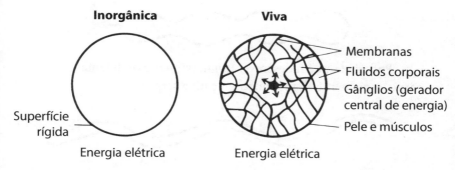

Diagrama que mostra a esfera inorgânica e a esfera orgânica, viva.

teria um mecanismo de carga operando automaticamente no centro. Por isso, seria carregada espontaneamente a partir do seu interior. De acordo com as leis básicas da física, a carga elétrica da esfera de metal estaria na superfície, e apenas na superfície, uniformemente distribuída. A bexiga elástica cheia estaria totalmente carregada de eletricidade. Por causa das diferenças de densidade e de natureza dos fluidos e membranas, a carga seria maior em algumas áreas, e menor em outras. Nesse organismo idealmente concebido, as cargas elétricas estariam em constante movimento de lugares de maior potencial para lugares de potencial mais baixo. Em geral, entretanto, uma direção predominaria: do centro, fonte operadora da carga elétrica, para a periferia. Consequentemente, a bexiga se encontraria com frequência em situação de expansão e extensão. De vez em quando, como os ciliados, retornaria à forma esférica na qual, para igual conteúdo no corpo, a tensão da superfície é mais baixa. Se a produção interna de energia se torna grande demais, a bexiga pode, contraindo-se diversas vezes, descarregar a energia em direção ao exterior; em suma, pode regular a sua energia. Essa descarga de energia será extremamente agradável por liberar o organismo da tensão represada. Em estado de extensão, a bexiga poderia executar vários movimentos rítmicos; poderia, por exemplo, produzir uma onda de expansão e contração alternadas, como se verifica no movimento de uma lombriga ou na peristalse intestinal.

Poderia também descrever um movimento ondulante, de todo o corpo, semelhante ao movimento de uma serpente.

Nesses movimentos, a bexiga orgânica carregada apresentaria uma unidade. Se tivesse autopercepção, experimentaria a alternância rítmica da extensão, expansão e contração de maneira agradável. Sentir-se ia como uma criança pequena que pula descrevendo círculos porque está contente. Durante os movimentos, a energia bioelétrica oscilaria continuamente entre *tensão-carga* e *descarga-relaxação*. Poderia converter-se em calor, em energia mecânica cinética, ou em trabalho. Semelhante bexiga se sentiria em unidade com o seu ambiente, exatamente como uma criança pequena. Entraria em contato direto com outras esferas orgânicas; identificar-se-iam uma com as outras com base nas sensações de movimento e ritmo. O desprezo pelos movimentos naturais lhes seria estranho e, igualmente, não compreenderiam o comportamento inatural. O desenvolvimento teria como consequência a contínua produção de energia interna, e seria por esta garantido, como acontece no início do desenvolvimento das flores, ou na divisão celular progressiva, após a introdução da energia pela fertilização. Além disso, não haveria um termo final para o desenvolvimento. O trabalho estaria dentro da estrutura da atividade biológica geral; não em desacordo com ela.

A extensão longitudinal durante períodos mais longos de tempo levaria essa forma a fixar-se e assim desenvolver um mecanismo de suporte no organismo. Enquanto essa extensão fixa impediria uma volta à forma esférica, a pulsação por meio da flexão e extensão permaneceria inalterada. Isso garantiria o metabolismo da energia. Sem dúvida, um mecanismo de suporte fixo constituiria, já, uma das pré-condições da menor proteção contra as destruidoras inibições da motilidade. Entretanto, não constituiria em si mesmo uma inibição. A inibição só poderia ser comparada à restrição de uma serpente por um único ponto do seu corpo. Segura, uma serpente perderia imediatamente o ritmo e a unidade dos movimentos orgânicos ondulados, nas partes deixadas livres do corpo.

O corpo do animal é comparável à bexiga orgânica acima descrita. Para completar a imagem, deveríamos introduzir um sistema bombeador operando automaticamente, como um coração, que leva o fluido a circular em um ciclo continuamente rítmico, do centro para a periferia, e de volta para o centro: sistema cardiovascular. O corpo animal no mais baixo estágio de desenvolvimento possui um mecanismo que gera eletricidade a partir do centro. São os chamados *gânglios vegetativos*, conglomerados de células nervosas que, dispostas a intervalos regulares e ligadas a todos os órgãos e às suas partes por meio de fibras muito finas, governam as funções vitais involuntárias. São os órgãos dos sentimentos e das sensações vegetativas. Constituem uma unidade coerente, chamado *syncitium*, que se divide em dois grupos funcionalmente antitéticos: o *simpático* e o *parassimpático*.

A nossa bexiga imaginária pode expandir-se e contrair-se. Pode expandir-se até um grau extraordinário e então, com poucas contrações, relaxar-se. Pode estar flácida, tensa, relaxada ou excitada. Pode concentrar-se as cargas elétricas, junto com os fluidos que as transmitem de um lugar para outro, com intensidade variável. Pode conservar certas partes em um estado de tensão contínua e outras partes em um estado de contínuo movimento. Se a apertássemos de um lado, uma tensão e uma carga aumentadas apareceriam imediatamente em outra parte. Se nos esforçássemos realmente por manter uma pressão constante sobre a superfície toda, i.e., impedindo-a de expandir-se apesar da contínua produção interior de energia, ficaria em um perpétuo estado de angústia; quer dizer que se sentiria constrangida e limitada. Se pudesse falar, pediria que a livrássemos dessa situação torturante. A bexiga não se importaria com o que lhe acontecesse, contanto que o movimento e a mudança fossem reintroduzidos no seu estado comprimido e rígido. Como não poderia efetuar essa mudança por sua própria iniciativa, alguém teria de fazê-lo, por exemplo girando-a no espaço (ginástica); amassando-a (massagem); furando-a, se necessário (fantasia de estar

A FUNÇÃO DO ORGASMO

sendo aberta com furos); machucando-a (fantasia masoquística de apanhar, Haraquiri); e, se nada mais ajudasse, dissolvendo-a, destruindo-a, desintegrando-a (Nirvana, morte sacrificial). Uma sociedade formada de semelhantes bexigas criaria as filosofias mais idealísticas a respeito do "estado de ausência de sofrimento". Como qualquer extensão em direção ao prazer ou motivada pelo prazer poderia ser sentida somente como dolorosa, a bexiga desenvolveria um medo à excitação agradável (angústia de prazer) e criaria teorias sobre a "maldade", a "propensão para o pecado" e a "ação destrutiva" do prazer. Em suma, seria um asceta do século vinte. Consequentemente, teria medo de qualquer ideia de possibilidade da tão ardentemente desejada relaxação; e então odiaria semelhante ideia e finalmente perseguiria e mataria qualquer um que falasse a respeito. Juntar-se-ia a outros seres igualmente constituídos, peculiarmente rígidos, e traçariam rígidas normas de vida. Essas normas teriam a função única de garantir a menor produção possível de energia interior, i.e., de garantir a tranquilidade, a resignação, e a continuidade das reações habituais. Faria quaisquer tentativas inadequadas para dominar os excedentes de energia interior que não pudessem ser utilizados através do prazer natural ou do movimento. Por exemplo, criaria insensatas ações sadísticas ou cerimônias de natureza essencialmente automática e de pequena finalidade (comportamento religioso compulsivo). As metas realistas se desenvolvem por si mesmas e, portanto, obrigam ao movimento e ao desassossego aqueles que se movem em direção a elas.

A bexiga poderia ser sacudida por convulsões que emergiriam subitamente, por meio das quais se descarregaria a energia represada. Por exemplo, poderia ter acessos histéricos ou epiléticos. Poderia, por outro lado, tornar-se completamente rígida e desolada, como ocorre na esquizofrenia catatônica. Em qualquer hipótese, a bexiga seria sempre atormentada pela angústia. Tudo o mais decorre inevitavelmente dessa angústia, por exemplo, o misticismo religioso, a crença em um *führer* ou o martírio sem significação. Como na natureza tudo se move, se modifica, se desenvolve, se expande e se contrai, a bexiga *encouraçada* teria uma atitude estranha e hostil em relação à natureza. Imaginar-se-ia como "algo muito especial", pertencente a uma raça superior pelo simples fato de usar colarinho duro ou uniforme. Representaria essa "cultura" ou essa "raça" que é incompatível com a natureza, e a natureza seria considerada como "vil", "demoníaca", "impulsiva", "descontrolada" e "ignóbil". Ao mesmo tempo, entretanto, a bexiga, sentindo ainda em si

A IRRUPÇÃO NO CAMPO BIOLÓGICO

mesma uns últimos vestígios da natureza, teria de entusiasmar-se com ela e de sentimentalizá-la como, por exemplo, em um "amor sublime" ou como no "despertar do sangue". Associar a natureza a convulsões do corpo seria uma blasfêmia. Assim mesmo criaria indústrias de pornografia, sem perceber a contradição. A função tensão-carga conciliou ideias que me haviam impressionado no meu estudo da biologia clássica. Era necessário reexaminar a sua sustentabilidade teórica. Do ângulo da fisiologia, a minha teoria era confirmada pelo fato bem conhecido de que os músculos se contraem espontaneamente. A contração muscular pode ser causada pelos estímulos elétricos. Segundo Galvani, entretanto, a contração pode também ser causada por ferimento no músculo e conexão da extremidade do nervo partido com o músculo, no ponto do ferimento. A contração é acompanhada por uma expressão mensurável da chamada *corrente de ação elétrica*. Nos músculos feridos, encontra-se também uma *corrente normal*; manifesta-se quando o meio da superfície do músculo é ligado à extremidade da ferida por um condutor elétrico, por exemplo um fio de cobre.

O estudo das contrações musculares se tem constituído em uma importante área de investigação da fisiologia durante décadas. Eu não entendia por que a fisiologia dos músculos não havia encontrado a conexão com a eletricidade animal geral. Se dois conjuntos neuromusculares são colocados um sobre o outro de tal forma que o músculo de um encoste no nervo do outro e se, então, se produzem contrações no músculo do primeiro conjunto pela aplicação de uma corrente elétrica, o músculo do segundo conjunto também se contrai. O músculo do primeiro conjunto contrai-se respondendo ao estímulo elétrico e, durante o processo, ele mesmo desenvolve uma corrente de ação biológica. Isso, por sua vez, atua como um estímulo elétrico sobre o músculo do segundo conjunto, que responde com uma contração, produzindo assim uma segunda corrente de ação biológica. Como os músculos do corpo estão em contato uns com os outros e se ligam ao organismo todo por meio do fluido corporal, toda ação muscular terá uma influência estimulante sobre o organismo todo. Naturalmente, essa influência varia dependendo da localização do músculo, do estímulo inicial e da sua força; mas sempre afeta o organismo todo. Como protótipo dessa influência, temos a contração orgástica da musculatura genital, que é tão forte que se transmite para o organismo inteiro. Não encontrei nada disso na literatura disponível. Assim mesmo, parecia ser de suma importância.

A FUNÇÃO DO ORGASMO

Uma observação mais minuciosa da curva de ação cardíaca confirmou a minha suposição de que o processo tensão-carga também governa a função cardíaca. Corre como uma onda elétrica da aurícula, pelas artérias do coração, para o ápice do coração. A pré-condição para o início dessa contração é o preenchimento da aurícula com sangue. O resultado da carga e descarga é o vazamento do sangue através da aorta por causa da contração do coração.

As drogas que causam um aumento de volume têm um efeito purgativo sobre os intestinos. O aumento atua sobre os músculos como um estímulo elétrico. Eles se contraem e se relaxam em ondas rítmicas (*peristalse*). Essas contrações e relaxações fazem com que os intestinos se esvaziem. O mesmo se aplica à bexiga urinária. Se se enche de líquido, contrai-se, fazendo com que o seu conteúdo seja esvaziado.

Nessa descrição, revelou-se um fato extremamente importante mas ainda não observado. Pode considerar-se como o modelo básico para a refutação do pensamento "teleológico" absoluto no campo da biologia. A bexiga urinária não se contrai "a fim de cumprir a função da micção" em virtude de uma vontade divina ou de poderes biológicos sobrenaturais. Contrai-se em resposta a um simples princípio causal que é tudo, menos divino. Contrai-se porque o seu enchimento mecânico induz uma contração. Esse princípio pode ser aplicado a qualquer outra função, à vontade. Nós não temos relações sexuais "a fim de gerar filhos", mas porque uma congestão de fluido carrega bioeletricamente os órgãos genitais e pressiona em direção à descarga. Isso, por sua vez, é acompanhado pela descarga de substâncias sexuais. Assim, a sexualidade não está a serviço da procriação; mais propriamente, a procriação é um resultado incidental do processo tensão carga nos genitais. Isso pode ser deprimente para os campeões da filosofia moral eugênica, mas é a pura verdade.

Em 1933, descobri um trabalho experimental do biólogo berlinense Hartmann. Em experimentos especiais que tratavam da sexualidade dos gametas, demonstrou que as funções masculinas e femininas na cópula não são fixas. Um gameta masculino fraco pode comportar-se de modo feminino diante de um gameta masculino mais forte. Hartmann deixou aberta a questão de saber o que é que determina as combinações de gametas do mesmo sexo, o seu "acasalamento", se preferem. Presumiu a existência de certas "substâncias" ainda não investigadas. Entendi que as combinações eram determinadas por processos elétricos. Alguns anos mais tarde, pude confirmar isso por meio de um experimento elétrico

234

A IRRUPÇÃO NO CAMPO BIOLÓGICO

com os *bions*. São forças bioelétricas o que determina que a combinação na cópula dos gametas se dê de uma forma e não de outra. Por esse mesmo tempo, recebi um recorte de jornal que noticiava experimentos realizados em Moscou. Um cientista (esqueço-me do nome) conseguiu demonstrar que o óvulo e as células espermáticas produzem indivíduos masculinos ou femininos conforme a natureza da sua carga elétrica.

Assim, *a procriação é uma função da sexualidade*, e não o contrário, como até então se pensava. Freud havia sustentado a mesma coisa a respeito da psicossexualidade, quando separara os conceitos de "sexual" e "genital". Mas, por qualquer razão que eu não podia entender, afirmara mais tarde que não é a sexualidade que é uma função da procriação. Hartmann forneceu a prova, no campo da biologia, de que não é a sexualidade que é uma função da procriação, mas o contrário: a procriação é uma função da sexualidade. Eu podia somar a esse um terceiro argumento, baseado nas investigações experimentais de diversos biólogos: *a divisão do óvulo, como a divisão celular em geral, é um processo orgástico. É determinado pela função tensão-carga*. A consequência dessa descoberta para a avaliação moral da sexualidade é evidente: a sexualidade não pode continuar a ser encarada como um infeliz acompanhamento da preservação das espécies.

Depois que o óvulo foi fertilizado, depois que absorveu a energia da célula espermática, ele se torna a princípio tenso. Absorve um fluido; a sua membrana fica esticada. Isso significa que a tensão da superfície e a pressão interna aumentam simultaneamente. Quanto maior a pressão do conteúdo da *bexiga*, que aqui representa o óvulo, tanto mais difícil é para a superfície "manter" o sistema "unido". Esses processos ainda são absolutamente determinados pela oposição entre a pressão interna e a tensão superficial. Se for esticada além da conta, uma bexiga puramente física se romperá. Na célula ovular começa agora o processo tão característico da função vital: *a extensão ou expansão provoca uma contração*. O aumento da célula ovular, que sempre continua apenas até certo ponto, se deve à ativa absorção de fluido. O núcleo da célula começa a "irradiar", i.e., a produzir energia. Gurwitsch chamava a esse fenômeno *radiação mitogenética. Mitose* significa divisão do núcleo da célula. Mais tarde, aprendi a observar e a avaliar a vitalidade das culturas de *bions*, tomando por base o grau de certos fenômenos de radiação dentro da formação. O enchimento extremo da célula, i.e., a *tensão mecânica*, é acompanhado por uma carga elétrica. Ao atingir determinado ponto, a membrana começa a contrair-se. Na verdade começa a contrair-se no

235

A FUNÇÃO DO ORGASMO

ponto em que a esfera atingiu a maior circunferência e a maior tensão. Esse é sempre o *equador* ou, se preferirmos, um meridiano da esfera. Essa contração não é, como se pode observar, gradual e constante; é um processo que envolve luta e contradições. A tensão da membrana no lugar da contração luta contra a pressão interna, que se tornou mais forte precisamente por causa dessa contração. Está bem claro que a pressão interna e a tensão superficial têm um efeito mutuamente intensificador e se fortalecem uma à outra. Isso produz as vibrações visíveis, a ondulação e a contração também visíveis.

A constrição (denteação) aumenta. A tensão interior sobe. Se a célula ovular pudesse falar, exprimiria angústia. Há apenas uma possibilidade de resolver essa tensão interior (fora o rompimento); a "divisão" de uma bexiga grande com a superfície esticada em duas bexigas menores, nas quais *o mesmo conteúdo de volume está envolvido por uma membrana muito maior e, portanto, menos esticada. A divisão do óvulo corresponde à solução de uma tensão.* O núcleo, na sua formação fusiforme, passa por esse processo antes da divisão da célula como um todo. A formação fusiforme é considerada por muitos biólogos como um processo determinado eletricamente. Se fosse possível medir o estado elétrico do núcleo após a divisão da célula, verificaríamos muito provavelmente a ocorrência de uma descarga. Isso é sugerido pela "divisão por redução", na qual é expelida a metade dos cromossomos (cujo número foi duplicado por meio da formação fusiforme). Cada uma das duas *células filhas* contém agora o mesmo número de cromossomos. A reprodução foi completada.

Por isso a divisão das células segue os quatro tempos da fórmula do orgasmo: tensão → carga → descarga → relaxação. É o processo mais importante na esfera do funcionamento vital. A fórmula do orgasmo poderia também chamar-se *fórmula da vida.* Eu não quis publicar nada disso naquele tempo. Limitei-me, de preferência, a algumas alusões dentro do esquema das apresentações clínicas, publicando apenas um pequeno trabalho, *Die Fortpflanzung als Funktion der Sexualität,* em 1935, com base nos experimentos efetuados por Hartmann. O tema parecia tão decisivo que, enquanto eu não realizasse experimentos especiais para confirmar ou refutar a hipótese, queria abster-me de qualquer publicação. Mais tarde, pude demonstrar importantes conexões entre as correntes vegetativas, as contrações nos protozoários e a interação entre a tensão superficial e a pressão interior na bexiga orgânica, carregada de energia.

A IRRUPÇÃO NO CAMPO BIOLÓGICO

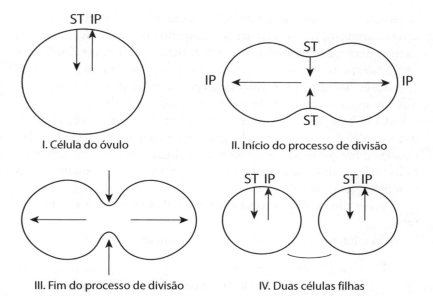

I. Célula do óvulo
II. Início do processo de divisão
III. Fim do processo de divisão
IV. Duas células filhas

I. Equilíbrio entre IP e ST na tensão-carga → Início do processo de crescimento.
II. IP → ST: ST contrabalança IP por meio da "contração".
III. Divisão: ST se torna maior; equilíbrio entre ST e IP através da expansão da superfície.
IV. Relaxação: ST = IP; o mesmo volume agora distribuído em duas células filhas, com uma superfície combinada maior.

Pressão interna (IP) e Tensão superficial (ST) na Divisão do Óvulo.

6 PRAZER (EXPANSÃO) E ANGÚSTIA (CONTRAÇÃO): ANTÍTESE PRINCIPAL DA VIDA VEGETATIVA

Em 1933, a minha ideia sobre a unidade do funcionamento psíquico e somático tornou-se clara da seguinte forma.

As funções biológicas fundamentais de contração e expansão aplicavam-se tanto ao campo psíquico quanto ao somático. Havia duas séries de efeitos antitéticos, e os seus elementos representavam as diversas profundidades do funcionamento biológico.

A investigação mostra que os impulsos e sensações não são produzidos pelos nervos, mas apenas transmitidos por eles. Os impulsos e as sensações são ações biológicas do organismo total. Estão presentes no sistema vital muito antes do desenvolvimento de um sistema nervoso

A FUNÇÃO DO ORGASMO

organizado. Os protozoários apresentam fundamentalmente as mesmas ações e impulsos dos metazoários, a despeito do fato de não terem um sistema nervoso organizado. A grande realização de Kraus e Zondek foi demonstrar que as funções do sistema nervoso autônomo podem não apenas ser estimuladas ou retardadas por substâncias químicas mas, o que é mais importante, podem ser substituídas por elas.

Com base nos seus experimentos, Kraus chegou à conclusão de que as ações dos nervos, das drogas e dos eletrólitos podem ser substituídas umas pelas outras no sistema biológico, no que diz respeito à hidratação ou desidratação dos tecidos (que são, como assinalamos, as funções básicas da vida).

Segue um quadro comparativo, compilado em termos da função total.

Os fatos representados no quadro mostram:

1. a antítese entre o grupo potássico (*parassimpático, vagus*) e o grupo cálcico (*simpático*): expansão e contração;
2. a antítese entre a periferia e o centro quanto à excitação;
3. a identidade funcional do simpático e do parassimpático e das funções das substâncias capazes de um estímulo químico;
4. a dependência da inervação dos órgãos individuais da unidade funcional e da antítese do organismo todo.

GRUPO VEGETATIVO	EFEITO GERAL SOBRE OS TECIDOS	EFEITO CENTRAL	EFEITO PERIFÉRICO
Simpático Cálcio (grupo) Adrenalina Colesterina íons-H	Redução da tensão de superfície Desidratação Musculatura estriada: flácida ou espasmódica Redução da excitabilidade elétrica Aumento do consumo de oxigênio Aumento da pressão arterial	Sistólico O músculo cardíaco é estimulado Intestino preso	Vasoconstrição
Parassimpático (grupo) Colina Lecitina íons-OH	Aumento da tensão de superfície Hidratação Músculos: tonicidade aumentada Aumento da excitabilidade elétrica Diminuição do consumo de oxigênio Diminuição da pressão arterial	Diastólico Músculo cardíaco é relaxado Intestino normal	Vasodilatação

A IRRUPÇÃO NO CAMPO BIOLÓGICO

Como assinalamos, todos os impulsos biológicos e sensações biológicas do organismo podem ser reduzidos a *expansão* (alongamento, dilatação) e *contração* (encolhimento, constrição).

Como se relacionam essas duas funções básicas com o sistema nervoso autônomo? A pesquisa nas complicadíssimas inervações vegetativas dos órgãos mostra que o parassimpático (*vagus*) sempre funciona quando há expansão, dilatação hiperemia, tensão e prazer. Inversamente, os nervos *simpáticos* funcionam sempre que o organismo se contrai, que o sangue foge da periferia e aparecem a palidez, a angústia e a dor. Se dermos um passo adiante, perceberemos que *o sistema nervoso parassimpático opera na direção da expansão "para fora do eu, em direção ao mundo", do prazer e da alegria; ao contrário, o sistema nervoso simpático opera na direção da contração "para longe do mundo, para dentro do eu", da tristeza e do desprazer.* O processo vital consiste em uma contínua alternância entre expansão e contração.

A pesquisa posterior mostra a identidade entre a função parassimpática e a função sexual de um lado, e a função simpática e a função de desprazer ou angústia do outro. Vemos que, na experiência do prazer, os vasos sanguíneos se dilatam na periferia, a pele se torna corada, o prazer é experimentado desde a mais suave das suas formas até o mais alto grau do êxtase sexual. No estado de angústia, a palidez, a contração dos vasos sanguíneos e o desprazer andam juntos. No prazer, "o coração expande-se" (dilatação parassimpática) e a pulsação é calma e cheia. Na angústia, o coração contrai-se, e bate rápida e fortemente. No primeiro, impele o sangue através de vasos largos; o seu trabalho é, portanto, fácil. Na última, impele o sangue através de vasos estreitados: o seu trabalho é difícil. No primeiro, o sangue é distribuído predominantemente em direção à periferia; na segunda, os vasos contraídos causam uma congestão do sangue na direção do coração. Assim, é facilmente

	Síndrome de angústia	Síndrome de prazer
Vasos periféricos	Contraídos	Dilatados
Ação cardíaca	Acelerada	Mais lenta
Pressão sanguínea	Aumentada	Diminuída
Pupilas	Dilatadas	Contraídas
Secreção salivar	Diminuída	Aumentada
Musculatura	Paralisada ou em espasmo	Em estado de tônus, relaxada

compreensível que com a angústia haja um sentimento de opressão; inversamente, com um sentimento de opressão vem a angústia. É o quadro da chamada hipertensão cardiovascular, que interessa tanto à medicina orgânica. *Essa hipertensão corresponde a um estado geral de contração simpaticotônica do organismo.*

No mais alto nível psíquico, a expansão biológica é experimentada como prazer: a contração é experimentada como desprazer. No campo dos *fenômenos instintivos*, a expansão funciona como uma excitação sexual, e a contração funciona como angústia. Em um nível fisiológico mais profundo, a expansão corresponde ao funcionamento parassimpático e a contração ao funcionamento simpático. De acordo com as descobertas de Kraus e Zondek, a função do parassimpático pode ser substituída pelo grupo iônico do potássio e a função do simpático pode ser substituída pelo grupo iônico do cálcio. Assim chegamos ao quadro convincente e impressionante do *funcionamento unitário das sensações psíquicas mais altas até as reações biológicas mais profundas.*

O seguinte quadro apresenta as duas séries de funções, dispostas segundo a sua profundidade:

Prazer	Desprazer e Angústia
Sexualidade	Angústia
Parassimpático	Simpático
Potássio	Cálcio
Lecitina	Colesterina
Colina	Adrenalina
Íons-OH (bases hidratantes)*	Íons-H (ácidos desidratantes)
Função de expansão	Função de contração

* O pH do meio de cultura deve ser sempre básico (7,2 – 7,8 pH).

Com base nessa formulação do funcionamento antitético e unitário de corpo e mente, esclareceram-se diversas contradições anteriormente mal interpretadas a respeito da inervação autônoma. Antes, a inervação autônoma do organismo parecia carecer de unidade e coerência. Ora se dizia que o sistema nervoso parassimpático fazia contraírem-se os músculos. Ora a mesma função era atribuída ao sistema nervoso

A IRRUPÇÃO NO CAMPO BIOLÓGICO

Funcionamento do Sistema Nervoso Autônomo

Efeito do Simpático	Órgão	Efeito do Parassimpático
Inibição do m. esfíncter pupilar: pupilas dilatadas	• Musculatura da íris	• Estimulação do m. esfíncter pupilar: diminuição das pupilas
Inibição das glândulas lacrimais: "olhos secos" Depressão	• Glândulas lacrimais	• Estimulação das glândulas lacrimais: "olhos brilhantes" Alegria
Inibição das glândulas salivares: boca seca	• Glândulas salivares	• Estimulação e aumento de secreção das glândulas salivares: "água na boca"
Estimulação das glândulas sudoríparas no rosto e no corpo: "pele úmida e fria"	• Glândulas sudoríparas	• Inibição das glândulas sudoríparas no rosto e no corpo: "pele seca"
Contração das artérias: "Suor frio", palidez, angústia	• Artérias	• Dilatação das artérias: frescor e rubor da pele aumento da turgidez sem transpiração
Estimulação da musculatura dos folículos capilares: cabelo em pé, "pele de galinha", arrepios	• *Arrectores pilorum*	• Inibição dos *arrectores pilorum*: pele lisa e quente
Inibição da musculatura contrátil: os brônquios se relaxam	• Musculatura bronquial	• Estimulação e contração da musculatura bronquial: os brônquios se estreitam
Estimula a ação cardíaca: palpitação, taquicardia	• Coração	• Torna mais lenta a ação cardíaca: coração mais calmo, pulso mais lento
Inibe a peristalse: reduz a secreção das glândulas digestivas	• Trato digestivo do esôfago ao reto, fígado, pâncreas, rins, e todas as glândulas digestivas	• Estimula a peristalse: aumenta a secreção das glândulas digestivas
Aumenta a secreção de adrenalina: reação de angústia	• Glândulas suprarenais	• Reduz a secreção de adrenalina: reação de prazer
Inibe a musculatura da bexiga, estimula o esfíncter urinário: inibe a micção	• Bexiga urinária	• Estimula a musculatura da bexiga; inibe o esfíncter: estimula a micção
Tensão da musculatura lisa, redução da secreção de todas as glândulas, diminuição do abastecimento sanguíneo, vagina seca: redução da sensação sexual	• Órgãos sexuais femininos	• Relaxação da musculatura, estímulo das funções de todas as glândulas, aumento do fluxo sanguíneo, vagina úmida: aumento da sensação sexual
Tensão da musculatura lisa do escroto, redução das funções glandulares, diminuição do abastecimento sanguíneo, pênis flácido, "desejo sexual diminuído"	• Órgãos sexuais masculinos	• Relaxação da musculatura lisa do escroto, aumento de todas as secreções, aumento do fluxo sanguíneo, ereção: "desejo sexual intensificado"

A FUNÇÃO DO ORGASMO

simpático. Ora se dizia que a função das glândulas era estimulada pelo sistema nervoso parassimpático (glândulas genitais); ora, que eram estimuladas pelo sistema nervoso simpático (glândulas sudoríparas). Um quadro comparativo das inervações simpáticas e parassimpáticas dos órgãos de funcionamento autônomo mostra mais claramente essa aparente falta de lógica.

Durante a demonstração das duas direções da energia biológica, surgiu um fato a que demos pouca atenção. A periferia vegetativa foi claramente descrita. O que ainda permanece indeterminado é o lugar onde se concentra a energia biológica logo que surge um estado de angústia.

Deve haver um *centro vegetativo* no qual se origine a energia biológica e para o qual volte. Essa questão fornece o elo com certos fatos de fisiologia bem conhecidos. Na região abdominal – a chamada sede das emoções – encontramos os geradores da energia biofísica. São os grandes centros do sistema nervoso autônomo, essencialmente o plexo solar, o plexo hipogástrico e o plexo lombo-sagrado. Um olhar para a anatomia do sistema nervoso vegetativo convencer-nos-á facilmente de que os gânglios vegetativos são mais densos nas regiões abdominal e genital. Os diagramas das páginas seguintes mostram a relação funcional entre o centro e a periferia.

A tentativa de introduzir um significado na aparente falta de lógica obteve sucesso quando investiguei a inervação vegetativa dos respectivos órgãos, primeiro com referência à expansão biológica e depois com referência à contração do organismo todo. Em outras palavras, perguntei-me como é que os respectivos órgãos funcionariam normalmente no prazer e na angústia, e de que maneira a inervação autônoma ocorreria em cada caso. Quando investigada com referência ao funcionamento total do organismo, a inervação aparentemente contraditória mostrou-se inteiramente lógica e compreensível.

Isso pode ser convincentemente demonstrado pela antítese entre a inervação do coração, i.e., do "centro" e a dos vasos sanguíneos e músculos, i.e., da "periferia". O sistema nervoso parassimpático dilata os vasos sanguíneos, intensificando assim o fluxo sanguíneo para a periferia e tornando mais lenta a ação do coração. O sistema nervoso simpático contrai os vasos sanguíneos periféricos, dificultando desse modo o fluxo sanguíneo para a periferia e estimulando a ação do coração. Em termos do organismo total, a antítese na inervação é compreensível pois, na angústia, o coração tem de superar a inibição

242

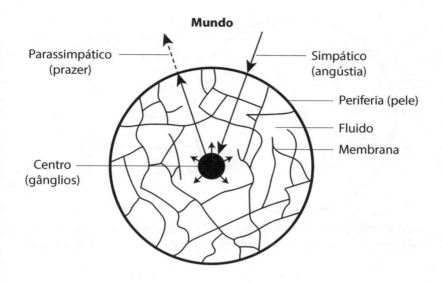

Diagrama a) : *As funções básicas do sistema nervoso vegetativo.*

periférica, enquanto no prazer, pode trabalhar tranquila e lentamente. *Há uma antítese funcional entre a periferia e o centro.*

A função simpática da angústia torna-se coerente e significativa quando nos lembramos de que o mesmo nervo que inibe a glândula salivar estimula a secreção de adrenalina (i.e., produz a angústia). Isso também é verdade no caso da bexiga urinária. O sistema nervoso simpático estimula o músculo que impede a micção. O sistema nervo parassimpático tem o efeito contrário, relaxando ou inibindo o mesmo

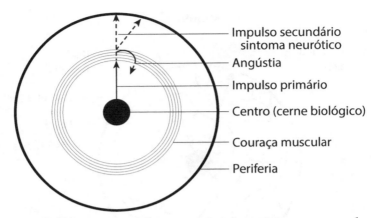

Diagrama b): As mesmas funções em um organismo encouraçado. A inibição do impulso primário produz um impulso secundário e angústia.

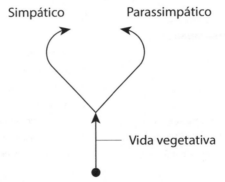

Diagrama c): Unidade e antítese do sistema nervoso autônomo.

músculo. Em termos do organismo total, é também significativo que no prazer as pupilas sejam diminuídas pelo parassimpático (correspondendo ao diafragma de uma câmera), aguçando-se assim a visão. Na paralisia causada pelo medo, ao contrário, a visão diminui, por causa da dilatação das pupilas.

A redução das inervações autônomas às funções biológicas básicas de expansão e contração do organismo total foi naturalmente um passo importante à frente, e ao mesmo tempo uma boa prova da sustentabilidade da minha hipótese biológica. Segundo essa hipótese, o sistema nervoso parassimpático estimula sempre os órgãos quando, ou para torná-los tensos ou para efetuar uma relaxação, o organismo total está em estado de expansão agradável. Por outro lado, o sistema nervoso simpático estimula todos os órgãos de um modo biologicamente significativo quando o organismo total está em estado de contração angustiosa. Isso nos permite compreender o processo da vida, particularmente a respiração, como uma condição da oscilação contínua, na qual o organismo se alterna continuamente entre a expansão parassimpática (*exalação*) e a contração simpática (*inalação*). Fazendo essas deduções teóricas, eu imaginava o movimento rítmico de uma ameba, de uma água-viva ou de um coração animal. A função da respiração é complicada demais para ser descrita rapidamente aqui em termos dessas observações.

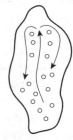 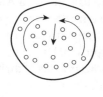

Expansão e movimento   Volta à forma esférica produzida
                           por forte estímulo elétrico

O fluxo de plasma na ameba, na expansão e na contração.

Se a oscilação biológica é perturbada numa ou noutra direção, i.e., se predomina a função de expansão ou a função de contração, então deve haver também uma perturbação do equilíbrio biológico geral. A persistência de um estado de expansão é indicativa de uma *parassimpaticotonia* geral. Inversamente, a persistência de um estado de contração angustiosa indica uma *simpaticotonia*. Assim, todos os estados somáticos que se conhecem clinicamente, como a hipertensão cardiovascular, se tornam compreensíveis como estados de atitudes crônicas simpaticotônicas de angústia. No centro dessa simpaticotonia está a angústia de orgasmo, isto é, o medo da expansão e da convulsão involuntária.

A literatura fisiológica continha muitos dados de pesquisas e descobertas pertencentes aos múltiplos fatos da inervação autônoma. Inicialmente, a minha teoria da economia sexual foi notável não porque tivesse descoberto fatos novos nesse campo, mas porque reduzira inervações, de maneira geral desconhecidas, a uma fórmula biológica básica universalmente válida. A teoria do orgasmo podia orgulhar-se

A FUNÇÃO DO ORGASMO

de haver feito importante contribuição à compreensão da fisiologia do organismo. Essa unificação levou-me à descoberta de novos fatos.

Escrevi uma pequena monografia, *Der Urgegensatz des vegetativen Lebens*, e publiquei-a na Dinamarca, em 1934, no *Zeitschrift für Sexualökonomie und Politische Psychologie*, jornal que nasceu do meu rompimento com a Associação Psicanalítica Internacional. Foi só alguns anos mais tarde que esse artigo recebeu atenção nos círculos biológicos e psiquiátricos.

Uma notícia pormenorizada dos dolorosos sucessos do décimo terceiro Congresso Psicanalítico em Lucerna, em agosto de 1934, foi dada nesse jornal. Para efeitos de orientação geral, entretanto, posso ser muito breve aqui. Quando cheguei a Lucerna, soube pelo secretário da Sociedade Psicanalítica Alemã, da qual havia sido membro, que eu fora expulso em 1933, após a minha mudança para Viena. Eu não fora notificado e ninguém havia achado necessário informar-me das razões da minha expulsão. Disseram-me finalmente que o meu trabalho sobre a psicologia das massas,[24] dirigido contra o irracionalismo fascista, me havia colocado em posição arriscada demais. Por isso, a minha qualidade de membro da Associação Psicanalítica Internacional era insustentável. Quatro anos depois, Freud teve de fugir de Viena para Londres e os grupos psicanalistas foram esmagados pelos fascistas. Juntando-me ao grupo norueguês, eu poderia ter sido reempossado como membro da Associação Psicanalítica Internacional, mas para preservar a minha independência rejeitei essa possibilidade.

Subsequentemente, evitei contato com os meus antigos colegas. O seu comportamento não foi nem melhor nem pior que o habitual em semelhantes casos. Foi baixo e desinteressante. Uma boa dose de banalidade é só do que se precisa para liquidar um assunto. Apenas um psicanalista, na confusão geral, teve a ideia luminosa de que eu era esquizofrênico; e planejou vivamente tornar conhecido o seu diagnóstico no mundo todo. Entretanto, como eu sabia que tinha a chave da função biológica da neurose, não precisei irritar-me com essas indecências.

---

[24]   f. Reich. *The Mass Psychology of Fascism*, Farrar, Straus and Giroux, 1970.

246

Capítulo VIII

O REFLEXO DO ORGASMO E A TÉCNICA DA VEGETOTERAPIA DE ANÁLISE DO CARÁTER

1 A ATITUDE MUSCULAR E A EXPRESSÃO CORPORAL

No trabalho de análise do caráter, começamos tentando, de maneira firme e sistemática, isolar uma das outras as atitudes de caráter entrelaçadas e desmascará-las, uma por uma, como funções de defesa em termos da sua significação e eficácia imediata. A nossa finalidade é liberar os afetos que, em dado momento, estiveram sujeitos a severa inibição e fixação. Isso se consegue soltando as incrustações do caráter. Toda dissolução bem sucedida de uma incrustação de caráter libera primeiro emoções de cólera ou de angústia. Tratando essas emoções liberadas como mecanismos psíquicos de defesa, conseguimos enfim restaurar no paciente a sua motilidade sexual e sensibilidade biológica. Assim, *dissolvendo atitudes crônicas de caráter, produzimos reações no sistema nervoso vegetativo*. A irrupção no campo biológico é muito mais completa e carregada de energia, quanto mais completamente tratamos não só as atitudes de caráter, mas também as atitudes musculares correspondentes. Isso faz com que uma parte do trabalho seja desviado dos campos psicológicos e caracterológicos para a dissolução imediata da *couraça muscular*. Já está claro há algum tempo, naturalmente, que a rigidez muscular, onde quer que apareça, não é um "resultado", uma "expressão" ou um "acompanhante" do mecanismo de repressão. Na análise final, eu não podia livrar-me da impressão de que a rigidez somática representa a parte mais essencial do processo de repressão. Todos os nossos pacientes contam que atravessaram períodos na infância nos quais, por meio de certos artifícios sobre o comportamento vegetativo (prender a respiração, aumentar a pressão dos músculos abdominais, etc.) haviam aprendido a anular os seus impulsos de ódio, de angústia ou de amor. Até agora, a psicologia analítica se dedicou apenas *ao que* a criança anula e aos motivos que a levam a aprender a controlar as

A FUNÇÃO DO ORGASMO

suas emoções. Não pesquisou o *modo* pelo qual as crianças habitualmente lutam contra os impulsos. *É precisamente o processo fisiológico de repressão* que merece a nossa maior atenção. Não deixa nunca de ser surpreendente o modo como a dissolução de um espasmo muscular não só libera a energia vegetativa mas, além disso e principalmente, reproduz a lembrança da situação de infância na qual ocorreu a repressão do instinto. Pode dizer-se que *toda rigidez muscular contém a história e o significado da sua origem.* Não é como se tivéssemos de deduzir a partir de sonhos ou de associações a maneira como se desenvolveu a couraça muscular; a couraça é a forma na qual a experiência infantil é preservada como obstáculo ao funcionamento. Por exemplo, a neurose não é somente a expressão de uma perturbação do equilíbrio psíquico; é, mais propriamente, em um sentido muito mais verdadeiro e profundo, a *expressão de uma perturbação crônica do equilíbrio vegetativo e da motilidade natural.*

A expressão estrutura psíquica adquiriu ao longo dos anos anteriores à nossa pesquisa um significado especial. Entendemos por essa expressão os traços característicos *espontâneos* de uma pessoa, i.e., o que a caracteriza, em consequência das forças antitéticas que funcionam dentro dela. Em outras palavras, *a estrutura psíquica é ao mesmo tempo uma estrutura biofísica* que representa um estado específico indicativo da interação das forças vegetativas de uma pessoa. Não pode haver dúvidas de que a maior parte do que as pessoas costumam descrever como uma "disposição" ou como uma "constituição instintiva" acabará provando ser um comportamento vegetativo adquirido. A reestruturação que realizamos não é senão uma mudança na interação das forças no mecanismo da vida vegetativa.

Para a terapia de *análise do caráter*, as atitudes musculares assumem também outra importância. Oferecem a possibilidade de evitar, quando necessário, o complicado rodeio pela estrutura psíquica, e de atingir diretamente os afetos a partir da atitude somática. Dessa forma, o afeto reprimido aparece antes da lembrança correspondente. Semelhante aproximação proporciona uma garantia segura da liberação dos afetos, uma vez que a atitude muscular crônica tenha sido entendida e dissolvida com êxito. Quando se tenta liberá-los somente por meio de trabalho no campo psicológico, diminuem-se os afetos por uma questão de sorte. O trabalho de *análise do caráter* nas camadas da incrustação do caráter é mais eficaz quanto mais completamente ajude a dissolver a correspondente atitude muscular. Em muitos casos, uma inibição psíquica cederá apenas ao afrouxamento direto da contração muscular.

A atitude muscular é idêntica ao que chamamos expressão corporal. Muito frequentemente não é possível saber se um paciente é hipertônico, ou não. Todavia, com o corpo inteiro, ou com partes dele, "expressa algo". Por exemplo, a testa pode parecer "simplória", ou a pélvis pode dar a impressão de estar "sem vida". Os ombros podem parecer "duros" ou "delicados". Não é fácil dizer o que torna possível receber uma impressão direta da expressão corporal de uma pessoa, e encontrar as palavras certas para exprimir o que percebemos. A esse respeito lembramo-nos da perda da expressão espontânea nas crianças, primeira e mais importante manifestação da supressão sexual final que se dá no quarto ou no quinto ano de vida. Essa perda é experimentada primeiro como "estar morrendo", como "estar sendo metido em uma couraça" ou "como estar sendo emparedado". Em alguns casos, esse sentimento de "estar morrendo" ou de "estar morto" pode ser mais tarde compensado parcialmente pela camuflagem de atitudes psíquicas, por exemplo por uma jovialidade superficial ou por uma sociabilidade indireta.

O espasmo da musculatura é o lado somático do processo de repressão, e a base da sua contínua preservação. Nunca são músculos isolados que se espasmam, mas grupos de músculos que pertencem a uma unidade funcional, no sentido vegetativo. Quando, por exemplo, um impulso de chorar deve ser reprimido, não é o lábio inferior que se torna tenso, mas toda a musculatura da boca e do queixo, e assim também a musculatura correspondente da garganta; em suma, todos os órgãos que entram em ação como uma unidade funcional no ato de gritar. Lembramo-nos a esse respeito do conhecido fenômeno de que as pessoas histéricas delimitam os seus sintomas somáticos não de acordo com áreas anatômicas, mas funcionais. Um rubor histérico não segue as ramificações de uma determinada artéria; mas envolve quase exclusivamente o pescoço ou a testa. A função vegetativa do corpo ignora os limites anatômicos, que são indicações superficiais.

A expressão total do corpo em geral pode ser condensada em uma palavra ou fórmula que se sugere espontaneamente mais cedo ou mais tarde, ao longo do tratamento de análise do caráter. O que é muito estranho é que são, quase sempre, fórmulas e nomes derivados do reino animal, como "raposa", "porco", "serpente", "verme", etc.

A função de um grupo muscular em espasmo não se revela antes que o trabalho de esclarecimento o alcance de uma "forma lógica". Por

A FUNÇÃO DO ORGASMO

exemplo, seria inútil tentar dissolver uma tensão abdominal logo no início do tratamento. A dissolução de um espasmo muscular obedece a uma lei, cujas pré-condições ainda não são conhecidas. Na medida em que podemos aventar uma hipótese com base nas nossas experiências, a dissolução de uma couraça muscular começa em geral nas partes do corpo mais afastadas dos genitais, habitualmente a cabeça. A atitude facial é a mais visível. A expressão facial e o tom da voz são também as funções que o próprio paciente sente e às quais presta atenção com mais frequência e cuidado. As atitudes da pélvis, dos ombros e do abdômen passam geralmente despercebidas.

Quero descrever as características e os mecanismos mais importantes de várias atitudes musculares típicas; a lista está longe ser completa.

Cabeça e pescoço: dor de cabeça forte é um sintoma encontrado em muitos pacientes. Localiza-se muito frequentemente acima do pescoço, sobre os olhos ou na testa. Na psicopatologia, essas dores de cabeça definem-se em geral como "sintomas neurastênicos". Como começam? Se alguém tentar forçar a musculatura do pescoço durante um longo período de tempo, como se fosse evitar um golpe iminente, sentirá logo o aparecimento de uma dor na parte posterior da cabeça, bem acima do ponto no qual a musculatura está tensa. Por isso, a dor na parte posterior da cabeça pode ser reduzida a uma tensão excessiva dos músculos do pescoço. Essa atitude expressa uma angústia contínua de algo perigoso que possa sobrevir por trás; por exemplo, a angústia de ser agarrado pelo pescoço, golpeado na cabeça, etc.

A dor de cabeça supraorbital, que se sente como "uma faixa apertada em volta da cabeça", é causada pelo hábito de uma elevação crônica das sobrancelhas. Essa sensação poderá ser comprovada se se conservarem as sobrancelhas erguidas durante algum tempo. Isso também causa uma tensão contínua nos músculos da testa e na musculatura toda do crânio. Essa atitude expressa uma contínua e ansiosa expectativa com relação aos olhos. Olhos arregalados de medo corresponderiam à extrema expressão dessa atitude.

Fundamentalmente esses dois sintomas que se expressam nas atitudes da cabeça estão sempre juntos. No medo súbito, os olhos se arregalam e ao mesmo tempo a musculatura do crânio se torna tensa. Alguns pacientes têm uma expressão facial que poderia ser descrita como "arrogante". A dissolução dessa expressão mostra que é uma atitude de defesa contra uma atenção nervosa ou apreensiva do rosto. Alguns pacientes mostram "a testa de um pensador". É raro encontrar

O REFLEXO DO ORGASMO E A TÉCNICA DA VEGETOTERAPIA DE ANÁLISE DO CARÁTER

um paciente que na infância não tenha criado a fantasia de ser um gênio. Habitualmente, essa atitude facial é o resultado de uma defesa contra a angústia, na maior parte das vezes, de natureza masturbatória. Em outros pacientes, observamos uma testa "lisa", "chata" ou "inexpressiva". O medo de ser golpeado na cabeça é sempre o motivo dessa expressão.

Muito mais importantes, e também muito mais frequentes, são os espasmos da boca, do queixo e da garganta. Muitas pessoas têm uma expressão facial como uma máscara. O queixo é forçado para a frente e parece mais largo; o pescoço logo abaixo do queixo tem uma aparência sem vida. Os dois músculos do pescoço, que correm para baixo em direção ao esterno, sobressaem como duas cordas grossas; a parte inferior da boca é tensa. Esses pacientes sofrem frequentemente de náuseas. A sua voz é habitualmente baixa, monótona ou "diluída". Essa atitude pode também ser observada em nós mesmos. Suponhamos estar dominando um impulso de chorar. Os músculos do assoalho da boca se tornam muito tensos, a musculatura inteira da cabeça fica em estado de tensão contínua, o queixo é forçado para a frente e a boca se aperta.

Nessas condições é inútil tentar falar alto e com voz ressoante. As crianças frequentemente adquirem essas condições em idade muito tenra, quando são obrigadas a reprimir violentos impulsos de chorar. A concentração contínua de atenção em uma determinada parte do corpo resulta invariavelmente em uma fixação da inervação correspondente. Se essa atitude é a mesma que a pessoa assumiria em outras circunstâncias, ocorre frequentemente um acoplamento das funções. Com muita frequência, encontrei o acoplamento da náusea e do impulso de chorar. Uma investigação mais cuidadosa revela que os dois provocam aproximadamente a mesma resposta nos músculos do assoalho da boca. Não há possibilidade de eliminar a náusea se a tensão do assoalho da boca não é descoberta, porque essa náusea é o resultado da inibição de outro impulso, notadamente do impulso de chorar. Antes que a sensação crônica da náusea possa ser eliminada, a inibição do impulso de chorar tem de ser completamente dissolvida.

A maneira de falar tem especial importância na região da cabeça e da face. Pode ser habitualmente reduzida a espasmos dos músculos do maxilar e da garganta. Em dois pacientes, pude verificar um violento reflexo de defesa que aparecia imediatamente no pescoço quando eu tocava, mesmo de leve, a região da laringe. Fantasias de estar sendo sufocados ou degolados encontraram-se nos dois pacientes.

A expressão total da face deve receber a maior atenção, independentemente das partes isoladas. Conhecemos o rosto deprimido da pessoa melancólica. É notável como uma expressão de abatimento pode combinar-se com a mais extrema e crônica tensão da musculatura. Há pessoas que assumem uma expressão continuamente radiante; há aquelas cujas faces são "rígidas" ou "encovadas". Os próprios pacientes em geral encontram o termo correspondente, se a sua atitude é sempre apontada e descrita com precisão para eles, ou se é por um instante arremedada.

Uma paciente que tinha "faces rígidas" disse: "As minhas faces estão pesadas de lágrimas". O choro reprimido leva facilmente os músculos faciais a uma impermeabilidade de máscara. Em infância muito tenra, as crianças desenvolvem um medo às "caretas" que tanto gostam de fazer, mas que são ameaçadoramente aconselhadas a não fazerem. O resultado de uma inibição do impulso correspondente é que elas conservam a face rigidamente controlada.

2 TENSÃO ABDOMINAL

Deixarei para depois a descrição dos sintomas do tórax e dos ombros, porque é mais interessante considerá-los depois da discussão da musculatura abdominal. Não há uma só pessoa neurótica que não apresente uma "tensão no abdômen". Teria pequena significação, aqui, registrar e descrever os sintomas sem entender a sua função na neurose.

Hoje me parece incompreensível que pudesse ter havido a possibilidade de resolver neuroses, mesmo até certo ponto, sem conhecer a importância do *plexo solar*; a tensão abdominal tornou-se um fator indispensável do nosso trabalho. As perturbações respiratórias nas neuroses são os sintomas que resultam das tensões abdominais. Imagine que você está assustado, ou que prevê um grande perigo. Involuntariamente aspirará o ar e prenderá a respiração. Como a respiração não pode cessar inteiramente, você logo respirará outra vez, mas a expiração não será completa. Será superficial. Você não expirará plenamente, mas apenas aos pouquinhos. Em estado de apreensão, os ombros são involuntariamente levados para a frente, e permanecem nessa atitude rígida. Às vezes são também forçados para cima. Se essa atitude é mantida durante algum tempo, sente-se uma pressão na testa. Tratei vários pacientes nos quais não consegui eliminar a pressão na testa enquanto não descobri a atitude de expectativa amedrontada na musculatura do tórax.

Qual a função dessa atitude de "respiração curta"? Se examinarmos a posição dos órgãos internos e a sua relação com o plexo solar, entenderemos imediatamente a situação com que estamos lidando. Em estado de medo, involuntariamente se inspira; estamos pensando na inalação involuntária que ocorre no afogamento e que verdadeiramente causa a morte. O diafragma contrai-se e exerce pressão sobre o plexo solar, de cima para baixo. A função dessa ação muscular se torna perfeitamente compreensível quando examinamos os resultados da investigação da análise do caráter quanto aos mecanismos de defesa da primeira infância. É prendendo a respiração que as crianças costumam lutar contra os estados de angústia, contínuos e torturantes, que sentem no alto abdômen. Fazem a mesma coisa quando sentem sensações agradáveis no abdômen ou nos genitais e têm medo dessas sensações.

A inibição respiratória e fixação do diafragma é sem dúvida um dos primeiros e mais importantes atos na supressão das sensações de prazer no abdômen, e também na redução da "angústia abdominal". Somada a isso, a atitude respiratória é o efeito da pressão abdominal. Todos conhecem essas sensações vegetativas no abdômen. São descritas de maneiras várias. Ouvimos queixas sobre uma "pressão" insuportável no abdômen ou lamentos a respeito de uma faixa em torno do alto abdômen, "comprimindo-o". Em outros pacientes, há uma determinada região do abdômen que é muito sensível. Toda gente tem medo de levar um chute no estômago, e esse medo se torna o centro de numerosas fantasias. Alguns sentem-se bloqueados no estômago, ou então sentem-se como se houvesse ali um corpo estranho. Dizem: "Há algo no meu estômago que não consegue sair" – ou – "Sinto como se tivesse um prato no estômago" – ou – "A minha barriga está morta" – ou – "Preciso segurar a minha barriga" – etc. Quase todas as fantasias das crianças sobre a gravidez e o nascimento giram em torno das suas sensações abdominais vegetativas.

Se, sem assustar o paciente, se faz uma pressão com dois dedos na superfície abdominal, uns três centímetros abaixo da extremidade inferior do esterno, observa-se mais cedo ou mais tarde um reflexo como uma tensão que resiste, ou uma resistência persistente. O conteúdo abdominal está sendo protegido. Pacientes que se queixam de um aperto crônico, assim como de um cinto, ou de um sentimento de pressão, apresentam a musculatura abdominal superior rígida, isto é, dura como uma tábua. Assim, uma pressão dupla se exerce sobre o plexo solar; de frente pela musculatura abdominal e, de cima, pelo diafragma. Como verifiquei, o

A FUNÇÃO DO ORGASMO

potencial elétrico da pele do abdômen é reduzido em 10 e até 30 mV, quando se aplica uma pressão direta, ou quando a pessoa respira fundo.

Tratei uma vez uma paciente que estava a ponto de cair em séria melancolia. Estava deprimida e, durante um ano inteiro, não pôde ser induzida a se permitir nem a mais leve emoção. Durante muito tempo, não entendi como é que fazia para enfrentar as situações mais difíceis, sem ser afetada. Finalmente, a situação tornou-se clara. À mais leve manifestação de sentimento, "regulava algo no estômago", prendia a respiração e olhava inexpressivamente para o espaço. Os olhos pareciam vazios; pareciam "voltados para dentro". A parede abdominal tornava-se tensa e as nádegas encolhiam-se. Disse mais tarde: "Amorteço a minha barriga; então não sinto mais nada – se não a minha barriga tem uma consciência má". O que queria dizer era: "Se não a minha barriga tem sensações e, *por isso*, uma consciência má".

A maneira como as nossas crianças realizam esse "fechamento do sentimento no estômago" com a ajuda da respiração e da pressão abdominal é típica e universal. A vegetoterapia tem de lutar contra essa técnica de controle das emoções, contra essa "ioga" universal.

Como pode o bloqueio respiratório dominar ou eliminar completamente os afetos? Essa era uma questão que tinha importância decisiva. De fato, estava claro então que, como mecanismo fisiológico para a supressão e repressão dos afetos, a inibição respiratória era o mecanismo básico da neurose em geral. A simples observação indicava que, biologicamente, a respiração tem a função de introduzir oxigênio dentro do organismo e de remover o dióxido de carbono. O oxigênio do ar introduzido realiza a combustão dos alimentos digeridos. Quimicamente falando, *combustão* é o que ocorre na fusão das substâncias com o oxigênio. Esse processo gera energia. Sem oxigênio, não há combustão e, portanto, não há produção de energia. No organismo, a energia é produzida por meio da combustão dos alimentos. Dessa forma são gerados o calor e a energia cinética. A bioeletricidade também é produzida nesse processo de combustão. Na respiração reduzida, absorve-se menos oxigênio; de fato, apenas o suficiente para a preservação da vida. Com menos energia no organismo, as excitações vegetativas são menos intensas e, pois, mais fáceis de controlar. Vista biologicamente, a inibição da respiração nos neuróticos tem a função de reduzir a produção de energia no organismo e de reduzir assim a produção de angústia.

3 O REFLEXO DO ORGASMO – A HISTÓRIA DE UM CASO

Para descrever a liberação direta das energias sexuais (vegetativas) a partir das atitudes musculares patológicas, escolhi um paciente no qual a potência orgástica foi restabelecida com rapidez. Quero deixar bem claro, logo de início, que este caso não pretende representar as grandes dificuldades que se encontram em geral na superação das perturbações do orgasmo.

Um técnico de vinte e sete anos veio procurar-me por ser viciado no álcool. Sofria pelo fato de ter de ceder quase todos os dias à tentação de embebedar-se; temia a ruína completa da sua saúde e da sua capacidade para o trabalho. Quando estava com os amigos não podia fazer nada contra a tentação de beber. O seu casamento era um desastre. A mulher era uma histérica extremamente complicada, que não lhe tornava a vida fácil. Evidenciou-se imediatamente que a desgraça do casamento constituía um motivo importante para a sua fuga no alcoolismo. Queixou-se mais tarde de que "não sentia a vida". Apesar do casamento infeliz, não se decidia a unir-se a outra mulher. Não sentia nenhum prazer no trabalho; executava-o mecanicamente, desatento e sem nenhum interesse. Disse-me que se continuasse assim sucumbiria logo. A situação já se arrastava por vários anos, e se havia tornado muito pior nos últimos meses.

Era visível entre os seus traços patológicos o fato de ser incapaz de qualquer agressão. Sempre se sentia impelido a ser "amável e polido", a concordar com tudo o que as pessoas diziam, ainda que expressassem opiniões opostas e contraditórias. Sofria por baixo da superficialidade que regulava a sua vida. Não podia dedicar-se real e seriamente a nenhuma causa, ideia ou trabalho. Passava as suas horas livres em cafés e restaurantes, em conversas vazias e sem sentido, trocando anedotas velhas. É verdade que percebia algo de patológico na sua atitude; ao mesmo tempo, não tinha perfeita consciência do significado patológico desses traços. Estava sofrendo dessa enfermidade muito comum – uma socialidade mal interpretada e indireta – que se transforma em uma compulsão rígida e destrói intimamente muitas pessoas.

A impressão geral que se tinha do paciente era marcada pela incerteza dos seus movimentos; a rapidez forçada do andar fazia-o parecer meio desajeitado. A atitude do corpo não era rígida; expressava mais uma submissão, como se estivesse sempre em guarda. A expressão facial era vazia, e sem quaisquer traços distintivos. Havia um leve brilho na pele do rosto; era muito estivada e dava a impressão de uma máscara. A testa parecia

A FUNÇÃO DO ORGASMO

"chata". A boca dava a impressão de ser pequena e apertada; quase não a movimentava ao falar; os lábios eram estreitos, como se comprimidos um contra o outro. Os olhos careciam de expressão.

Apesar dessa diminuição óbvia e grave da sua motilidade vegetativa, percebia-se, debaixo da superfície, uma natureza inteligente e muito viva. Era esse, sem dúvida, o fator que lhe permitia tentar resolver as suas dificuldades com grande energia.

O tratamento subsequente durou seis meses e meio, com uma sessão por dia. Quero tentar descrever os seus estágios mais importantes.

Logo na primeira sessão, enfrentei a questão de saber se deveria considerar primeiro a sua reserva psíquica ou a sua impressionante expressão facial. Decidi-me pela última, deixando para o desenvolvimento posterior do tratamento a decisão de quando e como deveria tratar da reserva psíquica. Em consequência de uma persistente descrição da atitude rígida da boca, apareceu uma contração clônica dos lábios, fraca a princípio mas que se foi tornando cada vez mais forte. Ficou admirado da natureza involuntária dessa contração e procurou defender-se contra ela. Eu lhe disse para ceder a qualquer impulso. Nisso os lábios começaram a esticar-se e contrair-se ritmicamente, e a permanecer esticados durante alguns segundos, como se estivessem em espasmo tônico. A face assumia, com esses movimentos, a inconfundível expressão de um bebê. O paciente estava assustado, ficou com medo e perguntou-me aonde podia isso levar. Tranquilizei-lhe os temores e pedi-lhe que continuasse a ceder a todos os impulsos e a comunicar-me qualquer inibição de um impulso que sentisse.

Durante as sessões seguintes, as diversas manifestações do rosto se tornaram cada vez mais distintas e despertaram gradualmente o interesse do paciente. "Isso deve ter qualquer sentido especial", disse. O que era muito interessante, entretanto, é que não parecia emocionalmente afetado por essas manifestações somáticas; na verdade podia falar comigo calmamente logo depois de uma excitação tônica ou clônica do rosto. Numa das sessões subsequentes, a contração aumentou até um choro abafado. Articulou também uns sons como um soluço que irrompesse depois de ser reprimido por longo tempo. A minha insistência para que cedesse a todos os impulsos musculares surtiu efeito. A atividade do rosto se tornou mais complicada. Embora a boca se torcesse em um choro espasmódico, a expressão não se resolveu em lágrimas. Para surpresa nossa, transformou-se em uma expressão distorcida de cólera. Bastante estranhamente, porém, o paciente não sentiu a mais leve cólera, embora soubesse muito bem que a sua expressão era de cólera.

256

Quando essas manifestações musculares se tornaram especialmente fortes, tornando-lhe azul a face, ficou apreensivo e inquieto. Queria sempre saber aonde é que isso estava levando e o que é que lhe estava acontecendo com essas manifestações. Comecei a chamar-lhe a atenção para o fato de que o seu medo de um acontecimento inesperado estava inteiramente de acordo com a sua atitude geral de caráter, principalmente com o fato de que era dominado por um vago temor do imprevisível, de algo que poderia suceder-lhe subitamente.

Como eu não queria abandonar a procura firme de uma atitude somática, uma vez que a havia encetado, comecei por verificar como se relacionavam as ações dos músculos faciais com a atitude geral de defesa do caráter. Se a rigidez muscular não houvesse sido tão nítida, eu teria começado por trabalhar com a defesa do caráter, como se manifestava na sua reserva. Entretanto, era agora obrigado a concluir que havia obviamente uma cisão no conflito psíquico que o dominava. A função de defesa era desempenhada, então, pela sua reserva psíquica geral, enquanto aquilo que ele repelia, i.e., a excitação vegetativa, se revelava na ação dos músculos do rosto. Afortunadamente, ocorreu-me que não só o afeto repelido estava representado na sua atitude muscular, mas também a defesa. A pequenez e a atitude rígida da boca podiam, naturalmente, ser apenas e expressão do seu oposto, a boca protraída e contraída de choro. Continuei a levar adiante o experimento de destruir persistentemente as forças de defesa, não do lado psíquico mas do lado muscular.

Assim, trabalhei com todas as atitudes musculares do rosto que, presumi, representavam espasmos, i.e., defesas hipertônicas contra as correspondentes ações musculares. Várias semanas se passaram antes que as ações da musculatura do rosto e do pescoço se intensificassem da seguinte maneira: a atitude contraída da boca deu lugar, primeiro, a uma protração dos lábios. Essa protração resolveu-se em choro, que, entretanto, não irrompeu completamente. Em vez disso, o choro foi substituído por uma reação excessivamente forte de cólera no rosto. A boca distorceu-se, a musculatura dos maxilares tornou-se tão dura como uma tábua e ele rangeu os dentes. Somados a esses, havia outros movimentos expressivos. O paciente ficou meio sentado no divã, tremeu de cólera, levantou o punho como se fosse dar um soco, sem entretanto completar o gesto. Então, sem fôlego, recuou exausto. Toda a ação se dissolveu em uma espécie de choro de lamentação. Essas ações expressavam "cólera impotente" semelhante à que as crianças frequentemente experimentam diante dos adultos.

Quando a crise passou, falou sobre ela tranquilamente, como se nada houvesse acontecido. Estava claro que havia, em algum ponto, uma ruptura na conexão entre a excitação muscular vegetativa e a percepção psíquica dessa excitação. Naturalmente, muitas vezes discuti com ele não só a sequência e o conteúdo das suas ações musculares mas também o estranho fenômeno do seu desligamento psíquico em relação a essas ações. O que era particularmente impressionante para nós dois era o fato de que, apesar da sua falta de função e do significado desses episódios. Nem tive de interpretá-los para ele. Pelo contrário, surpreendeu-me frequentemente com explicações que surgiam para ele com evidência imediata. Achei isso muitíssimo satisfatório. Lembrei-me dos muitos anos de trabalho cuidadoso na interpretação dos sintomas, trabalho no qual o analista inferia uma cólera ou uma angústia com base nas associações dos sintomas e então, durante meses e anos, tentava levar o paciente, pelo menos até certo ponto, à consciência do fato. Quão rara e ineficazmente se conseguia então chegar a algo que fosse um pouco mais que um entendimento intelectual. Assim, eu tinha boas razões para estar satisfeito de que o paciente pudesse ter uma percepção imediata do sentido da sua ação, sem qualquer explicação da minha parte. Ele sabia que estava expressando uma cólera esmagadora que conservara trancada dentro de si mesmo durante anos. O desligamento emocional desapareceu quando uma crise provocou a lembrança do irmão mais velho, que o havia dominado e maltratado demais quando era criança.

Entendeu então, sem quaisquer sugestões minhas, que havia naquele tempo dominado a cólera contra o irmão, predileto da mãe. Para repelir a cólera, havia adotado em relação ao irmão uma atitude agradável e amável, em violenta disparidade com os seus verdadeiros sentimentos. Não quisera incorrer no desagrado materno. A cólera que não se expressara naquele tempo ressurgia agora nas suas ações como se não fora afetada por um intervalo de décadas.

Neste ponto, temos de parar por um momento para formar um quadro claro da situação psíquica com que estamos lidando. Analistas que empregam a velha técnica da interpretação dos sintomas sabem que trabalham com lembranças e que têm de depender mais ou menos do acaso

1. quanto a surgirem as lembranças correspondentes das experiências anteriores e
2. quanto a serem as experiências que surgem realmente aquelas nas quais se desenvolveram as excitações mais fortes e, em termos do futuro do paciente, mais importantes.

Sabemos que a aproximação que procede somente com base nas lembranças cumpre a tarefa até um grau muito limitado. Avaliando as

O REFLEXO DO ORGASMO E A TÉCNICA DA VEGETOTERAPIA DE ANÁLISE DO CARÁTER

mudanças operadas em um paciente após anos desse tipo de tratamento, é que se vê que não valem o dispêndio de tanto tempo e energia. Os pacientes nos quais se consegue atingir diretamente a energia sexual vegetativa cravada na musculatura manifestam o afeto antes de saber qual é ele. Além disso, a lembrança da experiência que originariamente produziu o afeto emerge automaticamente, sem qualquer esforço. Um exemplo disto seria a lembrança do nosso paciente da situação com o irmão, que era o preferido da mãe. Esse fato não será jamais superenfatizado: é tão importante quanto típico. Não é a memória que, em determinadas circunstâncias, produz um afeto mas é *a concentração de uma excitação vegetativa e a sua irrupção que reproduzem a lembrança.* Freud salientou que, na análise, o analista lidava somente com "derivados do inconsciente"; que o inconsciente era como "uma coisa em si", i.e., não era na realidade tangível. Essa afirmação era correta mas não absoluta. Referia-se aos métodos usados naquele tempo, pelos quais o inconsciente podia ser inferido apenas através dos seus derivados, e não podia ser percebido na sua forma real. Hoje conseguimos compreender o inconsciente não nos seus derivados mas na sua realidade, atacando diretamente o imobilizante da energia vegetativa. Por exemplo, o nosso paciente não deduziu o seu ódio ao irmão a partir de vagas associações portadoras apenas de um pequeno afeto. Na verdade, agiu como agiria na situação original; como teria agido se o ódio ao irmão não houvesse sido compensado pelo medo de perder o amor materno. Sabemos, além disso, que há experiências de infância que nunca se tornam conscientes. Evidenciou-se pelo desenvolvimento subsequente da análise que, embora o paciente houvesse tido sempre consciência intelectual da inveja que sentia do irmão, não tinha consciência da extensão e da intensidade da raiva que havia realmente mobilizado em si mesmo. Como sabemos, os afetos de uma experiência não são determinados pelo seu conteúdo, mas pela quantidade de energia vegetativa mobilizada pela experiência. Na neurose compulsiva, por exemplo, mesmo os desejos incestuosos são às vezes conscientes. Afirmamos, porém, que são "inconscientes" porque perderam a sua carga emocional. E todos nós tivemos a experiência de que, pelo emprego do método analítico convencional, não é possível tornar consciente a compulsão neurótica do desejo incestuoso, exceto de uma forma intelectual. Francamente falando, isso significa que a repressão não foi eliminada. Para ilustrar, voltemos à evolução posterior do tratamento.

A FUNÇÃO DO ORGASMO

Quanto mais intensas se tornavam as ações musculares da face, mais a excitação somática, ainda totalmente desligada do reconhecimento psíquico, se expandia em direção ao tórax e ao abdômen. Várias semanas mais tarde, o paciente contou que durante as contrações no peito, mas principalmente quando essas contrações diminuíam, sentia "correntes" que se estendiam em direção ao baixo abdômen. Nesse meio tempo, separou-se da mulher com a intenção de ligar-se a outra. Entretanto revelou-se no decorrer das semanas seguintes que a pretendida ligação não se realizara. De início o paciente permaneceu indiferente a isso. Depois que lhe chamei a atenção para o fato, foi que tentou, arriscando várias explicações aparentemente plausíveis, interessar-se pelo assunto. Mas era bem evidente que uma interdição interior o impedia de tratar o problema de uma forma realmente afetiva. Como não se costuma, no trabalho de análise do caráter, tratar de um assunto por mais imediato que seja se o paciente não tocar nele por si mesmo de uma forma plenamente afetiva, adiei a discussão do problema e continuei a procurar a abordagem ditada pela expansão das suas ações musculares.

O espasmo tônico da musculatura expandiu-se para o tórax e o alto abdômen. Nessas crises, era como se uma força interior o levantasse do divã contra a sua vontade e o mantivesse erguido. Os músculos da parede abdominal e do tórax pareciam tábuas. Levei algum tempo para entender por que não ocorria uma posterior expansão de excitação mais para baixo. Eu esperava que a excitação vegetativa se expandiria agora do abdômen para a pélvis, mas isso não aconteceu. Em vez disso, houve fortes contrações clônicas da musculatura das pernas e uma intensificação acentuada do reflexo patelar. Para minha absoluta estupefação, o paciente me disse que experimentara as contrações da musculatura das pernas de maneira muito agradável. Muito involuntariamente, lembrei-me dos clonismos epiléticos, e confirmei a minha opinião de que em ambos, nas convulsões epiléticas e nas epiletiformes, se trata da liberação da angústia, que só pode ser experimentada de uma forma agradável, i.e., como um prazer. Houve momentos no tratamento desse paciente em que eu não tinha certeza sobre se estava, ou não, enfrentando um epilético. Superficialmente, ao menos, os ataques do paciente, que começavam tonicamente e às vezes diminuíam clonicamente, apresentavam pequeníssima diferença dos acessos epiléticos. Quero salientar que, nessa fase do tratamento, que se desenvolveu no máximo por três meses, a musculatura da cabeça, do peito e do alto abdômen, e também a musculatura das pernas, principalmente dos joelhos e da parte superior das coxas, haviam adquirido mobilidade. O baixo abdômen e a pélvis eram e permaneciam, imóveis. A lacuna entre as ações musculares e a sua percepção pelo paciente também permanecia inabalada. O paciente sabia do ataque. Podia compreender o seu significado, mas não o experimentava emocionalmente. A questão principal continuava a ser: o que causava a lacuna? Tornava-se cada vez mais claro que o paciente estava resistindo à compreensão do conjunto em todas as suas partes. Nós dois sabíamos que era muito precavido. Não era só na sua atitude psíquica que essa precaução se expressava; nem só no fato de que até certo ponto cooperava, e se adaptava, às exigências do trabalho; e no fato de que se tornava meio inamistoso e frio quando o trabalho ultrapassava certos limites. A "precaução" se continha também na sua atividade muscular; era, por assim dizer, duplamente preservada. Ele próprio descrevia e compreendia a sua situação do seguinte modo: é um garoto que está sendo perseguido por um homem que quer bater-lhe. Enquanto, foge, esquiva-se para os lados inúmeras vezes, olha apreensivamente por sobre os ombros e encolhe as nádegas, como se quisesse puxá-las para fora do alcance do perseguidor. Na linguagem analítica convencional dir-se-ia que, por trás do seu medo aos socos, há o medo de um ataque homossexual. De fato, o paciente havia levado praticamente um ano na análise de interpretação do sintoma e nesse tempo a sua homossexualidade passiva havia sido continuamente interpretada. "Em si mesma", a interpretação fora correta. Do ângulo do nosso conhecimento atual, entretanto, está claro que fora insignificante. Havia muitos fatores no paciente que se opunham a uma compreensão realmente afetiva da sua atitude homossexual. Por exemplo, a sua precaução de caráter e a fixação muscular da sua energia, que ainda estava muito longe de ser resolvidas.

Comecei a tratar agora dessa precaução, não do lado psíquico, segundo costumava habitualmente fazer na análise de caráter, mas do lado somático. Por exemplo, inúmeras vezes mostrei-lhe que, embora na verdade revelasse a sua cólera nas ações musculares, nunca fora além disso; nunca, realmente, dera um murro com aquele punho fechado e erguido. Inúmeras vezes, bem no momento em que o punho estava a ponto de socar o divã, a cólera desaparecia. De então em diante, concentrei o meu interesse no bloqueio da conclusão da ação muscular, sempre guiado pela compreensão de que era precisamente essa precaução que ele expressava na inibição. Depois de trabalharmos com persistência na defesa contra a ação muscular, durante várias sessões, ocorreu-lhe de súbito o seguinte episódio do seu quinto ano de vida: quando pequeno, vivera junto de um penhasco que descia em declive bastante íngreme até o mar. Um dia, profundamente absorvido em fazer uma fogueira na beira das rochas, tão mergulhado estava no seu brinquedo que corria o risco de cair ao mar. A mãe apareceu na entrada da casa, viu o garoto, assustou-se e procurou afastá-lo do penhasco. Ela sabia que ele era uma criança hiperativa e, por essa razão precisamente estava com muito medo. Atraiu-o com voz

A FUNÇÃO DO ORGASMO

amável, prometeu-lhe um doce. Quando o menino correu para ela, em vez de cumprir a promessa, deu-lhe uma surra tremenda. A experiência impressionara-o profundamente; agora podia entendê-la em conexão com a sua atitude defensiva quanto às mulheres e com a precaução que demonstrava quanto ao tratamento.

Assim mesmo, isso não encerrou o assunto. A precaução continuou. Um dia, no intervalo de duas crises, disse-me com humor que era um entusiástico pescador de trutas. Deu-me uma descrição muito impressiva das alegrias de pescar trutas; fazia os gestos correspondentes descrevendo a maneira como se vê a truta e se atira a linha. Enquanto me contava e demonstrava isso, tinha no rosto uma expressão enormemente ansiosa, quase sádica. Chocou-me o fato de que, embora me desse uma descrição exata de todo o processo, omitia um pormenor: o momento no qual a truta mordia a isca. Entendi a conexão mas vi que ele não tinha consciência de estar omitindo algo. Na psicanálise convencional, o analista lhe teria mostrado a conexão ou o teria encorajado a compreendê-la por si mesmo. Para mim, entretanto, era precisamente esse o ponto que tinha a máxima importância; queria principalmente descobrir por que ele não descrevera a verdadeira pesca e por que omitira o pormenor. Umas quatro semanas se passaram antes que acontecesse o seguinte: as contrações de diversas partes do corpo perderam cada vez mais o caráter tônico espasmódico. O *clonus* também diminuiu e estranhas contrações apareceram no abdômen. Não constituíam novidade para mim, pois as havia visto em muitos outros pacientes, mas não da forma como agora se revelavam. A parte superior do corpo lançava-se para a frente, o meio do abdômen permanecia imóvel e a parte inferior do corpo lançava-se em direção à parte superior. A resposta toda era um movimento orgânico unitário. Havia sessões em que esse movimento se repetia continuamente. Alternando com essa contração do corpo todo, havia em algumas partes do corpo, sobretudo nas pernas e no abdômen, sensações de corrente que ele experimentava com prazer. A atitude da boca e do rosto mudou um pouco. Em uma dessas crises, o rosto apresentou a expressão inconfundível de um peixe. Sem qualquer sugestão da minha parte, antes que eu lhe chamasse a atenção para o fato, o paciente disse: "Eu me sinto como um animal primitivo"; e, pouco depois: "Sinto-me como um peixe". Que significava isso? Sem qualquer suspeita do fato, sem ter descoberto uma conexão por meio de associações, o paciente representava nos movimentos do corpo um peixe que se debatia, obviamente fisgado. Na linguagem de interpretação analítica dir-se-ia que "ele representava" a truta apanhada. Tudo nele exprimia isso: a boca era espasmodicamente protraída, rígida ou distorcida. O corpo sacudia-se dos ombros às pernas. As costas ficavam duras como uma tábua. Não ficou inteiramente entendido nessa fase o fato de que, com cada contração do corpo, o paciente por um instante atirava os braços para a frente como se estivesse abraçando alguém. Não me lembro mais se lhe chamei a atenção para o nexo que havia entre essas ações e a história da truta, ou se ele mesmo o percebeu. Mas sentiu muito definida e imediatamente a conexão e não teve a menor dúvida de que representava ao mesmo tempo a truta e o pescador de trutas.

É claro que o incidente todo estava diretamente relacionado com os seus desapontamentos com a mãe. A partir de uma certa época da infância, ela o havia negligenciado, maltratado e, com frequência, lhe havia batido. Muito frequentemente, ele havia esperado dela algo de muito bonito ou de muito bom e havia recebido bem o contrário. A sua precaução se tornava agora compreensível. Ele não confiava em ninguém; não queria ser enganado. Essa era a razão mais profunda da sua superficialidade, o seu medo de entregar-se, de assumir uma responsabilidade real, etc. À medida que aprofundávamos a conexão, a sua personalidade sofria visível mudança. Desapareceu a superficialidade; tornou-se sério. Disse literalmente: "Não entendo; tudo ficou tão mortalmente sério de repente". Assim, não apenas se lembrara da atitude emocional séria que havia tido em determinado período de sua infância: mudara realmente, deixara de ser superficial para tornar-se sério. Ficou claro que o seu relacionamento patológico com as mulheres, i.e., o seu medo de estabelecer uma ligação com uma mulher, de entregar-se a uma mulher, estava em conexão com essa angústia enraizada no seu caráter, e se tornara parte de sua estrutura. Era um homem que as mulheres achavam muito atraente; mas por estranho que pareça não se aproveitara muito disso.

De agora em diante, as sensações somáticas de corrente aumentaram de modo rápido e visível, primeiro no abdômen, depois também nas pernas e na parte superior do corpo. Descrevia as sensações não só como correntes, mas também como "voluptuosas e agradáveis". Isso se dava especialmente quando ocorriam contrações abdominais fortes, vivas e rápidas.

Façamos uma pausa de um instante para revermos a situação do paciente nesse estágio do tratamento.

As contrações abdominais não eram senão a expressão do fato de que a tensão tônica da musculatura da parede abdominal estava desaparecendo. A reação toda era como um reflexo. Se o abdômen era golpeado de leve, a contração era imediatamente provocada. Depois de várias contrações, a parede abdominal se tornava macia e podia ser pressionada profundamente. Antes, fora extremamente tensa e apresentava um fenômeno que, com algumas restrições, eu gostaria

A FUNÇÃO DO ORGASMO

de chamar de defesa abdominal. Esse fenômeno existe em todos os neuróticos sem exceção, sempre que se ordena que expirem plenamente e se faz uma leve pressão na parede abdominal uns três centímetros abaixo da extremidade do esterno. Isso provoca uma resistência forte dentro do abdômen; ou o paciente experimenta uma dor semelhante à que é causada por uma pressão nos testículos. Um olhar para a posição do conteúdo abdominal e do plexo solar mostra-nos que, junto com outros fenômenos que ainda precisam ser discutidos, a tensão abdominal tem a função de encerrar o plexo solar. A parede abdominal exerce pressão sobre ele. A mesma função é desempenhada pelo diafragma tenso e pressionado para baixo. Isso também é um sintoma típico. Uma contração tônica do diafragma é perceptível, sem exceção. Em todos os neuróticos; expressa-se em uma tendência para expirar apenas de forma superficial e interrompida. O diafragma é elevado na exalação; a pressão sobre os órgãos que estão debaixo dele, inclusive o plexo solar, diminui. Aparentemente, uma liberação do plexo autonômico da pressão exercida sobre ele depende da relaxação do diafragma e da musculatura da parede abdominal. Manifesta-se no aparecimento de uma sensação semelhante à que se experimenta no alto abdômen quando se está num balanço, ou descendo de elevador, ou caindo. Com base nas minhas experiências, tive de presumir que se trata aqui de um fenômeno extremamente importante. Quase todos os pacientes se lembram de que em crianças controlavam e reprimiam essas sensações do alto abdômen, que são intensas nos momentos de cólera ou angústia. Aprenderam a fazê-lo espontaneamente prendendo a respiração e encolhendo o abdômen.

Um conhecimento de como se desenvolve a pressão no plexo solar é indispensável para o entendimento do curso posterior do tratamento do nosso paciente. O que se seguiu estava definitivamente de acordo com a suposição anterior; na verdade, confirmou-a. Quanto mais cuidadosamente eu fazia o paciente observar e descrever o comportamento da musculatura da região do alto abdômen, tanto mais intensas se tornavam as contrações e mais intensas também se tornavam as sensações de correntes que as seguiam, e mais se expandiam os movimentos do corpo semelhantes a ondas, ou serpentinas. Mas a pélvis continuava a permanecer rígida, até que comecei a tornar o paciente consciente da rigidez da musculatura pélvica. Durante os movimentos, toda a parte inferior do corpo lançava-se para a frente. A pélvis, entretanto, não se movia por si mesma; movia-se junto com os quadris e as coxas. Pedi ao

O REFLEXO DO ORGASMO E A TÉCNICA DA VEGETOTERAPIA DE ANÁLISE DO CARÁTER

paciente para prestar atenção à inibição que impedia o movimento isolado da pélvis. Levou umas duas semanas para perceber completamente o bloqueio muscular na pélvis, e para superar a inibição. Aprendeu aos poucos a incluir a pélvis nas contrações. Agora, uma sensação anteriormente desconhecida de corrente também aparecia nos genitais. Tinha ereções durante a sessão e uma necessidade forte de ejacular. Assim, as contrações da pélvis, da parte superior do corpo e do abdômen eram as mesmas que se produzem e experimentam no *clonus* orgástico.

Desse ponto em diante, o trabalho concentrou-se no comportamento do paciente no ato sexual, que ele foi instado a descrever com pormenores. A descrição mostrou o que se encontra não apenas em todos os neuróticos mas na maioria esmagadora dos homens e mulheres: *O movimento no ato sexual é artificialmente forçado, sem que a pessoa tenha consciência disso.* Habitualmente, não é a própria pélvis que se move mas o abdômen, a pélvis e a parte superior das coxas, como um todo. Isso não corresponde ao movimento vegetativo natural da pélvis no ato sexual; é, pelo contrário, uma inibição do reflexo orgástico. É um movimento voluntário, em oposição a ação reflexa involuntária. A sua função é reduzir ou eliminar completamente a sensação orgástica de corrente nos genitais.

Partindo da base dessas experiências, eu podia fazer agora rápidos progressos com o paciente. Tornou-se evidente que o assoalho pélvico era mantido em estado de tensão crônica. Foi esse caso que me levou afinal a entender um erro anteriormente cometido. Nos meus esforços anteriores para eliminar as inibições orgásticas, tratara, é natural, da contração do assoalho pélvico e tentara afrouxá-la. Entretanto, fora sempre perseguido pela impressão de que isso não era suficiente, e de que o resultado era, de certa forma, incompleto. Agora, entendia que a *pressão exercida sobre o plexo solar, de cima pelo diafragma, de frente pela parede abdominal e, de baixo, pelo assoalho pélvico contraído, reduzia de modo considerável a cavidade abdominal.* Falarei mais tarde sobre a significação dessas descobertas no que diz respeito ao desenvolvimento e à preservação dos estados neuróticos.

Após mais algumas semanas, consegui dissolver completamente a couraça muscular do paciente. As contrações abdominais isoladas diminuíram na medida em que aumentaram as sensações de corrente nos genitais. A sua vida emocional se tornou mais séria. A esse respeito, lembrou-se de uma experiência do tempo em que tinha uns dois anos.

Estava sozinho com a mãe em um local de veraneio. Era uma noite clara e estrelada. A mãe estava dormindo e respirando fundo; fora, podia ouvir o barulho rítmico das ondas da praia. A disposição em que então se sentiu era a mesma disposição profundamente séria, meio triste e melancólica que experimentava agora. Pode dizer-se que rememorava uma das situações da primeira infância em que ainda se permitia experimentar o seu desejo vegetativo (orgástico). Depois da desilusão com a mãe, que ocorrera quando tinha cinco anos, começara a lutar contra a expressão plena das suas energias vegetativas e se tornara frio e superficial. Em suma, havia desenvolvido o caráter que apresentou no início do tratamento.

Depois do aumento das sensações de corrente nos genitais, intensificou-se o sentimento de "contato peculiar com o mundo". Afirmou-me que havia completa identidade entre a seriedade emocional que o dominava agora e as sensações que experimentara em pequeno, com a mãe, especialmente naquela noite. Descreveu-me assim: "É como se eu formasse um todo com o mundo. É como se tudo dentro de mim e fora de mim estivesse girando. É como se todos os estímulos emergissem muito mais devagar, como em ondas. É como uma casca protetora em volta de uma criança. É incrível como posso agora sentir a profundidade do mundo". Eu não tinha necessidade de dizer-lhe; ele percebia espontaneamente: *O sentimento de unidade com a mãe, é o mesmo que o sentimento de unidade com a natureza.* A identificação da mãe com a terra ou com o universo assume uma significação profunda quando é compreendida do ângulo da harmonia vegetativa entre o eu e o mundo.

Num dos dias subsequentes, o paciente sofreu grave crise de angústia. Pulou, a boca se contorceu de dor; gotas de suor cobriram-lhe a testa; a musculatura estava tão dura como uma tábua. Alucinado, sentiu-se como um animal; como um macaco. A mão assumiu a forma encurvada da mão de um macaco, e ele emitia sons que vinham do fundo do peito, "como se não tivesse cordas vocais", como ele mesmo disse depois. Era como se alguém se tivesse aproximado muito dele e o houvesse ameaçado. Depois, como em transe, gritou: "Não se zangue, eu só quero mamar". A crise de angústia diminuiu, o paciente acalmou-se de novo, e nas sessões seguintes, concentrou-se no nosso trabalho a respeito dessa experiência. Entre muitas outras coisas, lembrou-se de que pelos dois anos (a precisão se deve ao fato de que morava em determinado apartamento nesse tempo) vira o *Tierleben* de Brehm pela primeira vez e tinha olhado para um gorila com grande admiração e assombro. Não tinha consciência de haver experimentado a mesma angústia então, mas a angústia que ocorrera na seção correspondia, sem dúvida, àquela experiência.

A despeito do fato de que a angústia não se tornara manifesta àquele tempo, dominara depois a sua vida inteira. Agora irrompera afinal. O gorila representava o pai, figura ameaçadora que queria impedi-lo de mamar. Assim, a sua vinculação com a mãe fora fixada nesse nível e irrompera logo no início do tratamento na forma dos movimentos de

O REFLEXO DO ORGASMO E A TÉCNICA DA VEGETOTERAPIA DE ANÁLISE DO CARÁTER

sucção que fazia com a boca. Mas isso não se tornou espontaneamente inteligível para ele senão depois que a couraça muscular inteira foi dissolvida. Não foi necessário levar cinco anos esperando pela experiência primitiva de mamar, com base em traços de memória. No tratamento, ele realmente era um bebê, com a expressão facial de um bebê, e as angústias que experimentara em bebê.

Posso resumir em poucas palavras o resto do tratamento. Depois da dissolução das duas principais fixações da situação infantil, a desilusão com a mãe e o medo de entregar-se, a excitação genital aumentou rapidamente. Após uns dias, conheceu uma mulher jovem e bonita, com quem facilmente travou amizade. Depois do segundo ou do terceiro ato sexual, veio radiante ao tratamento e contou maravilhado que a pélvis se movera "de maneira curiosa, por si mesma". Da sua descrição pormenorizada se depreendia claramente que ainda tinha leve inibição no momento da ejaculação. Entretanto, como o movimento pélvico já havia sido liberado, era preciso apenas um pequeno esforço para eliminar esse último traço inibidor. Era só uma questão de não se conter no momento da ejaculação, mas de entregar-se inteiramente aos movimentos vegetativos. Ele não tinha a mais leve dúvida de que as contrações que experimentara durante o tratamento não eram senão os movimentos orgásticos vegetativos suprimidos, do coito. Entretanto, como se viu mais tarde, o reflexo orgástico não se desenvolvera inteiramente livre de perturbação. As contrações orgásticas ainda eram convulsas. Ele ainda hesitava em deixar cair a cabeça para trás, i.e., em assumir a atitude de entrega. Entretanto, logo superou essa resistência contra a evolução suave e coordenada do movimento. Depois disso, o último traço da perturbação, que não havia aparecido tão claramente antes, foi resolvido. A forma forçada e dura da convulsão orgástica correspondia a uma atitude psíquica que dizia: "Um homem é duro e inflexível; qualquer forma de entrega é feminina".

Imediatamente depois dessa realização, resolveu-se o conflito infantil com o pai. De um lado, sentiu-se defendido e protegido pelo pai. Sabia que, por mais difíceis que as coisas possam ser, será sempre possível "refugiar-se" na casa paterna. Ao mesmo tempo, esforçou-se para apoiar-se nos próprios pés e ser independente do pai. Encarou como feminina a sua necessidade de ser protegido e quis livrar-se disso. Assim, o desejo de ser independente e a necessidade de proteção feminino-passiva entraram em conflito. Os dois se continham na forma do reflexo orgástico. A solução do conflito psíquico ocorreu de mãos dadas com a eliminação da forma dura e violenta de reflexo orgástico, e o seu desmascaramento como uma defesa contra o movimento suave de entrega. Quando, afinal, experimentou a entrega no reflexo, foi tomado de profunda perplexidade.

A FUNÇÃO DO ORGASMO

"Eu nunca teria pensado", disse, "que um homem também se pode entregar. Sempre considerei a entrega como uma característica do sexo feminino". Dessa forma, a sua própria feminilidade repelida estava em conexão com a forma natural da entrega orgástica, e a perturbava. É interessante observar que o duplo padrão de moral da sociedade estava refletido e ancorado na estrutura desse paciente. Na ideologia social costumeira, também encontramos a entrega emocionalmente associada à feminilidade, e a dureza inflexível à masculinidade. De acordo com isso, é inconcebível que uma pessoa independente possa dar-se, e que uma pessoa que se dê seja independente. Da mesma forma que, com base nessa falsa associação, as mulheres protestam contra a sua feminilidade e querem ser masculinas, os homens se revoltam contra o seu ritmo sexual natural por medo de parecerem femininos; e é dessa avaliação falsa que a diferença do conceito de sexualidade no homem e na mulher deduz a sua justificação aparente.

Durante os meses seguintes, todas as mudanças se integram na transformação da sua personalidade. Embora não se proibisse um gole ocasional, deixou de beber excessivamente. Fez um acordo conveniente com a mulher e uniu-se em feliz união com outra. E, o que é mais importante, mostrou grande interesse e entusiasmo por um novo trabalho.

A superficialidade do seu caráter desaparecera por completo. Já não era capaz de entregar-se a conversas vazias em cafés, ou de ocupar-se de coisas que não apresentassem algum interesse objetivo. Quero deixar bem claro que não me ocorreria guiá-lo ou influenciá-lo moralmente. Eu mesmo me surpreendi com a espontânea transformação da sua personalidade. Tornou-se objetivo e sério. Compreendeu os conceitos básicos da economia sexual, menos com base no seu tratamento, que foi de curta duração, do que espontaneamente com base na sua estrutura modificada, no sentimento do seu próprio corpo, i.e., com base na motilidade vegetativa que agora experimentava.

Durante os quatro anos seguintes, o paciente mostrou considerável progresso na integração da sua personalidade, na sua capacidade de ser feliz, e no manejo racional de situações difíceis.

Já estou praticando há seis anos a técnica da vegetoterapia com estudantes e pacientes e posso ver que apresenta grandes vantagens para o tratamento das neuroses de caráter. Os resultados são melhores que os anteriores e a duração do tratamento é menor. Diversos médicos e professores já aprenderam a empregar a vegetoterapia de análise do caráter.

268

4 O ESTABELECIMENTO DA RESPIRAÇÃO NATURAL

Antes de descrever pormenores da técnica, preciso dar um breve resumo de alguns fatos fundamentais. Um conhecimento desses fatos esclarecerá todas as medidas isoladas que, tomadas por si mesmas, parecem não ter nenhum sentido.

O tratamento vegetoterapêutico das atitudes musculares é entrelaçado de modo muito bem definido com o trabalho sobre as atitudes de caráter. Assim, não exclui de modo algum o trabalho de análise do caráter. Completa-o, mais propriamente; em outras palavras, vegetoterapia significa o mesmo trabalho em um estrato mais profundo do sistema biológico. De fato, segundo a nossa visão terapêutica, a couraça de caráter e a couraça muscular são funcionalmente idênticas. Haveria boas razões para chamar à vegetoterapia "análise do caráter" no campo do funcionamento biofísico.

Entretanto, a identidade entre a couraça de caráter e a couraça muscular tem uma recíproca. As atitudes de caráter podem ser dissolvidas pela superação dos encouraçamentos musculares exatamente como as atitudes musculares podem ser dissolvidas pela remoção das atitudes de caráter. Uma vez que a força da vegetoterapia muscular haja sido experimentada, há tentação de abandonar o trabalho simultâneo nas incrustações do caráter e concentrar-se somente na vegetoterapia. Mas a experiência prática logo nos ensina que é tão inadmissível excluir uma forma de trabalho quanto a outra. Com um paciente, o trabalho na atitude muscular predominará desde o início, enquanto com outro o trabalho sobre as atitudes do caráter será enfatizado. Encontramos também um terceiro tipo de paciente com o qual o trabalho no caráter e o trabalho na musculatura prosseguem em parte simultaneamente e em parte alternadamente. Mas é o trabalho com o encouraçamento muscular que assume a maior importância e extensão pelo fim do tratamento. Concentra-se na tarefa de restaurar o reflexo do orgasmo, naturalmente presente mas perturbado em todos os pacientes neuróticos. Essa tarefa se cumpre de várias maneiras.

No esforço para liberar o reflexo do orgasmo, aprende-se grande número de pormenores que proporcionam o correto entendimento do movimento natural em oposição ao movimento não natural e neuroticamente restringido. Algumas vezes o impulso vegetativo e a inibição vegetativa do mesmo impulso podem ser localizados no mesmo grupo muscular. Por exemplo, o impulso de dar uma cabeçada no estômago

A FUNÇÃO DO ORGASMO

de alguém e a inibição desse impulso podem estar contidos em uma atitude de inclinação da cabeça. O conflito entre impulso e defesa, com o qual estamos tão familiarizados no campo psíquico, tem uma correlação direta no comportamento fisiológico. Outras vezes, impulso e inibição se distribuem entre vários grupos de músculos. Há pacientes, por exemplo, nos quais o impulso vegetativo é expresso por contrações involuntárias dos músculos do alto abdômen. Entretanto, a inibição desse impulso vegetativo se encontra em um lugar diferente, por exemplo em um espasmo do útero. Esses espasmos podem ser sentidos como inchações esféricas isoladas quando se apalpa cuidadosamente o baixo abdômen. São estados hipertônicos vegetativos da musculatura; as inchações desaparecem quando se desenvolve o reflexo do orgasmo. De fato, as inchações aparecerão ocasionalmente e desaparecerão várias vezes durante a mesma sessão.

Tem particular importância mencionar isso, pois a liberação do reflexo do orgasmo é essencialmente causada pela intensificação das inibições vegetativas. O paciente, é natural, não sabe nada sobre os seus bloqueios musculares. Precisa senti-los antes de estar em posição de focalizar neles a sua atenção. Não teria sentido intensificar os impulsos vegetativos antes de haver dissolvido as inibições.

Queremos citar um exemplo para facilitar a compreensão desse fenômeno. Uma cobra, ou uma lombriga, apresenta um movimento uniforme, ondulante, rítmico que governa o organismo inteiro. Imaginemos agora que alguns segmentos do corpo são paralisados ou de algum modo restringidos, de modo que não podem mover-se com o ritmo do corpo todo. Nesse caso, as outras partes do corpo não se moverão, como antes, em conjunto; o ritmo total terá sido perturbado por causa da exclusão de grupos de músculos individuais. Assim, a perfeição da harmonia e da motilidade do corpo dependem da uniformidade, da totalidade e da liberdade, sem perturbações, dos impulsos do corpo. Uma pessoa que retraia a pélvis é inibida na sua atitude e no seu movimento, independente da motilidade que possa ter fora disso. O reflexo do orgasmo consiste precisamente no fato de que uma onda de excitação e de movimento corre do centro vegetativo pela cabeça, pelo pescoço, pelo tórax, pelo abdômen – alto e baixo – para a pélvis e, então, para as pernas. Se essa onda é obstruída, retardada ou bloqueada em algum ponto o reflexo é "rompido". Os nossos pacientes habitualmente demonstram não um, mas muitos, desses bloqueios e inibições do reflexo do orgasmo em várias partes do corpo. Há dois

O REFLEXO DO ORGASMO E A TÉCNICA DA VEGETOTERAPIA DE ANÁLISE DO CARÁTER

pontos nos quais a inibição sempre se concentra: a garganta e o ânus. Que isso tenha conexão com o caráter embrionário das duas aberturas pode apenas imaginar-se na medida em que a garganta e o ânus são as duas aberturas do trato intestinal primordial.

O vegetoterapeuta localiza os pontos individuais nos quais o reflexo do orgasmo é inibido e intensifica as inibições. Então o próprio corpo procura o caminho prescrito pelo curso da excitação vegetativa. Causa surpresa ver como "logicamente" o corpo integra o reflexo total. Quando, por exemplo, uma rigidez do pescoço foi dissolvida, ou foi eliminado um espasmo da garganta ou do queixo, invariavelmente se manifesta algum impulso no tórax ou nos ombros. Entretanto, pouco depois, esse impulso também é obstruído pela inibição correspondente. Se, agora, essa nova inibição é removida, um impulso se faz sentir no abdômen até que encontre também uma inibição. Isso deixa claro que não é possível soltar a motilidade vegetativa da pélvis antes que hajam sido eliminadas as inibições que se encontram sobre ela.

Essa descrição não deve ser encarada muito esquematicamente. Embora não possa haver dúvidas de que toda dissolução de uma inibição permite a manifestação de uma parte de um impulso vegetativo "mais abaixo", também é verdade que frequentemente um espasmo de garganta só pode ser dissolvido por completo depois de irromperem no abdômen fortes impulsos vegetativos. Na irrupção de novos impulsos vegetativos emergem claramente inibições anteriormente escondidas. Em muitos casos, um espasmo sério de garganta não é descoberto enquanto a excitação vegetativa na pélvis não se tenha dissolvido até certo ponto. Esse aumento de excitação vegetativa mobiliza o resto dos mecanismos inibidores disponíveis.

Tem particular importância nessa conexão os *movimentos substitutos*. Com muita frequência, um impulso vegetativo é simulado onde há apenas um movimento adquirido, semivoluntário. O impulso vegetativo básico só é liberado depois de ter sido desmascarado e eliminado o movimento substituto. Por exemplo, muitos pacientes sofrem de uma tensão crônica da musculatura dos maxilares, o que dá um aspecto mesquinho à metade inferior do rosto. Na tentativa de empurrar o queixo para baixo, verifica-se forte resistência e rigidez. Se se ordena ao paciente que abra e feche a boca, ele só executa o movimento depois de alguma hesitação e com visível esforço. Mas o paciente deve ser levado, primeiro, a experimentar essa forma artificial de abrir e fechar a boca antes de poder ser convencido de que a motilidade do seu queixo está inibida.

A FUNÇÃO DO ORGASMO

Por isso, os movimentos voluntários de grupos musculares podem funcionar como uma defesa contra movimentos involuntários. É também possível que ações musculares involuntárias funcionem como defesa contra outras ações musculares involuntárias; por exemplo, um movimento rítmico da musculatura das sobrancelhas ("tique") pode funcionar como uma defesa contra um olhar tenso. Ações musculares voluntárias podem coincidir inteiramente com a direção de ações musculares involuntárias; assim, a imitação consciente de um movimento pélvico pode produzir um movimento pélvico vegetativo involuntário. Os princípios básicos da libertação do reflexo do orgasmo são:

1. descobrir as inibições e os pontos onde a fragmentação obstrui a unificação do reflexo do orgasmo;
2. intensificar os mecanismos e os impulsos inibidores involuntários, por exemplo o movimento para a frente da pélvis, capazes de liberar completamente o impulso vegetativo bloqueado.

O meio mais importante de libertação do reflexo do orgasmo é uma *técnica de respiração*, que se desenvolveu no decorrer do trabalho. Não há uma só pessoa neurótica que seja capaz de expirar profunda e uniformemente, de um só fôlego. Os pacientes forjaram todos os meios concebíveis de evitar a exalação profunda. Expiram de maneira fragmentária, ou voltam rapidamente à posição de inalação. Alguns pacientes descrevem a inibição que sentem nesse tipo de respiração: "É como se uma onda do oceano batesse contra uma pedra. Não vai além".

Essa inibição é experimentada na região superior ou média do abdômen. Respirando fundo, sentimentos fortes de prazer ou de angústia aparecem no abdômen. Mas é precisamente a anulação desses sentimentos que se cumpre pelo bloqueio respiratório. Como maneira de preparar e conseguir o reflexo do orgasmo, faço primeiro os meus pacientes inspirarem e expirarem profundamente e os encorajo a "acostumarem-se com isso". Se se ordena ao paciente que respire fundo, ele em geral força a respiração, para dentro e para fora, de modo artificial. Esse comportamento voluntário serve apenas para obstruir o ritmo vegetativo natural da respiração. Desmascara-se a inibição; pede-se ao paciente que respire de "modo inteiramente normal", i.e., sem se entregar a quaisquer exercícios respiratórios, como gostaria de fazer. Depois de cinco ou dez movimentos, a respiração em geral se torna mais profunda, e emerge a primeira inibição. Quando uma pessoa expira natural e profundamente, a cabeça se move com espontaneidade para

O REFLEXO DO ORGASMO E A TÉCNICA DA VEGETOTERAPIA DE ANÁLISE DO CARÁTER

trás no fim do movimento. Os pacientes não podem deixar a cabeça ir para trás de modo espontâneo e natural. Esticam o pescoço para a frente para evitar o "movimento para trás", ou movem a cabeça com um puxão violento para o lado; em qualquer caso, de modo diferente do movimento natural.

Na exalação profunda, os ombros relaxam-se com naturalidade e se movem suave e levemente para a frente. É no fim preciso da exalação que os nossos pacientes mantêm os ombros firmes ou os levantam; em suma, executam movimentos vários com os ombros para impedir o movimento vegetativo espontâneo.

Outra maneira de liberar o reflexo do orgasmo é exercer uma pressão suave no alto abdômen. Coloco as pontas dos dedos de ambas as mãos aproximadamente no meio do abdômen superior entre o umbigo e o esterno, e digo ao paciente que inspire e expire fundo. Durante a expiração, vou aplicando, aos poucos, uma suave pressão no alto abdômen. Isso provoca reações diferentes em pacientes diferentes. Em alguns, o plexo solar se mostra altamente sensível à pressão; em outros, há um movimento de reação no qual as costas se arqueiam. Esses são os pacientes que suprimem toda excitação orgástica no ato sexual, puxando a pélvis para trás e arqueando as costas. Há também os pacientes nos quais uma pressão contínua no alto abdômen produz contrações ondulantes no abdômen. Isso às vezes libera o reflexo do orgasmo. Se a exalação profunda é continuada durante certo tempo, uma parede abdominal tensa e dura se torna invariavelmente macia. Pode ser pressionada com mais facilidade. Os pacientes contam que "se sentem melhor", afirmação que não pode ser tomada ao pé da letra. Na minha prática, lanço mão de uma fórmula que os pacientes entendem espontaneamente: digo-lhes para "cederem" por completo. A atitude de entrega é a mesma que a da rendição: a cabeça desliza para trás, os ombros movem-se para a frente e para cima, o meio do abdômen se encolhe, a pélvis move-se para a frente e as pernas separam-se espontaneamente. A expiração profunda produz a atitude de rendição (sexual). Isso explica a inibição do orgasmo nessas pessoas que são incapazes de render-se, e que prendem a respiração quando a excitação se eleva a um clímax.

Muitos pacientes conservam as costas arqueadas, de modo que a pélvis é empurrada para trás e o alto abdômen, para a frente. Se o terapeuta coloca a mão abaixo do meio das costas do paciente e lhe diz para fazer pressão contrária, observa uma resistência. A entrega na atitude corporal é expressivamente a mesma coisa que a atitude de

A FUNÇÃO DO ORGASMO

rendição no ato sexual, ou no estado de excitação sexual. Uma vez que o paciente haja percebido e assumido a atitude de rendição, está criada a primeira pré-condição para o estabelecimento do reflexo do orgasmo. Uma abertura frouxa da boca parece contribuir para o estabelecimento da atitude de rendição. No decorrer desse trabalho, aparecem inúmeras inibições anteriormente despercebidas. Por exemplo, muitos pacientes franzem as sobrancelhas, esticam as pernas e os pés de maneira espasmódica, etc. Por isso, a eliminação das inibições e o estabelecimento do reflexo do orgasmo não podem ser separados um do outro. De fato, é só no processo de unificação do interrompido ritmo orgânico do corpo todo que se desmascaram todas as ações e inibições musculares que haviam, antes, obstruído a função sexual e a motilidade vegetativa da vida do paciente.

É só no decorrer do trabalho que se revelam as maquinações que os pacientes empregaram quando crianças para dominar os seus impulsos instintivos e as "borboletas no estômago". Tão heroicamente como uma vez lutaram contra o seu "demônio" interior, i.e., contra o prazer sexual, insensatamente agora se defendem contra a afagada capacidade de sentir esse prazer. Mencionarei apenas algumas formas típicas dos mecanismos somáticos de repressão. Se as excitações no abdômen se tornam fortes demais no processo de liberação do reflexo do orgasmo, alguns pacientes olham inexpressivamente para um canto qualquer, ou para fora da janela. Se se fazem perguntas a respeito desse comportamento, lembram-se de que praticavam isso, em criança, a fim de aprender a controlar a cólera contra os pais, irmãos e irmãs, ou professores. Prender a respiração durante bastante tempo era algo que se considerava como uma façanha heroica de autocontrole, tal como tornar rígidos a cabeça e os ombros. "Ranger os dentes" tornou-se uma ordem moral. Aqui, a linguagem é um reflexo direto do processo somático de autocontrole.

> Uma mãe bem educada falou-me a respeito da filha de onze anos, que havia sido estritamente proibida de masturbar-se até fazer cinco anos. Quando a menina tinha uns nove, viu uma representação de crianças na qual havia um mágico de dedos artificialmente alongados e desproporcionados. Ficara perturbada por causa do indicador muito comprido e, em posteriores fantasias de angústia, o mágico reaparecera sempre.
>
> "– Sabe", disse à mãe, "quando fico com medo, ele sempre começa no meu estômago (encolheu-se como se sentisse dor). Então tenho de ficar

O REFLEXO DO ORGASMO E A TÉCNICA DA VEGETOTERAPIA DE ANÁLISE DO CARÁTER

quieta. Não posso me mexer. Só posso brincar com aquela partezinha ali de baixo (referia-se ao clitóris), que empurro de lá para cá, como doida. O mágico diz: – Você não deve mover-se. Só aí embaixo é que pode mexer. Quando o medo aumenta, quero acender a luz, mas qualquer movimento grande me faz ficar com medo outra vez. Só quando faço movimentos muito pequenos é que melhora. Depois que está claro outra vez, e eu já esfreguei bastante ali embaixo, fico mais calma e depois tudo passa. O mágico é igualzinho a Nana: ela também sempre me diz – Não se mexa, fique quieta (imita uma expressão severa). Se eu ficava com as mãos debaixo da coberta, ela vinha e as puxava para fora".

Como a menina punha a mão nos genitais praticamente a todo instante durante o dia, a mãe perguntou-lhe por que o fazia. A menina nem mesmo tinha consciência da frequência do gesto. E descreveu a natureza das suas diversas sensações. "Às vezes eu só quero brincar, então não preciso esfregar. Mas quando estou morta de medo, então tenho de empurrar de lá para cá, como doida. Quando todo mundo está longe e eu não tenho com quem falar de coisa nenhuma, então o medo fica pior e eu sempre tenho de fazer alguma coisa ali embaixo". Pouco depois completou: "Quando sinto medo, fico muito birrenta; então tenho vontade de lutar contra alguma coisa, mas não sei contra quê. Não pense que tenho vontade de brigar com o mágico [a mãe não o havia mencionado]; tenho muito medo dele. É uma coisa que eu não sei o que é".

Outro exemplo ilustrará a importância da respiração para a atividade dos gânglios vegetativos abdominais. No decorrer das repetidas exalações profundas, um paciente teve consciência de forte sensibilidade na região pélvica. Reagiu a isso restringindo severamente a respiração. Se se tocasse mesmo de leve na parte superior da sua coxa ou do baixo abdômen, contraía-se instantaneamente. Entretanto, se eu o fizesse respirar fundo várias vezes, não reagiria ao toque. Se prendia outra vez a respiração, a irritabilidade da região pélvica reaparecia logo. Isso podia ser repetido à vontade.

Esse pormenor clínico é muito revelador. A inalação profunda provoca uma obstrução da atividade biológica dos centros vegetativos, resultando em uma irritabilidade reflexa aumentada. A exalação repetida reduz a estase e, com isso, a irritabilidade angustiosa. Assim, o bloqueio da exalação profunda cria uma contradição: o bloqueio serve para abafar as excitações de prazer que surgem do mecanismo vegetativo central. Entretanto, é esse bloqueio preciso que cria um aumento da susceptibilidade à angústia, e uma irritabilidade reflexa. Isso permite compreender outro aspecto da conversão da excitação

A FUNÇÃO DO ORGASMO

sexual suprimida em angústia, e também a verificação clínica de que, no processo de restabelecimento da capacidade para o prazer, são os reflexos de angústia fisiológica o que encontramos primeiro. A angústia é o equivalente negativo da excitação sexual; ao mesmo tempo, é equivalente a ela em termos de energia. A chamada irritabilidade nervosa não é senão uma série de curtos-circuitos na descarga de eletricidade dos tecidos, causada pelo bloqueio da energia impedida de sair pela descarga orgástica. A pessoa está "como que eletrificada".

> Tive uma vez um paciente no qual a resistência mais central e persistente do caráter era expressa por uma contínua tagarelice.[25] Entretanto, sentia a boca como "estranha" e "morta", como se "não lhe pertencesse". O paciente passava repetidamente a mão na boca, como para convencer-se de que ainda estava ali. O seu prazer em contar estórias bobas era uma tentativa clara de superar a sensação da "boca morta". Depois que a sua função de defesa foi eliminada, a boca começou espontaneamente a assumir uma atitude infantil de chupar, que alternava com uma expressão facial mesquinha e dura. Durante essas mudanças, a cabeça ficava bem inclinada para a direita. Um dia tive o impulso de tocar no pescoço do paciente para convencer-me de que não havia nada de errado com ele. Para minha enorme surpresa, o paciente assumiu imediatamente a atitude de um enforcado: a cabeça caiu mole para o lado, a língua saltou, a boca, rígida, permaneceu aberta. E isso, embora eu lhe houvesse apenas tocado o pescoço. Um caminho direto levou desse incidente para o seu medo da primeira infância de ser enforcado por uma transgressão (masturbação).
>
> O reflexo que acabo de descrever ocorria apenas quando ele prendia a respiração e a exalação profunda era impedida. A reação reflexa desapareceu à medida que o paciente começou a superar o medo de expirar. Assim, a atividade respiratória inibida pela neurose é um fator central do mecanismo neurótico em geral. Bloqueia a atividade vegetativa do organismo, criando a fonte de energia dos sintomas e fantasias neuróticas de todo tipo.
>
> Outro paciente sofria de uma "opinião muito má a respeito de si mesmo". Sentia que era um "porco". Em essência, a sua neurose consistia em tentativas infrutíferas de superar a sua pobre opinião de si mesmo, impondo-se aos outros. O seu comportamento patológico tinha apenas

---

[25] O falar é um dos meios favoritos de suprimir as sensações vegetativas. Isso explica o falar neurótico compulsivo. Em semelhantes casos digo ao paciente para ficar quieto, até que surja uma condição de desassossego.

O REFLEXO DO ORGASMO E A TÉCNICA DA VEGETOTERAPIA DE ANÁLISE DO CARÁTER

um resultado: as pessoas o insultavam impiedosamente. Isso intensificava e confirmava a opinião desfavorável que tinha de si. Então, começou a cismar a respeito do que as pessoas diziam dele, da razão por que eram tão mesquinhas com ele, do modo como poderia melhorar a situação, etc. Com isso, começou a perceber uma pressão no tórax. Quanto mais arduamente tentava superar a sua falta de autoestima por meio da ruminação compulsiva, mais intensa se tornava a pressão. Não foi fácil descobrir a conexão entre a "ruminação" compulsiva e a pressão no tórax". Toda essa experiência foi precedida por uma sensação somática da qual ele jamais havia tido consciência. "Algo começa a mover-se dentro do peito, e então passa rapidamente para a cabeça; sinto como se a minha cabeça fosse estourar. Uma espécie de névoa me encobre os olhos. Não posso pensar mais. Perco toda a noção do que está acontecendo ao meu redor. É como se eu estivesse caindo, como se estivesse perdendo contato comigo mesmo e com tudo o que me rodeia". Essas reações sempre apareciam quando uma excitação não conseguia chegar aos genitais e era desviada "para cima". Essa é a base fisiológica do que os psicanalistas chamavam "deslocamento de baixo para cima". Essa condição neurótica levava a fantasias de ser um gênio, a sonhos a respeito de um futuro glorioso, etc., tanto mais grotescos quanto menos estavam de acordo com as suas realizações efetivas.

Há pessoas que pretendem jamais haver experimentado a conhecida sensação de corrosão ou ânsia no alto do abdômen. São geralmente duras, frias e doentias. Tive dois pacientes que haviam desenvolvido uma compulsão patológica de comer, como meio de suprimir as sensações abdominais. Empanzinavam-se logo que aparecia uma sensação de angústia ou de depressão. Depois de um ato sexual insatisfatório, algumas mulheres (ainda não tive ocasião de observar isso nos homens) têm, como exprimiu uma dessas pacientes, "de empurrar algo para dentro do estômago". Em outras, há um sentimento de "ter algo nos intestinos que não pode sair".

5 A MOBILIZAÇÃO DA "PÉLVIS MORTA"

O reflexo do orgasmo não surge repentinamente, completo e perfeito, mas é um produto da integração gradual de partes separadas que são envolvidas no desempenho total. No início, há apenas uma onda de excitação que corre do pescoço, pelo peito e pelo alto abdômen, para o baixo abdômen. A pélvis fica imóvel durante essa ação.

A FUNÇÃO DO ORGASMO

Alguns pacientes a descrevem assim: "É como se o movimento fosse interrompido em um certo ponto ali embaixo". A pélvis não participa desse curso ondulante da excitação. Se se fizer um esforço para localizar a inibição responsável por isso, em geral se descobre que a pélvis está mantida em posição retraída. Um arqueamento da coluna, que obriga o abdômen a saltar, acompanha às vezes essa retração. Por exemplo, é fácil pôr a mão entre as costas do paciente e o divã. A imobilidade da pélvis cria a impressão de morte. Na maior parte dos casos, isso se combina com uma sensação de "vazio na pélvis" ou um sentimento de "fraqueza nos genitais". Esse fenômeno é especialmente pronunciado em pacientes que sofrem de constipação crônica. Compreenderemos melhor essa conexão se nos lembrarmos de que a constipação crônica corresponde a uma superexcitação do simpático. O mesmo se aplica à retração da pélvis. Os pacientes não conseguem mover a pélvis. Em vez disso, movem o abdômen, a pélvis e a parte superior das coxas como um conjunto. Assim, a primeira tarefa do trabalho terapêutico é tornar os pacientes plenamente conscientes da ausência de excitação pélvica. Em regra, oferecem considerável resistência em mover a pélvis por si mesma, sobretudo para a frente e para cima. Uma comparação de pacientes que sofrem de anestesia genital mostra que a falta de sensação nos genitais, i.e., a sensação de vazio, de fraqueza, etc. é tanto mais intensa quanto mais a pélvis houver perdido a sua mobilidade. Esses pacientes são sempre seriamente perturbados no ato sexual. As mulheres permanecem imóveis, ou tentam superar a inibição da motilidade vegetativa da pélvis por meio de movimentos forçados do tronco e da pélvis. Nos homens, a perturbação é expressa em movimentos apressados, abruptos e voluntários de toda a parte inferior do corpo. A sensação da corrente orgástica vegetativa não pode ser verificada em nenhum desses pacientes.

É preciso destacar em particular alguns pormenores desse fenômeno. A musculatura genital (bulbocavernosa e isquiocavernosa) fica tensa, e a tensão impede as contrações causadas pela fricção. A musculatura das nádegas também fica tensa. Os pacientes, frequentemente, superam a ausência de excitabilidade nesses músculos tentando produzir neles contrações e relaxações voluntárias.

O assoalho da pélvis é puxado para cima. Essa posição contraída do assoalho pélvico, embaixo, junto com a fixação do diafragma para baixo, em cima, e a tensão da parede abdominal, na frente, bloqueia o movimento da corrente vegetativa no abdômen.

Essa atitude da pélvis sempre aparece na infância como resultado de duas perturbações fundamentais do desenvolvimento. A sua base é preparada pelo brutal treinamento higiênico no qual a criança é obrigada a controlar os movimentos dos intestinos em idade muito tensa. A punição severa por molhar a cama também causa um espasmo da pélvis. Muito mais importante, entretanto, é o espasmo da pélvis que tem início logo que a criança começa a combater as excitações genitais intensas que incitam à masturbação.

Toda sensação de prazer genital pode ser destruída pela contração crônica da musculatura pélvica. Isso se prova pelo fato de que as sensações de corrente nos genitais começam a aparecer quando o espasmo pélvico é aliviado. Para isso, é necessário primeiro tornar o paciente consciente da sua atitude pélvica, i.e., o paciente deve ter a sensação imediata de que (ele ou ela) está "mantendo" a pélvis "quieta". Além disso, todos os movimentos voluntários que impedem os movimentos vegetativos naturais da pélvis devem ser assinalados. O movimento voluntário do abdômen, da pélvis e da parte superior das coxas, como um conjunto único, é sem dúvida o meio mais importante e frequente de impedir a pélvis de se mover por si mesma. É totalmente inútil obrigar o paciente a fazer exercícios pélvicos, como tentam fazer alguns instrutores de ginástica. Enquanto não forem eliminadas as ações e as atitudes musculares dissimuladas e defensivas, o movimento natural da pélvis não se desenvolve.

Quanto mais intensamente se trabalha sobre a inibição do movimento pélvico, tanto mais completamente a pélvis participa da onda de excitação. Começa a mover-se para a frente e para cima sem qualquer esforço consciente. É como se fosse levantada em direção ao umbigo por uma força externa. Ao mesmo tempo, a parte superior das coxas permanece imóvel. É extremamente importante perceber a diferença entre o movimento defensivo da pélvis e o seu movimento vegetativo natural. Quando a onda corre do pescoço pelo tórax e pelo abdômen para a pélvis, então o caráter do reflexo inteiro se modifica. Se, até esse ponto, o reflexo do orgasmo era experimentado de modo essencialmente desagradável, ocasionalmente mesmo como doloroso, agora começa a causar prazer. Se até esse ponto, apareciam movimentos defensivos, como por exemplo puxar o abdômen para a frente e arquear as costas, agora o tronco inteiro mostra a aparência de um peixe em movimento. As sensações do prazer genital e as sensações de corrente no organismo todo, que agora se tornam cada vez mais fortes, não deixam dúvidas de que se trata do movimento vegetativo natural do coito. O caráter desse movimento difere por completo de todos os anteriores reflexos e reações do corpo. O sentimento de vazio nos genitais dá lugar, gradual ou rapidamente, a uma sensação de plenitude e de urgência. Isso traz o estabelecimento espontâneo da capacidade para a experiência orgástica no ato sexual. O mesmo movimento que, desempenhado por grupos musculares isolados, representa as reações patológicas do corpo e serve para desviar o prazer sexual é, na sua totalidade como um movimento em onda do corpo todo, a base da capacidade para o prazer vegetativo espontâneo. O *arc de cercle* do histérico, no qual o abdômen e o tórax são arqueados para a frente enquanto que os ombros e a pélvis são puxados para trás, torna-se compreensível agora como o extremo oposto da atitude do reflexo do orgasmo.

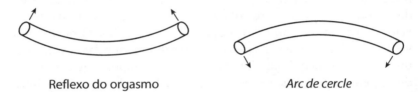

Reflexo do orgasmo   *Arc de cercle*

Quando esses fatos ainda eram desconhecidos para mim, era obrigado a ajudar o paciente a superar a inibição do movimento pélvico em parte por meio de "exercícios". A imperfeição dos resultados obtidos levou-me a rejeitar essas medidas artificiais e procurar as inibições da motilidade natural. A defesa contra o reflexo do orgasmo provoca várias perturbações vegetativas, por exemplo a constipação crônica, o reumatismo muscular, a ciática, etc. Em muitos pacientes, a constipação desaparece, mesmo quando existiu durante décadas, com o desenvolvimento do reflexo do orgasmo. O seu pleno desenvolvimento é frequentemente precedido por náuseas e por sensações de vertigem, somadas a estados espasmódicos da garganta, contrações isoladas da musculatura abdominal, do diafragma, da pélvis, etc. Mas todos esses sintomas desaparecem logo que se haja desenvolvido plenamente o reflexo do orgasmo.

Assim, o "amortecimento da pélvis" tem a mesma função do amortecimento do abdômen, i.e., impedir os sentimentos; sobretudo os de prazer e de angústia.

Agora que as diversas manifestações e formas da atitude e da expressão do corpo, com respeito ao reflexo do orgasmo e à defesa contra

O REFLEXO DO ORGASMO E A TÉCNICA DA VEGETOTERAPIA DE ANÁLISE DO CARÁTER

ele, podem ser entendidas, muitos fenômenos do trabalho terapêutico se tornaram compreensíveis.

> Lembro-me de um tique diafragmático de uma mulher de quarenta e cinco anos, que tratei na Clínica Psicanalítica de Viena, há uns catorze anos e curei parcialmente, tornando-lhe possível a masturbação. Descrevi esse caso no artigo "Der Tic als Onanieaquivalent" publicado no *Zeitschrift für Sexualwissenschaft*, em 1924. A paciente sofrera de movimentos diagramáticos muito incômodos, acompanhados de ruídos, desde a adolescência, i.e., por mais de trinta anos. Foi notável a diminuição do tique quando conseguiu masturbar-se. Está claro para mim hoje que a melhora se deveu ao afrouxamento parcial da posição inspiratória crônica do diafragma. A esse tempo, eu podia apenas dizer, de maneira muito geral, que a satisfação sexual havia eliminado uma quantidade da estase sexual e assim enfraquecera o tique. Mas nada podia dizer sobre a forma pela qual essa estase fora mantida, onde se descarregara, ou como a satisfação sexual reduzira a estase. O tique representava um esforço inadequado para superar a contração diafragmática.

As minhas experiências atuais lembram-me os casos de epilepsia com aura abdominal, nos quais eu não podia entender qual a parte do corpo que se encontrava envolvida, qual a sua função e qual a sua relação com o sistema nervoso vegetativo. Isso também esclarece os casos nos quais uma palpitação ocasional e involuntária da musculatura abdominal pode ser observada durante o tratamento. Esses movimentos são tentativas de efetuar uma relaxação da parede abdominal tensa.

Embora nunca se expressasse abertamente, havia em muitos pacientes uma maldade escondida que eu não conseguia localizar. O tratamento do comportamento vegetativo permite determinar onde se localiza somaticamente a mesquinhez. Há pacientes que expressam amistosidade com os olhos e com as bochechas, mas que expressam, quanto ao queixo e a boca, exatamente o contrário. A expressão é completamente diferente na metade inferior da face e na metade superior. A dissolução da atitude da boca e do queixo libera incrível quantidade de cólera.

Em outros pacientes, sente-se a falsidade da polidez convencional; ela esconde o oposto, uma malícia astuciosa, que pode ser expressa por uma constipação crônica. Os intestinos são preguiçosos e a sua função precisa ser mantida em atividade por meio do uso constante de purgativos. Em crianças, esses pacientes tiveram de controlar a sua

A FUNÇÃO DO ORGASMO

cólera e de "fechar a sua maldade no estômago". O modo pelo qual sempre uma repetição exata de frases frequentemente ouvidas desde o seu precoce treinamento de higiene; por exemplo, os pacientes descrevem as suas sensações corporais é quase "a barriga é feia quando faz pum". Uma criança "bem educada" é muito propensa a responder a esses conselhos com um "pum". Mas deve logo livrar-se desse hábito, e pode fazê-lo somente "escondendo o pum na barriga". Para consegui--lo a criança tem de suprimir toda excitação que sente no abdômen, inclusive a excitação genital, recolhendo-se em si mesma, e "fazendo a barriga arrastar-se dentro de si mesma". O abdômen se torna duro e tenso: "encerrou a maldade".

Seria bom descrever, histórica e funcionalmente, o complicado desenvolvimento dos sintomas das atitudes corporais segundo se manifestam nos diferentes pacientes. No momento, vamos contentar-nos com a indicação de alguns fatos típicos.

É interessante observar que o corpo é igualmente capaz de funcionar como um organismo unido e de dividir funcionando uma parte parassimpaticamente e a outra simpaticamente. Tratei uma vez uma paciente que, a um certo estágio do tratamento, já estava com a parte superior do abdômen relaxada por completo; experimentava as conhecidas sensações de corrente, e a parede abdominal podia ser facilmente pressionada. Não houve mais interrupções na sensação entre o alto abdômen, o tórax e o pescoço. Mas o baixo abdômen comportava-se como se estivesse separado por uma linha. Quando a parede abdominal inferior era pressionada, podia sentir-se uma inchação dura, mais ou menos do tamanho da cabeça de um bebê. Seria impossível dar hoje uma explicação anatômica exata de como semelhante inchação se produz, i.e., dizer quais os órgãos envolvidos na sua formação; mas podia ser inequivocamente apalpada. Durante a última fase do tratamento, houve dias em que a inchação aparecia e desaparecia. Sempre aparecia quando a paciente estava com medo de – e portanto lutando contra– um surgimento de excitação genital. Desaparecia quando a paciente se sentia capaz de permitir a manifestação da excitação genital.

As manifestações somáticas da esquizofrenia, sobretudo na sua forma catatônica, terão de ser discutidas em um ensaio separado, baseado em novos elementos. Os estereótipos catatônicos, as persistências e os automatismos de todo tipo podem ser reduzidos a encouraçamentos musculares e irrupções da energia vegetativa. Isso é sobretudo verdadeiro quanto à reação catatônica da cólera. Na neurose simples, há só

282

O REFLEXO DO ORGASMO E A TÉCNICA DA VEGETOTERAPIA DE ANÁLISE DO CARÁTER

uma restrição superficial da motilidade vegetativa, que permite excitações interiores e descargas "na fantasia". Se o encouraçamento atinge a profundidade, se bloqueia áreas centrais do organismo biológico e controla *completamente* a musculatura, há apenas duas possibilidades: irrupção forte (cólera violenta, que se experimenta como um alívio) ou deterioração gradual e completa do mecanismo vital.

Várias enfermidades orgânicas, como a úlcera gástrica, o reumatismo muscular e o câncer, prendem-se ao problema neste ponto.

Não tenho dúvida de que, na sua clínica prática, os psicoterapeutas podem observar diversos desses sintomas. Entretanto, esses sintomas não podem ser tratados isoladamente; podem ser entendidos só em conexão com o funcionamento biológico total do corpo, e em reação com as funções de prazer e de angústia. É impossível dominar a vasta complexidade das atitudes e expressões do corpo, se a angústia é considerada como uma causa, e não essencialmente como o resultado da estase sexual. *Estase não significa senão uma inibição da expansão vegetativa e um bloqueio da atividade e motilidade dos órgãos vegetativos centrais.* A descarga de excitação é bloqueada: a energia biológica fica presa.

O reflexo do orgasmo é uma resposta unitária do corpo inteiro. No orgasmo, não somos senão uma palpitante massa de plasma. Após quinze anos de pesquisa no reflexo do orgasmo, foi finalmente possível penetrar no cerne biológico das enfermidades psíquicas. O reflexo do orgasmo encontra-se em todas as criaturas que copulam. Entre organismos biológicos mais primitivos, como por exemplo os protozoários, encontra-se na forma de contrações plasmáticas.[26] O estágio mais elementar, no qual se pode encontrar, é a divisão de células únicas.

Há algumas dificuldades para chegar a uma resposta a respeito do que é que, nos organismos mais altamente organizados, toma o lugar da contração, quando o organismo não pode mais contrair-se assumindo a forma esférica, como o protozoário. A partir de um certo estágio do desenvolvimento, o metazoário tem uma estrutura óssea. Isso impede a operação, natural dos moluscos e protozoários, de se tornarem esféricos no ato de contrair-se. Imaginemos um tubo flexível, no qual a nossa bexiga biológica se tenha desenvolvido. Imaginemos depois que introduzimos nele uma vara que se pode curvar em uma direção. Isso representaria a espinha. Imaginemos que o impulso de contração é agora introduzido nessa bexiga longitudinalmente esticada. Podemos

---

[26] Cf. Reich. *Die Bione*, Sexpol Verlag, 1938.

ver que a bexiga só tem uma possibilidade quando, a despeito da sua inabilidade para tornar-se esférica, deseja contrair-se. *Tem de curvar-se o mais possível, e rapidamente.*

Visto biologicamente, o reflexo do orgasmo é só isso. A atitude revelada nele pelo corpo é característica de muitos insetos, e é sobretudo evidente na atitude do embrião.

As pessoas histéricas têm uma tendência especial para desenvolver espasmos musculares em partes do organismo cuja musculatura é anular, sobretudo na garganta e no ânus. Embriologicamente, esses dois pontos correspondem às duas aberturas do intestino primitivo.

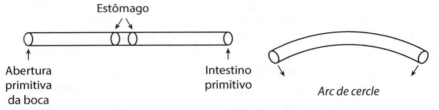

Além disso, a musculatura anular encontra-se na entrada e na saída do estômago. Desenvolvem-se, nessas duas aberturas, espasmos que têm frequentemente consequências sérias para o estado geral da pessoa. Esses pontos do corpo, especialmente dispostos para contrações contínuas, e correspondendo biologicamente a estágios muito primitivos de desenvolvimento, são os pontos mais frequentes de desordens espasmódicas. Se a garganta e o ânus são bloqueados, a contração orgástica se torna impossível. A retração somática expressa-se por uma atitude que é o oposto exato do reflexo do orgasmo; as costas ficam arqueadas, o pescoço duro, o ânus bloqueado, o peito para a frente e os ombros tensos. O *arc de cercle* histérico é o oposto exato do reflexo do orgasmo e o protótipo da defesa contra a sexualidade.

Todo impulso psíquico é funcionalmente equivalente a uma excitação somática definida. A ideia de que as funções do mecanismo psíquico funcionam apenas por si mesmas e influenciam o mecanismo somático, que também funciona por si mesmo, não está de acordo com

O REFLEXO DO ORGASMO E A TÉCNICA DA VEGETOTERAPIA DE ANÁLISE DO CARÁTER

os fatos reais. Um salto do psíquico para o somático é inconcebível, pois a pressuposição de dois campos separados não se aplica aqui. Nem o conteúdo de uma função psíquica, como a ideia de atacar alguém, pode induzir uma expressão somática, a menos que ele mesmo já seja a expressão de um impulso vegetativo de movimento. A maneira como uma ideia se origina de um impulso vegetativo é uma das questões mais difíceis da psicologia. Com base em experiências clínicas, é claro que o sintoma somático, assim como a ideia psíquica inconsciente, é uma sequela de uma inervação vegetativa contraditória. Isso não está em desacordo com o fato de que o sintoma somático pode ser eliminado através da conscientização do seu significado psíquico, pois qualquer mudança na esfera das ideias psíquicas deve por força equivaler funcionalmente às mudanças da excitação vegetativa. Assim, não é só a conscientização de uma ideia inconsciente que cura, mas a modificação causada pela excitação.

Por isso, temos a seguinte sequência de funções quando uma ideia no campo psíquico exerce uma influência no soma:

1. A excitação psíquica é funcionalmente equivalente à excitação somática.
2. A fixação de uma excitação psíquica é produzida pelo estabelecimento de um estado específico de inervação vegetativa.
3. O estado vegetativo alterado modifica o funcionamento do órgão.
4. O "significado psíquico do sintoma orgânico" não é senão a atitude somática na qual o "significado psíquico" é expresso. A reserva psíquica expressa-se em rigidez vegetativa. O ódio psíquico expressa-se em uma atitude vegetativa definida de ódio. São inseparáveis e equivalentes.
5. O estado vegetativo fixo tem um efeito repercussivo sobre o estado psíquico. A percepção de um perigo real funciona como uma inervação simpaticotônica. Esta, por sua vez, intensifica a angústia. A angústia intensificada exige um encouraçamento, que é sinônimo de uma fixação de energia vegetativa na couraça muscular. Esse encouraçamento, por sua vez, perturba a possibilidade de descarga, aumenta a tensão, etc.

Bioenergeticamente, a psique e o soma funcionam condicionando-se mutuamente e ao mesmo tempo formando um sistema unitário.

285

A FUNÇÃO DO ORGASMO

Vejamos um caso clínico específico para tornar isso claro.

Uma paciente excepcionalmente bonita e sexualmente atraente queixava-se de sentir-se feia, porque não sentia o seu corpo como um todo unido. Descreveu assim o seu estado: "Cada parte do meu corpo é independente. As minhas pernas estão aqui e a minha cabeça está ali e eu nunca sei muito bem onde estão as minhas mãos. Eu não tenho o meu corpo todo junto". Em suma, sofria da conhecida perturbação da autopercepção, especialmente pronunciada na despersonalização esquizoide. Durante o trabalho vegetoterapêutico, as diversas funções das atitudes musculares do seu rosto demonstraram relações muito singulares. Logo no começo do tratamento, era notável a "indiferença" da sua expressão facial. Gradualmente, a expressão de indiferença tornou-se tão forte que a paciente começou, visivelmente, a sofrer. Quando se falava com ela, mesmo a respeito de assuntos sérios, olhava sempre fixamente para um canto da sala ou para fora da janela, com uma expressão de indiferença no rosto. Nessas ocasiões, os seus olhos tinham um olhar vazio e "perdido". Depois que essa expressão, de indiferença havia sido analisada e eliminada por completo, apareceu no rosto outro traço, do qual apenas leves sugestões haviam sido visíveis antes. A região da boca e do queixo era "má", enquanto que os olhos e a testa pareciam "mortos". Essas palavras refletiam os sentimentos interiores da paciente. Para começar, separei a atitude expressa pela boca e pelo queixo. No decorrer desse trabalho, manifestaram-se reações cada vez mais fortes de um feroz desejo de morder, anteriormente reprimido. Ela desenvolvera esses impulsos em relação ao marido e ao pai, mas não se permitira expressá-los. Os impulsos de cólera expressos na atitude do queixo e da boca haviam sido, antes camuflados por uma atitude de indiferença no rosto todo; e foi a eliminação dessa indiferença que trouxe à luz a expressão de cólera da boca. A indiferença tinha a função de impedir que a paciente ficasse continuamente à mercê da torturante percepção do ódio expresso pela boca. Depois de tratarmos a região da boca por umas duas semanas, a expressão maliciosa desapareceu por completo em conexão com o desenvolvimento de uma reação muito forte de desapontamento da paciente. Um dos seus traços de caráter era a compulsão de exigir continuamente amor. Zangava-se quando as suas exigências impossíveis não eram satisfeitas. Depois que se dissolveu a atitude da boca e do queixo, apareceram contrações pré-orgásticas em todo o corpo, primeiro em forma de serpentina – movimentos ondulantes que também incluíam a pélvis. Entretanto, a excitação genital estava inibida em um ponto definido. Durante a procura do mecanismo da inibição, a expressão da testa e dos olhos foi-se tornando cada vez mais pronunciada. Tornou-se

286

O REFLEXO DO ORGASMO E A TÉCNICA DA VEGETOTERAPIA DE ANÁLISE DO CARÁTER

uma expressão de fixidez má, observadora, crítica e atenta. Com isso, a paciente percebeu que tinha de "estar em guarda" constantemente, e que nunca fora capaz de "perder a cabeça".

O surgimento e definição dos impulsos vegetativos somáticos constituem sem dúvida, o mais estranho fenômeno encontrado na vegetoterapia. É muito difícil descrevê-lo; tem de ser clinicamente experimentado. Assim, a "testa morta" havia escondido a "testa crítica". O passo seguinte era descobrir que função tinha a "testa crítica" e maliciosa. A análise dos pormenores da função da sua excitação genital revelou que a testa prestava cuidadosa "atenção ao que o genital estava fazendo". Historicamente, a expressão severa dos olhos e da testa decorria de uma identificação com o pai, cuja orientação fora moral e ascética. Já em idade muito tenra, o pai a havia continuamente impressionado com a afirmação de que era perigoso ceder aos desejos sexuais; mais que tudo, ele havia descrito a devastação do corpo produzida pela sífilis. Assim, a testa da paciente montava guarda, no lugar do pai, quando ela queria ceder a um impulso sexual. A interpretação de que se identificava com o pai não era de modo nenhum suficiente. A questão mais importante era *por que* levara adiante essa identificação exatamente na testa, e o que é que mantinha a função. Temos de fazer uma distinção clara entre a explicação histórica de uma função e a sua explicação dinâmica imediata. Essas duas coisas são inteiramente diferentes. Não eliminamos um sintoma somático apenas tornando-o historicamente compreensível. Não podemos progredir sem o conhecimento da função simultânea do sintoma. (Que não deve ser confundida com o "conflito atual"!) O fato de que a atitude atenta da testa derivasse da sua identificação infantil com o pai severo, não teria tido o mais leve efeito sobre a perturbação orgástica. O decorrer do tratamento dessa paciente provou a exatidão desse critério; na mesma medida em que a expressão observadora e crítica substituiu a expressão morta, a defesa total na região genital se intensificou. Aos poucos a expressão severa alternou com uma expressão alegre, meio infantil da testa e dos olhos. Assim, uma vez estava de acordo com o desejo genital; outra vez a sua atitude em relação a ele era crítica e adversa. Com a substituição da atitude crítica da testa pela atitude alegre, a inibição da excitação genital também desapareceu.

Apresentei este caso com todos os pormenores porque é característico de muitas perturbações e processos de tensão-carga no mecanismo genital. "Não perca a cabeça" é uma atitude muito comum. A nossa paciente sofria da sensação de ter um corpo dividido, não integrado e não unificado. Por isso, também não tinha a consciência e a sensação da

A FUNÇÃO DO ORGASMO

sua graça vegetativa e sexual. Como é possível que um organismo que constitui um todo unificado possa "despedaçar-se" na sua percepção? O termo *despersonalização* não indica nada, pois em si mesmo exige uma explicação. O que devemos nos perguntar é como é possível que partes do organismo funcionem por si mesmas, independentemente do organismo total. Explicações psicológicas não nos ajudam, pois na sua função emocional a psique é completamente dependente das funções de expansão e contração do sistema nervoso autônomo. A sua estrutura é não homogênea. A experimentação e a evidência clínica mostram que o processo tensão-carga pode compreender o corpo inteiro, assim como grupos isolados de órgãos. É possível para o mecanismo vegetativo ser parassimpático no alto abdômen e simpático e hipertônico no baixo abdômen. É também possível para ele criar tensão nos músculos dos ombros, causando embora uma relaxação ou mesmo flacidez nas pernas. E o mecanismo vegetativo é capaz de fazer isso simplesmente por não ser um mecanismo homogêneo. Na atividade sexual, a zona da boca pode ser excitada enquanto os genitais ficam inexcitados por completo, ou mesmo adversos à atividade sexual. Ou poderia dar-se o contrário. Com base nesses fatos clínicos, temos critérios seguros para determinar se uma função é "sã" ou "doentia", em termos de economia sexual. A capacidade do organismo vegetativo de participar da função de tensão-carga de modo unido e total é sem dúvida a característica básica da saúde psíquica e vegetativa. Por outro lado, temos de descrever como patológica a exclusão de órgãos isolados, ou mesmos de grupos de órgãos, da totalidade e unidade da função vegetativa de tensão-carga, quando ela é crônica e perturba continuamente a função total.

A observação clínica ensina-nos ainda que as perturbações da auto-percepção não desaparecem realmente enquanto o reflexo do orgasmo não é plenamente desenvolvido em um todo unificado. Então é como se todos os órgãos e sistemas de órgãos do corpo fossem reunidos em uma única função, tanto quanto à contração como quanto à expansão.

Assim, a despersonalização torna-se compreensível como uma falta de carga, i.e., como uma perturbação da inervação vegetativa dos órgãos isolados ou dos sistemas de órgãos (por exemplo, as pontas dos dedos, os braços, a cabeça, as pernas, os genitais, etc.). A falta de unidade na autopercepção é também causada pelo fato de que a corrente de excitação no corpo é interrompida em um ponto ou outro. Isso é sobretudo verdadeiro com respeito a duas regiões do corpo. Uma é o pescoço que, quando sofre um espasmo, bloqueia a onda de excitação no seu caminho do tórax para a cabeça; a outra é a musculatura da pélvis que, contraída, perturba o curso da excitação do abdômen para os genitais e as pernas.

Com base na pesquisa analítica, entendemos a história individual de uma neurose, as condições externas da sua gênese, o motivo interior do conflito psíquico e, finalmente, as consequências da repressão sexual, por exemplo os sintomas neuróticos e os traços de caráter. Entretanto, a pesquisa psicanalítica não nos torna aptos a compreender o *mecanismo* pelo qual o destino de uma criança, um trauma externo ou um conflito psíquico interno *retêm* cronicamente uma reação patológica.

Vemos mulheres que vivem nas melhores condições externas sexuais e econômicas e não obstante se agarram às suas neuroses. Vemos crianças de todos os estratos econômicos, vivendo ocasionalmente em favoráveis condições econômico-sexuais, que não só se tornam neuróticas mas permanecem neuróticas. Além do mais, presenciamos a "compulsão de repetição" até hoje misticamente concebida e representada; compulsão de tantas pessoas de colocar-se continuamente em situações difíceis. Nenhum desses fenômenos pode ser explicado com base em opiniões preconcebidas.

A evidência mais impressionante da tendência de agarrar-se a uma neurose é a que se vê no fim do tratamento, quando se faz a tentativa de estabelecer a capacidade de rendição orgástica. Nesse ponto preciso, quando o paciente deveria estar à beira de recuperar a saúde, surgem contra esta as piores reações. Os pacientes são dominados por um medo do prazer diametralmente oposto ao princípio de prazer da vida.

O medo à punição por atividades sexuais, que o paciente experimenta em criança, torna-se cronicamente ancorado sob a forma de angústia de prazer. Lembramo-nos de que, quando o seu curso é inibido, o prazer tem a característica de se transformar em desprazer. Quando, a despeito de uma excitação sexual muito alta e contínua, uma pessoa não é capaz de experimentar uma satisfação final, desenvolve-se, em consequência, um medo não só da satisfação final, mas também da excitação que a precede. O próprio processo de excitação agradável torna-se em uma fonte de desprazer. A sensação normal de prazer é inibida por um espasmo muscular que pode tornar-se doloroso em extremo, independente do fato de que aumenta a estase. É a fixação de um estado de espasmo fisiológico nos genitais que faz com que crianças e adolescentes rejeitem a atividade sexual. Essa fixação faz com que toda excitação agradável se converta no seu contrário, por mais correta que possa ser a atitude intelectual e emocional da pessoa. Em conexão também com esse estado espasmódico está a inabilidade de suportar excitações, mesmo que sejam suaves. É na função do espasmo muscular durante a intensificação do prazer que devemos procurar a base estrutural e fisiológica da resignação e da modéstia de caráter.

Assim, estados e sintomas psicopatológicos são os resultados de uma perturbação da regulagem vegetativa (econômico-sexual) de energia. Todo desequilíbrio da sensação somática total afeta simultaneamente a autoconfiança e a unidade do sentimento do corpo. Ao mesmo tempo, esses desequilíbrios obrigam o corpo a fazer compensações. A percepção da integridade vegetativa, que se torna a base favorável e natural de uma forte autoconfiança, é perturbada em todos os neuróticos. Isso se expressa das mais variadas formas, incluindo uma completa cisão da personalidade. Entre as mais simples sensações de frigidez ou rigidez, de um lado, e a divisão esquizofrênica, a falta de contato e a despersonalização de outro, não há diferenças de base mas tão somente diferenças quantitativas, que se expressam também qualitativamente. A sensação de integridade tem conexão com a sensação de contato imediato com o mundo. A unificação do reflexo do orgasmo também restaura as sensações de profundidade e seriedade. Os pacientes lembram-se do tempo da sua primeira infância quando a unidade de sensação do seu corpo não estava perturbada. Tomados de emoção, falam do tempo em que, crianças, se sentiam identificados com a natureza e com tudo o que os rodeava; do tempo em que se sentiam "vivos"; e como finalmente tudo isso fora despedaçado e esmagado pela educação. No rompimento da unidade do sentimento do corpo pela supressão sexual, e no contínuo anseio de restabelecer contato consigo mesmo e com o mundo, encontra-se a raiz de todas as religiões negadoras do sexo. "Deus" é a ideia mistificada da harmonia vegetativa entre o eu e a natureza. Desse ângulo, a religião só pode ser reconciliada com a ciência natural se Deus personifica as leis naturais e o homem está incluído no processo natural.

Devo deixar a outros mais versados nas culturas hindu e chinesa todos os pormenores dessas conexões. As descobertas clínicas que tentei descrever aqui abrem ampla perspectiva para o entendimento das culturas humanas nas quais o patriarcado familiar estrito, a mais severa supressão sexual das crianças pequenas e dos adolescentes, e a ideologia de reserva e de "autocontrole" são uma parte essencial de todos os círculos culturais. Isso é especialmente verdadeiro quanto às culturas da Índia,

O REFLEXO DO ORGASMO E A TÉCNICA DA VEGETOTERAPIA DE ANÁLISE DO CARÁTER

da China e do Japão. Quando um patriarcado austero e negador do sexo quer propagar-se, precisa suprimir severamente os impulsos sexuais das crianças. Isso resulta em angústia e cólera agudas, ambas prejudiciais à cultura da família patriarcal e dependentes da ideologia do autocontrole e do poder de não mover um só músculo, por maior que seja a dor; na verdade, precisam ao mesmo tempo superar a emotividade: o prazer assim como o sofrimento. Essa é a essência da ideologia budista do Nirvana. Essa ideologia também proporciona uma interiorização nos exercícios respiratórios dos iogues. A técnica de respiração ensinada pelos iogues é o oposto exato da técnica de respiração que usamos para reativar as excitações emocionais vegetativas nos nossos pacientes. O objetivo do exercício respiratório iogue é combater os impulsos afetivos; o seu objetivo é conseguir paz. O rito é reminiscência da ambiguidade das ações compulsivas. A compensação do anseio pelo Nirvana é, como me disseram, o ato de colocar-se em um estado de tranquilidade, ou de êxtase, por meio de uma técnica respiratória definida. A expressão facial rígida semelhante a uma máscara, dos hindus típicos, dos chineses e japoneses, encontra o seu extremo oposto na capacidade para o êxtase intoxicado. O fato de que a tática iogue tenha podido espalhar-se na Europa e na América se deve ao fato de que nessas culturas se procura um meio de conseguir o controle sobre os impulsos vegetativos naturais e, ao mesmo tempo, de eliminar estados de angústia. Não estão longe de um pressentimento da função orgástica da vida.

Quero mencionar em pouquíssimas palavras outro fenômeno que desempenha um papel destruidor na vida social dos nossos dias: quero referir-me à "atitude militar", especialmente como é prescrita e levada adiante pelos fascistas. A "rígida atitude militar" é o exato oposto da atitude natural, solta, ágil. O pescoço tem de estar rígido, a cabeça esticada para a frente; os olhos devem olhar rigidamente para a frente; o queixo e a boca devem ter uma expressão "varonil"; o tórax deve estar puxado para fora; os braços devem ser rigidamente mantidos rente ao corpo; as mãos devem estar esticadas ao longo da dobra das calças. Sem dúvida, a mais importante indicação da intenção sexualmente supressiva dessa técnica militar é a ordem proverbial: estômago para dentro, tórax para fora. As pernas são duras e rígidas. Imaginem, se quiserem, a posição dos pacientes que estão lutando com os seus impulsos afetivos e fazendo todos os esforços para controlá-los. Os ombros estão duros; o pescoço tenso; o abdômen chupado, a pélvis retraída; os braços são mantidos rigidamente contra o corpo e as pernas rigidamente esticadas. Na verdade, a semelhança

A FUNÇÃO DO ORGASMO

vai mais longe: a tensão dos tornozelos é uma indicação clínica típica do controle artificial dos afetos. É também uma necessidade estrita do passo de ganso prussiano. As pessoas educadas dessa forma, e forçadas a manter essa atitude física, são capazes de impulsos vegetativos naturais. Tornam-se máquinas executando cegamente exercícios manuais mecanizados; respondendo pronta e obedientemente: "Sim senhor, Capitão"; atirando mecanicamente nos seus próprios irmãos, nos pais, nas mães e irmãs. Ensinar o povo a assumir uma atitude rígida e não natural é um dos meios mais essenciais usados por um sistema social ditatorial para produzir, com a perda da vontade, organismos que funcionem automaticamente. Esse tipo de educação não se restringe aos indivíduos; é um problema que concerne ao âmago da estrutura e da formação do caráter do homem moderno. Afeta grandes círculos culturais, e destrói a alegria de viver e a capacidade para a felicidade em milhões sobre milhões de homens e mulheres. Assim, vemos uma única linha que se estende da prática infantil de prender a respiração para não precisar masturbar-se, até o bloqueio muscular dos nossos pacientes, até a rígida posição dos militaristas, e até as técnicas artificiais destrutivas de autocontrole, de círculos culturais inteiros.

Tenho de contentar-me com este esboço. Não pode haver dúvidas de que a importância da atitude do corpo para a reprodução estrutural da ordem social será entendida um dia e praticamente dominada em larga escala.

Certas expressões, habituais na educação pela boca de pais e mestres, retratam com exatidão o que aqui descrevi como técnica muscular de encouraçamento. Uma das peças centrais da educação atual é o aprendizado do autocontrole. "Quem quer ser homem deve dominar-se". "Não se deve deixar-se levar." "Não se deve demonstrar medo". "Cólera é falta de educação". "Uma criança decente senta-se quieta". "Não se deve demonstrar o que se sente". "Deve-se cerrar os dentes". Essas frases, características da educação, inicialmente são repelidas pelas crianças, depois aceitas com relutância, laboradas e, por fim, exercitadas. Entortam-lhes – via de regra – a espinha da alma, quebram-lhes a vontade, destroem-lhes a vida interior, fazem delas bonecos bem educados.

Por mais intensamente que as crianças anseiem por uma vivacidade e por uma liberdade vegetativas, recuam diante delas e voluntariamente suprimem os seus impulsos quando não encontram um ambiente congenial, onde possam desenvolver a sua vitalidade sadia relativamente livre de conflitos. É um dos grandes segredos da psicologia das massas que o adulto médio, a criança média e o adolescente médio são muito mais propensos a resignar-se com a ausência de felicidade que a continuar a lutar pela alegria de viver, quando esta última atitude acarreta sofrimento demais. Assim, até que sejam entendidas e estabelecidas as pré-condições psíquicas e sociais necessárias para a vida essencial, a ideologia da felicidade deverá permanecer como uma simples verbalização.

Não adianta nada que os "caracteres rebeldes" oponham barreiras à educação. Do que precisamos é:

1. o mais exato entendimento dos mecanismos pelos quais as emoções são patologicamente controladas;
2. a aquisição da mais larga experiência possível no trabalho prático com crianças, para descobrir qual a atitude que as próprias crianças assumem em relação aos seus impulsos naturais dentro das condições existentes;
3. descobrir as condições educacionais necessárias para estabelecer uma harmonia entre a motilidade vegetativa e a socialidade;
4. a criação da fundação geral econômico-social para conseguirmos as condições anteriores.

O homem fez um enorme progresso na construção e no controle de máquinas. Há no máximo quarenta anos que ele começou a compreender-se a si mesmo. A menos que possa desenvolver a capacidade de regular a sua própria energia biológica, não lhe será possível dominar a chaga psíquica que está assolando o nosso século. O caminho da pesquisa científica e do domínio dos problemas da vida é longo e difícil; é o oposto exato da ignorância e da impertinência dos políticos. Temos razão de esperar que a ciência consiga um dia utilizar a energia biológica da maneira como hoje faz com a eletricidade. Até lá a chaga psíquica humana não encontrará o seu vencedor.

6 ENFERMIDADES PSICOSSOMÁTICAS TÍPICAS: RESULTADOS DA SIMPATICOTONIA CRÔNICA

Temos agora suficiente informação a respeito da natureza da simpaticotonia para lançar um olhar superficial sobre algumas enfermidades orgânicas que devem a sua existência à impotência orgástica do homem. A angústia de orgasmo produz a simpaticotonia crônica; isso, por sua vez, produz a impotência orgástica, que, por sua vez, reforça a simpaticotonia. A sua característica básica é a atitude inspiratória crônica do tórax (inalação) e a restrição da plena (parassimpática) exalação. Essencialmente, a atitude inspiratória simpaticotônica tem a função de bloquear as sensações e os afetos orgânicos que a exalação provocaria. Os seguintes distúrbios resultam da atitude crônica de angústia.

1. *Hipertensão cardiovascular*

Os vasos sanguíneos são cronicamente contraídos e assim restringidos no seu movimento pulsatório. Isso significa que o coração é continuamente sobrecarregado, tendo de bombear o sangue através de vasos sanguíneos rígidos. A taquicardia, a pressão alta e as sensações de constrição no peito são também sintomas de hipertireoidismo. É importante nessa conexão a intensidade da perturbação da função tireoidea – que pode ser primária, ou que pode ser apenas um sintoma secundário da simpaticotonia geral. A arteriosclerose, enfermidade na qual há uma calcificação das paredes dos vasos sanguíneos, encontra-se também com surpreendente frequência nas pessoas que sofreram de hipertensão funcional durante muitos anos. É muito provável que mesmo as moléstias das válvulas e outras formas de doença orgânica do coração representem uma reação do organismo à hipertensão crônica do sistema vascular.

2. *Reumatismo muscular*

Afinal, a atitude crônica de inalação não é suficiente para dominar as excitações bioenergéticas do sistema vital autônomo. É reforçada pela tensão muscular crônica, i.e., pela couraça muscular. Se a hipertonicidade da musculatura continua por anos e décadas, leva a uma contratura crônica e a nódulos reumáticos, como resultado do depósito de substâncias sólidas nos feixes musculares. Nesse último estágio, o processo reumático não é mais reversível. Observa-se na vegetoterapia do reumatismo que ele ataca tipicamente os grupos musculares que desempenham papel importante na supressão dos afetos e das sensações orgânicas. O reumatismo muscular é sobretudo comum na musculatura do pescoço ("pescoço duro", obsticidade) e entre as omoplatas, onde o gesto de puxar os ombros para trás dá a impressão, do ângulo da análise de caráter, de "autocontrole" e de "retração". Essa doença atinge em geral os dois músculos grossos do pescoço que correm do occipício até a clavícula (músculos esternoclidomastóideos). Esses músculos tornam-se curiosamente hipertônicos quando a cólera é inconsciente

O REFLEXO DO ORGASMO E A TÉCNICA DA VEGETOTERAPIA DE ANÁLISE DO CARÁTER

e continuamente suprimida. Um paciente reumático teve a ideia de chamar a esses grupos musculares de *músculos do ódio*. Somado a esses está o espasmo crônico dos masseteres, que dá à metade inferior da face uma expressão obstinada e mal-humorada.

Especialmente afetados na parte inferior do corpo são os músculos que retraem a pélvis e produzem assim a lordose. Já sabemos que a retração crônica da pélvis tem a função de suprimir a excitação genital. O lumbago requer uma investigação pormenorizada a esse respeito. Encontra-se muito frequentemente em pacientes cuja musculatura das nádegas se encontra em estado de tensão crônica que retrai as sensações anais. Outro grupo de músculos em que encontramos com frequência o reumatismo muscular compreende os adutores profundos e superficiais da parte superior das coxas, que mantêm as pernas juntas. Têm a função, especialmente nas mulheres, de suprimir a excitação genital. No trabalho vegetoterapêutico, adotamos a expressão *músculos da moralidade* para designá-los. O anatomista vienense Julius Tandler referia-se jocosamente a eles como *custodes virginitatis*. Nas pessoas que sofrem de reumatismo muscular, mas também em grande número de caracteres neuróticos, esses grupos de músculos se apresentam ao tato como saliências grossas, cronicamente tensas e sensíveis, localizadas nos lados internos da parte superior das coxas. Também fazem parte desse grupo os músculos que, como flexores das articulações femoro-tibiais, correm do osso pélvico inferior para a extremidade superior da tíbia. Tornam-se cronicamente contraídos quando se suprimem as sensações orgânicas do assoalho pélvico.

Os grandes músculos anteriores do tórax (peitorais) encontram-se em estado de tensão crônica e sobressaem rigidamente quando a atitude de inalação é cronicamente fixada. Nevralgias intercostais podem ser reduzidas a essa perturbação, e podem ser superadas pelo alívio da tensão muscular.

3. *Enfisema pulmonar*

Temos todas as razões para crer que o enfisema pulmonar, caracterizado pela forma de barril do tórax cheio de ar, é o resultado de uma atitude crônica e extrema de inspiração. Devemos lembrar-nos de que qualquer fixação crônica de uma atitude determinada prejudica a elasticidade dos tecidos; esse é o caso do enfisema, no que diz respeito às fibras elásticas dos brônquios.

4. Asma bronquial nervosa

As suas relações com a simpaticotonia ainda não estão claras.

5. Úlcera gástrica

De acordo com o quadro da página 239, a simpaticotonia é acompanhada de um aumento de acidez. Isso pode ser observado na hiperacidez gástrica. A alcalização é reduzida. A membrana mucosa do estômago fica exposta ao efeito do ácido. Tipicamente, a úlcera gástrica se localiza aproximadamente no meio da parede posterior do estômago, diante do pâncreas e do plexo solar. Há todas as indicações de que na simpaticotonia os nervos autônomos da parede posterior se retraem reduzindo assim a resistência da membrana mucosa ao ataque do ácido. A úlcera gástrica como subproduto de uma perturbação afetiva crônica é tão frequente que não pode haver mais qualquer dúvida quanto à sua natureza psicossomática.

6. Espasmos dos músculos anulares

a. Ataques espasmódicos na entrada do estômago, cardiospasmo, e na saída do estômago, pilorismo.

b. Constipação crônica, como resultado da cessação ou redução da função de tensão-carga nos intestinos; é sempre acompanhada de simpaticotonia geral e de uma atitude inspiratória crônica. É uma das mais comuns enfermidades crônicas.

c. Hemorroidas, como resultado de um espasmo crônico do esfíncter anal. O sangue nas veias periféricas do esfíncter anal contraído é mecanicamente represado, causando a dilatação das paredes dos vasos.

d. Vaginismo, como expressão de uma contração da musculatura anular da vagina.

7. Enfermidades do sangue

No seu conhecido trabalho, *Die Lebensnerven*, Müller descreve várias enfermidades do sangue, como a clorose e outras formas de anemias, como enfermidades simpaticontônicas.

8. Excesso de dióxido de carbono no sangue e nos tecidos

Com base no trabalho pioneiro de Wartburg sobre a asfixia do tecido no câncer (excesso de CO_2) tornou-se claro que a restrição crônica da exalação causada pela simpaticotonia é um elemento essencial da

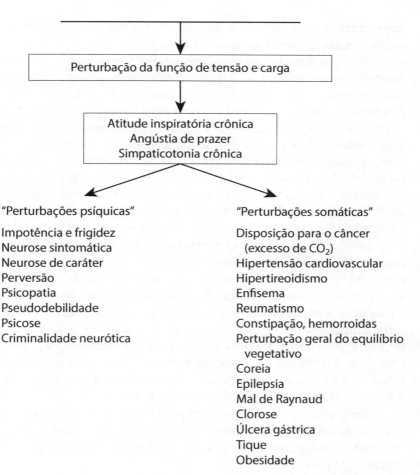

Diagrama que mostra a causa social das enfermidades pela perturbação da função de tensão-carga.

disposição para o câncer. A reduzida respiração externa resulta em uma respiração interna escassa. Os órgãos cuja respiração é cronicamente prejudicada são mais susceptíveis aos estímulos que produzem o câncer, do que os órgãos com boa respiração. A conexão entre a inibição expiratória dos neuróticos de caráter simpaticotônico e a perturbação respiratória dos órgãos cancerosos descoberta por Wartburg tornou-se o ponto de partida para o estudo econômico-sexual do câncer. Entretanto, não podemos aqui alongar-nos neste assunto. Apenas o fato extremamente

A FUNÇÃO DO ORGASMO

importante de que o câncer nas mulheres afeta predominantemente os órgãos genitais pertence ao contexto deste livro.

Não é preciso dizer que este sumário não pretende de modo algum, tomar o lugar da investigação pormenorizada e necessária que ninguém pode realizar sozinho. Semelhante investigação exige a cooperação de muitos médicos e cientistas. Tive apenas a intenção de indicar um importante campo da patologia orgânica intimamente relacionado com o tema da função do orgasmo: para enfatizar conexões até aqui menosprezadas; para fazer um apelo à consciência da profissão médica no sentido de encarar as perturbações sexuais dos homens e mulheres tão seriamente como merecem; e para imprimir nos estudantes de medicina a necessidade de estudarem corretamente a teoria do orgasmo e a sexologia geral a fim de serem capazes de enfrentar as tremendas necessidades da população. O médico deve ter cuidado para não se confinar ao limite de uma lâmina de microscópio: deve relacionar o que vê no microscópio com a função autônoma da vida do organismo total. Deverá dominar essa função total nos seus componentes biológicos e psíquicos, e compreender que a influência exercida pela sociedade sobre a função de tensão-carga do organismo e dos seus órgãos exerce uma influência decisiva sobre a saúde ou doença daqueles que dependem dela. A medicina psicossomática, que é hoje o ramo especial de entusiastas e de especialistas poderá ser, sem demora, o que promete vir a ser: *a estrutura geral da medicina do futuro.*

É bem evidente que essa estrutura geral não pode ser salvaguardada se a função sexual do organismo continuar a ser confundida com as expressões patológicas de homens e de mulheres neuróticos, e de uma indústria de pornografia.

Capítulo IX

DA PSICANÁLISE À BIOGÊNESE

1 A FUNÇÃO BIOELÉTRICA DO PRAZER E DA ANGÚSTIA

Até 1934, eu havia aplicado a minha teoria clínica obtida no campo da economia sexual apenas ao campo geral da biofísica. Isso não era de modo algum o coroamento do trabalho. Pelo contrário, agora mais que nunca, parecia absolutamente necessário encontrar uma prova experimental da exatidão da fórmula do orgasmo. No verão de 1934, o diretor do Instituto Psicológico da Universidade de Oslo, Dr. Schjelderup, veio à Dinamarca a fim de participar de um curso nesse novo campo, que eu estava dando a colegas escandinavos, alemães e austríacos. Ele queria aprender a técnica da análise de caráter, mas não podia continuar o trabalho na Dinamarca; assim, aceitei a sua sugestão de continuar os meus experimentos no Instituto, em Oslo. Lá, ensinei a análise de caráter e, como recompensa, tive a oportunidade de levar adiante os experimentos fisiológicos que havia planejado.

Verifiquei que no início teria necessidade da assistência técnica de especialistas em cada fase dos experimentos. Uma discussão preliminar com o assistente do Instituto Fisiológico de Oslo mostrou-me que eu não teria dificuldades quanto ao meu contato e entendimento com os técnicos em fisiologia. A minha teoria pareceu-lhe plausível. A questão básica era saber se os órgãos sexuais em estado de excitação apresentariam um aumento de carga bioelétrica. Com base nos meus dados teóricos, o fisiologista esboçou o plano de um aparelho. A magnitude dos fenômenos que seriam medidos era desconhecida. Semelhantes experimentos nunca haviam sido levados a efeito. Seriam as cargas da superfície na zona sexual de um milésimo de volt, ou de meio volt? A literatura fisiológica não fornecia chaves para a resposta a semelhantes perguntas. Mesmo a ideia de uma carga na superfície do organismo não era geralmente conhecida. Quando, em dezembro de 1934, perguntei ao diretor de um instituto fisiológico em Londres como se podia medir a carga da pele, achou a própria pergunta muito esquisita. Tarchanoff e Veraguth, mesmo antes do início do século, haviam descoberto o "fenômeno psicogalvânico", que revelava a manifestação das excitações psíquicas em forma de oscilações potenciais na pele. Entretanto, o prazer sexual jamais fora medido.

Depois de estudar o assunto por vários meses, decidimos construir um aparelho que consistia em uma cadeia de tubos de eléctron. A ideia era de que o potencial elétrico do corpo perturbaria a corrente normal ("corrente anódica") dos tubos, seria modificado pelo aparelho, transmitido a um oscilógrafo eletromagnético, e se tornaria visível em uma tira de papel por meio do reflexo num espelho. O aparelho ficou pronto em fevereiro de 1935. Alguns dos meus amigos noruegueses, estudantes e eu fomos os sujeitos do experimento.

Surpreendi-me de que as curvas elétricas de ação cardíaca fossem tão excepcionalmente pequenas em comparação com as oscilações das cargas de superfície. Depois de vários experimentos preliminares, o quadro se tornou claro. Omitirei os muitos pormenores de tentativa e erro, e apresentarei apenas as descobertas essenciais. Os experimentos foram executados durante um período de dois anos. Publiquei os resultados em uma monografia à qual remeto todos os que se interessem pelos arranjos técnicos e pelos experimentos de controle.[27]

Toda a superfície do organismo constitui uma "membrana porosa". Essa membrana apresenta um potencial elétrico em qualquer parte do corpo onde a epiderme haja sido esfolada. Em circunstâncias normais, a pele não danificada possui um potencial normal ou básico. Esse potencial representa o potencial biológico da superfície do corpo. É simétrico nos dois lados do corpo e aproximadamente o mesmo em toda a superfície do corpo (cf. Figura 2). Difere apenas levemente (10 a 20 mV) de pessoa para pessoa. O potencial normal aparece no eletrograma como uma linha uniforme e horizontal. A intervalos regulares, os pontos máximos do eletrocardiograma se superpõem ao potencial normal. Esses pontos correspondem a uma mudança no potencial normal da pele causada pelas pulsações elétricas transmitidas pelo coração.

Há certas partes da superfície nas quais a reação é fundamentalmente diferente da de outras superfícies da pele. Essas são as zonas erógenas: os

---

[27] Cf. Reich, *Experimentelle Ergebnisse* über *elektrische Funktion von Sexualitat und Angst*. Sexpol Verlag, 1937.

DA PSICANÁLISE À BIOGÊNESE

lábios, a membrana mucosa do ânus, os mamilos, a superfície do pênis, a membrana mucosa da vagina, os lobos das orelhas, a língua, as palmas das mãos e – por mais estranho que pareça – também a testa. A sua carga pode estar dentro do limite do potencial das outras partes da pele, mas também pode apresentar um potencial normal muito mais alto ou muito mais baixo que a pele comum. Nos homens e mulheres descontraídos e vegetativamente vivos, o potencial de uma mesma zona sexual raramente é constante. Oscilações de até 50 mV, e mais, podem ser observadas nas zonas sexuais. Isso está definitivamente de acordo com o fato de que as zonas sexuais são dotadas de alta, e extremamente variável, intensidade de sensações e capacidade de excitação. Subjetivamente, a excitação das zonas sexuais é experimentada como o fluir de uma corrente, como uma comichão ou como uma sensação confortante de calor ou de "suavidade". As áreas da pele não especificamente erógenas apresentam essas características em grau muito menor, ou não as apresentam.

Enquanto a pele registra geralmente a amplitude da sua carga biológica em uma linha horizontal mais ou menos uniforme (cf. Figura 1), os vários potenciais das zonas erógenas apresentam uma linha ascendente ou descendente um tanto pronunciada e levemente ondulada. Chamemos de "errante" ou "flutuante" essa constante mudança de potencial (cf. Figura 3).

Na medida em que não se aproxima da amplitude das outras regiões, o potencial das zonas erógenas flutua, i.e., aumenta ou diminui. A subida da curva ondulante indica um aumento, a descida uma diminuição da carga na superfície. *O potencial em uma zona erógena não aumenta a menos que uma sensação fluida de prazer seja sentida nessa zona.* Por exemplo, um mamilo pode tornar-se hirto sem que ocorra um aumento de potencial. O aumento de potencial na zona sexual é sempre acompanhado por uma intensificação da sensação de prazer e, inversamente, uma diminuição do potencial, por um declínio da sensação de prazer.

Essas descobertas experimentais confirmam a fórmula de tensão-carga. Indicam que a congestão ou a intumescência de um órgão não é em si mesma suficiente para transmitir a sensação vegetativa do prazer. *Um aumento na carga bioelétrica tem de ser somado à congestão mecânica do órgão para tornar o processo perceptível como uma sensação de prazer.* A intensidade psíquica da sensação de prazer corresponde à magnitude fisiológica do potencial bioelétrico.

Experimentos de controle com substância não viva demonstraram que essa lenta flutuação orgânica do potencial é uma característica específica da substância viva. A matéria não viva não reage absolutamente aos estímulos, ou reage como os corpos eletricamente carregados; por exemplo uma lanterna com flutuações de potencial previsivelmente angulares, irregulares e "errantes" (cf. Figuras 6 e 7).

Chamemos ao potencial flutuante ascendente *potencial pré-orgástico*. É diferente no mesmo órgão sexual em momentos diferentes. É também diferente no mesmo órgão em pessoas diferentes. Corresponde à excitação ou corrente pré-orgástica no órgão vegetativamente ativo. O aumento da carga é a resposta do órgão a um estímulo agradável.

Se um eletrodo é ajustado a uma zona erógena, delicadamente e sem qualquer pressão, e se fazem cócegas nessa zona com uma compressa seca de algodão, de modo a produzir uma sensação de prazer, o potencial apresenta uma oscilação ondulante, o chamado *fenômeno titilante* (cf. Figura 8, K a *). As cócegas representam uma variação da fricção sexual, fenômeno básico da vida. A sensação de comichão também se inclui aqui, porque produz automaticamente o impulso de coçar ou esfregar. Ambos têm um parentesco com a fricção sexual.

Pela nossa experiência clínica na orgasmoterapia, sabemos que as sensações de prazer sexual não podem sempre ser provocadas conscientemente. Nem uma excitação bioelétrica pode ser imediatamente produzida em uma zona erógena por meio de um estímulo agradável. Depende inteiramente do estado do órgão se ele responderá ou não com excitação a um estímulo. Esse traço peculiar merece atenção estrita na experimentação.

O fenômeno titilante pode ser demonstrado em todas as partes da superfície do organismo. Não se verifica quando se esfrega matéria inorgânica úmida com algodão seco. A curva positiva ascendente da oscilação titilante é habitualmente mais acentuada que a curva descendente. A linha ondulante do fenômeno titilante produzida por uma zona não especificamente sexual é mais ou menos horizontal. Nas zonas sexuais, a oscilação titilante é superposta à excitação elétrica "errante", do mesmo modo que os pontos máximos da ação cardíaca.

Uma pressão de qualquer espécie reduz a carga da superfície. Se se remove a pressão, a carga volta exatamente ao nível original. Assim, se um fluxo ascendente agradável do potencial é interrompido por meio de uma pressão, há uma queda nítida do potencial. Se se remove a pressão, o fluxo continua ao nível em que estava quando foi interrompido (cf. Figura 9).

O nível de aumento de uma excitação elétrica em uma zona erógena depende da delicadeza do estímulo: quanto mais delicado o estímulo,

DA PSICANÁLISE À BIOGÊNESE

mais vertical o aumento. O nível de aumento depende também da disposição psicofísica da zona para responder ao estímulo. Quanto maior a disposição, mas vertical, i.e., mais rápido, o aumento.

Embora os estímulos de prazer produzam sempre um aumento de potencial, os estímulos que provocam angústia ou desprazer reduzem a carga de superfície mais ou menos rápida e verticalmente. É claro que essa reação também depende da disposição do organismo para reagir. *Homens e mulheres bloqueados por afetos e vegetativamente rígidos, por exemplo os catatônicos, não apresentam nenhuma reação, ou apenas reação muito fracas.* Nesses indivíduos, a excitação biológica das zonas sexuais encontra-se dentro dos limites de excitação do resto da superfície do corpo. Assim, na investigação dos fenômenos de oscilação elétrica, é necessário selecionar pessoas especificamente adequadas para esse tipo de experimentação. Reações negativas de angústia em forma de redução rápida da carga de superfície podem ser verificadas na membrana mucosa da vagina, na língua, e nas palmas das mãos. Um susto inesperado, causado por um grito, por uma bola que se estoura ou pelo som barulhento de um gongo que se toca, são particularmente adequados como estímulos.

Tal como a angústia e a pressão, o aborrecimento também provoca a redução da carga bioelétrica em zonas que podem ser sexualmente estimuladas. Em um estado de apreensão, todas as reações elétricas são reduzidas; não é possível conseguir aumentos na carga positiva da superfície. Reações de angústia são habitualmente mais fáceis de provocar que reações de prazer. Muitíssimo significativas são as reduções da carga no caso do susto (cf. Figuras 10 e 11).

É muito mais difícil produzir reações de prazer após uma reação de susto. É como se o sistema vegetativo se houvesse tornado "precavido".

Uma solução concentrada de açúcar usada como fluido eletrodo na língua produz um rápido aumento no potencial da língua. Se se aplica logo depois uma solução salgada, o potencial cai na direção oposta, negativa (cf. Figuras 12 e 13). Se agora se aplica novamente o açúcar, não se consegue mais um aumento no potencial. A língua está "precavida" ou "desapontada". Se se coloca açúcar puro na língua de um sujeito várias vezes em seguida, o nível de aumento no potencial se reduz com cada novo experimento. É como se a língua se tivesse "acostumado" ao estímulo agradável. Órgãos desapontados e habituados reagem lentamente aos estímulos de prazer.

Flácido, o órgão sexual masculino revela um potencial muito mais baixo que outras partes da superfície da pele. Se a raiz do pênis é pressionada, produzindo-se nele assim uma congestão de sangue, não ocorre nenhum fluxo de potencial. Esse experimento de controle confirma que uma carga bioelétrica aumentada na superfície é causada pela excitação agradável e não por mera congestão mecânica.

Se, em vez de ligar diretamente o eletrodo à zona sexual, empregamos uma conexão indireta, produzem-se os mesmos fenômenos. Se um sujeito masculino e um feminino mergulham um dedo em um fluido eletrodo ligado a um oscilógrafo, o contato dos seus lábios no ato de beijarem-se produz forte potencial errante. Em suma, o fenômeno independe da região na qual o eletrodo é posto em contato com a pele. Se um dos sujeitos do experimento faz a ação sem vontade, o mesmo estímulo produz uma reação descendente de desprazer, em vez de uma reação ascendente de prazer. Os mesmos resultados se obtêm quando as duas pessoas põem as mãos livres em contato uma com a outra. Afagos delicados produzem oscilações positivas. Pressão ou fricção forte das palmas das mãos causam redução na carga.

Como se transmite a energia bioelétrica do centro vegetativo para a periferia vegetativa, e vice-versa?

Segundo a visão tradicional, a energia bioelétrica se move pelos caminhos das fibras nervosas, pressupondo-se que as fibras nervosas não sejam contrácteis. Até aqui, entretanto, todas as observações levam à hipótese de que os plexos sinciciais vegetativos são, eles mesmos, contrácteis, i.e., podem expandir-se e contrair-se. Consequentemente, a ameba continua a existir em todos os animais, inclusive no homem, na forma do sistema nervoso autônomo contráctil. Essa suposição é confirmada microscopicamente. Por exemplo, movimentos de expansão e contração em vermes pequenos e translúcidos podem ser facilmente observados ao microscópio. Esses movimentos do mecanismo autônomo da vida ocorrem independentemente dos movimentos do corpo total, e os precedem.

Se se ordena ao sujeito de um experimento que respire fundo, ou que faça força como se fosse defecar, e se coloca o eletrodo diferencial na pele abdominal, acima do umbigo, *pode ver-se que há uma diminuição mais ou menos nítida no potencial de superfície durante a inalação e um aumento novamente na exalação.* Esse resultado foi obtido repetidamente em grande número de sujeitos. Entretanto, não se obteve em pessoas com sério bloqueio afetivo, ou rigidez muscular pronunciada. Essa descoberta, somada à observação clínica de que a inalação reduz os afetos, leva-nos à seguinte hipótese:

Na inalação, o diafragma é abaixado e exerce pressão sobre os órgãos abdominais; comprime a cavidade abdominal. Na exalação, por outro lado, o diafragma é elevado: a pressão sobre os órgãos abdominais é reduzida e a cavidade abdominal é por isso alargada. Na respiração, as cavidades do tórax e do abdômen são alternadamente alargadas e comprimidas, fato que consideraremos noutra parte. Como a pressão sempre diminui o potencial, não há nada de extraordinário quanto à diminuição do potencial da pele na inspiração. O que é extraordinário é que o potencial diminui, embora a pressão seja exercida não na superfície da pele mas no centro do organismo.

A existência de *um contínuo campo bioelétrico de excitação entre o centro e a periferia* é a única explicação possível para o fato de que a pressão interna se manifeste na pele abdominal. A transmissão de bioenergia não pode limitar-se somente aos tratos nervosos; na verdade segue o caminho de todas as membranas e fluidos do organismo. Isso está bem de acordo com a nossa imagem do organismo como uma bexiga membranosa e confirma a teoria de Fr. Kraus.

A hipótese foi posteriormente confirmada quando a pesquisa em vários pacientes emocionalmente perturbados, com movimento expiratório limitado, apresentou flutuações mínimas, ou não apresentou flutuações na carga da pele abdominal.

Resumamos essas descobertas, relacionando-as com o nosso problema básico.

É só o prazer biológico, acompanhado pela sensação de corrente e sensualidade, que produz um aumento na carga bioelétrica. Todas as outras excitações, dor, susto, angústia, pressão, depressão e aborrecimentos são acompanhadas por uma redução da carga de superfície do organismo.

Há, basicamente, quatro tipos de redução da carga na periferia do organismo:

a. retração da carga de superfície anterior a forte carga intencional; essa reação é comparável à tensão suspensa de um tigre na iminência de um salto;

b. em contraste com a excitação pré-orgástica, a descarga orgástica demonstra uma diminuição do potencial; a curva bioelétrica do orgasmo corresponde à curva das sensações;

c. em estado de angústia, a carga periférica é diminuída;

d. na morte, os tecidos perdem a sua carga; observam-se reações negativas. *A fonte de energia está extinta.*

A FUNÇÃO DO ORGASMO

Carga de Superfície

Aumentada	Diminuída
Prazer de qualquer espécie	Tensão central antes de uma ação
	Descarga orgástica periférica
	Angústia, aborrecimento, pressão, desprazer, depressão
	Morte (extinção da fonte de energia)

Assim, a excitação sexual é funcionalmente equivalente à carga bioelétrica da periferia do organismo. O conceito de Freud da libido como medida de energia psíquica já não é apenas um símil. Refere-se a processos bioelétricos concretos. A excitação sexual sozinha representa o funcionamento bioelétrico na direção da periferia ("de dentro para fora").

O prazer e a angústia são as duas excitações primordiais, ou emoções primordiais, da substância viva. O seu funcionamento bioelétrico associa-se, em princípio, aos fenômenos elétricos gerais da natureza.

Em um experimento, sujeitos que não estejam emocionalmente perturbados e que sejam capazes de experimentar sensações orgásticas, i.e., pessoas que não sejam emocionalmente frias, são capazes de dizer o que é que está acontecendo objetivamente no aparelho, no quarto ao lado, com base nas suas sensações subjetivas, no processo de excitação. *A intensidade da sensação de prazer corresponde à quantidade da carga bioelétrica da superfície, e vice-versa.* A sensação de "ser frio" e de "estar morto", e a "falta de contato" do paciente psiquiátrico são expressões de uma deficiência da carga bioelétrica na periferia do corpo.

A fórmula de *tensão-carga é válida.* A excitação biológica é um processo que, além da intumescência mecânica, também requer uma carga bioelétrica. *A satisfação orgástica é uma descarga bioelétrica, seguida de uma detumescência mecânica.*

O processo biológico de expansão, ilustrado pela ereção de um órgão ou pela extensão do pseudópode na ameba, é a manifestação exterior de um movimento de energia bioelétrica do centro para a periferia do organismo. O que se move aqui, no sentido psíquico tanto como no somático, é a própria carga bioelétrica.

Como só as sensações vegetativas de prazer são acompanhadas de um aumento da carga na superfície do organismo, a *excitação agradável tem de ser considerada como um processo especificamente produtivo no*

DA PSICANÁLISE À BIOGÊNESE

sistema biológico. Todos os outros afetos, por exemplo o desprazer, o aborrecimento, a angústia e a pressão, em termos de energia, são o oposto a esse processo e por isso representam funções negadoras da vida. Assim, *o processo do prazer sexual é o processo da vida per se.* Isto não é um modo de falar; é um fato experimentalmente demonstrado.

A angústia como direção básica oposta à sexualidade coincide com o processo da morte. Não é equivalente à morte, pois a fonte central de energia, o processo de carga, extingue-se na morte. Na angústia, por outro lado, a fonte de energia no centro do organismo é represada, por causa da retirada da excitação da periferia, criando assim a sensação subjetiva de constrição (*angustiae*).

Essas descobertas dão ao conceito de *economia sexual* um sentido concreto e científico-natural. A economia sexual diz respeito à maneira pela qual a energia bioelétrica é regulada ou, o que é a mesma coisa, à regulagem da energia sexual de uma pessoa. Refere o modo pelo qual o indivíduo se comporta com a sua energia bioelétrica, que quantidade represa, e que quantidade dela descarrega orgasticamente. Como a energia bioelétrica do organismo é o fato básico do qual temos de partir, conseguimos uma nova compreensão da natureza da enfermidade orgânica.

Desse ponto em diante, as neuroses aparecem sob uma luz fundamentalmente diferente da que as envolvia na psicanálise. Não são apenas os resultados de conflitos psíquicos e fixações infantis não resolvidos. *Essas fixações e conflitos psíquicos causam perturbações fundamentais na regulagem da energia bioelétrica e, desse modo, se tornam somaticamente ancoradas.* Por essa razão, não é possível, nem é admissível, separar os processos psíquicos e somático. As perturbações psíquicas são enfermidades biológicas que se expressam no campo somático tanto quanto no campo psíquico. Uma deflexão do curso natural da energia biológica encontra-se na base dessas perturbações.

Mente e corpo constituem uma unidade funcional, tendo ao mesmo tempo uma relação antitética. Ambos funcionam segundo leis biológicas. A modificação dessas leis é resultado de influências sociais. *A estrutura psicossomática é o resultado de um choque entre as funções sociais e biológicas.*

A função do orgasmo é a medida do funcionamento psicofísico, porque é nela que se expressa a função da energia biológica.

2 A SOLUÇÃO TEÓRICA DO CONFLITO ENTRE MECANISMO E VITALISMO

Quando se estabeleceu que a fórmula de tensão-carga era válida para todas as funções involuntárias da substância viva, era-se levado a perguntar se também se aplicava aos processos da matéria não viva. Nem na literatura da física, nem nas conversas com os físicos se encontravam referências a uma função inorgânica na qual a tensão mecânica (causada por um acúmulo de líquido) levaria a uma carga elétrica e culminaria em uma descarga elétrica e relaxação mecânica (esvaziamento do fluido). Embora seja verdade que todos os elementos físicos da fórmula se encontram na natureza inorgânica, também é verdade que se encontram apenas isoladamente, e não na sequência particular em que aparecem na matéria viva. (Encontramos, por exemplo, tensão mecânica provocada pelo acúmulo, e relaxação causada pelo esvaziamento. Encontramos também carga e descarga elétricas.) Assim, parecia muito evidente que *a combinação particular das funções mecânicas e elétricas tem de ser específica para o funcionamento vital.*

Eu estava agora em posição de fazer uma contribuição significativa para a velha controvérsia entre os vitalistas e os mecanicistas. Os vitalistas sempre haviam afirmado que a matéria não viva é fundamentalmente diferente da matéria viva. Aduziam sempre um princípio metafísico, como a "enteléquia", para explicar o funcionamento vivo *per se*. Por outro lado, os mecanicistas afirmavam que, física e quimicamente, a matéria viva não é em nada diferente da matéria não viva; apenas não fora ainda suficientemente investigada. Assim, os mecanicistas negavam que há uma diferença fundamental entre a matéria viva e a não viva. A fórmula de tensão-carga podia provar a exatidão de ambas as visões, embora de maneira diferente do que ambas poderiam imaginar.

A matéria viva funciona verdadeiramente regida pelas mesmas leis físicas que a matéria não viva, como afirmavam os mecanicistas. Ao mesmo tempo, é fundamentalmente diferente da matéria não viva, como sustentavam os vitalistas. *Na matéria viva, as funções da mecânica (tensão-relaxação) e as da eletricidade (carga-descarga) se combinam de um modo que é alheio à matéria não viva.* Entretanto, essa diferença no funcionamento da matéria viva não pode, como pensam os vitalistas, reduzir-se a um princípio metafísico que exista além da matéria e da energia. Na verdade, pode ser compreendida com base nas leis que governam a matéria e a energia. *No seu funcionamento, a matéria viva é simultaneamente equivalente a uma forma diferente de matéria não viva.*

Deve-se esperar que os vitalistas e espiritualistas discordem dessa afirmativa, salientando que *a consciência e a autopercepção* permanecem não explicadas. É verdade, mas isso não justifica a hipótese de um princípio metafísico. Além do mais, a consciência e a autopercepção podem antecipar um esclarecimento final. Os experimentos elétricos demonstraram que a excitação biológica do prazer e a excitação biológica da angústia são funcionalmente equivalentes à sua percepção. Estamos justificados ao presumir, portanto, que mesmo os organismos mais primitivos têm *sensações orgânicas* de prazer e de angústia.

3   A "ENERGIA BIOLÓGICA" É ENERGIA DO ORGÔNIO ATMOSFÉRICO (CÓSMICO)

Cheguei ao fim da descrição da teoria do orgasmo. Está ainda em processo de desenvolvimento. Os resultados dos experimentos bioelétricos deixam sem solução vários problemas difíceis. Dois fatos peculiares revelados pelos seguintes experimentos não podem ser explicados dentro da estrutura das formas conhecidas de energia. Primeiro:

1. se fazemos cócegas na superfície do corpo, junto ao ponto a que está preso um eletrodo ligado a um oscilógrafo, o fenômeno titilante revela-se como uma oscilação do potencial elétrico da pele;

2. *se o mesmo experimento é realizado com um pano úmido, o fenômeno titilante não ocorre; assim, um pano úmido não "vive";*

3. se, entretanto, se coloca a mão sobre o pano úmido, ligando os eletrodos a mais ou menos trinta centímetros de distância um do outro e "se fazem cócegas" no pano com uma compressa seca de algodão aproximadamente a 2 ou 3 centímetros de distância da mão, o fenômeno titilante ocorre de novo.

Para explicar isso, poderia salientar-se imediatamente que o fenômeno ocorre porque o corpo está em conexão com o dispositivo. Entretanto essa explicação não é satisfatória.

O fenômeno titilante na pele poderia explicar-se com base nas oscilações de energia bioelétrica no organismo, oscilações produzidas pelo corpo em resposta ao estímulo das cócegas. No terceiro experimento

A FUNÇÃO DO ORGASMO

essa reação é trazida de dentro dos limites do organismo para uma região fora dele, isto é, para o pano úmido, não vivo. É como se o pano úmido "vivesse" ao ser tocado por um organismo vivo. O pano respondeu ao estímulo das cócegas do mesmo modo que o organismo vivo.

O segundo fato revelado pelos experimentos elétricos parece ainda mais significativo. A energia eletromagnética move-se à velocidade da luz, i.e., a aproximadamente 186 mil milhas (30 mil quilômetros) por segundo. A observação da natureza das curvas e das medidas de tempo que caracterizam o movimento da energia bioelétrica demonstra que *o movimento da energia bioelétrica é fundamentalmente diferente da velocidade conhecida e do tipo de movimento da energia eletromagnética*. A energia bioelétrica move-se extremamente devagar, a uma velocidade mensurável em milímetros por segundo. (A velocidade pode ser medida contando-se o número dos pontos máximos cardíacos, cf. Figura 8.) A forma do movimento é lenta e ondulante. Assemelha-se aos movimentos de um intestino ou de uma serpente. O movimento também corresponde ao lento despertar de uma sensação orgânica ou de uma excitação vegetativa. Poder-se-ia sustentar que é a grande resistência dos tecidos animais o que baixa a velocidade da energia elétrica do organismo. Essa explicação é insatisfatória. Quando um estímulo elétrico é aplicado ao corpo, é *sentido imediatamente* e respondido.

De modo inesperado, o conhecimento da função biológica de tensão-carga levou-me à descoberta dos processos de energia nos *bions*, no organismo humano e na radiação do sol.

No verão de 1939, publiquei um pequeno ensaio, *Drei Versuche mit Gummi am statischen Elektroskop*. A borracha e o algodão expostos a uma cultura de *bions* obtidos da areia do oceano produziam nítida deflexão do indicador de um eletroscópio estático. As mesmas substâncias em contato com um corpo humano vegetativamente não perturbado, em particular na região do abdômen e dos genitais, por aproximadamente quinze ou vinte minutos, influenciarão igualmente o eletroscópio. Em última análise, a areia da qual surgiram os *bions* por meio do aquecimento e da dilatação é apenas a energia solar concentrada. Daí veio a ideia de expor a borracha e o algodão aos raios fortes do sol, depois de verificar que não afetavam o eletroscópio. Demonstrou-se que o sol emite uma energia que influencia a borracha e o algodão da mesma forma que influencia a cultura de *bions* e o organismo humano após a respiração plena, em estado vegetativo não perturbado. Chamei a essa energia, que é capaz de carregar a matéria orgânica, *orgônio*.

310

DA PSICANÁLISE À BIOGÊNESE

A esse ponto, a investigação do organismo vivo foi além dos limites da psicologia profunda e da fisiologia; entrou no inexplorado território biológico. Durante os últimos cinco anos, a investigação do *bion* absorveu toda a atenção disponível. Os *bions* são vesículas microscópicas carregadas de energia orgonal; desenvolvem-se a partir da matéria inorgânica por meio do aquecimento e da dilatação. Propagam-se como bactérias. Desenvolvem-se também espontaneamente na terra ou, como no câncer, a partir de matéria orgânica em degeneração. O meu livro *Die Bione* (1938) mostra a importância da fórmula de tensão-carga para a investigação experimental da organização natural da substância viva a partir da matéria não viva.

A energia orgonal demonstra-se também visual, térmica e eletroscopicamente no solo, na atmosfera e nos organismos vegetais e animais. A vibração do céu, que alguns físicos atribuem ao magnetismo terrestre, e o cintilar das estrelas em noites claras e secas, são expressões diretas do movimento dos orgônios atmosféricos. As "tempestades elétricas" da atmosfera que perturbam os aparelhos elétricos quando há intensificação da atividade das manchas solares são, como se pode demonstrar experimentalmente, um efeito da energia orgonal atmosférica. Anteriormente essas tempestades eram percebidas apenas como perturbações das correntes elétricas.

A cor da energia orgonal é *azul* ou *azul-cinza*. No nosso laboratório, o orgônio atmosférico é acumulado ou concentrado por meio de um aparelho especialmente construído para esse fim. Conseguimos torná-lo visível dispondo de certa forma determinados elementos. A detenção da energia cinética do orgônio é expressa por um aumento de temperatura. A sua concentração ou densidade é indicada no eletroscópio estático pelas diferenças na velocidade da descarga. A descarga espontânea dos eletroscópios no ar não ionizado, fenômeno conhecido como *natural leak*, "vazamento natural"[28] pelos fisiologistas, é o efeito do orgônio atmosférico e não tem nada que ver com a umidade. O orgônio apresenta três tipos de radiação: azul-cinza, vapores nevoentos; pontos de luz azul-violeta escuro, que se expandem e se contraem; e raios de pontos e linhas de um amarelo esbranquiçado, que se movem rapidamente. A cor azul-do-céu e o azul-cinza da neblina atmosférica nos dias quentes de verão são reflexos diretos do orgônio atmosférico. O azul-cinza, as luzes setentrionais em forma de nuvem, o chamado

---

[28] O original alemão traz a expressão inglesa. (N.T.)

fogo de Santelmo e as formações azuladas recentemente observadas no céu pelos astrônomos durante um aumento de atividade das manchas solares são também manifestações da energia orgonal.

As formações de nuvens, até aqui mal-entendidas, e os temporais dependem de mudanças na concentração do orgônio atmosférico. Isso pode ser demonstrado simplesmente medindo-se a velocidade das descargas eletroscópicas.

O organismo vivo contém energia orgonal em cada uma das suas células e se carrega orgonalmente com energia da atmosfera, por meio da respiração. Os corpúsculos "vermelhos" do sangue são vesículas microscópicas carregadas de orgônio, que têm uma cintilação azul: carregam a energia biológica da superfície dos alvéolos dos pulmões para os tecidos do corpo. A clorofila das plantas, que se relaciona com a proteína do sangue animal, a qual contém ferro, contém orgônio e absorve orgônio diretamente da atmosfera e da radiação solar.

Aumentados a mais de duas mil vezes, as células e os coloides mostram a existência da energia orgonal na coloração azul (azul-cinza e azul-verde) do protoplasma e do conteúdo de vesículas orgânicas. Todos os alimentos cozidos consistem em vesículas azuis, que contêm orgônio. As vesículas de húmus ou das células das gônadas e as vesículas de energia ou os *bions* obtidos por meio de aquecimento e dilatação da matéria inorgânica também contêm orgônio. Os protozoários, as células cancerosas, etc. também se constituem de vesículas azuis de energia, que contêm orgônio. O orgônio tem efeito parassimpaticotônico e carrega o tecido vivo, particularmente os corpúsculos vermelhos do sangue. Mata as células cancerosas e muitos tipos de bactérias. Os nossos experimentos com a terapia do câncer baseiam-se nesses característicos biológicos.

Numerosas observações de biólogos (Neisenheimer, Linné e outros) tornam possível entender a coloração azul das rãs em estado de excitação sexual ou a luminosidade azul dos botões das plantas como uma excitação biológica (orgonótica) do organismo. As culturas de *bions* obtidas da areia do mar, nas quais descobri a radiação de orgônio em janeiro de 1939, tiveram o mesmo efeito sobre o filme colorido tanto na escuridão completa como à luz do sol, i.e., fizeram o filme ficar azul.

O organismo humano está rodeado por um campo de energia orgonótica, cujo alcance depende da vivacidade vegetativa do organismo. A prova disto é simples. O orgônio excita substâncias orgânicas, por exemplo a celulose. Assim, colocando uma lâmina de celulose de um

DA PSICANÁLISE À BIOGÊNESE

pé quadrado a uns 3 ou 5 cm de um eletrodo de prata, ligado à haste de um oscilógrafo, observamos que os movimentos de substâncias inorgânicas diante da celulose não produzem qualquer oscilação no oscilógrafo, contanto que a matéria inorgânica seja movida de tal forma que nenhuma parte do nosso organismo se mova diante da placa. Entretanto, se movermos um dedo, ou a mão, em direção à celulose ou para longe dela a uma distância de meio metro, ou até três metros, podemos, sem estabelecer nenhuma conexão metálica, conseguir deflexões fortes da luz ou do indicador do galvanômetro. Se movermos a lâmina de celulose, os efeitos à distância se reduzem ao mínimo, ou desaparecem completamente. *Em contraste com a energia eletromagnética, a energia do orgônio é capaz de carregar matéria orgânica não condutora.*

O segundo volume deste livro descreverá como a pesquisa do *bion* levou à descoberta da energia atmosférica do orgônio, como a existência do orgônio pode ser objetivamente demonstrada e qual a importância da sua descoberta para a compreensão do funcionamento biofísico. Entretanto, foi a persistente procura do fenômeno biológico do orgasmo que levou à descoberta do orgônio e, assim à energia cósmica, que tem um efeito biológico específico.

Chegando à conclusão deste livro, o leitor, assim como o próprio autor, não poderá evitar a impressão de que o estudo do orgasmo, enteado de uma ciência natural, nos levou até o fundo dos segredos da natureza. A investigação da matéria viva foi além dos confins da psicologia profunda e da fisiologia e entrou em território *biológico* inexplorado. A sexualidade e o processo vital identificaram-se: abriu-se um novo caminho de acesso ao problema da biogênese. O que era psicologia se tornou *biofísica*, e parte de uma genuína ciência natural experimental. O seu cerne permanece, como sempre, o *enigma do amor*, a que devemos o ser.

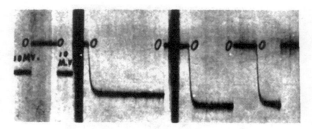

Figura 1. Potencial médio da pele
(pele do abdômen. direita e esquerda).

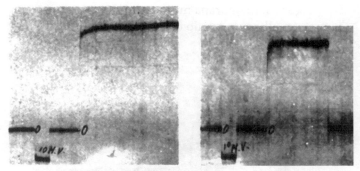

Figura 2. Potenciais normais simétricos da
palma da mão, direita e esquerda.

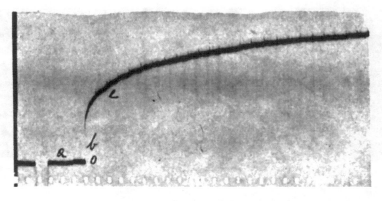

Figura 3. Potencial "errante" da palma da mão.

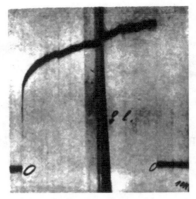

Figura 4. Membrana mucosa do ânus em uma mulher em estado de excitação sexual.

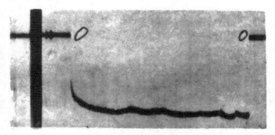

Figura 5. A mesma mucosa em estado de depressão (menstruação).

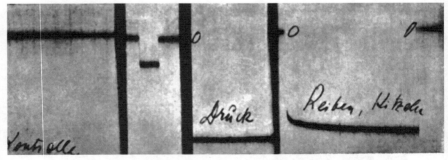

Figura 6. Controle experimental com uma toalha molhada.

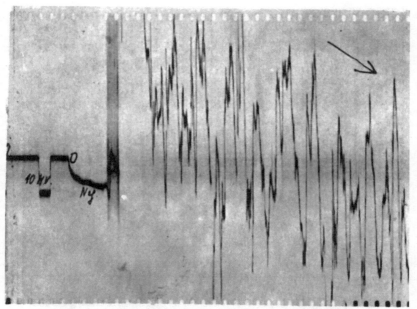

Figura 7. Mudanças de potencial produzidas por uma lanterna científica.

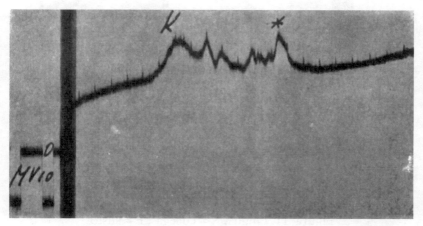

Figura 8. Membrana mucosa do lábio K a * = fenômeno titilante.
(Os pontos máximos cardíacos são visíveis a intervalos regulares)

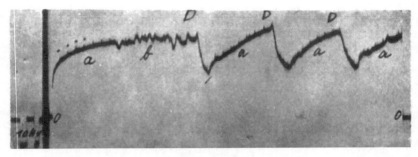

Figura 9. Membrana mucosa da língua: a = errante;
b = fenômeno titilante: D = pressão.

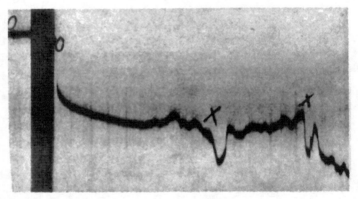

Figura 10. X = reação da membrana mucosa vaginal
a um estímulo de aborrecimento.

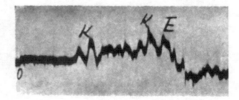

Figura 11. Língua. K = cócegas; E = susto.

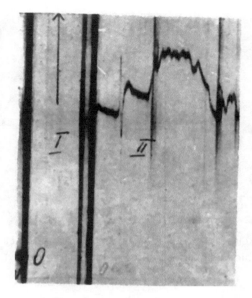

Figura 12. Reação da língua ao açúcar (mais ou menos 70 mV: neste experimento, a primeira aplicação de açúcar resultou em reação que saiu fora do campo e não se registrou: I. (flecha).

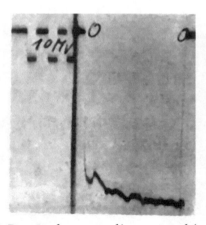

Figura 13. Reação da mesma língua ao sal (– 60 mV).

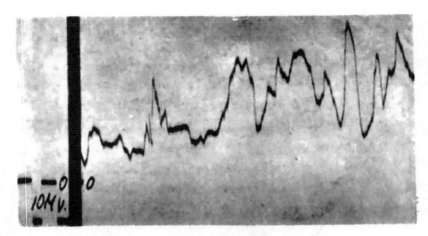

Figura 14. Excitação produzida por um beijo (mudança na excitação bioelétrica dos lábios, superiores a 40 mV).